천공개물 天工開物

송응성 지음 | 최병규 옮김

범우

「이 도서의 국립중앙도서관 출판시도서목록(CIP)은 e-CIP 홈페이지(http://www.nl.go.kr/ecip)에서
이용하실 수 있습니다.(CIP제어번호: CIP2009002177)」

천공개물

天工開物

이 책을 읽는 분에게

천공개물天工開物은 중국고대의 종합기술서적이다. 동시에 이 저서는 세계에서 제일 처음으로 농업과 수공업 생산에 대해 종합적으로 기술한 서적으로 유럽학자들에 의해 "기술의 백과전서"라고 불려진 서적이다.

따라서 이 저서는 중국고대의 각종 기술에 대해 체계적으로 정리하여 완벽할 정도의 과학기술체계를 이룩하였다. 특히 풍부한 경험에 의한 농업방면에 대한 기술을 비롯하여 당시 발전된 공예기술에 대해서도 전면적인 기술을 하고 있으며, 이 책에서 기술한 수많은 생산기술은 근대에 이르기까지 이용되고 있기도 하다.

이 책의 저자는 송응성宋應星으로 그의 자字는 장경長庚이며, 명대明代 만력萬曆 15년(1587)에 강서성江西省 봉신현奉新縣에서 태어났다. 그는 만력 43년(1615)에 그의 형인 송응승宋應升과 함께 동시에 거인擧人으로 합격되었지만 이후 과거에는 연이어 실패하였다. 또 그는 숭정崇禎 7년(1634)에는 강서성 분의현分宜縣의 교유敎諭로 임명되었지만 팔고문八股文에 대한 흥미를 잃어 그의 대부분의 정력을 당시 실학實學으로 간주되던 과학기술에 대한 연구와 조사에 바치게 되었으며, 그 결과 천공개물이란 책이 탄생하게 된 것이다. 그는 꼬박 3년의 세월을 들여 숭정 10년(1637)에 드디어 이 책을 완성하게 되었으며, 그리하여 이 책이 처음으로 발행된 것도 명 숭정 10년(1637)이다.

전서全書는 상,중,하의 3편으로 모두 18권으로 이뤄져 있으며, 130여항의 생산기술과 공구工具에 대한 명칭, 모양, 제작법 등에 대해 기록하고 있다.

그런데 이 세계적으로 유명한 기서奇書는 이상하게도 그것이 출판되고도 근 300년 동안이나 거의 중국인들에게 알려지지가 않았다. 청의 건륭乾隆 때인 1781년에 편찬된 사고전서四庫全書에서도 이 책에 대해서는 일언반구도 하지 않았고, 관에서 편찬한 수시통고授時通考라는 책 이외에는 그 동안의 유명한 중국의 국학자들이 저술한 책 속에서도 이 저서에 대해서는 거의 언급을 하지 않았다.

그러나 기이하게도 이 책은 당시 중국의 이웃나라인 왜국과 조선에서 오히려 그 진가를 인정받았으며, 이어서 유럽에서도 일본으로부터 이 책의 일본 판본들을 구하면서부터 이 저술에 대한 여러 종류의 번역서가 출현하게 되었고, 급기야 이 저서는 중국과학기술사의 작은 백과전서로 알려지게 되었다. 하지만 중국에서 천공개물의 일본의 여러 판본들을 구하여 늦게나마 다시 이 책을 인쇄하였을 때에는 이미 200여 년이란 세월이 흐른 뒤인 20세기의 일이 되고 만 것이었다. 또 기이하게도 현존하는 천공개물의 10여 개의 판본 중에는 외국의 것이 대다수인데 이러한 점도 중국의 고서 가운데 거의 찾아보기 힘든 현상이다.

하지만 본 역서에서 채택한 판본은 여러 가지 오류를 지닌 일본의 번각본飜刻本들이 아닌, 가장 완전하다고 하는 천공개물의 원본인 초각본初刻本을 저본으로 한 것으로 이는 2차 세계대전 이후에 발견되어 1959년에 복각되고 1976년 종광언鍾廣言 주석註釋의 이름으로 간행된 책에서 채택된 판본이다.

현재의 시각으로 볼 때, 천공개물은 중국과학기술사의 명저로만 볼 수가 없으며, 훌륭한 중국문화사이자 사상사이기도 하다. 이 책에서 말하는 개물開物

에는 중국의 전통문화를 아우르고 있으며, 그 모두가 폭넓은 중국문명의 기초인 것이다. 만약 이 책을 한번 통독하고 그 속의 의미를 음미하고 사색한다면 중국문명의 정수에 대해 한층 깊은 이해를 얻을 것임은 물론이다.

전술한 대로 여러 나라에서 나온 이 책의 번역본 가운데 중국인들에 의한 이 책의 주석과 번역본에 있어서는 1976년 광동인민출판사廣東人民出版社에서 간행한 종광언鍾廣言의 주석본 천공개물의 업적이 가장 크다.

그는 이 책을 주석함에 있어 원저의 내용에 대한 조사와 고증을 거쳤을 뿐 아니라 매 편마다 설명과 주해를 넣고, 또 매 절마다 이를 풀이한 역문을 실었다. 또 초각본에 실린 그림 123개를 모두 복제하여 실었으며, 거기다가 고대의 무기와 목선木船의 구조에 대한 설명도說明圖도 스스로 첨가시키기도 하였다. 그리하여 이 책은 1978년과 1987년에 홍콩과 대만에서 그대로 출판되기도 하였다.

우리나라의 상황에서도 중국과 같이 전통적으로 유학을 숭상하고 기술서적 따위는 천대시하였지만 그래도 19세기 초에 이규경李圭景이 지은 오주서종박물고변五洲書種博物考辨이란 기술서적에서는 천공개물에 대해 언급하고 있어 당시로서는 그 안목이 매우 탁월하였다고 할 수 있다. 그리고 한국에서 최초로 출간된 〈천공개물〉의 번역본은 10여 년 전인 1997년 전통문화사에서 출판한 삼헌三軒 최주崔炷 선생의 천공개물 역주서이다.

선생은 일찍이 금속공학을 연구하던 한국의 저명한 과학자였지만 10여년이란 세월 동안 틈틈이 이 고서古書와 시름하여 결국 완역하게 되었다고 하니, 그 정성이 실로 감동적이다. 최 선생님의 번역본은 꼼꼼한 일본어 번역판과 중국의 종광언의 주석본, 그리고 대만의 유군찬劉君燦의 도독서導讀書까지 참고하여 천공개물의 역서로서는 거의 완벽에 가깝다고 할 수 있을 것이다.

본 역서도 이러한 최 선생님의 업적을 최대한 참고하면서도 현재 중국의 다른 저명한 역서들과 도독서들을 병행함으로써 완벽을 기하려고 노력하였지만 필자의 능력과 주어진 시간 등의 여러 가지 조건적 한계로 인해 그 목표에 달하지 못하였다면 또 훗날 제현들의 지적을 요하는 바이다.

2009년 4월 3일

이동거籬東居에서 최병규 씀

차례

상권

차례

하권

머리말

하늘과 땅 사이에는 물건의 가짓수가 만이나 부를 수 있고, 일 또한 이에 따라 수없이 많으며 이들이 여러 방법을 거쳐 만물을 이루게 되었다.

천지의 조화와 기름化育은 족히 모두 두루 포함하여 그 어느 것도 잃어버림이 없으며 만물을 한결같이 온전하게 이루어짐을 도와 그 어떤 것도 버리는 바가 없으니[1] 만물이 어찌 사람의 힘으로 이루어졌다고 할 수 있겠는가?

이처럼 많은 물상은 각기 다른 사람이 말로 가르쳐 주거나 스스로 눈으로 본 다음에야 비로소 그것을 깨달을 수가 있으니 과연 우리가 안다고 한들 그 수가 얼마나 되겠는가? 만 가지 일과 만 가지 사물 가운데에는 사람에게 무익한 것과 유익한 것이 각각 반반씩 있다. 세상에는 총명하고 박식博識한 자도 있어, 여러 사람들이 그들을 추천하기도 한다. 그러나 사람들은 그 흔한 대추나 배의 꽃도 보지 못했으면서도 그 희귀한 과일인 초평楚萍[2]을 제멋대로 추측하

---

1 이 구절에 해당하는 "曲成而不遺"라는 말은 《역易 · 계사상繫辭上》의 "曲成萬物而不遺"라는 말에서 따온 것이다. 《역易 · 계사상繫辭上》에는 "주역의 창작은 천지와 서로 맞아떨어지는 것이므로 그것은 보편적으로 능히 천지간의 이치들을 모두 포함하고 있는 것이다. ......(주역의 도의 광대함은) 천지의 조화와 기름化育을 족히 모두 두루 포함하여 그 어느 것도 잃어버림이 없으며, 만물을 한결같이 온전하게 이루어짐을 도와 그 어떤 것도 버리는 바가 없으며, 낮과 밤과 어두움과 밝음의 도리와도 會通하여 그 어느 것도 알지 못함이 없다. 그러므로 만물의 신기하고도 오묘함이 어느 하나에만 국한되지 않고, 주역의 변화라는 것도 그 어느 하나의 실체에만 한정되는 것이 아니다."라는 말이 있다.

2 대추나 배의 꽃은 매우 흔한 것이지만 초평은 매우 보기 드문 물건이다. 《공자가어孔子家語 · 치사편致思篇》에는 다음과 같은 말이 있다. 초楚의 소왕昭王이 강을 건너는데 둥근 홍색 물건이 떠 있었다. 따르는 사람도 이것이 무엇인지 몰라 공자孔子에게 사람을 보내어 물어 본 바, 공자가 답하기를 '그것은 초평이란 과일로서 쪼개어 먹을 수 있으나 폭풍우가 있는 날, 오직 패왕覇王만이 그것을 얻을 수 있다'라고 하였다. 그러나 사실 세상에는 초평은 없으며 다만 길상을 상징하는 물건이다. 또 유향劉向이 지은 설원說苑 권18에도 유사한 내용의 이야기가 전하고 있다.

기도 하고, 가까이 있는 흔한 솥의 틀도 만져 본 적도 없으면서 옛날 전설상의 거정莒鼎[3]에 대하여 시끄러이 떠들기도 한다. 어디 그 뿐인가? 화공畫工들도 세상에 있지도 않은 귀신이나 도깨비들은 즐겨 그리면서도 매일 볼 수 있는 그 흔한 개나 말은 그리기를 꺼려한다.[4] 이것으로 미루어 보아 박식한 사람으로 이름난 자산子産[5]이나 장화張華[6] 라고 할지라도 어찌 우리의 본보기가 될 수 있겠는가?

다행히도 지금은 어지신 천자天子 아래에서 국운이 창성한 시대에 태어났기에 저 멀리 남녘에 있는 운남雲南의 수레와 말들이 마음대로 동북의 요양遼陽에 이르고, 오령五嶺 밖의 관리나 장사꾼들이 거침없이 하북河北을 여행할 수 있는 세상이 되었다. 그런 까닭으로 사방 만 리 그 넓은 데 있는 그 어떤 일이나 물건이라고 할지라도 다 보고 듣지 못할 수 있겠는가!

만약에 동진東晋 초나 남송南宋 말에 태어난 선비라면 하북河北이나 섬서陝西 부근, 그리고 산서山西나 하남河南 등지의 토산물을 보고도 외국산으로 생각하였을 것이며,[7] 변경의 무역으로 얻어진 갓옷이나 털모자를 중국 동북쪽에 있던

---

3 《좌전左傳》 소공칠년昭公七年의 기록에 의하면 진후晉侯 증경曾經이 정자산鄭子産에게 춘추시대春秋時代 거국莒國에서 주조한 두 개의 솥을 하사하였다고 되어있다. 그런데 여기의 기록에 의하면, 정자산이 진나라에 초빙되기 전에 진후는 누런 곰이 자신의 침실 문을 들어서는 꿈을 꾸고는 그것이 무슨 귀신의 짓인지 몰라 두려워하다가 결국 병을 얻게 되었고, 급기야 한선자韓宣子로 하여금 정자산에게 물어보게 하였고, 그로부터 진후의 병은 차츰 낫게 되었다고 한다. 이 솥은 음식을 끓이는 식기로서 다리가 세 개 달려있는데, 현재는 전해지지 않고 있다.

4 《한비자韓非子 · 외저설좌상外儲說左上》에 있는 우화寓話에는, 제왕齊王이 화사畫師에게 무엇을 그리기가 가장 쉽고 또 무엇이 어려운가를 물었더니 화사가 개와 말이 가장 어렵고, 있지도 않은 귀신이나 도깨비가 가장 쉽다고 답하였다는 얘기가 있다. 그 외에도 《회남자淮南子 · 범론氾論》에는 "요즘의 화가들이 귀신이나 도깨비를 즐겨 그리면서 개나 말들은 그리길 싫어하는 이유가 뭔가? 라고 묻자 귀신이나 도깨비는 세상에 나타나지 않지만 개나 말은 매일 볼 수 있는 것이기 때문이라고 하였다."라는 말도 있다.

5 정나라 대부였던 정자산을 말한다. 자산의 성은 국씨國氏이고, 이름은 교僑이며, 자字는 자산이었다. 춘추시대 정鄭나라 대부大夫로서 아는 것이 많아 당시 박물군자博物君子로 불려졌다. 원문에는 정교鄭僑로 나와 있다.

6 서진西晋의 대신이자 문학가인 장화張華를 가리키며, 원문에는 진화晉華로 나와 있다. 저서에 《박물지博物志》가 있다. 또 장화는 서진 태강太康시대의 이른바 "삼장三張, 이육二陸, 양반兩潘, 일좌一左"로 대표되는 태강문학의 대표자 중의 한 사람이다.

7 동진과 남송 때에는 한족이 오랑캐의 침략으로 인해 몸을 피해 강남으로 물러난 시기였기에 북방의 여러 성省들이 이족의 통치

종족인 숙신肅愼족의 화살처럼 이역의 기이한 물건으로 여겼을 것이다.[8]

또 왕손과 천자의 자손들이 깊은 궁궐에서 생활하며 어주御廚의 주방에서 풍겨오는 구수한 쌀밥의 냄새를 맡고서 문득 농구農具를 떠올릴 때도 있을 것이며, 상궁尙宮[9]에서 비단옷을 재단하는 것을 보고는 베틀과 실이 어떤 것인가 궁금해 할 수도 있을 것이다. 이런 때를 당하여 그런 그림이 있는 책을 펼쳐 볼 수 있다면 그것은 마치 귀중한 보물을 얻은 것과 같을 것이다.

근년에 책을 한 권 저술하였으니 그 이름은 《천공개물天工開物》이라 부르나 가슴 아프게도 너무 가난하여 기술 서적이나 진기한 물건을 사서 참고하고 고증코자 하여도 그럴 만한 돈이 없으며,[10] 또 이 분야의 인사를 초빙하여 진위眞僞를 감별하고 싶어도 진사왕陳思王이 가졌던 그런 객사客舍[11]도 없다. 따라서 나 혼자의 얕고 고루한 견문을 바탕으로 마음에 감춰 둔 바를 적으니 어찌 모두 다 사실에 맞다고 할 수 있겠는가! 나의 벗 도백취涂佰聚[12] 선생은 그 성의가 하늘을 감동感動시킬 만하고, 마음 또한 사물을 연구하는 격물格物의 자세가 깊어 고금古今을 가리지 않고 좋은 말 한 마디나 가질 만한 좋은 점이 있으면 반드시 부지런히 열심히 수집하고 정정하여 책으로 지어 내었다. 작년 나의 《화음귀정畵音歸正》[13]이 그의 도움으로 출간되었고, 다시 그의 권유로 이 책을 이어 출판

속에 있었으므로 그곳의 토산품도 외국의 물건으로 여겼을 것이라는 의미이다.

8 '숙신의 화살'이란 말은 원래 《국어國語 · 노어하魯語下》에 나오는 말이다. 숙신은 지금의 중국 동북 지방에 있던 부족으로 그 곳은 당시 매우 황폐한 지역이었다. 따라서 '숙신의 화살'이란 이역異域의 기이한 물건을 지칭하는 뜻으로 사용되는 말이다.

9 궁중에서 전적으로 황실을 위해 물품을 생산하던 작업방을 말한다.

10 재물이 없다는 의미로 원문에서는 "낙하지재洛下之資"가 부족하다는 말을 사용하고 있다. 이는 《세설신어》 검색儉嗇에 나오는 왕융王戎의 전고를 인용한 말이다.

11 원문은 진사陳思이나 바로 조조의 아들 진사왕 조식曹植을 가리킨다. 그는 "재고팔두才高八斗"의 별명과 함께 총명과인聰明過人하였는데, 빈관賓館을 마련하여 여러 문인들을 접대하였다고 한다. 당시 양수楊修나 정의丁儀 등이 모두 조식의 빈객이었다.

12 이름은 소규紹煃로 송응성의 친구이자 동학이었다. 관직은 광서좌포정사廣西左布政使에 이르렀다.

13 송응성의 또 다른 저술이나 이미 소실되었다.

하게 되었으니 이 역시 오랫동안 사귄 우리의 인연의 결과라 할 수 있다.

책의 차례는 전후로 나뉘며, 이른바 "오곡五穀을 귀히 여기고, 금옥金玉을 천하게 여긴다"는 뜻[14]에 따랐다. 《관상觀象》과 《악률樂律》 두 권은 그 학문이 너무도 세밀하고 깊어 스스로 생각하길 자신의 소임이 아니라고 간주하였기에 출판에 즈음하여 빼기로 하였다. 여기서 나는 과거급제科擧及第를 일생의 대업으로 여기는 문인이라면 이 책을 책상머리에서 버리시기를 바라며, 이 책은 입신출세와도 그 어떤 관계도 없음을 아울러 표하는 바이다.

숭정崇禎 정축년丁丑年 음력 사월
봉신현奉新縣의 송응성宋應星이
가식지문당家食之問堂[15]에서 씀

14 서한西漢 때 조착晁錯의 《논귀속소論歸粟疏》에 보인다. 그 뜻은 백성의 생활을 향상하려면 농업을 중시하고 금은金銀이나 주보珠寶와 같은 사치품을 경시해야 한다는 것이다.

15 "가식지문당"은 송응성의 실명室名이다. "가식家食"이란 말은 《주역》의 "대축大畜"괘卦에 나오는 말인데, "불가식不家食"이란 공직에 있는 것을 말하고, "가식"이란 공직이 없는 것을 말한다. 송응성이 이 서문을 썼을 때는 이미 관직을 떠난 시절이기에 "가식"이라는 말을 사용하였다. 따라서 "가식지문"이란 말의 의미는 음식을 먹을 때에 경작을 생각한다는 뜻이다.

천공개물

상권

1. 곡물(穀物)[16]

나는 말한다. 먼 옛날 상고 시대 전설에 나오는 신농씨神農氏[17]가 실제로 있었는지 없었는지는 아무도 확신할 수 없으나 '신농'이란 두 글자로 농사를 짓는 이를 찬양한 것을 보면 농사와 경작의 일을 신성하게 여겼음을 알 수 있고, 지금까지도 그것은 의미심장한 뜻을 품고 있다.

인류는 오곡五穀에 의지하여 생명을 유지하고 있으며, 그 오곡이 사람을 살려 주지 않았으면 사람은 오래 살 수 없었을 것이다. 그런데 그 오곡도 또한 스스로 자랄 수 없으니 모름지기 사람이 심어 가꾸어야 하는 것이다.

토맥은 길고 긴 시대를 겪으면서 그로 인해 변화하며, 곡물의 품종 또한 서로 다른 토질과 수질에 따라 분화된다.

그렇지 않다면 신농씨로부터 도당陶唐[18] 시대에 이르기까지 곡식을 먹어 온 지 이미 천년이나 흘렀으며, '신농씨가 농구農具의 편리함을 천하에 가르쳐 주었다'[19] 라고 하였는데, 이것에 어찌 속임이 있겠는가? 그런데 좋은 품종의 곡물에 대하여서는 지금까지 무엇이 밝혀졌는가? 수많은 좋은 품종이 그렇게도

16 원문에서는 곡물을 "내립乃粒"이라는 말로 지칭하고 있는데, 《서書 · 익직益稷》의 《증민내립烝民乃粒》에서 나온 말이다. 이는 백성들은 곡물을 먹고 산다는 뜻이다. 백성들에게 가장 중요한 것이 무엇보다도 식량이라는 의미에서 작자 송응성은 의도적으로 이 단원을 제일 처음에 수록하였다고 볼 수 있다.

17 염제신농씨炎帝神農氏를 말하며, 중국 상고上古 때의 신화전설상의 고제왕이다. 농업을 처음으로 일으켰고, 농구를 발명하여 사람들을 가르쳤다고 한다.

18 당요唐堯를 지칭한다. 도당陶唐이란 전설상의 천제天帝로서 요제堯帝를 가리키는데, 처음에는 도陶에, 후에는 당唐에 봉封해져 도당씨陶唐氏라고 불려졌다.

19 《역易 · 계사하繫辭下》에 나오는 말이다.

분분하게 나타나곤 하였지만 끝내는 후직后稷[20]에 와서야 비로소 소상히 밝혀졌으니, 이것은 또 무슨 까닭일까?

저 부귀한 귀족의 자제들은 노동자 농민들을 마치 죄인[21]과 같이 여겼으며; 저 책 향기 넘치는 학자의 집안에서는 농부를 마치 남에게 욕하는 말로 여겼다. 아침저녁 종일토록 끼니로써 그 배를 채우고 아름다운 맛을 마음껏 향유하면서도 그 양식의 유래由來를 생각하려고 하지 않은 자들이 너무도 많은 것이다.

이렇게 보면 농업을 신성하게 여겨 '농農 자字 앞에 신神'자를 덧붙여 '신농'이란 존칭을 쓰게 된 것이 어찌 인위적으로 만든 것이라고 할 수 있겠는가? 이는 매우 자연스러운 것인 것이다.

20 전설에 의하면 후직은 요순堯舜 시절의 대신大臣으로 농사에 관한 일을 맡은 관리였으며, 대우大禹와 더불어 치수治水에 관한 일도 맡았다. 토질에 적합한 우량 품종을 식별하고 널리 백성에게 가르쳐 주었다고 한다. 신농씨 다음으로 농신農神으로 제사에 모셔졌음이 《상서尙書 · 익직益稷》에 적혀 있다. 또 그는 이름이 기棄라고도 불렸는데, 주周의 시조였다고 한다. 따라서 그의 고사는 《사기史記 · 주본기周本紀》에 상세히 전하고 있다. 그 대체적 내용은 기는 어릴 때부터 나무나 곡물들을 심고 놀았으며, 어른이 되었어도 농사일을 좋아해 요임금이 그 소식을 듣고 그를 농사農師로 천거하여 천하의 백성들이 그 혜택을 입었다는 것이다.

21 원문에서는 귀족의 자제들이 자의赭衣를 도롱이로 여겼다고 하였는데, 옛날 죄수에게 붉은 옷을 입혔기에 나온 말이다. 농부가 입는 도롱이를 죄수의 옷으로 보았기에 한 말이다.

총칭(總稱)

곡穀은 어느 정해진 종류를 가리키는 명칭이 아니다. 백곡百穀은 곡물 전체를 가리키며, 오곡五穀은 삼 · 콩 · 맥麥 · 조 · 기장을 일컫는다.[22] 단지 여기에 벼가 빠져 있는 것은 책을 쓴 성현聖賢이 서북 지역 출신이기 때문이다.[23] 오늘날 세상에서 천하 사람들을 먹이는 양식으로는 벼가 10분의 7을 차지하고, 밀 · 보리와 기장 · 조 등이 10분의 3을 차지한다. 그리고 삼과 콩 두 가지는 나물 · 가루떡 · 기름 등과 같이 부식품副食品에 들어가거나 짜서 기름으로 사용되어지나 여기서 곡물로 꼽는 까닭은 원래의 근거를 그대로 따랐기 때문이다.

22 원문의 오곡은 마麻 · 숙菽 · 맥麥 · 직稷 · 서黍로 되어 있다. 여기서 마는 삼, 즉 대마大麻로서 그 씨로 기름을 짤 수 있다. 숙은 콩의 모든 종류를 말하며, 맥에는 보리인 대맥大麥과 밀인 소맥小麥 등이 모두 포함된다. 직은 조를 가리키며 속粟이라고도 말하며, 수수 등도 여기에 포함된다. 그리고 서는 기장을 말한다. 이렇게 오곡을 분류한 것은 《주례周禮 · 천관天官》 '질의疾醫' 주注와 《예기禮記 · 월령月令》 등의 고서古書에 따른 것이다. 여기서 벼가 빠져 있어 단편적인 분류라 말할 수 있다. 우리나라의 오곡은 쌀 · 보리 · 조 · 콩 · 기장을 말한다.

23 중국은 이미 신석기시대에 벼의 겨가 출토되었으며 기원전 1,500년 은대殷代에 벼를 재배한 것이 기록으로 남아 있다. 갑골문자甲骨文字에 벼를 뜻하는 화, 도자가 있음이 이를 증명한다. 《맹자孟子 · 등문공滕文公》의 '수예오곡樹藝五穀'은 오곡을 심고 가꾼다는 뜻인데 여기서 오곡으로 조기趙岐는 주에서 삼 대신에 벼를 넣었다. 그리고 오곡은 고서에서는 언제나 육축六畜과 병칭되었으며, 오곡은 백곡과 함께 모든 곡류를 널리 일컫는 말이었으며, 결코 다섯 종류의 곡물에만 국한된 것이 아니었다. 오곡을 삼 · 콩 · 맥麥 · 조 · 기장의 다섯 종류로 정한 것은 한유漢儒에서 비롯된 것이다.

벼

벼는 그 종류가 가장 많다. 차지지 않는 벼를 메벼라 하며, 그 쌀을 멥쌀이라고 부른다. 차진 벼를 찰벼라 하고, 그 쌀을 찹쌀이라 한다.(남방에서는 차진 기장이 없어서 술을 모두 찹쌀로 빚는다) 본래는 메벼와 같은 종류였지만 늦게 익어 차진 성질을 가지고 있어(속명으로 무원광婺源光[24]이란 종류) 이 벼로는 술을 빚을 수 없고 단지 죽만 만들 수 있는 것은 또 다른 벼에 해당한다.

벼는 그 모양이 긴 까끄라기와 짧은 것(강남에서는 까끄라기가 긴 것을 유양조瀏陽早[25]라 하고, 짧은 것을 길안조吉安早[26]라 한다)이 있으며, 낟알에도 긴 낟알, 뾰족한 낟알, 둥근 꼭지, 납작한 것 등 그 모양이 다 다르다. 그 속의 쌀알의 빛깔도 또한 눈 같은 흰색, 치아와 같이 연한 황색, 진한 빨강, 연보라, 거무스레한 잿빛 등 여러 가지가 있다.

볍씨 종자를 물에 불리는 시간은 가장 빨리는 춘분春分 이전인데, 이런 볍씨를 사종社種[27]이라고 한다(이런 종류는 추운 날씨를 만나면 동사하여 발아하지 못하는 것도 있다). 그리고 가장 늦게는 청명淸明이 지난 다음이다.

종자를 뿌리기(파종) 전에는 먼저 종자를 벼나 밀·보릿짚에 싸서 며칠 동안 물에 불렸다가 꺼내 싹이 트기(발아)를 기다렸다가 다시 모판에 뿌린다(파종).

---

24 무원광은 뒤의 유양조나 길안조와 같이 지명을 따서 붙인 메벼의 품종이다. 이것은 강서성江西省 무원婺源·만년萬年·파양鄱陽 등의 현縣에서 많이 재배하는 품종이다.

25 호남성湖南省 유양현瀏陽縣에서 재배한다.

26 강서성江西省 길안吉安 지방에서 재배하는 품종이다.

27 사社는 사일社日로서, 옛날에는 입춘立春이나 입추立秋 후 다섯 번째의 술일戌日에 토신土神에게 제를 올리는데 이를 춘사春社 및 추사秋社라 한다. 여기서는 춘사, 즉 춘분春分 전 10일 내의 술일戌日에 물에 불리는 볍씨를 말한다.

싹이 한 치 남짓 자라게 되면 그것을 모라 부르며, 모가 30일 생장하게 되면 바로 뽑아서 나누어 심어야 한다(모내기). 만약에 논에 물이 가물거나 물이 과도하게 많아도 모를 심을 수 없다. 모가 자란 후에 그 시기를 놓쳐 적시에 심지 않고 늦추어서 모내기를 하면(모를 오래 두어 묵이면) 모의 마디가 길어지는데, 이를 논에다 심어도 결실하는 낟알은 몇 개 되지 않는다. 모판 한 무畝에서 나는 모로 논 25무에다 모를 낼 수 있다.

모내기 후에 빨리 자라는 것은 모를 심은 뒤 70일 만에 수확할 수가 있고(메벼는 구공기救公飢[28] · 후하급喉下急[29]이 있고, 찰벼로는 금포은金包銀[30] 등이 있다. 지방마다 부르는 이름들이 천차만별이라 낱낱이 다 기술할 수 없다), 가장 늦게 익는 것은 여름을 지나 겨울에 들어가기까지 200일은 지나야 비로소 수확할 수 있다. 광남廣南-광동廣東 · 광서廣西 등의 남부지역-의 물벼는 겨울에 씨를 뿌려 한여름에 수확하는데, 그것은 그 지방에는 겨울에 서리나 눈이 없기 때문이다.

벼가 열흘간 물이 없으면 마르게 된다. 여름에 씨를 뿌려 겨울에 거둬들이는 벼는 반드시 산골짝의 수원水源이 풍부한 논이어야 한다. 이런 벼는 씨를 뿌린 후 자라는 생장기가 길고 땅의 온도도 낮기 때문에 모를 심어도 빨리 자라지 못한다.

호숫가의 논에서는 여름철의 홍수가 지난 후 6월에야 비로소 모내기를 할 수 있다. 이런 모는 입하立夏 때 씨를 뿌리는데 지세地勢가 높은 곳의 논에다 뿌려야 하며, 그리고 때에 맞춰 제때 모내기를 해야 한다.

28 강서江西 지방에서 재배하는 성장기가 짧은 볍씨로서 소서小暑 전에 익으며, 5월의 기아飢餓를 구해 준다는 뜻으로 이런 이름이 붙었다.

29 생육기가 짧은 조숙早熟 품종으로서 청조淸朝 이후에는 없어졌다.

30 볏겨의 빛깔이 황금색을 띠며, 이른 찰벼를 말한다. 현재에도 강서 지방에서 재배한다.

남방의 평원 지대에서는 논의 대부분이 한 해에 두 번 모를 내고, 두 번 수확한다. 이때 두 번째 모를 심는 벼를 속명俗名으로 만나晩糯라 하는데, 이것은 메벼가 아니다. 6월에 이른벼를 베고, 이어서 논을 갈아 두 번째의 모를 다시 심는다. 이런 모는 청명淸明 때 미리 이른벼의 모와 함께 씨를 뿌려 둔다. 이른벼의 모는 하루라도 물이 없으면 곧 말라 죽지만,[31] 이 늦은 모는 4, 5월 두 달을 지나는 동안 뜨거운 태양과 폭서暴暑, 그리고 건한乾旱에도 끄떡없이 잘 자라는데, 이는 정말 신기한 일이라 할 수 있다. 두 번째 심는 벼는 가을철 맑은 날이 많이 이어지기 때문에 그 생장과정에 있어 처음부터 끝까지 끊임없이 물을 주어야 한다. 농민들이 이렇게 부지런히 일하는 것은 봄에 마실 춘주春酒를 빚기 위해서인 것이다.

벼는 열흘 동안 물이 없으면 곧 말라 죽는다. 그러나 나중엔 마른 벼의 한 가지로 찰기가 없는 메벼가 나타날 때가 있다. 이러한 벼는 고산지대에서도 키울 수가 있는데, 이 또한 매우 신기한 일이라 할 수 있다.

또 향도香稻라는 벼도 있는데, 좋은 향기가 있어 전적으로 돈이 많은 사람들이 사 먹지만 그 수확량이 비교적 적고, 또 영양분도 별로 없어 권장할 만한 가치는 없다.

31 잘못된 표현이다. 이른모는 오히려 한동안 논에서 물을 빼고 햇볕에 쬐어 주어야 한다.

거름주기와 가다루기

벼이삭은 척박한 땅에서 자라게 되면 벼이삭의 낟알이 엉성하게 된다. 부지런한 농민은 논에 여러 종류의 비료를 사용하여 거름을 주며 벼가 잘 자라도록 애를 써야 한다. 이를테면 사람과 가축의 똥이나 오줌, 기름을 짜고 난 찌꺼기인 고병枯餠(여기서 고枯란 기름을 짜내고 난 마른 것이라 붙여진 이름이다. 그 가운데 참깨와 무씨가 가장 좋고, 유채油菜씨가 다음이며, 기름오동씨[32]가 그 다음을 잇고, 녹나무[33]씨, 오구나무[34]씨, 목화씨가 그 뒤를 잇는다[35])이나 또는 풀 껍질이나 나뭇잎으로 거름을 만들어 벼를 잘 자라도록 촉진하는 것은 어느 지방이나 모두 마찬가지이다(남방의 농민들은 녹두가루를 갈아 물과 발효된 즙액 뜨물을 논에다 부어 넣는데 이것은 비료효과가 대단히 높다. 콩 값이 쌀 때는 누른 메주콩을 논에 뿌리면 콩 낟알 하나가 썩게 되면 가로세로 3치 땅의 거름이 되고 그렇게 되면 벼 수확의 증산增産으로 얻은 수익은 메주콩을 뿌린 비용의 두 배가 될 것이다[36]).

흙이 차고 물기가 많은 논[37]에는 모내기를 할 때에 뼈의 재(모든 새나 짐승의 뼈

32 "기름오동"의 원문은 "대안동大眼桐"으로 "큰 눈 오동"의 의미를 띠고 있다. 기름오동은 유동油桐 · 동유수桐油樹 · 앵자동罌子桐이라 한다. 버들옷과에 딸린 갈잎큰키나무로서 열매에서는 기름을 짜며 원산지는 동양이고, 우리나라에서는 호남지방과 제주도 등지에 분포되어 있다.

33 녹나무는 녹나뭇과에 딸린 늘푸른큰키나무이며, 제주도 · 일본 · 대만 · 중국에 분포되어 있다. 장뇌樟腦의 원료나 선재船材로 쓰인다. 장목樟木이라고도 한다.

34 오구나무의 원문은 구桕로 되어 있다. 이는 오구목烏桕木이라 하며, 버들옷과에 딸린 갈잎큰키나무로서 씨는 기름을 짜서 비누 · 초 따위를 만드는데 쓰인다. 중국이 원산지이다.

35 이런 씨는 질소 · 인 · 칼륨 등이 함유되어 있다. 따라서 옳은 표현이다.

36 누른콩인 황두黃豆를 강서江西 지방에서는 거름으로 쓰고 있으며, 그 효과가 커서 작물의 품질을 좋게 한다. 그러나 이런 방법은 비경제적이어서 권할 만한 것은 못된다.

37 산골짜기의 논과 같이 배수排水가 나쁘고, 물이나 흙의 온도가 극히 낮은 산성토酸性土의 논을 말한다.

가 다 괜찮다)를 모뿌리에다 우선 묻거나,[38] 혹은 모내기를 한 연후에 모 밑에다 석회를 좀 뿌리기도 한다.[39] 그러나 햇볕이 잘 드는 따뜻한 땅이면 이렇게 할 필요가 없다.

토질이 단단히 굳어 있는 논은 응당 쟁기로 일구어 흙덩이를 쌓고 그 밑에다 땔나무를 쌓아 흙덩이를 태운다. 그러나 차진 흙이나 굳지 않은 부드러운 흙에는 이렇게 하면 아니 된다.

38 뼈의 재는 인비燐肥로서 지금도 중국 남방에서는 벼를 가꾸는데 널리 쓰이고 있다.
39 석회는 산성흙을 중화中和한다.

논일구기와 논매기

벼를 수확하고 난 논은 만약에 다시 심지 않을 때는 반드시 그해 가을에 쟁기로 논을 일구고 묵은 짚을 논에서 썩히게 되면 그 비료효과가 분비糞肥를 쓸 때보다 배나 효과가 있다. 또 만약 가을에 가뭄이 들어 논에 물이 모자라든가 농가가 게을러 그 해의 농사를 미루고 다음해 봄에야 비로소 일구면 벼 수확이 줄어든다.

논에다 거름을 준 다음에는 건비乾肥나 묽은 분비가 폭우 등으로 인해 거름이 떠내려가는 것이 가장 걱정이 될 것이다. 그러므로 늘 날씨변화에 주의하여 잘 살피는 것이 바로 노련한 농부의 지혜인 것이다.

처음 쟁기로 논을 일구고 나서도 부지런한 농민은 두 번, 세 번 일구고 다시 써레질한다. 그러면 흙이 골고루 부서져 그 속으로 거름이 잘 섞이게 된다. 논을 일굴 소가 없으면 쟁기에다 가룻대를 동여매어 두 사람이 앞뒤가 되어 쟁기를 끌어 흙을 뒤집어 일군다. 두 사람이 하루 종일 일하더라도 겨우 소 한 마리의 노동량에 해당한다. 만약에 쟁기로 일군 후 소가 없으면 써레를 만들어 두 사람이 함께 어깨와 손으로 흙을 누르면서 하루 종일 일을 한다면 소 세 마리의 노동량과 맞먹는다.

중국 중원지역에는 단지 물소와 황소 두 종류밖에 없다. 물소의 힘은 황소의 두 배가 되지만 물소를 키우려면 겨울에는 추위를 막아주는 흙집이 있어야 하고, 여름철에는 목욕을 시켜줄 연못이 있어야 하는 등 축양畜養하는데 드는 정력이 황소보다 두 배나 힘이 든다. 입춘이 오기 전에 논갈이에 부려서 과도

한 노동으로 땀을 흘린 소는 절대로 비를 맞아서는 안 되며, 만약 비가 내릴 듯하면 서둘러 소를 흙집 안으로 몰아넣어야 한다. 그러나 곡우穀雨가 지나면 그 어떠한 비나 바람을 맞아도 걱정할 필요가 없다.

강소성 소주蘇州 일대의 농부는 쟁기 대신에 쇠스랑[40]을 쓰며, 소를 사용해 논을 일구지 않는다. 나의 생각에는 소 값이나[41] 먹이인 풀의 비용, 그리고 소를 도적맞는다든가 병이나 죽음 등 뜻밖의 손실을 모두 생각하면 가난한 농가에서는 인력으로 논을 경작하는 편이 역시 쌀 것으로 사료된다. 가령 소를 가진 사람이 10무畝의 논을 일군다고 하면, 소 없이 쇠스랑을 써서 부지런히 일하는 사람은 5무畝를 일굴 수 있을 것이다. 그러나 소가 없으면 추수한 후 논에다 소의 풀을 심는다든가 방목放牧을 하는 등의 번거로운 일이 없게 되고, 그렇게 되면 논에다 콩·밀·보리·삼·채소 등 여러 가지를 심어 키울 수 있게 된다. 그러면 결과적으로 두 번의 수확으로 황폐된 5무畝의 논을 보상할 수 있어서 소를 가진 것과 거의 맞먹게 되는 것이다.

모내기를 하고 며칠이 지나지 않아 오래된 잎은 누렇게 시들고 새잎이 다시 돋아난다. 새잎이 자라면 북을 돋우어야 한다(이를 속된 말로 달화撻禾라 한다). 손에 막대기를 잡고 발로 진흙을 뿌리 위에다 북을 돋우고 동시에 논에 있는 잡초를 밟아서 진흙 속에 넣어 다시 밖으로 자라지 못하게 한다. 논의 작은 물 잡초들은 발로 밟아 진흙 속으로 넣을 수 있지만 돌피·방가지똥[42]과 여뀌[43] 등의

40 원문에는 서鋤로 되어 있는데 여기서는 호미가 아니고 쇠스랑으로서, 뾰족한 쇠로 만든 날이 5개 또는 4개를 나란히 낸 괭이모양으로 되어 있다. 차진 땅을 일구는 데 쓰인다.

41 명조明朝말에는 소를 키우는 집에 우두세牛頭稅를 징수하여 농민을 괴롭혔다. 이 때문에 많은 농가가 소를 키울 수 없어서 '이서대사以鋤代耜, 불차우력不借牛力'이라 하였다. 즉 쟁기 대신에 쇠스랑을 써서 소의 힘을 빌리지 않았다.

42 방가지똥은 엉거싯과에 딸린 한해살이 또는 두해살이 풀이다.

43 여뀌는 마디풀과에 딸린 한해살이 풀이다. 잎이 매운 맛이 있다.

잡초는 발로 없앨 수가 없기 때문에 반드시 계속하여 논매기를 해야 한다. 논을 매는 사람은 힘들더라도 허리와 손을 많이 사용해야 하고, 두 눈으로는 모인지 풀인지 잘 구별해야 한다. 잡초가 깨끗이 없어지면 모는 무성하게 잘 자랄 것이다. 그 후에는 물을 배출하여 홍수를 막고 물을 대어 가뭄이 들지 않게 하면 1개월 남짓 후에는 곧 벼를 베어 수확할 준비를 해야 할 것이다.[44]

44 원문에는 '엄관질예奄觀銍刈'로 되어 있는데, 이것은 《시詩 · 주송周頌 · 신공臣工》에서 비롯된 말로서 낫으로 베어 수확한다는 의미를 갖고 있다.

써레질 하기

논 일구기

논 매기

북 돋우기

벼의 재해

이른벼의 종자種子는 가을 초에 거둬들이는데, 만약 한낮 뜨거운 태양 아래에서 말리게 되면 볍씨 내의 열기가 아직 식지 않은 상태에서 창고에 들어가게 되고 또 창고 문을 너무 꼭 닫아두면 볍씨는 심하게 더위를 먹게 된다(부지런한 농가가 오히려 이런 재해를 많이 입게 된다). 그러면 이듬해 파종한 후에 논에 있는 분비糞肥가 토양을 더워지게 하고, 거기에다 따뜻한 동남풍이 한번 불게 되면 벼는 불에 타는 것처럼 열이 올라 결국 모와 벼이삭이 크게 해를 입게 되는데,[45] 이것이 첫 번째의 재해이다.

그리고 만약 볍씨를 저녁 신선할 때를 기다렸다가 창고에 넣거나 혹은 동지冬至 수구한천數九寒天 가장 추운 날에 설수雪水나 빙수氷水를 항아리에다 담아 두었다가(반드시 입춘立春 전에 넣어 둔다), 청명淸明에 볍씨를 물에 불릴 때 볍씨 한 섬에 이 물을 몇 그릇 뿌리면 더운 열기가 곧 바로 풀리게 된다. 이렇게 되면 아무리 따뜻한 동남풍이 불어도 벼이삭은 무성하게 잘 자랄 수 있을 것이다.[46] (병원病源이 볍씨 종자에 있는 데도 어떤 이들은 오히려 귀신을 원망하기도 하였다).

볍씨를 뿌릴 때 논물이 몇 치나 깊으면 볍씨가 바로 가라앉지 못하게 되고 이때에 갑자기 돌풍이라도 불면 볍씨는 논의 한쪽 구석으로 몰려 쌓이게 되는

45 도열병稻熱病 등이 발병하면 벼가 붉은색으로 변해 마치 불타는 것처럼 보인다. 도열병균은 분생포자分生胞子나 균사菌絲로 볍씨나 짚에서 겨울에 나고, 이듬해 모에서 성숙하는 동안에 발병한다. 여기에 질소 비료가 과다하거나 흙의 온도가 높으면 이 또한 발병의 원인이다. 동남풍이 불면 공기의 온도가 높아져 발병을 조장하게 된다. 볍씨가 더위를 탄다는 것은 볍씨가 감염되어 병을 지녀 다음해 발병의 원인이 된다는 뜻이다. 따라서 여기서 말한 것은 정확하다고 말할 수 있다.

46 찬물을 쓰더라도 아무런 효과가 없다. 중국에서도 현재는 이런 방법을 쓰지 않는다. 현재는 볍씨를 소독하여 도열병을 방지한다.

데, 이것이 두 번째의 재해이다. 따라서 바람이 잠잠해지는 것을 잘 살펴서 볍씨를 뿌리면 골고루 고르게 잘 가라앉아 모로 자라게 된다.

볍씨에서 모가 난 다음에는 참새가 떼를 지어 날아와 쪼아 먹는 것이 염려되는데, 이것이 세 번째의 재해이다. 이런 경우에는 논에다 막대기를 세우고 가짜 매나 가짜 사람을 달아 놓아 바람에 펄럭이게 하면 그로써 참새를 쫓을 수 있게 된다.

모가 그 뿌리를 완전히 자리 잡기 전에 비가 오래토록 내리면 반 이상이 못쓰게 되는데, 이것이 네 번째의 재해이다. 만약에 비가 개어 맑은 날씨가 연이어 사흘이 계속되면 모는 능히 다 살아나게 된다.

모가 자라 새잎이 돋으면 논흙 속의 거름이 끊임없이 힘을 내고, 거기에다 남풍의 열기가 한번 더위를 몰고 오면 벼 잎에는 벌레(모양은 누에고치와 매우 비슷하다)가 생기는데, 이것이 다섯 번째의 재해이다. 이 때에는 한 바탕의 서풍과 함께 비가 오기를 고대해야 할 것이다. 그러면, 벌레는 없어지고 벼도 정상적으로 자라게 될 것이다.

모에서 이삭이 팬 후에는 저녁에 "도깨비불"이 사방으로 날아다니면서[47] 이삭을 태우는데,[48] 이것이 여섯 번째의 재해이다. 이 "도깨비불"은 썩은 나무에서 날아 온 것이다.

나무와 불은 마치 어미와 자식 같다. 나무는 어미이고, 불은 자식인 것이

47 도깨비불이 썩은 널이 널빤지에서 난다고 하였는데, 사실은 널 속의 뼈가 썩어서 분해하여 인화수소燐化水素가 생기며, 그 가운데 약간의 2인화수소는 스스로 타면서 빛을 낸다.

48 그렇지 않다. 그러나 이삭이 돋은 후 고온 건조한 철에는 도열병이 극성을 부리게 되면 하루 이틀 사이에 벼가 타들어가 그렇게 보일 수도 있다.

다.[49] 자식이 어미의 배 속에 숨어있으면 모체母體는 부서지지가 않고 자성子性도 영원히 존재하게 된다. 즉 불이 나무에 간직되어 있을 때 나무가 온전하면 불은 영원히 나무속에 간직된다. 그러나 비가 많이 내리는 해에는 황폐한 들판에 있는 무덤들은 흔히 여우나 이리가 그 속을 파헤쳐 봉분이 내려앉고 분묘 속의 관목이 빗물의 침투로 인하여 썩게 된다. 이렇게 되면 이른바 모체 즉 어미의 바탕이 부서지는 것이다. 자식인 불은 의지할 곳이 없어 어미 몸에서 벗어나 표류하게 된다. 그러나 이런 음화陰火는 햇빛을 대할 수가 없어 해가 지기를 기다렸다가 분묘의 틈을 뚫고 튀어나오게 된다. 그러나 위로 높이 오르지는 못하여 겨우 몇 척의 높이에서 이리저리 떠돌게 된다. 벼 잎이나 벼 이삭이 이런 불을 만나게 되면 즉시 그 자리에서 타버린다. 이런 "도깨비불"을 쫓는 사람들은 나무뿌리에서 빛이 발산하는 것을 보고 귀신으로 착각하여 나무 몽둥이로 힘껏 치기도 하였는데, 이 때문에 오히려 도깨비 귀신이 마른 땔나무로 변했다는 말이 생겨나기도 하였다. 이런 사람들은 "도깨비불"이 언제나 등불 빛을 한 번 보자마자 곧 바로 사라지는 사실을 몰랐던 것이다(사람이 인위적으로 붙이지 않은 불[50]은 모두 다 음화陰火에 속한다. 그러므로 음화는 등불을 보면 바로 사라지는 것이다).[51] 이런 설명은 잘못되었다. 도깨비불이라고 하는 인화燐火는 밝은 등불이나 햇빛 아래에서는 보이지 않는다. 아마 이를 표현한 것으로 생각된다.

모가 싹이 나서 이삭이 여물 때까지 이른벼는 물 세 말을 먹고, 늦은벼는 다

49 송응성은 고대의 오행상생설五行相生說에 입각하여 화火가 목木에서 생긴다고 여겨 나무는 어미이고, 불은 자식이라고 한 것이다.

50 옛날에는 일상생활에서 불을 사용함에 있어 대부분 불씨를 보존하였고, 매일 매일 전해지면서 혹은 그것을 다른 집에서 빌리기도 하였다.

51 이런 설명은 잘못되었다. 도깨비불이라고 하는 인화燐火는 밝은 등불이나 햇빛 아래에서는 보이지 않는다. 아마 이를 표현한 것으로 생각된다.

섯 말을 먹는데, 물이 없게 되면 곧 시들어 죽는다(추수하기 전에 물 한 되가 모자라면 낟알의 수는 같더라도 쌀알이 작아지고 연자방아나 절구로 가공할 때에도 가루로 잘 깨진다). 이것이 일곱 번째 재해이다. 그러므로 관개灌漑에 있어 사람들은 온갖 지혜를 다 동원하여 논에다 물을 끌어들이는 것이다.

벼가 여물었을 때 만약 돌풍이 불어 낟알이 떨어지거나, 또는 열흘이나 계속되는 궂은 비 날씨를 만나게 되면 낟알이 물에 젖어 저절로 썩게 되는데, 이것이 여덟 번째 재해이다.

그러나 바람의 재해는 일반적으로 방원方圓 30리를 넘지 못하고, 궂은비의 재해도 방원 300리를 넘지 못한다. 이런 것은 어디까지나 국부적인 지역의 재해이지 넓게는 못 미친다. 바람으로 떨어진 낟알은 어찌 할 도리가 없다. 만약 가난한 농가에서 비가 개지 않아 궂은 비의 재해를 있었다면 젖은 곡식을 솥가마에 넣고 밑에서 불을 때어 벼의 겨를 볶아 벗기고 볶은 쌀로 허기를 달랠 수 있을 것이다. 이 또한 나쁜 날씨 즉 천재天災를 이기는 한 방법일 것이다.

수리(水利)

〔통차筒車 · 우차牛車 · 답차踏車 · 발차拔車 · 두레박〕

다른 오곡에 비해 벼는 특히 가뭄을 조심해야 하며, 물을 많이 필요로 한다. 논의 흙으로는 모래흙, 진흙, 단단하면서도 메마른 흙, 기름진 흙 등의 차이가 있고 각 지역마다 토질이 다르다. 어떤 논은 관수하고 사흘만 지나도 곧 마르는가 하면 또 어떤 논의 경우에는 반 달이 지나야 비로소 마르는 흙도 있다. 하늘에서 비가 내리지 않으면 사람의 힘으로 물을 길어 보충해 주어 가뭄을 막아야 한다.

강이나 냇가 부근의 논에서는 통차筒車를 사용하기도 하는데, 냇물을 둑으로 막은 뒤, 그 물을 통차 밑으로 흐르게 하여 통차의 물바퀴와 부딪치도록 하여 바퀴를 돌린다. 물을 퍼서 통으로 끌어 들이고 통 속의 물을 한 통씩 수조水槽에다 부어 논으로 흘러가게 한다. 이렇게 밤낮으로 쉬지 않으면 백 무 이상의 논에 물을 대는 것도 아무런 문제가 없다(물을 사용하지 않을 때는 나무마개로 막아 물바퀴가 돌지 않도록 한다).

호수나 연못 주변과 같이 물이 흐르지 않는 곳에서는 소의 힘으로 전반轉盤을 돌려 수차를 움직이거나 혹은 몇 사람이 함께 발로 밟아 수차를 돌리기도 한다.[52] 수차의 차체는 긴 것은 두 장丈이며, 짧은 것은 한 장이다. 수차 안에는 용골龍骨을 사용하여 판자에 연결시켜 물이 아래로 흐르지 못하게 막아 위로 역행逆行시킨다. 대체로 한 사람이 하루 종일 일하면 5무의 논에다 물을 댈 수

52 답차踏車를 말한다. 이것은 번차飜車 또는 용골수차龍骨水車라고도 하며, 기원후 2세기인 동한東漢의 필람畢嵐이 발명하였다고 한다.

있고, 소를 이용하면 두 배로 증가시킬 수 있다.

얕은 못이나 작은 물도랑에서 긴 수차를 둘 수 없으면 길이가 몇 척尺 안 되는 발차拔車[53]를 사용한다. 한 사람이 두 손으로 손잡이를 잡고 신속하게 돌리며 하루 종일 일하더라도 겨우 두 무 밖에 물을 댈 수 없다.

양주揚州 지역에서는 몇 장의 바람돛으로 바람을 받아 수차바퀴를 돌리는데 바람이 불면 수차가 돌고 바람이 멎으면 바퀴도 멈춘다. 이 바퀴는 큰물을 퍼내는 것으로서, 고인 물을 퍼서 모내기를 할 수 있도록 한다. 이러한 수차는 배수용排水用이라 고인 물을 배출하기에 편한 것이다. 따라서 관개나 취수용取水用이 아니다. 그러므로 가뭄을 막는 데는 적합하지 못하다. 두레박이나 녹로轆轤[54]로 물을 길으면 그 효율은 더욱 떨어진다.

53 사람의 손으로 자루를 돌려 물을 긷는 것이므로 "수요수차手搖水車"라고도 한다.

54 우물에다 목가木架를 세우고 그 위에 녹로인 횡축橫軸을 걸친다. 축에다 동아줄을 감아 줄 한쪽 끝은 축에다 고정시키고 다른 끝에는 두레박을 달아 축을 돌리면서 물을 퍼 올리는 장치이다.

통차

높이 굴리는 통차

방축

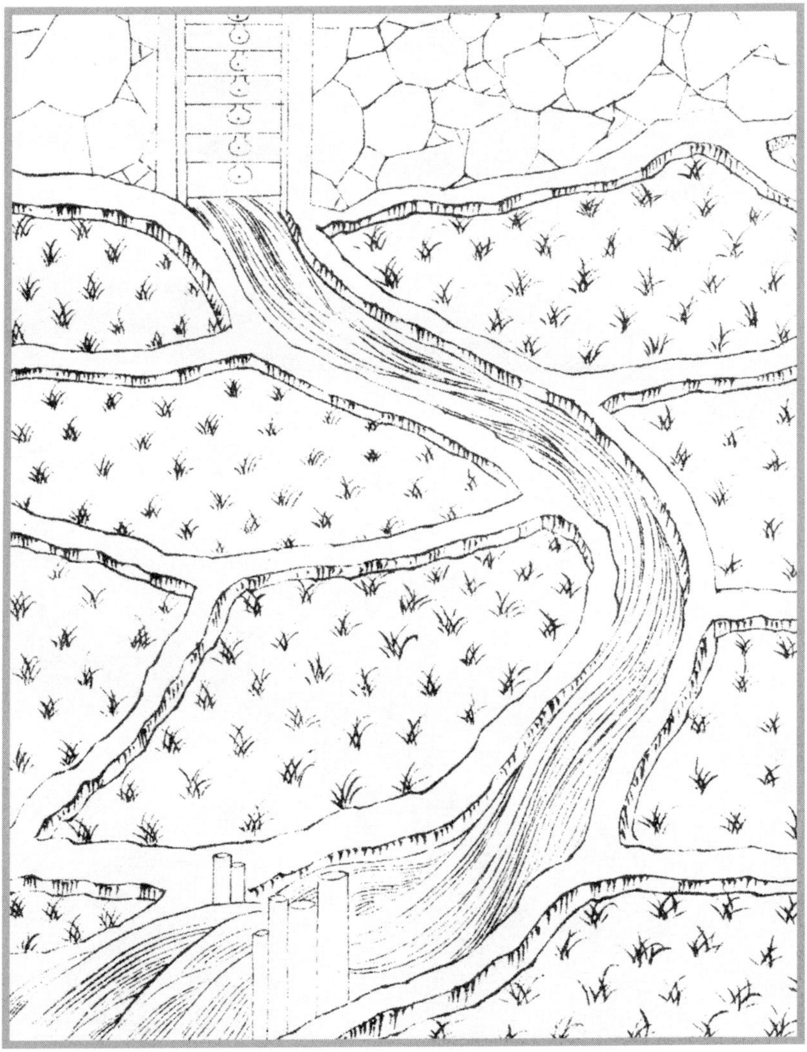

언덕

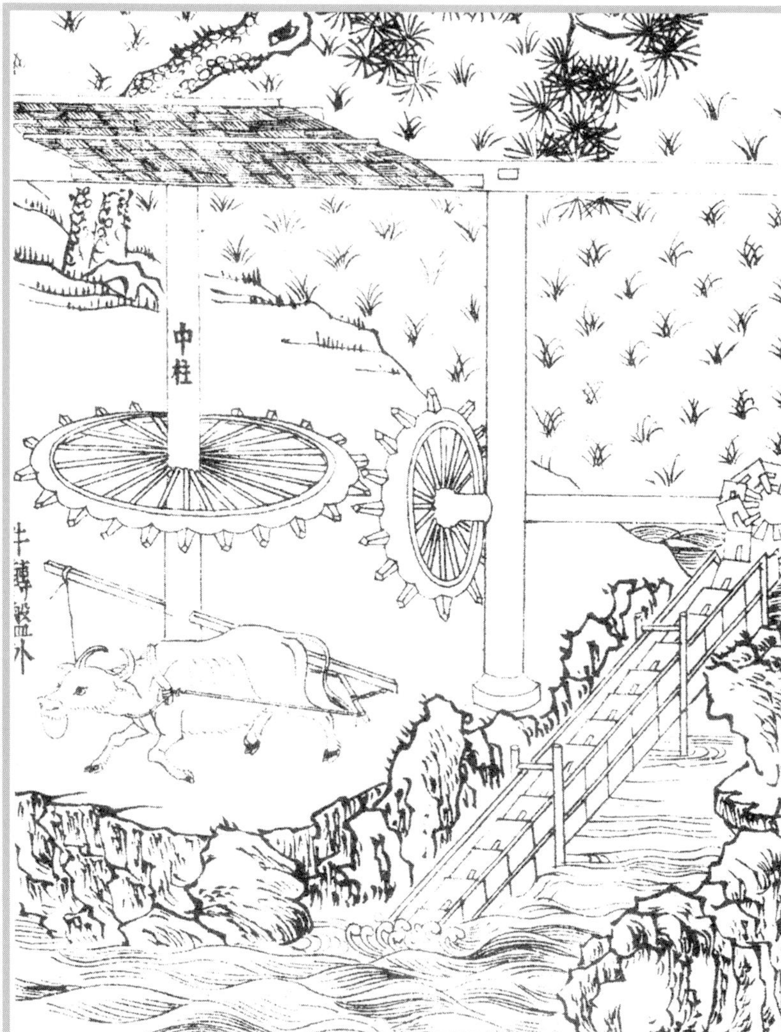

우차

발로 밟는 수차

손으로 돌리는 발차

수차

두레박

녹로

밀과 보리

맥麥에는 여러 종류가 있다. 소맥인 밀을 내來라 하여 맥류麥類 가운데 가장 주요한 것이다. 대맥인 보리는 모牟 또는 광穬[55]이라 부르기도 한다. 그밖에 잡맥雜麥으로는 참새귀리[56]와 메밀[57] 등이 있는데, 이들은 모두 씨 뿌리는 파종 때가 같고, 꽃 모양이 서로 비슷하며, 또한 모두 다 가루로 만들어 먹기에 모두 맥이라고 칭해진 것이다.

중국 하북河北·섬서陝西·산서山西·하남河南·산동山東 등 지방에서는 백성이 먹는 양식 가운데 밀이 반을 차지하고, 기장·조·벼·수수 등은 모두 합쳐도 겨우 반을 차지한다. 가장 서쪽으로는 사천四川과 운남雲南에서 동쪽으로는 복건福建·절강浙江 에 이르기까지, 그리고 중부의 강소江蘇·강서江西·호남湖南·호북湖北을 포함하여 사방 6천리 내에서 밀을 심는 곳이 20분의 1을 차지한다. 밀가루는 갈아서 찐빵·떡·흰빵饅頭·만두국 등에 쓰이고 있으나 아침저녁의 정찬正餐으로는 그것을 먹진 않는다.

다른 맥류를 심는 경우는 단지 50분의 1 정도이며, 빈곤한 백성들은 그것으로 아침식사를 해결하나 부유한 집에서는 그것을 먹지 않는다.

과맥稞麥은 오직 섬서陝西에서만 나는데[58] 이를 일명 청과靑稞라고도 한다. 이

---

55 광穬은 일종의 보리로서 과맥稞麥인데 우리말로는 귀리이며, 한편 과맥은 까끄라기가 없어서 중보리라 한다.

56 참새귀리는 사람이 먹을 수 없으므로 먹을 수 있는 귀리이어야 한다. 옛날에는 다 약으로 썼기 때문에 구별하지 않았다. 《이아爾雅·석초釋草》의 주에는 참새귀리인 작맥雀麥이 곧 귀리인 연맥燕麥으로 되어 있다.

57 메밀은 교맥蕎麥이라고도 하며, 마디풀과에 딸린 한해살이풀이다. 열매로 가루를 내어 국수·묵 따위를 만들어 먹고, 줄기는 동물의 먹이로 쓰인다.

58 이것은 단편적인 표현이다.

는 토질이 달라서 겉이 청흑색으로 변한 보리의 일종으로 중피中皮가 청흑색을 띠는데, 섬서 지역 사람들은 오로지 말의 사료로 쓰지만 기근이 들면 사람도 먹기도 한다(보리에도 역시 차진 것이 있는데 황하와 낙수 사이인 하남성河南省 일대에서는 이것으로 술을 빚는다). 작맥雀麥은 그 이삭이 비교적 가늘고, 각 이삭마다 10여 개의 작은 낟알로 나뉘어져 있는데, 이 작맥은 야생野生도 있다.

메밀은 사실상 맥류가 아니지만 가루로 만들어 허기를 채우기에 오랜 세월 동안 맥으로 불려 왔고, 따라서 맥에다 포함된 것이다.[59]

북방의 밀은 봄 · 여름 · 가을 · 겨울 사계의 기후를 거치게 되는데, 가을에 씨를 파종하여 다음해 초여름에 비로소 수확한다. 남방의 밀은 씨를 뿌려서부터 거둬들일 때가지 기간이 조금 짧다. 강남의 밀은 밤에 꽃을 피우지만 강북의 밀은 낮에 꽃이 핀다.[60] 이 또한 이상한 일이다.

보리의 파종기와 수확기는 밀과 같다. 메밀은 중추中秋 한가을에 씨를 뿌려 두 달이 채 못 되어 수확한다. 메밀은 그 모종이 서리를 맞으면 바로 시들어 죽게 되니 서리가 늦게 내리기를 고대해야 하며, 서리가 늦게 내리면 풍성한 수확을 기대할 수 있다.

59 현대의 식물분과에서도 맥은 벼과에 속하지만 메밀은 마디풀과에 속한다.

60 이런 말은 이미 당대唐代의 《유양잡조酉陽雜俎》에 적혀 있다. 그러나 사실은 밤낮 가리지 않고 꽃이 피며, 강남의 소주蘇州 지구에서는 낮에 더 많이 핀다. 따라서 이런 표현은 단편적이라 할 수 있다.

밀과 보리 가꾸기

밀과 보리를 심어 키울 때에 밭과 흙을 일구는 방법은 벼와 같다. 파종한 후에 벼농사에서는 여러 번 진흙으로 북을 돋우고 논매기 등의 고된 작업을 해야 하지만 밀·보리밭에서는 단지 풀만 없애기만 하면 된다.

북방의 비옥하고도 잘 부서지는 흙에서는 밀·보리를 심는 방법과 농기구들이 볍씨를 뿌릴 때와 달라서 땅 일구기와 심기를 함께 한다. 소가 끄는 쟁기 대신에 가룻대에다 끝이 뾰족한 쇠막대 두 개를 나란히 꽂은 것으로, 이런 농기구를 지역 사투리로는 강耩[61]이라 부른다. 강耩의 가운데에 작은 말斗을 달고, 그 속에다 밀과 보리의 씨를 담는다. 말斗 밑에는 매화梅花 모양의 구멍이 있는데 작은 말斗을 소가 당기면 흔들려 씨가 구멍을 통해서 아래로 뿌려진다. 만약에 씨를 촘촘하고도 많이 뿌리려면 소를 채찍질하여 빨리 달리게 하면 씨가 많이 떨어지며, 반대로 드문드문 적에 뿌리려면 소걸음을 늦추면 된다.

파종한 뒤에는 당나귀로 두개의 작은 돌덩어리를 끌게 하여 흙을 눌러 씨를 묻게 하면 된다. 밀·보리는 흙을 단단히 다져 주어야만 잘 발아하여 성장한다.

남방의 지질地質은 북방과 달라 밭을 여러 차례 일구고 고른 후, 다시 초목의 재로 비료로 삼아 씨와 섞어서 손으로 집어 뿌린다. 씨를 뿌린 다음에는 즉시 발로 밟아 단단히 다져 준다. 그럼으로써 북방에서 당나귀가 돌덩이로 흙을 다

61 고대에 엽전을 꿰는 노끈인데 여기에서는 씨를 심는 농구이다. 《제민요술齊民要術》에 상세히 적혀 있다.

져 주는 것을 대신하는 것이다.

파종한 다음에는 부지런히 김을 매어야 한다. 김매기는 면이 넓은 큰 괭이를 사용한다. 맥의 싹이 돋은 후에도 여러 차례 부지런히 김을 매어주면 더 좋다(세 번, 네 번 할 때도 있다). 김매어서 잡초가 깨끗이 없어지면 온 밭의 밀·보리가 잘 자라게 되어 모두가 탐스러운 낟알을 맺게 된다. 부지런히 일하면 쉽사리 잡초를 없앨 수 있는 것은 남과 북이 모두 같다.

밀과 보리밭의 분비糞肥의 시비施肥는 미리 해야 좋으며 이미 파종한 후라면 하지 말아야 한다.[62] 섬서陝西와 낙수洛水 유역 지구에서는 씨에 벌레 먹는 것을 막기 위하여 비상砒霜을 씨에다 섞기도 하나 남방에서는 초목을 태운 재(속어로는 지회地灰라고 한다)를 쓸 뿐이다.

남방에서는 벼논에서도 거름으로 밀·보리를 심기도 하는데, 이는 밀이나 보리의 결실을 바라는 것이 아니라 봄에 밀이나 보리가 청록빛의 모로 자랐을 때 갈아 뒤엎어 논에다 썩혀서 흙을 기름지게 하기 위함인 것이다. 그러면 추수할 적에는 벼의 수확량이 틀림없이 두 배로 증가하게 된다.

밀과 보리를 수확하고 난 빈 자리에 기타 다른 작물을 심을 수도 있다. 이른 여름에서 늦은 가을까지 근 반년 동안에 땅에 알맞은 작물을 골라 재배할 수 있다. 남방에서는 보리를 수확한 다음에 다시 늦게 여무는 메벼를 심기도 한다. 부지런한 농민은 반드시 풍부한 수확을 얻는 것이다.

메밀은 남방에서는 반드시 벼를 벤 다음에, 그리고 북방에서는 콩이나 조를 수확한 연후에 비로소 심는다. 메밀의 특성은 흙 속의 비옥한 양분을 잘 흡수

62 서광계徐光啓의 《농정전서農政全書》에는 그 후라도 거름을 주도록 되어 있으며 실제로 거름을 주어야 한다.

하여 흙을 메마르게 하는 성질이 있다. 그러나 그 수확량이 원래 수확한 벼 수확량의 반을 초과하니 부지런한 농가에서는 다시 분비糞肥의 거름을 주는데 주저할 필요가 없을 것이다.

북방에서는 땅 일구기와 심기를 동시에 한다

흙으로 씨 덮기

맥도

김매기

밀과 보리의 재해

밀과 보리의 재해는 벼에 비하면 3분의 1에 불과하다. 파종한 후에는 눈이나 서리가 내려도, 또 날씨가 맑거나 큰비가 오더라도 전혀 영향을 받지 않으니 걱정할 바가 없다. 밀 · 보리의 성질은 물을 매우 적게 먹는다. 북방의 땅에서는 봄이 한창일 중춘에 한 번 충족한 비가 내려도 꽃이 피고 포만한 낟알을 맺게 된다.

장강長江 이남以南 즉 호북성湖北省의 형주荊州와 강소성江蘇省의 양주揚州 지방 이남에서는 오로지 5, 6월의 장마가 걱정이 되지만 성숙했을 때 날씨가 10일 동안만 맑으면 창고가 가득 찰 만큼 수확되어 다 먹을 수가 없게 된다.

양주의 속담에 '한 치의 밀 · 보리는 한 척의 물도 겁내지 않는다'란 말은 밀이나 보리가 막 자랄 때에 그 어떤 홍수에 잠겨도 끄떡없다는 말이다. 그리고 '한 척尺의 밀 · 보리는 한 치의 물조차 겁낸다'라는 말은[63] 성숙했을 때에는 한 치의 물로도 뿌리가 썩어 쓰러지면 밀 · 보리의 낟알은 땅에서 썩는다는 뜻이다.

강남江南에 있는 참새 가운데에는 살은 있으나 뼈가 없는데[64] 수천 마리가 떼를 지어 날아와 밀 · 보리밭을 쪼아 먹어치우는 종류가 있다. 그러나 해를 입히는 지역은 넓지 않아, 그 지역은 수십 리에 그친다. 하지만 강북江北에서는 메뚜기가 나타나 해를 끼치면 그 해는 흉년이 든다.

63 밀과 보리는 처음 자랄 때는 물이 덮치더라도 괜찮으나 큰물에 오래도록 잠기게 되면 밀싹이 누렇게 시들어 죽게 된다. 자란 후에도 물이 많으면 밀 · 보리가 쓰러지며, 붉은 곰팡이병에 걸리기 쉽기 때문에 물을 빼야 한다.

64 이 새는 철새인 황흉무黃胸鵐로 생각되며, 살이 많고 연골이 있으나 구우면 통째로 먹을 수 있다. 뼈가 없다는 것은 과장된 말이다. 광동廣東에서는 진귀한 식품으로 꼽는다.

조와 기장

양식 가운데 가루로 갈지 않고 낟알로 먹는 종류는 대단히 많이 있다. 서로 수백 리 떨어지면 이러한 양식들의 빛깔 · 맛 · 모양 · 품질이 달라져서 비록 대동소이大同小異하게 보여도 그 명칭은 수천 수백이나 된다. 북방의 사람들은 오직 메벼를 대미大米라 부르며, 그 나머지는 모두 소미小米라 부른다.

기장인 서黍와 조인 직稷은 같은 종류이며, 량粱과 속粟도 같은 종류이다.[65] 기장에는 차진 것과 차지지 않는 것이 있다(차진 것은 술을 빚는다). 그러나 조인 직에는 메진 것뿐이지, 차진 것은 없다. 모든 차진 기장과 차진 조를 통틀어 모두 출秫[66]이라 일컫는데, 이 두 가지 종류 이외에도 또 출이라고 부르는 다른 작물도 있다.[67]

기장의 빛깔로는 적赤 · 백白 · 황黃 · 흑黑 등이 다 있다. 사람 가운데는 오로지 흑색의 기장만을 조인 직이라 하는 이가 있는데 이는 옳지 않다. 그리고 조는 다른 곡물보다 일찍 익고 제사에 올릴 수 있기 때문에 마땅히 일찍 익는 것을 직 즉 조로 불러야 한다는 설은 대체로 옳은 말이라고 할 수 있다.

---

65 이시진李時珍의 《본초강목本草綱目》을 따르고 있다. 그러나 진한秦漢 이전에는 직稷은 속粟 즉 조를 뜻한다. 조를 북방에서는 곡자穀子 또는 소미小米라 부르며 직보다 더 중요한 곡물이다. 후에 소경蘇敬의 《당본초唐本草》에서는 차지지 않은 서黍를 직稷이라 하였으며 《본초강목》도 《당본초》를 따랐다. 이처럼 서와 직이 혼용되어 왔다. 량粱은 옛날에는 조의 한 품종이며 지금의 고량高粱인 수수가 아니다. 우리 자전字典에도 서 · 직 · 양이 다 기장으로 되어 있어 명확히 구분되어 있지 않다. 또 량은 지금 중국 북방에서 소미라고 부르며, 속粟 즉 조의 일종이다. 속은 또 지금 중국에서 소미라고 하는 것인데, 곡자穀子라고 부르기도 한다. 일설에 의하면 이들 가운데 가장 좋은 품종은 량이라고 하지만 지금 중국에서도 이미 구분하기가 힘들게 되어 있음이 현실이다.

66 서한西漢 허신許愼의 《설문說文》에는 차진 조를 가리켰으나, 후에는 찰기가 있는 밀 · 기장 · 벼 · 수수 등을 다 포함시켜 그 뜻이 명확하지 않다. 여기서는 이에 따르지 않았다. 우리 자전은 차조로 되어 있다.

67 이 부분을 "이 두 가지 이외에 다른 출은 없다"라고도 번역할 수가 있어 미심쩍은 부분이다.

기장은《시경詩經》이나《서경書經》에서는 문虋·기芑·거秬·비秠 등의 이름으로 기재되기도 하였다.[68]

지금의 사투리 가운데에도 우모牛毛·연함燕頷·마혁馬革·여피驢皮·도미稻尾 등의 명칭이 있다. 기장 가운데에는 가장 이른 것은 3월에 파종하여 5월에 익고, 조금 늦은 것은 4월에 파종하여 7월에 익으며, 가장 늦은 것은 5월에 파종하여 8월에 익는 것들도 있다. 꽃이 피고 결실하는 시기는 항상 밀·보리와 서로 같지가 않아 어긋난다. 대개 기장의 낟알의 크기는 토질의 비옥하고 메마름, 그리고 철의 적합함의 여부에 따라 결정이 된다. 그럼에도 불구하고 송대宋代의 유학자들이 고지식하게 어느 고을의 기장의 낟알로 척도尺度의 표준으로 삼으려고 한 것은 옳지 않은 것이다.[69]

조를 지칭하는 속과 량을 통틀어 황미黃米[70]라고 부르는데, 차진 속은 술을 빚을 수가 있다. 그리고 사탕수수[71]의 일종으로 고량高粱이라는 것이 있는데, 그 키가 7척이나 되어 갈대[72]나 물억새[73]와 비슷하다. 조인 량·속의 종류와 명칭은 기장인 서와 조인 직에 비해서 훨씬 더 많다. 그 이름을 붙인 것도 어떤 것은 성씨姓氏나 산수山水에 따르기도 하였으며, 또 어떤 것은 그 모양이나 절기(時令)로 명칭을 붙이기도 하여 이들을 다 일일이 예거할 수 없다. 산동山東 사람들은 오로지 곡자穀子라고 그것을 부르며, 조인 양이나 속이라는 명칭도 전혀 알지 못한다.

68《시詩·대아大雅·생민生民》에 기재되어 있다.
69 송대에는 기장의 낟알 백 개를 늘어놓고 그 길이를 한 척尺의 표준으로 삼았는데 이를 서척黍尺이라 부른다.
70 중국에서 '미米'는 우리의 쌀이 아니고 탈곡한 곡물의 낟알을 가리킨다.
71 사탕수수는 볏과에 딸린 여러해살이풀이다. 인도 갠지스강이 원산지이며 술을 빚을 수 있고, 설탕을 만드는 데도 쓴다.
72 갈대는 볏과의 여러해살이풀이다. 줄기는 갈대발·갈삿갓·삿자리 등의 재료로 쓰인다. 노위蘆葦라고도 한다.
73 물억새는 적荻이라 하며, 볏과에 딸린 여러해살이풀이다.

이상의 네 가지의 미米 즉 곡물은 모두 봄에 씨를 뿌려 가을에 거둬들이며, 밭 갈고 김매는 방법은 밀 · 보리와 같지만 파종하고 수확하는 시기는 밀 · 보리와 아주 차이가 있다.

마(麻)(삼과 참깨)

마麻 가운데 낟알을 먹을 수도 있으며 기름도 짤 수 있는 것은 오직 삼과 참깨 두 종류 뿐이다.[74] 참깨는 지마脂麻인데, 전하는 말에 따르면 서한西漢 때 비로소 중앙아시아의 대완국大宛國[75]으로부터 전래되었다고 한다. 옛날은 마를 오곡五穀의 하나로 꼽았으나 단지 삼만 이에 해당된다면 그 뜻이 어찌 합당하다고 할 수 있겠는가!

나의 생각으로는 옛《시경詩經》·《서경書經》에서 말하는 오곡 중의 마는 그 품종이 이미 없어졌거나 또는 콩이나 조 중의 어떤 다른 별종인데 점차 그 명칭이 잘못 전해진 것으로 생각되나 이 모두가 확실치는 않다.[76]

지금의 참깨는 그 맛이 좋고 용도가 많아 백곡百穀의 으뜸이라 하여도 지나치지 않다. 그런데 삼의 씨는 기름을 짜더라도 별로 많지 않으며, 삼껍질로는 단지 열악하고 거친 마포麻布 베만 짤 수 있으며, 그 값도 얼마 되지 않는다.[77]

---

74 삼은 화마火麻 혹은 대마大麻라고도 부르는데, 중국 본토에 원래 있는 것이다. 한나라 때에 오곡을 열거하며 경전을 해석할 때에도 이 점을 지적하였다. 참깨 즉 호마胡麻는 지마芝麻 혹은 지마脂麻라고도 하는데, 설에 의하면 한나라 때에 장건張騫이 서역으로부터 들여온 것이라고 해서 '호마胡麻'라고 불렀다고 한다. 아래 문장에서 송응성은 오곡 가운데의 마는 결코 화마火麻에만 국한된 것이 아니라 또 다른 종이 있을 수도 있다고 보았지만 지금은 이미 그 종적이 묘연하다. 이 역시 한 추측이지만 지난 1960년대에 절강성 호주湖州의 신석기 시대 유적 가운데에서 참깨 즉 지마芝麻를 발견하였는데, 이는 송응성의 추측이 일리가 있음을 증명해주는 것이다. 그러나 분명히 말해두고 싶은 것은 주周와 진秦대에 말하는 오곡 가운데에는 삼과 참깨 즉 마麻라는 것을 거론하지 않았다는 점이다.

75 중앙아시아에 있었던 옛 나라이며, 한漢 무제武帝 때 장건張騫이 사자使者로 가서 많은 물건을 가져 온 적이 있다.

76 이는 저자 즉 송응성의 잘못된 생각이라고 볼 수도 있으며, 《주례周禮》·《예기禮記》·《이아爾雅》에도 오곡의 하나로 적혀 있다. 삼의 씨에는 기름이 30%, 단백질이 23~25%, 탄수화합물이 21%, 섬유소 등이 들어 있어서 영양이 풍부하다. 중국 고대에는 이를 먹었으며, 껍질로 베를 짜기도 하였다고 한다.

77 저자는 삼의 가치를 높이 사지 않았으나 씨는 먹을 수 있고, 그 기름은 먹거나 약으로 쓰며, 껍질로 좋은 베를 짜고, 잎·꽃·열매는 약으로 써서 경제적 가치가 크다.

그러나 참깨는 소량의 것만이라도 배 속에 들어가면 오랜 시간 동안 배고프지 가 않다. 떡과 엿에 참깨를 뿌리면 맛이 좋아지고 질이 높아진다. 참깨로 만든 기름 즉 참기름을 머리카락에 바르면 윤택해지고 입으로 먹으면 배를 기름지게 한다. 비린내나 노린내가 나는 음식도 참깨를 넣으면 향기가 나고, 부스럼이 나는 독창毒瘡과 같은 피부병도 그것을 바르면 없어진다. 만약 농가가 이런 참깨를 널리 심는다면 좋은 점은 이루 다 말할 수가 없다.

참깨를 심는 방법은 혹은 밭두둑을 만들거나 혹은 논두둑을 쌓든 간에 반드시 모두 흙덩이를 깨고 잡초를 깨끗이 추려낸 연후에 약간 물에 젖은 초목의 재를 깨씨와 골고루 섞은 다음에 씨를 뿌린다. 씨 뿌리는 시기는 가장 이른 것은 3월에 뿌리고, 가장 늦은 것이라도 대서大暑 이전에 뿌려야 한다. 일찍 뿌린 것도 중추中秋 한가을이 되어야 꽃이 피고 결실한다. 김매기의 효과는 김매기를 어떻게 하느냐에 달려있다.[78] 참깨의 색은 흑黑·백白·적赤 세 가지의 색이 있다. 참깨 깍지의 길이는 대략 한 치쯤 되며, 네모 깍지가 있는 것은 집도 작고 낟알도 적으며, 여덟모 깍지는 집도 크고 낟알도 많은데, 이 모두는 다 땅이 기름지고 척박함으로 인한 것이지 씨의 성질에 따른 것은 아니다.[79] 참깨로 기름을 짜면 깨 한 섬石에 기름 40여 근斤이 나온다. 기름을 짜고 남은 찌꺼기 즉 깻묵은 그것으로 논을 기름지게 하며, 만약 흉년이 드는 해에는 사람들에게 제공해 먹이기도 한다.

78 "김매기할 때에는 단지 괭이만 쓴다"고 번역할 수도 있다.

79 이 결론은 잘못이다. 네모 깍지는 반드시 여덟모보다 깍지가 작고 낟알이 적지도 않다. 또 같은 모를 갖고 있더라도 여러 가지 품종이 있으며 거름기와는 관계가 없다.

콩

콩의 종류는 너무도 많은데 이 점은 벼나 기장과 같다. 콩의 파종과 수확의 시기는 사철에 걸쳐 끊임없이 이어진다. 콩은 배를 불리는 데 도움이 되고 사람들에게 나날이 쓰이며, 대개 음식으로 늘 따른다.

콩의 종류로 첫째, 대두大豆라는 것이 있는데, 그 색깔은 흑색과 황색의 두 가지가 있으며, 파종의 시기는 청명淸明 전후를 넘지 않는다. 황색의 대두에는 오월황五月黃·유월폭六月爆·동황冬黃의 세 품종이 있다. 오월황은 수확되는 낟알이 적고, 동황은 반드시 그 두 배가 된다.[80]

검은 대두는 반드시 8월에 수확하고, 회북淮北[81] 지방에서는 먼 길을 떠나는 노새나 말은 반드시 이 콩을 먹이는데 그러면 근력이 세어진다.

대두의 수확량은 토지의 비옥함과 척박함, 김매기를 부지런히 하느냐의 여부, 강수량의 충족 여부에 따라 많고 적음이 정해진다. 된장·콩장·두부는 모두 이 대두를 그 재료로 사용한다. 강남 지역에는 또 고각황高脚黃[82]이라는 것이 있는데, 6월에 이른벼를 벤 후에 파종하여 9, 10월에 수확한다. 강서江西 길안吉安의 파종 방법은 대단히 교묘하다. 벼를 수확한 후 논을 갈지 않고 벤 벼그루 꼭지 마다 3, 4 알의 콩을 손가락으로 집어넣는다. 이 그루에 맺히거나 스며든 이슬과 물이 콩을 키우고, 그로 인해 콩의 배아가 발육하면 다시 그루뿌리가

80 오월황과 유월폭은 강서江西 지방에서 재배하며, 일찍 수확하는 대두로서 수확량은 적다. 동황은 동두冬豆라고도 하며 늦게 수확하고, 그 양도 위의 것보다 두 배나 된다.

81 회수淮水 이북을 말한다.

82 강서江西 지방에서 현재도 재배하고 있으며 그루의 키가 커서 이런 이름이 붙여졌다.

썩어서 콩의 자양분이 된다. 모가 자란 후 비가 오지 않고 마르게 되면 한 되의 물을 길러 뿌려준다. 한번 물을 준 후에 다시 김을 매면 수확량이 많아질 수 있다. 대두를 땅에 심은 후 싹이 돋기 전에는 비둘기나 참새의 해를 막아야 한다. 그것들을 내쫓는 일은 오로지 사람의 인력에 달려 있다.

콩의 종류로 둘째, 녹두綠豆라는 것이 있다. 구슬과 같이 둥글고 작은데, 이 녹두는 반드시 소서小暑가 되어야 비로소 파종한다. 소서가 되기 전에 파종하면 묘는 몇 척이나 뻗어 자라지만 깍지를 맺는 것은 매우 드물다. 만약 소서의 시기를 지나 처서處暑가 되어 파종하면 언제라도 꽃이 피고 깍지를 맺지만 낟알의 개수가 역시 적어진다.

녹두의 종류에도 두 품종이 있다. 그 하나는 적록摘綠이라 하는데, 깍지가 여문 것부터 먼저 따면서 매일 그것들을 따내어야 한다. 또 하나는 발록拔綠이라 하는데, 때가 되어 충분히 여물면 온 밭의 것들을 한꺼번에 따낸다.

녹두를 갈아 즙을 내고 그 뜨물을 가만히 두었다가 위의 맑은 물을 거둬내고 햇볕에다 말리면 가루가 된다. 이것으로 만든 수제비나 국수 등과 같은 종류의 음식은 좋아하는 사람들이 매우 즐겨 먹는 식품이다. 녹두가루를 만들고 남은 콩가루 뜨물은 밭에다 주면 좋은 비료가 된다. 녹두 종자를 저장할 때는 혹은 초목의 재나 석회를 사용하기도 하고, 또는 흰여뀌[83]나 황토를 섞어서 간직하면 4, 5개월 동안은 벌레가 먹지 않을까 걱정할 필요가 없다. 부지런한 사람이면 맑은 날마다 번거롭지만 자주 햇볕에 말려도 벌레가 먹지 않는다. 여름이나 가을에 벼를 벤 논에다 녹두를 심을 때는 도끼자루를 반드시 길게 하여

83 흰여뀌는 마디풀과에 딸린 한해살이풀이며 한국 각지에 자란다.

흙덩이를 잘게 부수면 싹이 잘 돋는다. 녹두를 심을 때 하루 만에 큰비를 만나 흙이 뒤집히면 싹이 다시는 돋지 못한다. 또 싹이 나온 다음에는 빗물에 잠기지 않도록 반드시 제때에 도랑을 내어 물을 빼야 한다.

녹두나 대두 밭을 갈 때는 얕게 갈아야지 너무 깊게 갈아서는 안 된다. 왜냐하면 콩이란 것이 원래 뿌리는 짧고, 모가 곧은 작물이기 때문에 흙을 너무 깊게 갈면 그 싹이 흙덩이에 눌려져 모종이 반 밖에 나지 못한다. 이런 까닭에 깊게 간다는 "심경深耕"이란 두 글자는 콩에는 적용되지 못하는데,[84] 이 점에 대해선 옛날의 농부들이 제시한 바가 없다.

콩의 한 종류로 완두豌豆가 있다. 이 콩은 알에 검은 반점이 있고, 모양은 둥글어 녹두와 같으나 크기는 그것을 능가한다. 이 콩은 10월에 파종하고 이듬해 5월에 수확한다. 봄에 잎이 늦게 돋는 나무가 있으면 그 밑에다 심어도 좋다.[85]

콩의 한 종류로 잠두蠶豆가 있다. 그 깍지가 누에 형태와 비슷하고, 콩알은 대두보다 크다. 이 콩은 8월에 파종하여 다음해 4월에 수확한다. 절강浙江의 서부지역에서는 대개 뽕나무 밑에다 돌아가며 많이 심는다. 본래 작물들이란 나뭇잎이 그들을 덮으면 잘 자라지 못한다. 그러나 잠두와 완두는 나무들의 잎이 무성할 때는 이미 깍지가 다 맺어 여물게 된다. 양하襄河[86]와 한수漢水의 상류에서는 이런 잠두는 대단히 많아서 값이 싸지만, 양식糧食으로서 기장이나 조에 뒤지지 않는다.

84 동한東漢 때의 《범승지서範勝之書》에서 따온 말이다. 이는 옳지 못하다. 콩은 심은 후 흙을 얇게 덮어야 하지만 땅은 깊게 갈아야 콩이 잘 자란다.

85 이듬해 봄에 잎이 돋는 낙엽수 밑에 심을 수 있다. 예컨대 강소江蘇 · 절강浙江 일대에서는 겨울철에 뽕밭에다 잠두 등을 심어 토지를 최대로 이용하고 있다.

86 호북성 양양襄陽을 말한다.

콩의 한 종류로 소두小豆가 있다. 그 가운데 덩굴팥[87]은 약에다 넣으면 효험이 탁월하다. 흰콩(일명 반두飯豆라고도 부른다)[88]은 자주 먹어서 주식의 보조 양식이 된다.[89] 이 콩은 하지夏至에 파종하고 9월에 수확하며, 장강長江과 회하淮河 사이에 많이 심는다.

콩의 한 종류로 산흑두[90]가 있다. 이 콩은 옛날에는 논밭에서 야생으로 자랐지만 지금은 북방에서 많이 심는다. 이것으로 가루를 내어 얇은 묵을 만들면 녹두와 비길 만하다. 북경北京에서는 지고 파는 장사치들이 하루 종일 여두피穭頭皮를 팔려고 외치는 것을 보면 그 생산량이 틀림없이 많을 것이다.

또 까치콩[91]이라는 것이 있는데, 이 콩은 울타리를 따라 넝쿨로 뻗으며 일명 아미두蛾眉豆라고도 한다.

그밖에 동부,[92] 호반두虎斑豆 · 작두콩[93]이나 대두 가운데 청피나 갈색 품종 등[94]은 어느 한 특정 지역에 많이 심는 품종으로서 여기서 다 기술할 수 없다. 이 모두는 야채나 곡물을 대신하여 사람들의 양식이 된다. 박식가들은 이들을 소홀히 해서는 안 될 것이다.

87 덩굴팥은 밭에 심어 가꾸는 팥의 일종이다. 보통 팥을 홍두紅豆 혹은 적두赤豆라 하고, 덩굴팥은 적소두赤小豆라고 한다.
88 흰콩은 먹을 수 있고, 건위健胃 · 보기補氣의 작용이 있다.
89 이 부분을 "밥 속에 섞어 넣어 먹으면 더 맛이 좋다"로 번역하기도 한다.
90 산흑두는 흑소두黑小豆 또는 여두穭豆라 한다.
91 까치콩은 편두扁豆라 하며, 콩과에 딸린 한해살이 넝쿨풀이다.
92 동부는 광저기라고도 하며, 콩과에 딸린 한해살이 넝쿨풀이다.
93 작두콩은 도두刀豆라고도 하며, 콩과에 딸린 한해살이 넝쿨풀이다. 열대아시아가 원산지이며 약으로도 쓰인다.
94 청피나 갈색 등은 품종의 특징적인 빛깔을 말한다. 예컨대 강서江西의 청피로는 청피두靑皮豆가 있으며 갈색으로는 갈두褐豆 · 차두茶豆 · 저간두豬肝豆 등이 있다.

2. 의복[95]

나는 말한다. 사람은 만물萬物의 영장靈長이며, 사람에게는 각종 기관器官과 몸체가 모두 완비되어 갖추어져 있다. 고귀한 사람은 옷을 늘어뜨리고,[96] 옷에는 화려한 용과 산을 수놓아[97] 천하를 다스린다. 비천한 사람들은 거칠고 짧은 털옷이나 삼베옷을 입고 그것으로 겨울에는 추위를 막고 여름에는 몸을 가림으로써 스스로 금수禽獸와 구별하였다. 이는 이러한 의복의 원료가 조물주가 제공한 것이기 때문이다.

초목에 속하는 것으로는 삼 · 어저귀[98] · 칡[99]이 있고, 새 · 짐승이나 곤충에 속하는 것으로는 가죽 · 털 · 명주실 · 풀솜이 있다. 이 두 종류의 재료가 각각 반을 차지하여 옷 만드는 데 충분하다.

직녀織女[100]는 베 짜는 교묘한 기술을 세상에 널리 전했는데, 사람들은 원재료로 무늬가 있는 직물을 짰으며, 수놓고 염색하여 화려한 금단錦緞 즉 비단을

95 원문에는 내복乃服으로 되어 있는데, 이는 의복衣服이라는 의미이다. 이것은 남조南朝의 제齊 · 량梁 때 주흥사周興嗣가 편찬한 《천자문千字文》의 '내복의상乃服衣裳'에서 따온 말이다. 또 내복이란 말은 한나라 때의 한영韓嬰이 지은 한씨외전韓氏外傳에서도 "황제내복黃帝乃服"이란 말이 나온다.

96 《역易 · 계사하繫辭下》에 '황제요순수의상이천하치黃帝堯舜垂衣裳而天下治'라 하여 제왕은 긴 도포를 늘어뜨려, 무력을 쓰지 않고 천하를 다스린다고 하였으며, 이에 대한 주注를 보면 옷을 길게 늘어뜨린 것으로 존귀함과 비천함을 구별한다고 하였다.

97 제왕이나 귀족의 옷을 말한다. 《서書 · 개직蓋稷》에는 의복이나 깃발에 삼진三辰이나 산山, 그리고 용龍 등의 도안을 수놓았다고 되어 있다.

98 어저귀는 청마靑麻라고도 하며, 아욱과에 딸린 한해살이풀이다. 줄기의 껍질은 섬유로 쓰며, 씨는 경실苘實이라 하여 한약재로 쓴다.

99 칡은 콩과에 딸린 덩굴나무이며, 뿌리는 갈근葛根이라 하여 진분이 많아 먹거리로, 덩굴의 속껍질은 청을치라 하여 피륙의 재료로 쓴다.

100 민간의 신화에 직녀는 천제天帝의 손녀이다. 이 때문에 천손天孫이라고도 한다. 또 《사기史記 · 천관서天官書》에도 보면 "직녀織女, 천녀손야天女孫也"라 하여 직녀는 천제의 여손이라고 되어 있다.

만들어 내었다. 그리하여 직포기織布機 즉 베틀이 세상에 널리 보급되었지만 정교한 베틀의 그 교묘함을 본 사람은 그 얼마나 되겠는가! 치란경륜治亂經綸[101]이란 말의 뜻은 학동들이 어릴 때부터 배우지만 평생토록 그 실물의 형태를 보지 못한다는 것은 어찌 유감스러운 일이 아니겠는가! 여기서 우선 양잠養蠶 즉 누에를 기르는 방법을 설명하고 그로써 실이 나오는 원리를 알아보자. 결론적으로 말하면 사람과 의복이 서로 어울려, 귀함과 천함이 반드시 구별이 있게 되는데, 이는 실로 하늘의 안배인 것이다.[102]

101 원래의 뜻은 '직조하기 위하여 엉킨 실을 풀어서 실을 간추리다'라는 뜻이지만, 사람들은 보통 '난을 평정하여 천하를 다스리다'라는 치국의 뜻으로 사용하였다. 따라서 "치란"과 "경륜" 두 단어 모두가 베를 짜고 실을 다스림에서 연변한 말이지만 학동들은 어릴 때부터 송독한 이 말의 기원에 대해서는 자연히 몰랐을 것임을 얘기하는 말이다.

102 사람이 귀함과 천함이 있는 것은 하늘과 땅의 엄연한 이치이며, 사람들이 입는 옷의 등급으로 말하자면 하늘이 비단과 삼베를 낳게 해서 그 귀천을 구분했다는 것인데, 이런 논리는 당연히 타당한 것은 아니다.

누에씨(누에 종자)[103]

누에는 번데기에서 누에나방으로 변하는데, 번데기가 된지 열흘의 시간이 지나야 비로소 고치를 깨고 밖으로 나온다. 암컷 나방과 수컷 나방은 그 수가 같으며, 암컷 나방은 엎드린 채 움직이지 않으나 수컷 나방은 두 날개를 퍼덕거리다가 암컷 나방을 만나면 바로 교미한다. 그리고 교배는 6시간이나 12시간[104] 동안 진행된다. 교미에서 떨어지면 수컷은 몸속이 고갈되어 죽고, 암컷은 곧 바로 알을 낳는다. 이 누에 알을 받는 것은 혹은 종이에 받거나 혹은 베에 받는데, 지방에 따라 사용하는 것이 다르다(절강성浙江省의 가흥嘉興이나 호주湖州 일대에는 뽕나무 껍질로 만든 두꺼운 종이를 쓰며, 이것은 다음 해에도 재사용이 가능하다). 한 마리의 누에나방은 약 200여 개의 알을 낳을 수 있는데, 이 알들은 자연적으로 종이 위에 붙고, 또 알들이 저절로 골고루 깔려져[105] 그대로 두어도 결코 한 곳도 쌓이는 일이 없다. 양잠가養蠶家는 이것을 거둬두었다가 다음해를 기다린다.

103 여기에서는 씨로 쓸 누에알을 가리킨다.

104 원문에서는 일일一日과 반일半日로 되어있다.

105 건강한 누에나방은 알을 골고루 깔지만, 병든 나방은 종이 위에 드문드문 슬어서 고르지 못하다.

미역감기[106]

누에알에게 미역을 감기는 것은 오로지 절강성浙江省의 가흥嘉興이나 호주湖州 두 지방뿐이다. 호주에서는 천로욕법天露浴法과 석회욕법石灰浴法을 많이 쓰고, 가흥에서는 염노수욕법鹽滷水浴法 즉 간수욕법을 많이 쓴다. 잠종지蠶種紙 한 장마다 염창鹽倉에서 흘러나오는 간수[107] 두 되에다 물을 더해 아가리가 넓은 대야에다 담그면 잠종지는 물에다 뜨게 된다(석회욕법도 이와 같이 한다). 그리고 음력 12월 12일에서부터 시작하여 12월 24일까지 모두 12일 동안 담가 두었다가 잠지를 꺼내어 약한 불에다 쬐어 말린다.

다음에는 상자 속에 조심스럽게 간직하면서 조금의 차가운 바람이나 습기라도 쐬지 않도록 한다. 그리고는 계속해서 청명淸明이 될 때까지 기다렸다가 꺼내서 부화孵化시킨다. 천로욕법일 때도 시일時日은 서로 같다. 대로 엮은 소반을 사용하여 거기에다 잠종지를 담고, 잠종지 네 모퉁이를 작은 돌로 눌러 잘 펴서 지붕 위에다 둔다.

아무리 서리 · 눈 · 바람 · 비 · 우뢰 · 번개를 맞더라도 그대로 두었다가 12일이 지난 후에라야 비로소 거둬들이며, 잘 보관하면서 때를 기다리는 것은 앞의 방법과 같다.(보관 방법과 부화 시기는 앞서 말한 방법과 같다). 이와 같이 미역감기는 까닭은 병약하고 좋지 않은 누에 종자가 이 욕법으로 자연히 죽게 되어

106 원문에서는 "잠용욕법蠶用浴法"이라고 하는데 옛날부터 인공적으로 누에 종자의 우열을 가려 열등한 종자를 도태시키는 방법이다. 누에알에 붙어 있는 누에나방의 배설물 · 병원균 등을 씻어 내고, 또한 병약한 알을 도태시킬 수 있다.

107 소금이 습기를 만나 저절로 녹아 흐르는 물이다. 그 성분은 염화마그네슘 MgCl2 15~19%, 황산마그네슘 $MgSO_4$ 6~9%, 염화나트륨 NaCl 2~6%, 염화칼륨 KCl 2~4%, 브롬화마그네슘 MgBr2 0.2~0.4% 등이다. 두부의 응고제로 쓰인다.

애누에로 나오지 않게 함으로써 뽕잎의 낭비를 막게 하고, 동시에 살아남은 누에가 실을 토하는 것도 많이 얻을 수 있게 함이다. 만종晩種[108]은 미역을 감길 필요가 없다.

108 한 해 동안 봄 · 가을 두 차례 키우고, 부화하는 품종인 이화성二化性 누에알이다.

잠욕

알이 피해야 할 것

대나무 네 개로 네모의 시렁을 만들어 잠종지蠶種紙를 그 위에다 놓고, 이 틀을 통풍이 잘되고 해가 들지 않는 곳에 있는 대들보 위에다 높이 걸어 둔다. 그 아래에는 오동나무 기름을 두거나 연기나 석탄불을 쐬게 하는 것을 피해야 한다.[109] 또 겨울철에는 눈의 반사광을 피해야 한다. 눈빛을 한 번 쬐게 되면 누에알은 공란각空卵殼이 되어 못쓰게 된다.[110] 큰 눈이 내리면 재빨리 걷어 보관하여 다음날 눈이 지나가면 원래대로 걸어 두면서 음력 섣달이 될 때까지 기다렸다가 미역을 감기고 보관한다.

109 오래도록 이런 더운 연기를 쐬게 되면 죽기까지 한다.

110 음력 섣달 이전에는 누에알이 5℃ 이하의 저온을 겪지 않지만, 겨울철 눈 오는 날, 알을 밖에 걸어 두면 이 알은 저온에 따른 자극을 받는다. 이런 알은 그 후 날씨가 더워지면 속속 부화되어 공란각으로 남게 된다.

누에의 종류

누에에는 조만早晩의 두 종류가 있다.[111] 만종晩種은 조종早種[112]보다 매년 5, 6일 먼저 부화孵化하고,(사천四川의 것은 이렇지 않다) 또 고치를 짓는 것도 역시 앞서나 그 고치의 무게는 만종이 조종에 비해 3분의 1이나 가볍다. 따라서 만약 조잠早蠶이 고치를 지을 때는 만잠晩蠶은 이미 나방에서 나와 알을 까기 때문에 두 번 기르는 데 편리하다(만잠의 번데기는 절대 먹을 수 없다).

세 가지 미역 가운데 한 가지를 채용할 때는 앞의 '잠욕'의 항목을 잘 살펴서 그대로 하여야 한다. 만약에 하나라도 잘못하여 천로욕天露浴을 해야 할 것을 간수욕법에 따라 간수에 넣게 되면 누에알은 다 비게 되어 누에가 나오지 않는다.

고치의 빛깔로는 오직 황黃과 백白 두 가지 뿐이다. 사천四川 · 섬서陝西 · 산서山西 · 하남河南에는 노랑고치가 있지만 흰고치는 없으며, 가흥嘉興과 오흥현吳興縣(호주)에는 흰고치는 있어도 노랑고치는 없다.

만일 흰고치의 숫나방이 노랑고치의 암나방과 교미하면 갈색의 고치가 태어난다. 황색의 잠사蠶絲 즉 황사黃絲를 저이豬胰[113]로 빨면 역시 흰색으로 바꿀 수 있으나 영원히 표백할 수 없으며, 또 도홍색桃紅色으로 염색할 수도 없다.

고치의 모양에도 몇 가지 종류가 있다. 만종이 지은 고치는 가는 허리 모양

111 조잠早蠶은 1년에 1번 부화하는 것이고, 만잠晩蠶은 1년에 2번 부화하는 종이다.

112 조종은 일화성一化性 누에로서 1년에 한 번 부화하고, 만종은 이화성二化性 누에로서 1년에 한 번 부화한다. 이밖에도 광동廣東 일대에는 다화성多化性 누에가 있다.

113 돼지의 췌장膵臟과 탄산나트륨인 순감純鹼으로 합성하여 만든 일종의 비누이다.

이어서 호리병박과 같고, 천로욕天露浴을 거친 고치는 끝이 뾰족하고 길어서 비자나무의 열매 모양이거나 또는 둥글 편편해서 호두 모양처럼 보이는 것도 있다.[114]

또 진흙이 묻은 뽕잎을 싫어하지 않는 누에도 있는데,[115] 이를 "천잠賤蠶"이라 부르며, 누에실은 오히려 더 많이 난다.

누에의 몸 빛깔은 순백純白·호반虎斑·순흑純黑·화문花紋색 등 몇 가지가 있으나 실을 토하는 것은 모두 같다.

현재 가난한 인가에서는 종종 조종 숫나방을 만종 암나방과 교미시켜 좋은 품종을 얻는데 이것은 하나의 기이한 일이라 할 수 있다.

또 야잠野蠶이라는 것이 있다. 이것은 스스로 고치를 짓는 것으로서, 대개 산동성山東省의 익도현益都縣과 기수현沂水縣 일대에서 나는데,[116] 오래 된 나무에 나뭇잎이 시들어 누렇게 되어 떨어지면 그 속에서 자연히 나방이 나온다. 그 실로 옷을 만들면 비를 막을 수 있고, 또 때 묻는 것을 방지할 수 있다. 야잠의 누에나방은 고치에서 나오면 곧 날 수 있으나 잠종지에다 산란시켜 누에씨를 받을 수 없다. 야잠은 다른 곳에도 역시 있지만 극히 드물 뿐이다.

114 미역의 방법과 고치의 모양은 아무런 관련이 없다.
115 뽕잎에 진흙이 묻으면 누에는 그것을 먹지 않지만 오직 이 누에 종만은 그것을 꺼리지 않는다.
116 여기서 자라는 야잠野蠶을 작잠柞蠶이라 한다.

누에치기

청명淸明을 사흘 넘기면 유충 즉 애누에幼蠶는 이불로 덮어 따뜻이 해주지 않더라도 애누에[117]가 스스로 태어난다. 잠실蠶室은 동남향이 가장 좋다. 잠실의 사면 벽에 바람이 통하는 틈이 있으면 종이에다 풀칠하여 틈을 단단히 막아야 하고, 또 실내 위에 천장이 없으면 천장을 만든다.[118] 기온이 내려가 한랭해지면 방안에 숯불을 피워 따뜻하게 한다.

애누에에게 뽕잎을 먹일 때에는 그 잎을 잘게 썰어야 하며, 잎을 써는 도마로 볏짚이나 보릿짚 다발을 쓰면 칼날이 상하지 않는다. 뽕잎을 따서는 항아리 독에다 넣어 잎이 바람을 쐬어 마르지 않도록 한다. 두잠[119] 이전에 청소하고자 할 때는[120] 끝이 뾰족하고 둥근 대젓가락으로 누에를 집어 간다. 두잠 이후에는 젓가락 대신에 손가락으로 직접 집어도 괜찮다.

등광騰筐 즉 청소를 얼마나 자주 하느냐는 다 사람이 얼마나 부지런한가 게으른가에 달려있다. 청소를 게을리 하면 퇴적된 잎과 누에의 똥이 많아지면서 축축해지기도 하고 열도 나 종종 누에를 짓눌려 죽이기도 한다.

누에가 자는 시기는 모두 같아서 다 실을 토한 후에 잠든다. 만약 이때에 누

117 갓 태어난 의잠蟻蠶이며, 유충 혹은 유잠이라고도 한다.

118 이 때에도 나무로 테를 쳐서 천장을 만들고 종이를 풀칠하여 바른다.

119 누에가 두 번째로 탈피하기 전에 얼마 동안 먹지 않고 움직이지 않는데, 이것은 두잠 또는 이면二眠이라 한다. 유충의 외피는 각질층角質層으로 되어 있어 단단하여 유충이 자랄 수가 없어 탈피하게 된다. 누에는 네 번 탈피한 후 성숙하게 된다. 몇몇 품종은 세 번 탈피한다.

120 누에채반(잠박)에 남은 잎이나 누에똥, 탈피 등의 불결한 것을 치우는 것을 말하는데, 이를 "등광騰筐"이라 부른다. 원래의 뜻은 누에를 다른 깨끗한 누에채반으로 옮기기 위해 바구니를 비우는 일을 말한다.

에채반[121]을 바꿀 때는 남은 잎을 깨끗이 없애도록 한다. 만약 실이 붙어 얽혀 있는 묵은 잎이 있으면 누에가 자다가 깬 후에 모르고 한입이라도 먹게 되면 몸이 부어 죽을 수도 있으니 조심해야 한다. 석잠 이후에 날씨가 매우 무더워지면 서둘러 급히 신선한 곳으로 옮겨야 한다. 그러나 이때에도 역시 바람 부는 곳을 피해야 한다. 한잠[122] 이후 합쳐 12차례 잎을 준 다음에 누에채반을 바꾸고 청소한다. 그리고 청소를 너무 자주 하면 토한 실이 거칠어진다.[123]

121 대나 갈대로 엮은 발로서 이곳에서 누에를 키운다.

122 네 번째 탈피하기 전의 잠을 한잠 또는 대면大眠이라 하며, 중국의 누에는 주로 넉잠누에 즉 사면잠四眠蠶이다.

123 누에는 어린 뽕잎을 즐겨 먹기 때문에 청소를 너무 자주하면 영양이 풍부한 잎도 치워버려, 이런 뽕잎을 먹지 못하여 거친 실을 토하게 된다.

누에 기르는 데 피해야 할 것

누에는 향내나 악취惡臭를 두려워한다. 이를테면 뼈다귀를 태우든가 변소를 치울 때 그 냄새가 바람을 타고 날아오면 종종 누에가 그 냄새를 쐬어 죽기도 한다.[124] 벽을 사이에 두고 소금에 저린 생선이나 신선하지 못한 굳기름과 육류를 구워도 그 냄새가 누에에 닿아 죽을 때도 있다. 부엌에서 석탄을 때든가 화로에서 침향沈香[125]이나 단향목檀香木[126]을 태워도 그 냄새가 누에를 쐬게 되면 역시 죽게 된다. 게으른 부인네의 변기[127]를 흔들어 냄새를 풍겨도 역시 누에에게 해를 끼친다.

바람이 불 때에도 서남풍을 극히 싫어한다.[128] 따라서 서남풍이 세게 불 때면 때로는 누에채반에 있던 누에가 다 얼어 뻣뻣하게 굳을 수도 있다.

그리고 나쁜 냄새가 날아오면 서둘러 남아 있는 뽕잎을 태워 그 연기로 냄새를 막아야 한다.[129]

124 좀 과장된 표현이다. 그러나 냄새가 특히 짙고, 오래도록 맡으면 죽을 수도 있다.

125 침향은 팥꽃나뭇과에 딸린 늘푸른나무로서, 인도 · 동남아시아에 널리 나고, 나무진을 침향이라 하며 예로부터 향료로 유명하다.

126 단향목은 자단紫檀 · 백단白檀 등 향나무의 총칭이다. 심재心材는 귀중한 향료香料이다.

127 게으른 부인들이 사용하는 변기 요강 등은 제때 치우지 않아 악취가 심함을 말한다.

128 광동廣東 지방에서는 봄철에 부는 서남풍은 차고 습해서 누에의 활동을 가로막고 심하면 병을 일으킨다. 한편 강소江蘇나 절강浙江 지방에서는 봄의 서남풍이 건조하여 쉽게 발병한다.

129 뽕잎의 연기가 냄새보다 무거워 냄새가 들어오지 못한다.

뽕잎

뽕나무는 어떤 땅에서도 자라지 않는 곳이 없다. 가흥嘉興이나 호주湖州에서는 가지를 내려 눌러 번식시키는 휘묻이 방법으로 뽕나무를 배양한다. 그해 자란 뽕나무의 옆가지를 대나무 갈고리를 써서 아래로 늘어뜨려 점점 땅바닥 가까이로 붙인 다음에 겨울이 되면 그 가지를 흙으로 눌러 덮는다. 그러면 다음해 봄에 마디마디 뿌리가 생기는데, 이를 잘라 다른 곳에 옮겨 심는다. 이렇게 자란 나무의 양분은 다 잎에 모여 있기에 더 이상 꽃이 피거나 오디를 맺지 않는다. 잎을 따기 쉽게 하기 위해서는 나무가 7, 8척 높이가 되면 나무 꼭지를 잘라낸다. 그러면 나무 가지와 잎을 손으로 끌어 딸 수 있어서 사다리를 걸치거나 나무에 오르지 않아도 된다.

그밖에 씨를 심어 키우는 방법으로는 입하立夏 때 자홍색紫紅色 오디를 따서 누런 진흙물로 비벼 씻고, 물과 함께 땅에다 뿌리면 그해 가을에 한 척 남짓 자라는데, 이듬해 봄에 옮겨 심으면 된다. 그리고 만약 물과 거름을 부지런히 준다면 가지와 잎도 무성하게 잘 자랄 것이다. 그러나 그 가운데는 꽃이 피고 열매를 맺는 것이 있는데, 이런 것은 잎도 얇고 그 양도 적다.

또 화상花桑이라는 것이 있는데, 잎이 대단히 얇아 쓸모가 없으나 접목接木시키면 역시 두꺼운 잎이 생긴다. 그리고 꾸지뽕나뭇잎[130]이라는 세 가지 종이 있는데, 뽕잎이 부족할 때 보충용으로 쓴다. 꾸지뽕나뭇잎은 절강浙江에서는 잘

130 꾸지뽕나무는 뽕나뭇과의 갈잎작은큰키나무로서 황해도 이남의 산기슭 양지쪽이나 마을 근처에서 자란다. 원문은 자엽柘葉이라고 한다.

볼 수 없으며, 사천四川에 가장 많다. 가난한 농가에서는 절강의 알을 가져다 누에를 치며, 뽕잎이 부족하면 꾸지뽕나뭇잎을 먹여 기른다. 이 또한 사물의 이치 중 하나라 할 수 있다. 금琴의 줄이나 활의 시위는 꾸지뽕나뭇잎을 먹여 기른 누에실을 쓰는데, 이를 극견棘繭이라 하며 가장 단단하고 질기다고 말한다.

뽕잎을 딸 때는 반드시 가위를 사용한다. 쇠가위 가운데에는 가흥군嘉興郡의 동향桐鄉의 것이 가장 단단하고 예리하여 다른 곳들의 것은 이에 비길 바가 못 된다.

뽕나무는 전지剪枝한 다음 한 달 후에 새로 생긴 가지에는 잎이 더욱 무성한데, 딸 수 있는 잎도 많고 사람의 힘을 덜게 한다. 재생한 가지의 뽕잎은 음력 5월에 만잠晩蠶을 먹이는데 쓰며, 이때에는 잎만 따지 가지는 치지 않는다. 두 번째 잎을 딴 후 가을이 되면 세 번째 잎이 다시 무성해진다. 절강浙江 사람들은 잎이 서리를 맞아 스스로 떨어지기를 기다렸다가 전부를 쓸어 모아 면양綿羊의 사료로 쓴다. 이렇게 기른 양의 털을 깎으면 다량의 양탄자를 얻을 수 있다.

뽕잎 먹이는 요령

누에는 한잠 이후에는 젖은 잎을 바로 먹을 수 있다. 비올 때 딴 잎은 마음대로 바닥에 깔아서 먹일 수 있다. 그러나 맑은 날에 딴 잎은 물을 뿌려 적셔서 먹이면 실에 광택이 난다. 한잠 전에는 비 오는 날에 딴 잎은 새끼 끈으로 통풍이 잘되는 처마 밑에 걸어 때때로 줄을 흔들면서 바람을 쐬어 말린다. 그런데 만약 손바닥으로 쳐서 말리면 잎이 말라도 신선하지도 않고 윤기도 없어져 장차 여기서 나온 누에실도 역시 광택이 없다.

누에가 자려고 하면 그 전에 잎을 실컷 먹여서 재우도록 한다. 잠에서 깨어나면 반나절 늦게 먹여도 괜찮다.[131] 노천의 안개로 젖은 잎은 누에를 심하게 해친다. 이 때문에 이른 새벽에 안개가 끼면 결코 뽕잎을 따서는 안 된다. 날씨가 맑든 비가 오든 간에 언제나 안개가 그치기를 기다렸다가 비로소 가위로 잎을 따도록 해야 한다. 만약 잎에 이슬방울이 맺히면 역시 해가 떠서 이슬이 마르고 난 다음에 가위로 따도록 한다.

131 누에가 바로 깼을 때는 턱이 단단치 않으므로 6시간 후에 잎을 주는 것이 알맞다. 그보다 일찍 주면 소화 불량으로 배가 부풀어 죽게 된다.

누에 병

누에의 알이 걸리는 병해에 대해서는 이미 앞서 자세히 설명하였다. 알이 누에로 부화한 후 습기나 더위, 그리고 짓눌리는 것으로부터 방지하는 일은 오로지 사람에게 달려 있다. 첫잠 전에 누에를 옮기고자 하면 옻칠한 소반을 써야 하며, 뚜껑을 덮지 않고 수분이 잘 증발하도록 한다.

누에가 발병할 때는 흉부胸部가 투명해져 맑게 빛이 나게 되고[132] 전신이 노랗게 된다. 머리는 점점 커지고 반대로 꼬리는 차츰 작아진다. 거기에다 잘 때가 되어도 자지 않고 돌아다니며 잎도 얼마 먹지 않는데, 이는 모두 병을 의미한다.[133]

이때에는 병든 누에를 재빨리 가려내어 버려서, 다른 전체의 누에들에게 전염시키지 못하도록 한다. 건강하고 윤이 나는 좋은 누에는 반드시 뽕잎 위에서 잔다. 잎 밑에 눌려 있는 누에는 몸이 약해 힘이 없어졌든가 아니면 게을러서인데, 이런 누에들이 짓는 고치는 몸도 얇다. 그리고 고치를 짓더라도 멋대로 실을 토해서 바른 모양을 갖추지 못하거나 넓적하게 움푹 들어간 고치를 지을 때도 있는데, 이런 누에들은 정상적인 누에가 아닌 바보 누에들이며, 누에가 게을러서가 아니다.

132 여기에서 말하는 흉부는 사실은 누에의 입이다.
133 누에가 공두병空頭病에 걸린 증상이다.

성숙한 누에 고르기

누에가 뽕잎을 충분히 먹게 될 때에는 성숙해지면서 고치를 지을 시각이 촉박하게 됨을 유의해야 한다. 알에서 유충으로 부화되는 시각은 대개 아침 7시에서부터 11시 사이이다. 그러므로 성숙한 누에 즉 숙잠熟蠶이 고치를 짓는 것도 역시 이 시각이 대부분이다.

성숙한 누에가 되면 목구멍 아래 부분의 양 측이 투명해진다. 숙잠을 골라내어 섶에 올릴 때 누에가 좀 덜 성숙하게 되면 실을 적게 토하고,[134] 조금이라도 많이 성숙하게 되면 이미 실을 부분적으로 토해버렸기 때문에 고치를 짓더라도 틀림없이 얇아진다. 따라서 성숙한 누에를 고르는 사람은 눈썰미가 정확하여야 하며, 한 마리라도 틀리지 않아야 한다. 특히 검은 누에는 성숙하더라도 몸속의 투명한 부분을 볼 수 없어서 고르기가 가장 어렵다.

134 누에가 성숙하지 못하면 뽕잎을 적게 먹으며, 성숙하여야 비로소 실을 토해서 고치를 지을 수 있다.

성숙한 누에 고르기

고치 따기

고치 짓기

누에가 고치를 짓게 하는 데는 가흥嘉興이나 오흥현吳興縣(즉 호주)에서 하는 처리 방법이 가장 좋다. 다른 주부州府에서는 불로 따뜻하게 해주는 방법을 몰라[135] 누에가 고치 지을 곳을 아무 데나 찾는데도 그대로 내버려 두고 있다. 그리하여 심지어는 짚이나 상자 속에서 고치를 짓더라도 불도 쬐어주지 않고 통풍이나 환기도 해주지를 않는다. 그러므로 이런 실로 짠 안휘성安徽省의 둔계屯溪나 복건성福建省의 장주漳州 등지의 비단이나, 하남河南이나 사천四川 등지의 명주는 쉽게 썩는다. 그러나 만약 가흥이나 오흥현에서 만든 실로 옷을 지으면 물로 백여 차례나 빨래를 하더라도 그 옷감의 질이 여전히 좋아 변하지 않는다.

가흥이나 호주의 방법을 얘기하자면, 대를 쪼개어 누에채반을 엮고,[136] 그 채반 아래에는 땅으로부터 약 6척의 높이로 나무를 가로로 걸쳐 두고 땅바닥에는 숯불을 줄지어 둔다(다만 이때 숯불의 불꽃이 터져서는 아니 되니 주의해야 한다). 전후좌우로 4, 5척의 간격으로 화로를 하나씩 둔다. 처음 산 모양의 섶에 누에가 막 붙기 시작하면 불을 약하게 하여 누에가 실을 토하기 시작하도록 유도한다. 누에가 불기운을 좋아하여 즐거워하면 곧 고치를 짓고 다시 함부로 오르려고 하지 않는다.

고치 모양이 되면 화로마다 숯 반 근을 더해 주어 온도를 높여 주어 토한 실들이 곧바로 건조되게 하면 이런 실들은 아무리 오래 두더라도 손상되지 않는

135 숯불로 데워주면 누에가 실을 토하고, 그 실도 가늘고 고르다. 그 위에 실이 잘 뽑히고 토해 낸 실의 양도 많다.
136 대로 엮은 발로서 누에를 여기서 기른다. 누에채판인 잠박蠶箔을 말한다.

다. 잠실 즉 고치를 치는 방은 천장을 치는 등 위를 덮지 않아야 한다. 왜냐하면 고치를 지을 때 밑에는 불로 쬐어주고, 위에는 통풍이 잘되어 신선하게 해줄 필요가 있기 때문이다.

화로 바로 꼭대기에 있는 고치는 종자로 쓸 수 없다.[137] 씨로 쓸 고치는 불에서 멀리 떨어진 것을 골라 쓴다. 발 위 산 모양의 섶은 밀 · 보리나 벼의 짚을 고르게 잘라 손으로 세운 것이다. 따라서 이 섶을 만드는 사람은 손재주가 아주 좋아야 한다. 발의 대가 성길 때는 그 위에다 짧은 짚을 깔아 누에가 땅바닥이나 화로 속으로 떨어지지 않도록 방지해야 한다.

137 불 바로 위의 고치는 온도가 높아, 누에 번데기의 생식 기능이 떨어져 씨고치로는 적당하지 못하다.

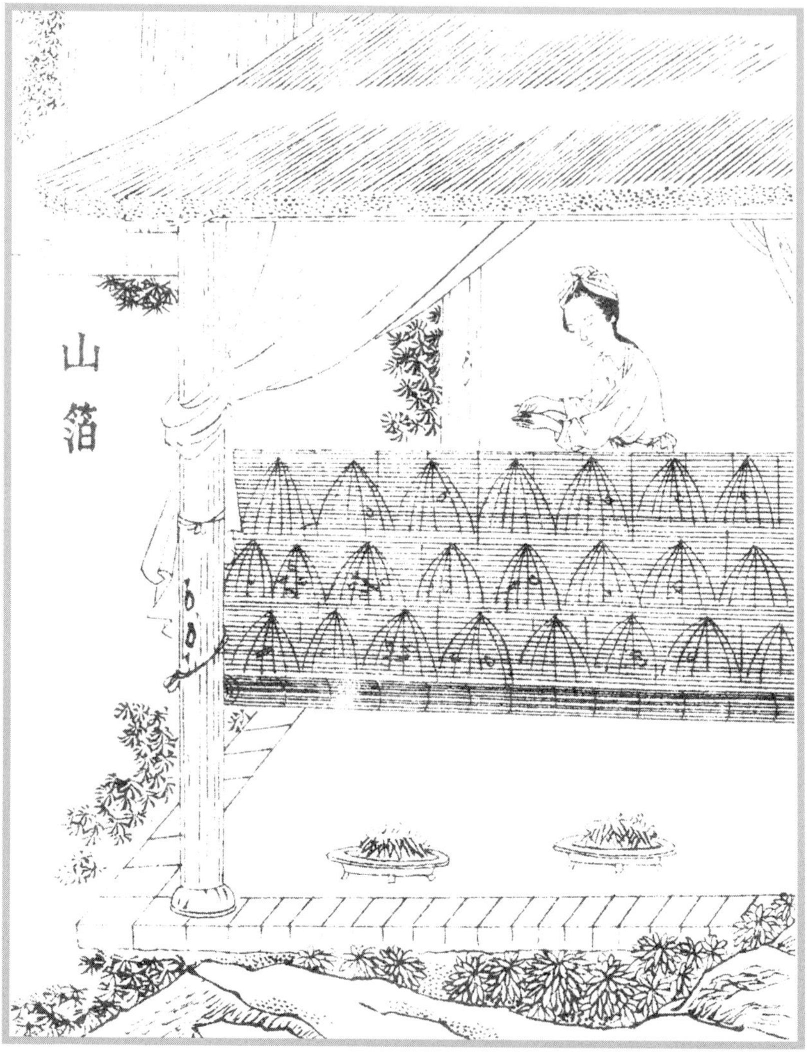

산 모양의 섶

고치 따기

누에를 섶에 올려 고치를 지은 지 삼일이 되면 대나무 누에채반을 내려 고치를 떼어 낸다. 고치 껍데기 바깥에 떠도는 실을 사광絲匡이라 하는데, 오홍현(호주)의 늙은 아낙네는 이를 싸게 사서(한 근에 100문文), 동전을 매달아 실로 만들어서 오홍현의 명주를 짠다. 떠도는 실을 걷어 낸 고치는 반드시 큰 광주리에 펼쳐 담아서 선반 위에다 두어, 나중에 실을 뽑든가 풀솜을 만들도록 준비해야 한다. 만약 고치를 부엌의 궤나 상자에 넣고 덮어두면 습기의 침식으로 인하여 고치가 썩어 실이 잘 풀리지 않든지 실마리가 끊어진다.

누에의 해충

누에를 해치는 것으로는 참새 · 쥐 · 모기 세 종류가 있다. 참새는 번데기 고치를 해치지 않고, 모기는 조잠早蠶을 해치지 않지만 쥐의 해는 처음부터 끝까지 그 어느 것에든 해를 끼친다. 이를 방지하여 쫓는 지혜는 여러 가지의 방법이 있으나 오로지 사람의 힘에 달려 있다(참새의 똥이 묻은 잎을 누에가 먹으면 그 자리에서 죽어 썩게 된다[138]).

138 누에가 먹더라도 죽지 않는다. 과장된 표현이다.

고치 고르기

실을 뽑는 데 쓰는 고치는 반드시 모양이 동그랗게 바른 독잠견獨蠶繭[139]을 골라 쓰면 실마리가 흐트러지지 않는다. 만약 쌍견雙繭[140]이거나 4, 5마리의 누에가 함께 지은 고치는 골라내어서 풀솜으로 쓰도록 한다. 만약 이런 고치를 켜서 실을 뽑으면 몹시 거친 실이 된다.[141]

139 단독 누에의 번데기를 일컫는 말이다.

140 두 마리의 누에가 함께 한 개의 고치를 지은 것으로 원문은 쌍궁견雙宮繭이라고 되어 있다. 섶에 올릴 때 온도가 높거나, 볕이 고르지 못하거나, 섶에 올리는 누에가 과밀過密하든지, 시기가 너무 늦을 때 이런 고치가 생긴다.

141 이 말은 잘못된 것이다. 이런 고치를 쓰더라도 독잠견과 같이 실을 뽑을 수 있고 실이 거칠지도 않다. 단지 실마리가 흐트러지기 쉽고 잘 끊어지는 것이 흠이다.

고치 고르기

풀솜 만들기

쌍견雙繭이나 실을 켠 후 솥바닥에 남은 부스러진 고치나, 나방이 날아 가버린 고치 껍데기 등은 다 같이 실마리가 얽혀 실로 켤 수 없는데, 이들은 풀솜을 만드는데 사용한다. 풀솜 만드는 고치를 볏짚 잿물에 삶은 후(석회石灰를 사용해서는 안 된다) 맑은 물이 들어 있는 대야 안에다 넣는다. 그리고 미리 엄지손톱을 깨끗이 깎은 두 엄지로 네 개의 고치 꼭지를 열어 펼치고, 이 고치를 왼손의 네 손가락을 모은 데다 하나씩 네 개를 겹쳐 끼웠다가 뽑아낸다.[142]

여기에 두 손을 뻗어 넣어 주먹으로 펼쳐서 넓힌다. 잇달아 겹친 것을 네 번 펼쳐 모두 16개를 펼친 다음, 작은 대나무 활에 물려서 퉁겨 펼친다.[143] 이것이 《장자莊子》에서 말하는 '병벽광洴澼絖'[144]이다. 오홍현(호주)의 솜이 특히 희고 깨끗한 것은 솜 만드는 사람의 수법이 교묘하기 때문이다. 대나무 활에 물릴 때는 반드시 동작이 재빨라야 하며, 물기가 있는 채로 펼쳐야 한다. 만약 조금이라도 행동이 느리면 물이 빠져나가 풀솜은 덩어리가 되어 골고루 펼쳐지지 않으며, 빛깔도 순백으로 되지 않는다.

실을 뽑고 남은 고치로 만든 솜을 과저면鍋底綿이라 하고, 이런 솜을 옷이나

---

142 이렇게 네 개가 겹쳐진 것을 소두小抖라 한다.

143 이 방법 이외에 다른 방법이 또 있다. 두 손의 엄지와 검지로 고치를 찢어 펼쳐서 작은 대나무 활에다 씌우는데, 이렇게 네 개의 고치를 겹쳐 씌워서 꺼낸 것을 소궁小弓이라 한다. 이어서 소궁을 다시 주먹으로 펼쳐서 큰 대나무 활에 씌우는데 한 번에 네 개의 소궁을 겹쳐 씌워서 꺼내면 하나의 대궁大弓이 된다. 볕에 말렸다가 뜯어 펼쳐서 풀솜을 만든다. 강소江蘇·절강浙江에서는 지금도 이 두 가지 방법을 쓰고 있는데 단지 겹쳐 씌우는 고치의 수가 옛날과 다를 뿐이다.

144 《장자莊子·소요유逍遙遊》에는 송宋나라 사람 중에 어떤 이가 '세세이병벽광위사世世以洴澼絖爲事'라 하여 대대로 솜을 두드려 빠는 일을 하는 자가 있었다고 적혀 있다. 여기서는 풀솜을 만드는 것을 뜻한다.

이불 속에 넣어 추위를 막는데 이를 풀솜옷 또는 풀솜이불이라 한다.[145] 풀솜을 만드는데 드는 공력은 실뽑기보다 8배나 들어서 종일 일하더라도 단지 4냥 남짓 밖에 만들지 못한다. 이런 솜으로 동전을 매달아 자은 실을 갖고 짠 호주의 명주인 호주湖綢는 값이 꽤 비싸며, 또 이런 실을 써서 화기花機로 짠 것을 화면花綿이라 부르는데 그 값은 더욱 비싸다.

145 원문은 협광挾纊이라고 되어 있다.

실뽑기

실을 뽑으려면 우선 먼저 실 뽑는 차인 사차絲車를 만들어야 한다. 그 크기와 구조에 대해서는 뒤의 그림에다 실었다. 실뽑기를 할 때에는 우선 솥에 물을 끓인 다음 고치를 삶는다. 이때 실의 굵고 가늘기는 솥에 넣는 고치 양의 많고 적음과 관계있다. 만약 한 사람이 하루 종일 일한다면 30냥의 실을 뽑을 수 있으나 두건頭巾을 짜는 포두사包頭絲[146]일 경우에는 단지 20냥만 얻을 수 있는데, 왜냐하면 이런 실은 가늘고 길기 때문이다. 무늬 있는 비단이나 얇은 비단인 능라비단의 실[147]은 한 번에 20개의 고치를 넣지만 포두사를 만드는 실에는 단지 10여 개의 고치를 넣는다.

고치를 삶는 물이 끓기 시작할 때 대빗으로 수면을 휘저으면 실마리가 자연적으로 스스로 나타난다. 이 실마리를 손으로 집어 죽침안竹針眼[148]을 통과시켜, 우선 성정두星丁頭(대막대로 만들며 향통香筒 모양이다)[149]에 돌려 송사간送絲竿에 걸치고, 다시 대관차大關車[150]에 감는다.

실이 끊어지면 실 끝을 찾아 올려놓으면 원래의 실과 꼬아 잇지 않아도 이어진다. 실이 대관차 위에서 고르게 감기고 한쪽으로 쏠리어 퇴적되지 않는 것

146 두건頭巾이나 수건을 짜는 데 쓰이는 실이다. 옛날 사람들은 비단으로 만든 수건으로 머리를 동여맸는데, 이를 포두包頭라고 하였으며, 포두를 만드는 실을 포두사라고 하였다.
147 능라 옷을 만드는 실을 능라사綾羅絲라고 하였는데, 포두사에 비해 거칠다.
148 여러 고치의 실마리를 모으는 장치이다.
149 구르는 대롱으로서 실을 인도한다.
150 큰 얼레로서, 발로 밟아 돌려서 실을 감는다.

은 전적으로 송사간送絲竿과 마목[151]의 작용에 달려있다. 사천四川에서 쓰는 사차는 그 구조가 약간 다르다. 실 뽑는 방법을 얘기하자면, 여기에는 솥 위에 나무를 가로로 걸치고, 두 사람이 솥 옆에서 서로 마주보고 서서 솥 안의 실마리를 찾는다. 처음 끌어 낸 4, 5개의 실마리를 그 나무 위에 올려놓는다. 그러나 이러한 방법은 오홍현의 그 좋은 사차에는 미치지 못한다.

실을 뽑는 데 쓰는 땔나무는 매우 잘 마르고 연기가 나지 않는 것이어야 하는데, 그래야만 실의 아름다운 광택이 죽지 않는다. 실의 질을 좋게 하는 방법은 다음의 여섯 자로 나타낼 수 있다. 그 하나는 출구건出口乾으로서, 누에가 고치를 지을 때 숯불로 쬐어 말리는 것을 말한다. 또 하나는 출수건出水乾으로서, 실을 뽑아 대관차에 감을 때 숯 4, 5냥을 화로에 넣어 숯불을 피워서 대관차에서 5치 남짓 떨어진 곳에 두어, 대관차가 바람처럼 돌 때 실이 돌아가는 동시에 불기를 쬐게 되면서 말려지는 것을 말한다(날씨가 맑고 바람이 불 때에는 불을 사용하지 않는다).

151 송사간을 좌우로 움직이는 장치이다. 발로 밟아 움직인다.

실감기

실로 피륙을 짜려면 우선 실을 얼레에 감아야 한다. 햇볕이 잘 드는 처마 끝이 있는 방안에서 우선 나무로 짠 틀을 바닥에다 깔고, 그 위에다 대나무 막대기 네 개를 꼽아 바로 세우는데, 이것을 낙독絡篤[152]이라고 한다. 실을 이 네 개의 대나무 막대기 즉 낙독에 걸고, 그 곁에 세운 기둥에다 높이 8척되는 곳에 비스듬히 가는 대 막대를 못을 박아 고정시킨다. 그리고 대 막대 끝에는 반달 모양의 고리를 달고, 실을 이 고리에다 걸친다. 손으로 얼레를 잡고 돌려서 날실이나 씨실을 감아 짤 준비를 한다. 가는 대 막대의 한쪽 머리에 작은 돌을 매달아 활두活頭[153]라는 추의 구실을 하게 한다. 끊어진 실을 이으려고 하면 줄을 당기기만 하면 고리가 내려간다.

152 강소 · 절강에서는 사타絲駝라 부르고, 광동에서는 사삽絲揷이라고 부른다.
153 활투活套라고도 한다.

실 뽑기(1)

실 뽑기(2)

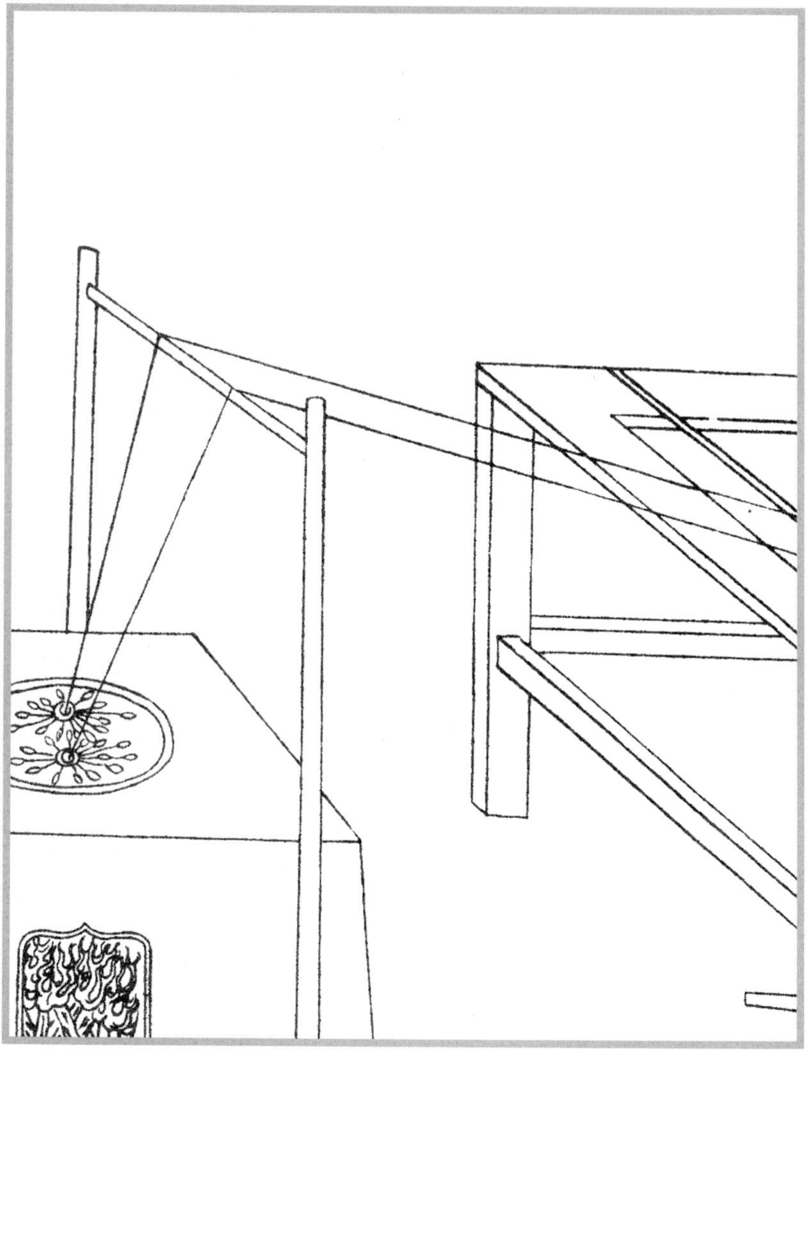

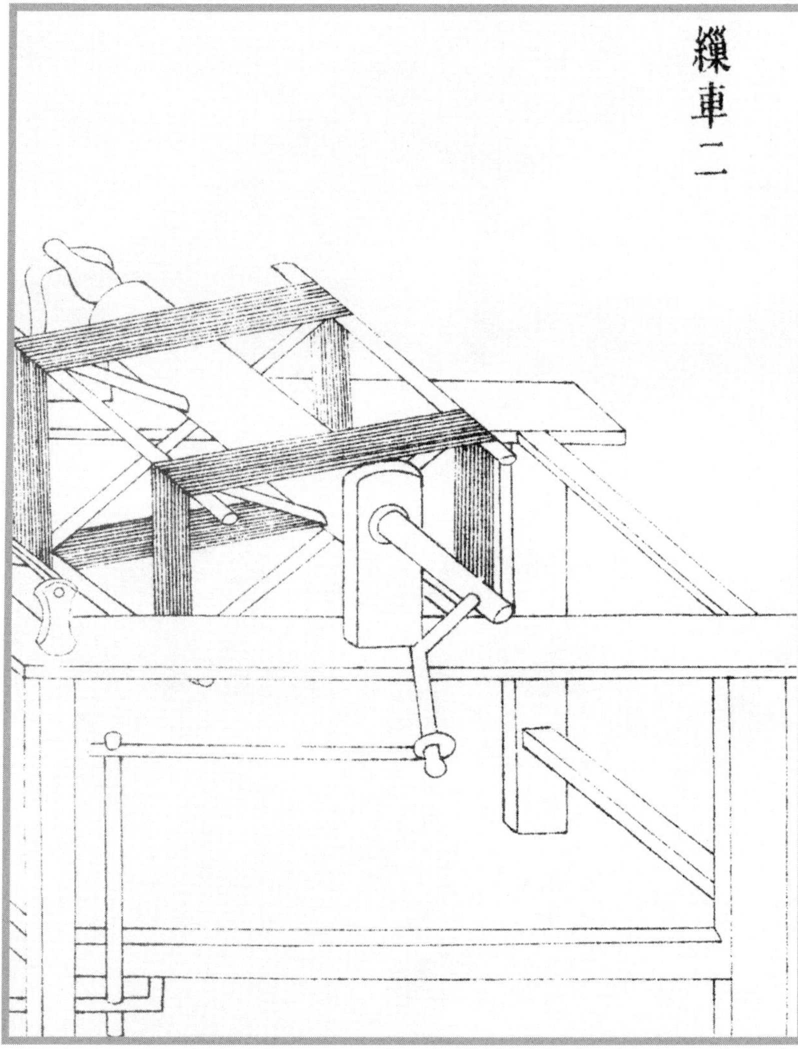

사차絲車

사치絲車

씨 실

실을 얼레에 감은 후 날실과 씨실로 골라 모으는데 날실은 적게 쓰고, 씨실은 많이 써야 한다. 실 10냥마다 날실은 4냥, 씨실은 6냥 사용하는데, 이는 대략적인 숫자이다. 얼레에 감은 실 가운데 씨실로 쓸 실은 미리 물에 흠뻑 적셔서[154] 물레바퀴로 가락을 돌려 대나무 대롱에다 감는다(대나무로는 왕대[155]를 사용한다).

154 물에 적시면 실이 더 질겨서 잘 끊어지지 않는다. 또 이렇게 짠 직물은 매우 치밀하다.
155 왕대는 댓과에 달린 늘푸른나무이며, 충청도 이남에서 가꾸는데, 나무는 공예 재료로, 죽순은 먹거나 약재로 쓴다.

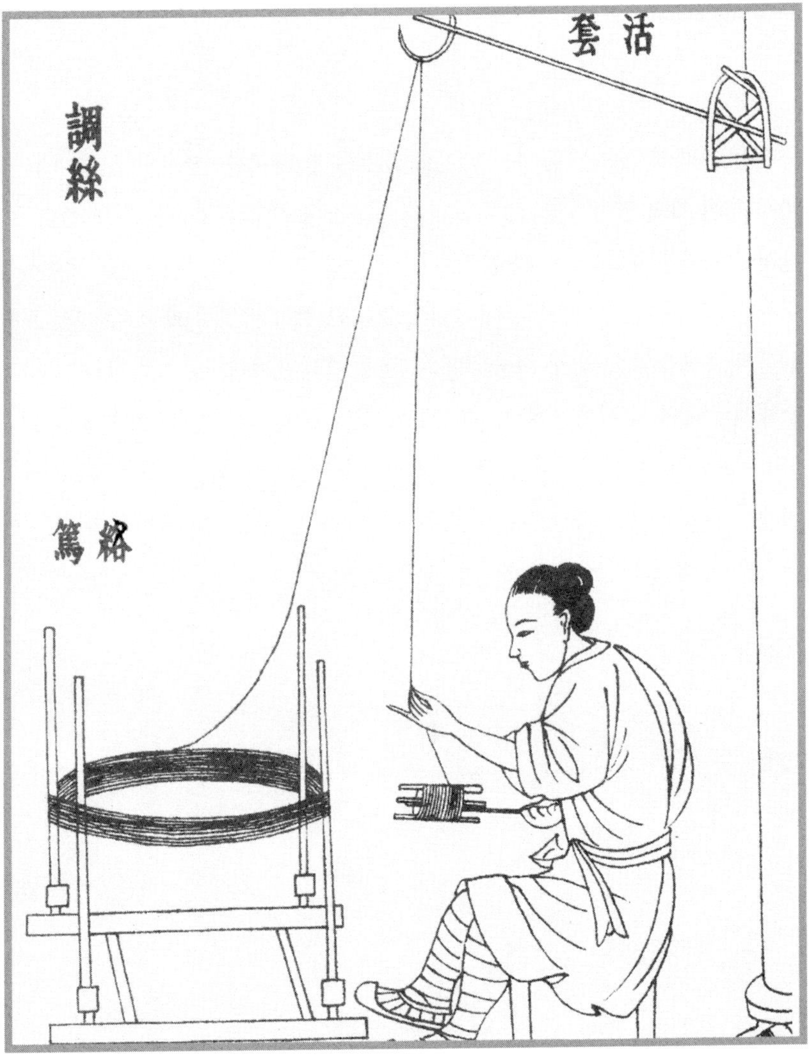

실 감기

날실용 도구

실을 얼레에 감은 다음에는 날실로 간추려 짤 준비를 한다. 곧은 대나무 막대에 30여 개의 구멍을 뚫고, 대고리를 끼우는데 이를 유안溜眼이라고 한다. 이 막대를 기둥 위에 가로 질러 놓고, 실을 고리를 지나 다시 장선掌扇을 통과시켜 경파經耙에다 감는다. 충분한 길이에 도달하면 인가印架[156] 위에다 감는다. 모두 감은 다음에는 중간의 두 교죽交竹으로 실을 아래와 위 두 층으로 갈라놓고, 그 다음에는 실을 바디에다 꽂아 넣는다(이 바디는 직기織機의 바디가 아니다). 바디를 지나게 한 후, 적강的杠[157]을 인가印架와 마주 보게 하여, 둘 사이가 5, 7장丈 떨어지게 둔다. 풀 먹일 때는 이대로 먹인다. 풀 먹이지 않을 때는 바로 적강的杠에다 감아서 잉앗대[158]에 실을 통과시켜 짜도록 한다.

156 짜기 전에 날실을 간추리는 도구이다.
157 날실을 감는 축軸으로서 도투마리를 말한다.
158 날실을 아래위로 교차시키는 직기織機의 장치를 말한다.

경파

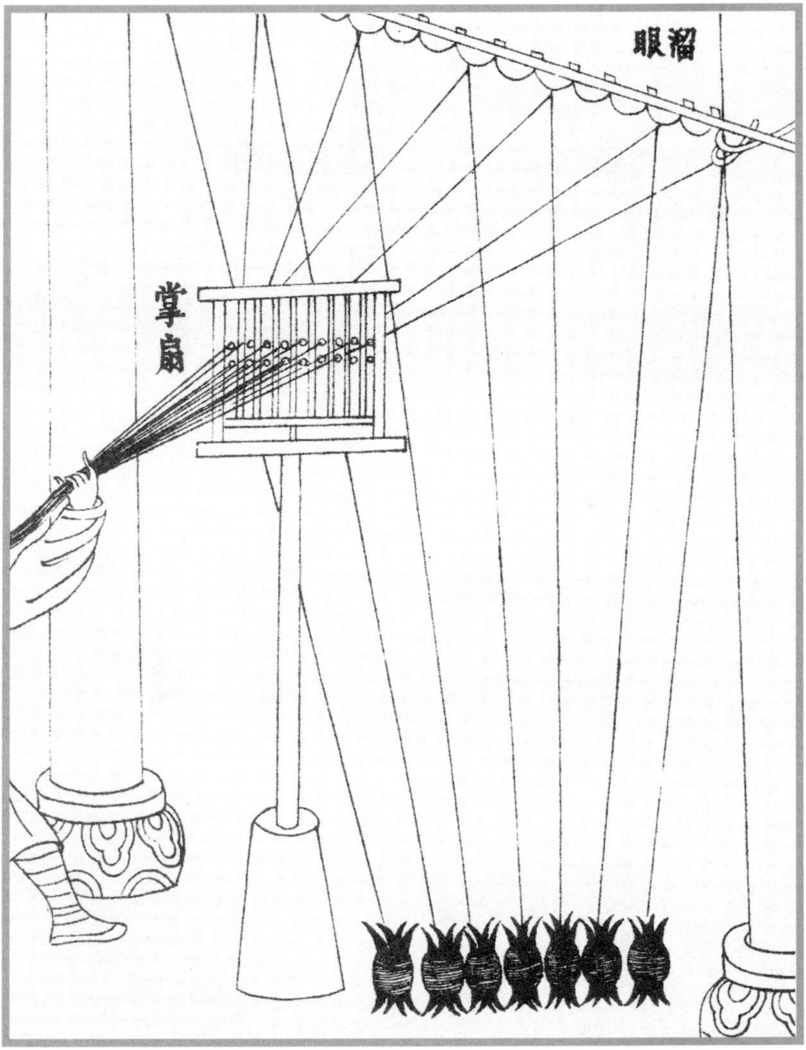

장선, 유안

풀먹이기

풀로는 밀기울에서 얻은 고운 가루[159]를 원료로 쓴다. 무늬가 없는 얇은 비단[160]을 짤 때는 반드시 풀을 먹여야 하지만 무늬가 있는 두꺼운 비단[161]일 때는 풀을 먹일 수도 있고 그렇지 않을 수도 있다. 풀 먹인 얇은 비단이 빳빳하지 않으면[162] 쇠가죽의 아교로 풀을 먹이는데, 이런 비단을 청교사淸膠紗라 한다. 바디에다 풀을 묻혀 그것을 오가게 하여 실에 풀이 충분하게 배어들게 한 후 밀면서 마르도록 둔다. 만약에 날씨가 맑아 태양이 충분하면 곧 마르나 흐릴 때는 바람을 쐬어 말려야 한다.

159 밀기울을 물에 풀었을 때 밑에 가라앉은 고운 가루를 말하며 풀의 원료로 쓴다. 요사이는 우뭇가사리 등의 조류식물藻類植物로 풀을 만든다.

160 원문에는 사,라沙,羅로 되어 있다.

161 원문에는 능,주綾,綢로 되어 있다.

162 이 부분을 "비단이 염색된 후에 비단 본래의 성질을 잃게 되면"이라고 번역하기도 한다.

풀 먹이기, 인가

가의 날실

비단은 두꺼운 비단(능)이나 얇은 비단(라)을 가릴 것 없이 다 따로 가의 날실을 단다. 양쪽 가의 날실은 각각 20여 가닥이고, 이런 날실은 반드시 풀을 묻힌 바디로 밀면서 실을 빗어 말린다. 일반적으로 두꺼운 비단이나 얇은 비단의 날실은 한 번에 30장이나 또는 50~60장의 길이로 한다. 이리하여 자주 꿰잇는 번거로운 일을 덜게 한다. 한 필[163]마다 잘라야 하므로 가의 날실에다 먹으로 칠해 두면 필요한 길이가 되었는가를 곧 알 수 있다. 가의 실은 적강에다 감지 않고, 따로 직기의 가룻대에다 걸친다.

163 한 필은 옛날에는 길이 4장丈을 가리켰으나, 지금은 필요에 따라 정한다.

날실의 수

비단을 짤 때 얇은 비단인 나羅,사紗의 바디는 800 치齒를, 두꺼운 비단인 능綾,견絹의 바디는 1,200 치를 표준으로 삼는다. 모든 바디의 잇발 사이사이로 풀 먹인 날실들이 지나가는데, 네 가닥의 실이 따로 합쳐져 두 가닥의 실이 된다. 얇은 비단의 날실은 모두 합해 3,200 가닥이고, 두꺼운 비단의 날실은 모두 5,000이나 6,000가닥이 된다. 고서古書에는 80가닥을 한 승升[164]으로 한다고 적혀 있는데, 요즈음의 두꺼운 비단이 바로 옛날에 말하는 60승포升布가 된다.

무늬를 내려면[165] 반드시 가흥嘉興이나 오흥현吳興縣의 출구건出口乾·출수건出水乾의 실을 날실로 써야지 뜻대로 오르내릴 수 있고, 또한 실이 잘 끊어지지 않는다. 다른 지방의 실은 설령 애써서 무늬를 짜더라도 정교하지 못하여 대단히 조잡할 따름이다.

164 옛날에는 80가닥의 실이 한 승이므로 60승포升布는 폭이 2척 2치이며, 이 사이에는 4,800가닥의 날실이 있다.
165 날실과 씨실을 서로 얼려서 요철凹凸을 만들어 무늬를 낸다.

화기(花機)[166]

화기는 전체의 길이가 1장 6척이며, 높이 솟아 있는 것이 화루花樓[167]이고, 중간에 받치고 있는 구반衢盤[168]이 있고, 그 아래로 늘어져 있는 구각衢脚[169]이 달려 있다(물로 매끄럽게 간 대막대로 만들며 그 수는 모두 1,800개이다). 화루를 마주하여 그 밑에 약 2척 깊이의 웅덩이를 파서 그 속에다 구각을 넣어둔다(땅바닥이 습하면 2척 높이의 시렁으로 이를 대신할 수도 있다). 무늬를 들고 있는 직공職工이 화루의 선반 위에 앉아 있다.

화기의 말단 끝에 있는 적강的杠에다 실을 감는다. 중간의 첩조목疊助木[170]이 두 개 있어, 여기에 길이가 약 4척이 되는 두 막대가 수직으로 연결되어 이들 막대 끝은 바디의 양쪽 끝에 꽂혀 있다. 첩조목은 무늬가 없는 얇은 비단을 짤 때에는 두꺼운 비단일 때보다 무게가 10여 근쯤 가벼운 것이 좋다. 소라素羅를 짤 때는 무늬를 내지 않는다. 연사軟紗나 두꺼운 비단과 같은 능견에 물결이나 매화梅花 등과 같은 작은 무늬를 내려면 소라를 짤 때보다 단지 종광綜桄[171] 두 장이 더 드는데, 디딜널을 마련하면 한 사람이 밟아 무늬를 짤 수 있다. 또 화루 위에서 무늬의 도안을 들어올릴 사람이 필요 없어 화루가 한가할 뿐만 아니라 구반衢盤이나 구각衢脚을 설치할 필요도 없다.

166 화기花機는 비단에 무늬를 내게 하는 직기織機를 말하며, 중국에서는 50~60년 전까지 쓰여 왔다.
167 무늬 도안에 따라 사람이 날실을 오르내리게 하는 곳을 말한다.
168 날실을 조정하여 입을 벌리게 하는 곳에 있는 부품이다.
169 날실을 원래의 위치로 되돌리는 부품이다.
170 날실을 팽팽하도록 하는 나무 막대이다.
171 종광綜框이라고도 한다. 디딜널과 연결되어 날실을 오르내리게 한다.

화기의 구조는 두 부분으로 되어 있다. 앞부분은 수평으로 놓여 있고, 화루에서 직공職工을 향하는 부분은 아래를 향해 1여 척 경사져 있는데, 이래야만 첩조목의 힘이 더 커진다. 만약 포두사包頭絲과 같이 가늘고 연한 직물을 짜려고 한다면 경사지지 않은 화기를 다시 만들어야 하며, 또 사람이 앉는 자리에 디딜널을 두 개 설치한다. 이는 실이 대단히 가늘어서 첩조목의 힘이 지나치게 드는 것을 방지하여야 하기 때문이다.

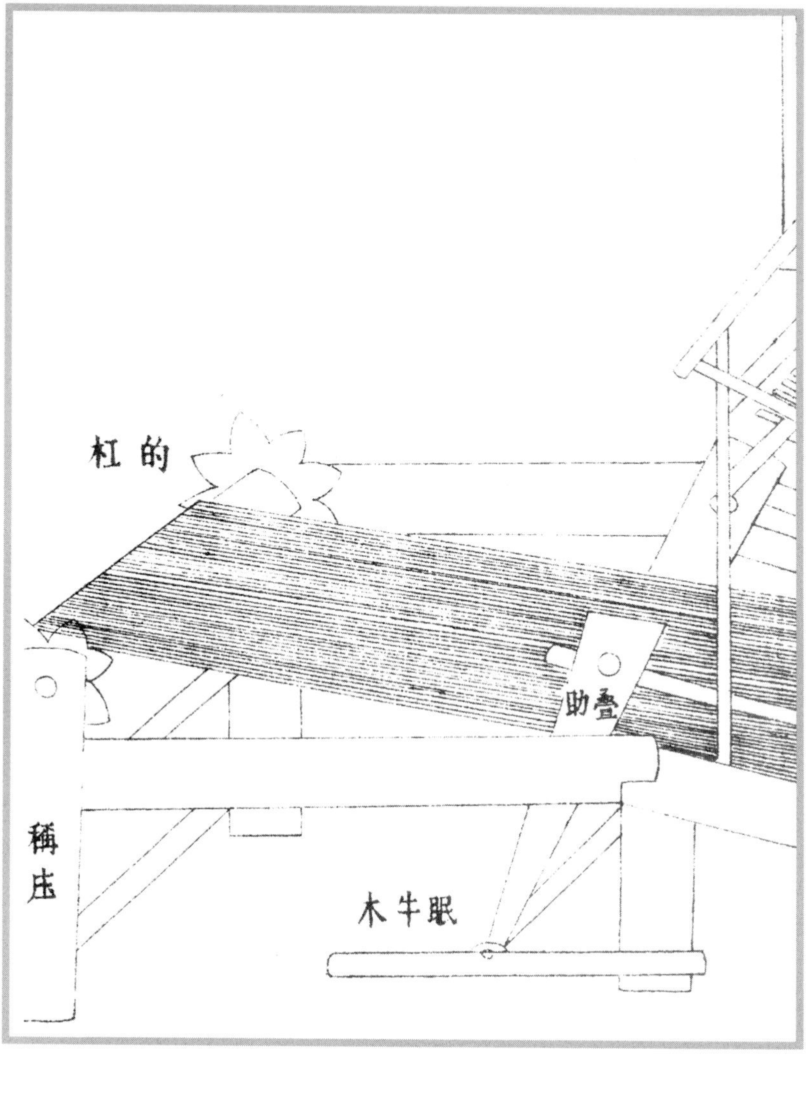
杠的
助疊
稱压
木牛眠

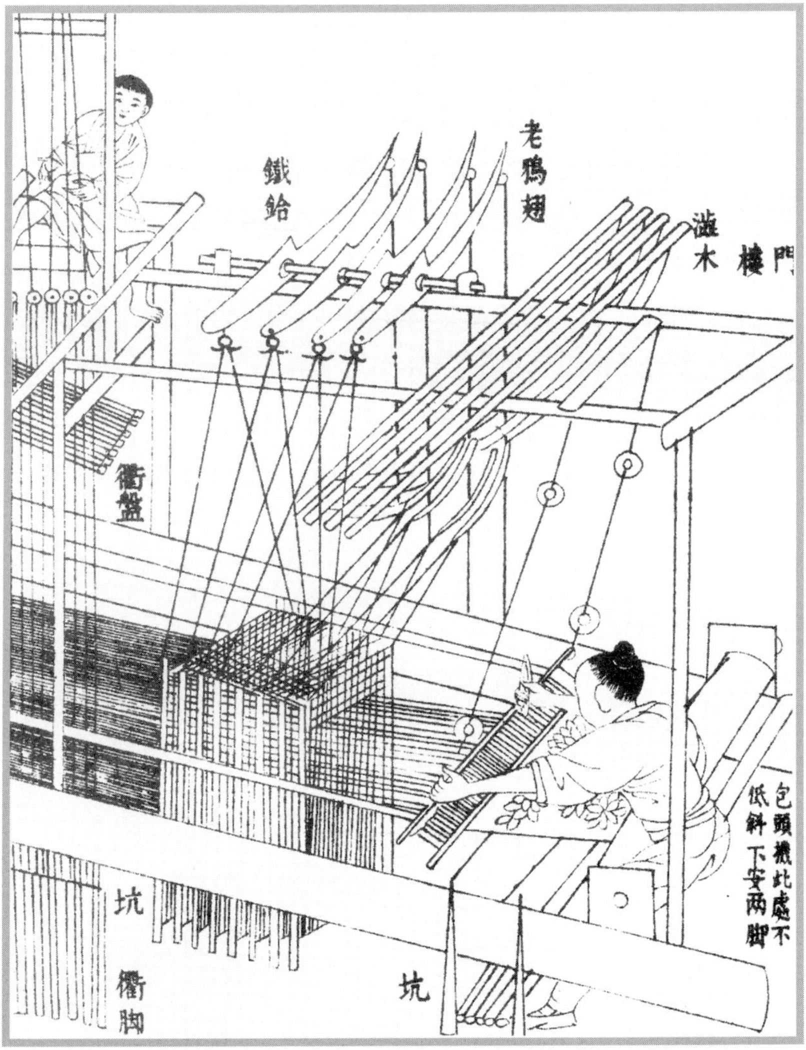

화기도花機圖

요기(腰機)

항서抗西 · 나지羅地 · 경소輕素 등에 쓰이는 비단과 은조銀條 · 수건이나 모자 등[172]으로 쓰는 얇은 비단을 짤 때는 반드시 화기를 쓸 필요는 없으며, 이때에는 다만 작은 직기를 쓴다. 베를 짜는 장인 즉 직장織匠은 한 자의 부드러운 가죽을 앉는 자리 아래[173]에 까는데, 온 힘이 허리나 엉덩이에 걸리게 된다. 이 때문에 그것을 요기腰機라고 부른다. 전국 각지에서 갈포 · 모시 · 무명베 등의 천을 짤 때에도 이 직기를 쓴다. 이것으로 짠 베나 비단은 매우 고른데다 튼튼하고 윤택이 나지만, 아깝게도 지금은 아직도 그다지 널리 쓰이지 않고 있다.

172 항서 · 나지 · 경소 · 은조 등은 다 견직물의 명칭이다.
173 그림에서도 나와 있듯이 사실은 허리와 엉덩이 윗부분이다.

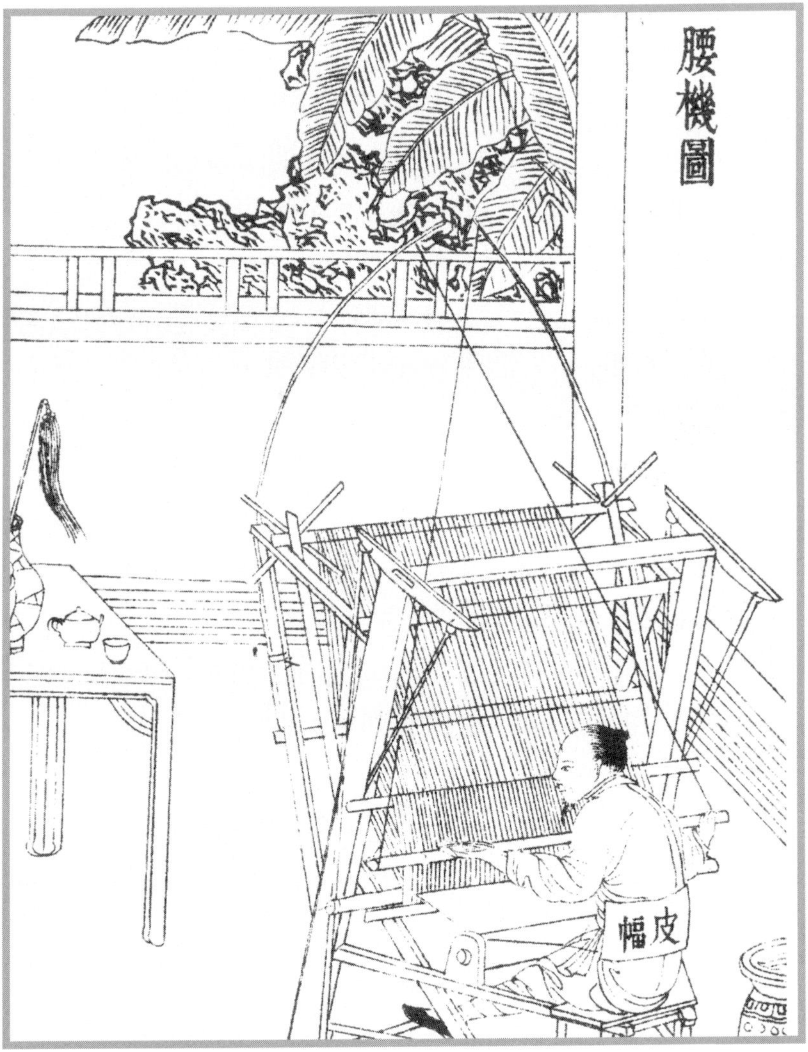

요기도

화본(花本) 꾸미기[174]

화본을 꾸미는 장인 즉 직공織工은 아주 정밀하고도 교묘한 데까지 마음을 써야 한다. 화사畵師가 미리 그 어떤 도안을 종이에다 그리면, 화본을 꾸미는 사람은 실로 그림에 따라 자세히 헤아린 다음에 그림의 크기를 잘 살펴 매우 정확하고 정교하게 계산한 후에 화본을 꾸민다. 그리고 이렇게 꾸민 화본을 화루에다 걸어 두면 비록 짜는 사람은 무슨 무늬를 짜게 될 지 미리 알 수 없다 하더라도 화본의 치수 등에 따라 구각을 들어올리고 북을 지나게 하면 무늬가 확연히 드러나게 된다.

능견綾絹 즉 무늬 비단은 날실을 올려서 무늬를 내지만, 사라紗羅와 같은 얇은 비단은 씨실을 꼬아 무늬를 낸다. 이 때문에 무늬 비단을 짤 때는 북이 한 번 지날 때마다 날실이 한 번씩 올라가고, 한편 얇은 비단은 북이 올 때는 날실이 오르나 북이 갈 때는 날실이 오르지 않는다. 원래 천상의 직녀織女가 지녔던 이러한 방직 기술이 결국은 인간세상에서 더 넓게 해낼 수 있게 된 것이다.

174 무늬를 짜기 위하여 북이 지날 때마다 올려야 할 날실과 내릴 날실을 지정해 주는 것이 화본이다. 속칭으로 문양紋樣이라 한다.

날실 꿰기

잉아에 날실을 꿰고 다시 바디에 실을 꿰려면 반드시 네 사람이 앞뒤로 앉아 일을 해야만 한다.[175] 바디에 실을 꿰는 사람은 손으로 바디집 고리를 쥐어 실을 바디에 꿰고, 맞은편 사람의 실이 오기를 기다린다. 고리로 실이 바디를 지나게 한 후 두 손가락으로 쥐고 있다가 50~70올이 바디를 지나게 되면 그 실들을 합쳐서 한 묶음으로 묶는다. 이 때 실이 전혀 흐트러지지 않는 그 오묘함의 관건은 모두 실을 분산시켜주는 교죽交竹[176]에 있다. 만약 끊어진 실을 이어주려고 하면 실이 끊어지더라도 한번 잡아당기면 몇 치 길이로 늘어나는데 이를 이으면 원래의 길이로 되돌아간다. 이는 실이 원래 갖고 있는 좋은 성질인 것이다.

175 날실을 잉아에 꿰는데 두 사람, 다시 바디에 꿰는데 두 사람이 일을 한다.

176 사침을 말한다. 길이가 2척 쯤 되는 손가락 굵기의 대막대 두 개로 되어 있다. 이것을 날실 사이에 끼워서 한 쪽은 위로, 한쪽은 아래로 두 가닥으로 나눠, 실이 서로 얽히지 않도록 한다.

품종의 분류

얇은 비단羅은 속이 빈 틈 사이로 바람이 잘 통하여 시원한데, 이는 모두 직기의 꼬인 잉아 때문이다. 실로 꼰 잉아가 달려 있는 두 장의 곤두衮頭[177]로 잉아를 움직여 평문平紋을 짤 수 있으며, 실을 얼러서 구멍을 낼 수 있다. 씨줄을 3가닥이나 5가닥(가장 두꺼운 것은 7가닥이다)이 지나게 한 후 꼬인 잉아를 밟아 올리면 그대로 날실이 꼬여서 구멍이 생겨 또렷한 그물눈을 맺는다. 그러나 만약 이처럼 비단에 구멍이 나지만 이 구멍이 정렬되지 않고 드문드문한 것을 사紗라고 부른다. 이를 짤 수 있는 관건도 역시 실로 꼰 잉아가 있는 곤두 두 장에 있다. 그밖에 무늬가 있는 두꺼운 비단 즉 능주綾綢를 짤 때에는 실로 꼰 잉아가 있는 두 장의 곤두를 쓰지 않고, 새로이 8장의 광종桄綜[178]을 쓴다.

그리고 왼쪽으로 꼰 실과 오른쪽으로 꼰 실로 한 북씩 교대로 짠 것을 추사縐紗라고 하며, 날실을 한 가닥씩 올리고 내려서 짠 것을 나지羅地, 두 가닥씩 올리고 내려서 짠 것을 견지絹地, 날실 네 가닥마다 한 가닥의 날실을 올려 짠 것을 능지綾地라 한다.

또 무늬 직물은 평문지平紋地와 단문지緞紋地로 나눈다.(무늬도 실지實地와 능지綾地로 나뉜다) 단문지(능지)는 밝으나 평문지(실지)는 비교적 어둡다. 미리 실을 염색한 후에 짠 것을 단緞이라 한다(북방의 둔견屯絹도 실을 먼저 염색한다). 직기織機에서 두 북으로 평문平紋을 짠 후 북이 한 번 지날 때마다 실로 꼰 잉아를 올려 규

177 그림의 화기花機에 보이는 노아시老鴉翅를 말한다.
178 직기의 디딜널로 끌도록 되어 있는 잉아를 말한다.

칙적인 틈을 낸 것을 추라秋羅라 한다.[179] 이 방법은 근래에 생긴 것이다.

강소江蘇 남부와 절강浙江의 추라, 복건福建·광동廣東의 숙사熟紗[180]는 다 같이 사대부들의 하복夏服감으로 쓰지만, 둔견屯絹은 지방의 관리나 신분이 낮은 관리가 사용하는 것으로 고관高官이 입는 금수錦繡에는 못 미치는 그 대용품인 것이다.

179 직기로 짤 때, 두 북은 가볍고, 한 북은 무거워 드문드문 구멍이 생긴 것을 추라라고 한다.
180 회소懷素 또는 숙라熟羅라고도 한다.

생사(生絲) 눗기[181]

견직물絹織物을 짜더라도 실은 여전히 생사여서 삶아서 아교질을 없애야만 고와진다. 삶을 때는 볏짚 재를 물에 넣어 삶는다. 아울러 저이지豬胰脂[182] 에다 하룻밤 담가두었다가 다시 더운물로 빨면 눈부시게 윤이 난다.[183] 혹은 오매烏梅를 물에 넣어 같이 삶기도 하지만 윤이 덜 난다. 조잠早蠶의 실을 날실로, 만잠晩蠶의 실을 씨실로 한 것을 삶고 나면 10냥마다 3냥이 줄게 된다. 씨실이나 날실로 쓰더라도 좋은 조잠의 실은 10냥에 단지 2냥만 준다. 삶은 후 더운물로 빨아 세게 당기면서 햇볕에 말린다. 매끄럽게 한 큰 마합 조개껍데기로 온 힘을 다해 직물을 문지르면 광택을 띠게 된다.[184]

181 생사를 물에 삶는 것을 '눗는다'라고 한다. 탄산나트륨 Na_2CO_3을 써서 생사의 아교질을 제거하고, 다시 더운물에다 빨아 알칼리성을 빼는 공정을 말한다.

182 앞의 '누에의 종류'항목 두 번째의 주)를 참조.

183 마합 조개껍질로 문지르는 것은 현재는 백사단白絲緞에만 쓰고, 다른 것에는 쓰지 않는다.

184 이 단락은 아마도 위의 "날실 꿰기" 단락 다음에 들어가야만 문맥상 서로 잘 통할 것 같다.

용포(龍袍)

황제에게 바치는 용포龍袍를 짜는 명조明朝의 직염織染 공장은 소주蘇州와 항주杭州에 있다. 용포 직기織機의 화루花樓 높이는 1장 5척으로서 숙련공 두 사람이 화본花本을 끌어 올린다. 몇 치 이상을 짜게 되면 곧 용의 모양으로 변환한다. 용포는 각각의 여러 기방機房에서 나누어 일한 부분들을 나중에 합쳐서 꾸민 것으로 한 사람의 손으로 완성한 것이 아니다. 사용하는 실은 우선 홍紅·황黃 등의 색으로 염색한다. 사용하는 직구織具는 별다른 것이 없으나, 다만 장인들이 하는 일의 신중함과 조심스러움, 그리고 공장의 자본이 모두 수십 배에 이른다. 그리고 이로써 조정에 대한 충성과 경의敬意를 나타내는 것이다. 직조 과정의 세세한 부분에 대해서는 상세히 조사할 수 없었다.

왜단(倭緞)

왜단[185]의 제조법은 일본에서 비롯되었으며, 복건성福建省의 장주漳州나 천주泉州의 연해 지구에서는 이 방법에 따라 짜고 있다.[186] 여기에 쓰는 실은 사천四川에서 가져오는데, 상인들이 아주 멀리서 팔러 와서는 그 판 돈으로 후추를 사서 고향으로 돌아간다.

그 짜는 방법도 일본에서 전래되었다. 실은 미리 염색해 두고 씨실을 날실에다 넣는다. 몇 치 짜고서는 칼로 풀솜을 잘라 깃털을 나게 한 후 문질러서 검은 빛깔을 낸다.[187] 당시 무역에 종사하는 북방의 오랑캐[188]는 한 번 보고서는 이를 매우 좋아하였다. 그러나 이런 비단은 쉽사리 더렵혀지고 손상된다. 이것으로 만든 모자 위에는 곧장 먼지가 쌓이고, 이것으로 만든 옷도 옷깃 사이가 하루만 넘겨도 쉽게 손상된다. 이 때문에 지금은 중국이나 오랑캐들이 모두 다 이를 천시하므로 앞으로 장래에는 반드시 버려질 것이다. 따라서 짜는 법을 후세에 전해주지 않아도 좋을 것이다.[189]

185 반길성潘吉星 선생의 말에 의하면, 왜단은 금속선을 띠고 있는 백조융天鵝絨으로 이를 장융이라고도 한다. 그 제조법이 일본에서 기원하였는지는 아직 의문으로 남아있다.

186 왜단은 곧 장단漳緞인데, 여기서 말하는 것은 장단이 아니고, 장융漳絨에 대하여 말하고 있다. 장융은 날실을 잘라서 깃털을 내게 한 것이 장단과 다르다. 청대淸代에서는 장단과 장융을 짜는 방법은 대단한 기밀機密에 속했으며 다 같이 조정에 바쳐졌다고 한다. 짜는 방법은 일본에서 전래되었다고 하나 확실치 않다. 오히려 중국에서 창시된 것으로 생각되나 앞으로의 고증이 필요하다.

187 장융은 명주실로만 짤 때도 있고, 풀솜을 끼워 넣어 짤 때도 있다. 날실과 씨실은 다 반반씩 풀솜이 들어 있다. 짤 때는 씨실과 함께 동선銅線을 끼워서 짜는데, 2치 짜질 때마다 동선 위의 날실을 잘라 깃털을 내고 동선을 다시 빼낸다. 이를 반복하여 짜나간다.

188 중국 동북에서 발흥한 만주족 정권 금나라를 말한다.

189 옛날에는 귀족의 옷감으로 쓰였고, 지금은 무대의 장막 등에 쓰이는 귀중한 직물로서 그 용도가 결코 적지 않다.

무명옷

면棉과 포布로써 추위를 막는 것은 귀천貴賤이 다 같아 부유한 사람이나 가난한 사람들이 다 한가지였다. 면화棉花는 고서古書에서 시마枲麻[190]라 하여 각지에서 모두 재배하였다. 또 면화에는 목면木棉[191]과 목화木花[192] 두 종류가 있으며, 꽃에는 백색白色과 자색紫色 두 가지가 있다. 재배하는 비율은 백색이 10분의 9이며, 자색은 10분의 1을 차지한다.

면화는 봄에 심고, 가을에는 목화송이가 맺히며, 먼저 벌어지는 송이부터 우선적으로 따며 한꺼번에 다 따지 않는다. 목화씨는 그 목화송이 꽃 속에 붙어 있으며, 씨아로 씨를 발라내야 한다. 목화송이에서 씨를 뽑은 후 다시 솜을 활시위에 물려서 탁 퉁기면 부풀어져 솜이 피게 된다(옷이나 이불에 두는 솜은 여기서 일을 끝낸다). 활시위로 튼 솜은 목판 위에서 비벼서 긴 가닥으로 고치를 만들고, 그 다음에는 물레의 가락을 돌리면서 솜의 실마리를 찬찬히 손으로 끌어당기면 솜이 꼬이면서 실로 뽑힌다. 이 실을 얼레에 감아 날실로 간추려 베를 짠다. 숙련된 장인은 한 손으로 방추紡錘 3개를 잡고 실을 자을 수 있다(너무 빨리

190 고서古書의 시마는 대마大麻의 웅주雄株로서, 면화棉花가 아니므로 잘못된 말이다. 그리고 면화로 짠 포를 백첩白疊이라고 불렀는데, 목면으로 짠 것이다. 《사기史記 · 화식열전貨殖列傳》의 배인裴駰의 주에 따르면 동한 시기에 이미 중국으로 전입되었다고 한다. 그리고 《수경주水經注》에도 "길패吉貝"가 있는데, 역시 목면의 포이다.

191 목면은 여러해살이 목본의 목화로서, 담요 따위의 원료는 되나 방직의 소용은 되지 못한다. 그러나 흔히 목면과 목화를 같은 뜻으로 쓰고 있다. 여기서의 목면은 주로 한국 · 중국 · 일본에서 재배하는 면綿을 말한다. 중국은 인도로부터 중국 남부로 들어와 13세기에는 장강과 황하 유역으로 널리 재배되었다.

192 목화는 공예 작물로 가꾸는 한해살이풀의 하나로서 다래라는 둥근 열매가 열리며, 익거나 마르면 갈라져 하얀 솜털이 나온다. 씨는 기름을 짜며 솜털은 무명실의 원료가 된다. 초면草綿이라고도 하며, 6세기에 중앙아시아를 거쳐 중국의 신강新疆 · 감숙甘肅 일대로 전래되어 재배하게 되었다. 한국에는 고려 공민왕恭愍王 12년(1363)에 문익점文益漸이 들여 왔다.

자으면 실이 단단하지 못하게 된다).

면포 즉 무명은 어디서나 다 짜고 있으나, 가장 잘 짜는 곳은 강소성江蘇省 송강淞江의 것이 가장 좋고, 염색한 것으로는 안휘성安徽省 무호蕪湖의 것이 가장 좋다. 베의 실을 팽팽하게 짜면 베가 질겨 오래 가고, 반면에 느슨하게 짜면 실하지 못해 쉽게 끊어진다. 광택을 내는 데 쓰는 연석碾石은 장강長江 이북에서 나는 성질이 차면서도 매끄러운 것을 써야 한다(좋은 것은 한 덩이에 그 값이 은자 10여 냥兩이나 간다). 이 연석으로 베를 문지르면 그 돌이 쉽게 열이 나지 않으면서 베의 실은 팽팽해지며 늘어나지 않는다. 무호蕪湖의 큰 포목점에서는 좋은 연석을 사용하는 것을 가장 중요하게 여긴다. 광동廣東은 무명이 집결되는 곳인데, 오히려 먼 곳에서 생산되는 연석을 가져와 사용하는 것을 보면 그들이 분명히 그것을 시험해보고 그 좋은 점을 알았기에 그런 것이다. 사람들이 옷을 빨 때에 찬 빨랫돌을 찾아 그 위에 두고 두드리는 것도 그 이치는 이와 마찬가지이다. 외국인 조선朝鮮 베의 제조법도 이와 같다. 그러나 오직 서양 베의 제조법에 대해서는 아직 조사된 바가 없고, 따라서 틀로 짜는 직법織法의 특색도 알 수 없다. 직포織布에는 운화雲花·사문斜文·상안象眼 등의 직법이 있는데, 이는 모두 화기花機로 짜는 무늬를 본받아 생긴 이름이다.(면포 위에는 운화와 사문, 그리고 상안 등의 무늬를 짤 수 있는데, 이는 모두 화기가 짜내는 사직품의 무늬에 따라 지어진 이름이다.) 그러나 그 이름 자체가 포의 즉 무명인 것처럼 가장 평범한 방법으로 짜면 되는 것이다. 열 집 가운데 한 집에는 베틀이 있기에 그림을 실을 필요는 없을 것이다.

씨 발리기

솜 트기

고치 만들기

물레도(2)

물레도(1)

솜옷[193]

솜옷이나 솜이불로 추위를 막지만, 100명 중에 겨우 1명 정도가 풀솜을 쓰며, 나머지는 모두 솜을 쓴다. 옛날의 면포棉袍[194]라는 것은 지금 시중에서 말하는 방오胖澳[195]이다. 면화는 솜을 틀어서 옷이나 이불의 크기에 알맞도록 해서 보관한다. 새로 넣어 둔 솜은 촉감이 가볍고 따뜻하나 몇 해가 지나면 판자처럼 딱딱하게 되며, 따뜻한 기운도 차츰 없어진다. 그 때에는 잠을 잔 솜을 꺼내어 다시 틀어 두면 원래대로 따뜻하게 된다.

193 원문은 시저枲著인데, 여기서는 솜옷을 말한다. 시枲는 광동廣東의 웅마雄麻인데도 면綿으로 오인하고 있음은 앞에서도 이미 지적한 바가 있다.

194 솜을 두어 만든 도포이다.

195 솜으로 만든 도포로서 강서江西의 사투리이다.

하복(夏服)

모시[196]는 어디에서나 잘 자란다. 모시풀을 재배하는 방법에는 파종(씨뿌리기)과 그루내기 두 가지 방법이 있다(안휘성安徽省의 귀지貴池에서는 매년 뿌리를 풋거름으로 북돋워 주면 뿌리는 흙과 함께 자라서 높아진다. 광동廣東의 어저귀[197]는 논에다 씨를 뿌리기만 하면 잘 자라 무성해진다). 빛깔로는 청靑과 황黃 두 가지가 있다. 한 해에 두 번 수확하는 것과 세 번 수확하는 것이 있다. 베로 짜서 여름철의 옷이나 휘장과 장막으로 사용한다.

모시풀의 껍질은 벗긴 후에 햇볕에 말리는 것이 가장 좋으며 물을 싫어하여 젖게 되면 바로 썩는다. 한 가닥씩 찢어 섬유로 만들 때는 물에 담가야 하지만 이때도 4~5시간 내외여야 한다. 오래 담가 두고 찢지 않으면 역시 썩게 된다. 모시풀은 본래가 담황색淡黃色이지만 세척하는 장인들은 그것을 가공하여 백색으로 변하게 한다(우선 볏짚의 잿물이나 석회수石灰水에 삶은 후 흐르는 물로 빨아 햇빛에 말리는 일을 반복하면 눈부신 흰색으로 변한다).

모시풀의 실로 베를 짤 때 숙련된 여공은 발로 밟는 직기를 사용하는데, 한 사람의 노련한 여공은 세 사람의 보통 일꾼과 맞먹는다. 다만 모시풀을 찢어 섬유를 얻자면 한 사람이 종일 일하더라도 겨우 그 무게는 3수銖[198]나 5수에 불과하다. 모시를 짜는 기구는 무명을 짜는 것과 서로 같다. 베옷을 깁거나 가죽

196 모시는 저마苧麻라 하며, 쐐기풀과에 딸린 여러해살이풀이다. 열대아시아가 원산으로, 줄기의 질긴 껍질 올실을 실로 자아 옷감 · 밧줄 · 그물 등을 만든다.

197 어저귀는 청마靑麻라 하며, 모시풀의 한 변종變種이다.

198 중국 고대의 무게 단위로서 시대마다 일정하지 않다. 24수가 1량이며, 16량이 한 근이다.

신을 깁는 실들은 다 모시풀을 비벼서 만든 것이다.

칡은 덩굴로 자라며, 그 섬유는 모시풀보다 몇 척이나 길다. 그 섬유를 매우 가늘게 찢어서 짠 베는 매우 귀중한 것이다. 또 어저귀[199]라는 종류가 있는데 베로 짜면 매우 거칠고, 가장 거친 것은 상복으로 쓴다. 그리고 모시에도 극히 거친 것이 있어서 옻칠하는 칠장漆匠 집에서는 기름의 재를 넣는 포대로 쓰고[200] 궁중에서는 횃불용으로 쓴다. 또 초사蕉紗[201]라는 종류도 있는데, 이는 복건福建 지역에서 파초의 껍질을 찢어서 짠 것인데, 대단히 가볍고 가늘며, 가격이 싸고 질도 약해서 옷감으로는 쓸 수 없다.

199 원문에는 경마苘麻라고 되어 있다.

200 칠장漆匠 즉 칠공들은 그것에다 재를 찍어 칠기를 닦는데, 칠기의 광을 낼 수 있다.

201 초사는 초마蕉麻로서, 여기서는 파초芭蕉 줄기의 섬유를 가리킨다. 중국에서는 남부에서 기원전 1세기까지 이어졌다. 파촛과는 외떡잎식물에 딸린 한 과로 열대 · 난대에 80여 종이 있다. 우리나라에는 파초 한 종이 있을 뿐이다. 줄기를 섬유로 쓸 수 있는 것으로 향초香蕉와 야초野蕉 등이 있다.

갓옷

들짐승의 가죽으로 만든 옷을 통틀어 갓옷이라 부른다. 귀중한 것으로는 돈피[202]와 여우[203] 가죽이 있고, 싼 것으로는 양과 고라니[204] 가죽이 있으며, 그 가격도 100여 등급이나 된다.

돈피 가죽은 관외關外[205]인 요동 밖인 요령성遼寧省이나 길림성吉林省[206]과 조선국朝鮮國에서 나며, 그 돈피는 솔씨를 즐겨 먹는다. 그쪽 사람들은[207] 밤이 되면 나무 밑에서 소리를 내지 않고 숨을 죽여 기다리다가 짐승이 나타나면 활로 쏴 잡는다. 돈피 한 마리의 가죽은 1 평방척도 채 못 되며 60여 마리의 가죽을 모아서 기워야 겨우 옷 한 벌이 된다.

돈피 갓옷을 입고 있는 사람은 풍설風雪 중에 서 있어도 집안보다 오히려 더 따뜻하며, 눈에 티가 들어가더라도 이 돈피 가죽으로 한번 훔치기만 하면 곧 빠져 나오기에 모두 이것을 소중히 여기는 것이다. 돈피의 빛깔로는 세 가지가 있는데, 하나는 백색으로 은초銀貂라고 하며, 또 하나는 순흑純黑이며, 나머지는 암황暗黃이 있다(흑색의 긴 털로 만든 모자 하나가 요즈음 값으로 은자銀子 50냥이다).

여우나 너구리[208]는 하북河北 · 산동山東 · 요령遼寧 · 하남河南 등지에서도 나며,

---

202 돈피는 초피貂皮라고도 하는데, 담비 종류 동물의 털가죽이다. 담비는 족제비와 비슷하나 더 크고 색이 곱다. 한국 각지의 숲에 살며, 그 가죽은 방한용으로 쓰인다.

203 여우는 몸길이가 60~80cm, 꼬리 길이 30~50cm, 체중 4.5~9kg으로서 털 빛깔은 적갈 · 황갈 · 회갈색 등 여러 가지가 있다.

204 고라니는 사슴과에 딸린 짐승으로 우리나라와 중국 등의 산기슭에서 산다.

205 중국에서 만리장성萬里長城이 있는 산해관山海關 바깥의 지역을 가리킨다.

206 원문에는 건주建州라고 되어 있는데, 지금 동북의 길림성과 요령성을 말한다. 당시에는 이미 여진족이 점령하고 있었다.

207 원문에서는 이인夷人 즉 오랑캐 사람들이라고 했다.

208 너구리는 갯과에 딸린 짐승으로 낮에는 굴속에 있다가 주로 밤에 나와 들쥐 · 뱀 · 개구리 · 과실 따위를 먹는다. 털은 붓을 매

순백색의 여우 겨드랑이의 모피 값은 돈피 가죽과 거의 비슷하다. 황갈색의 여우 가죽의 값은 돈피 가죽의 5분의 1이며, 추위를 막고 몸을 따뜻하게 하는 효과는 돈피 다음이다. 관외關外에서 나는 여우 가죽의 털을 뽑아 보면 그 바탕은 청흑색青黑色이고, 내지內地의 것은 털을 입으로 불어 젖혀서 바탕을 보면 백색인데, 이러한 방법으로 우열優劣을 구분한다.

양가죽 갓옷은 늙은 양의 가죽이 값싸고 어린 것의 가죽이 비싸다. 아직 태어나지 않은 뱃속에 있는 양을 포고胞羔라 하며(털의 윤곽이 가죽위를 대충 덮고 있다), 갓 태어난 것을 유고乳羔(가죽위의 털이 귀결이 고리를 닮았다), 그리고 태어나서 3개월 된 것을 포고跑羔, 또 7개월 된 것을 주고走羔(털이 차츰 곧아진다)라 부른다.

포고胞羔나 유고로 만든 갓옷에는 노린내가 없다. 옛날에는 새끼양의 갓옷은 고급 관리의 복장용으로 쓰였으며, 지금도 서북의 고급 관리는 이를 소중히 여기고 있다. 늙은 양의 가죽은 망초芒硝[209]로 무두질하여 옷으로 지어 입는데, 이 옷은 대단히 무거워 궁핍한 사람이나 입을 따름이다. 그러나 이러한 것들은 모두 면양피綿羊皮이다. 남방의 단모短毛양피는 망초로 무두질하면 종이처럼 얇아져 화등畫燈에만 쓰인다. 양피복을 입으면 노린내가 나지만 그것을 오래 입고 습관 되면 자연히 사라지게 되나, 이에 익숙지 못한 남방 사람들은 그 냄새를 이기지 못한다. 하지만 남방으로 갈수록 날씨가 그다지 춥지가 않아 양피복 옷도 쓸모가 없다.

고라니 가죽은 털을 뽑고 망초芒硝로 연하게 다루어 저고리나 바지를 지어

는 데, 가죽은 방한복에 쓰인다.

209 유리 광택이 나며, 백색의 광물로서 투명한 것과 불투명한 것이 있다. 황산나트륨 $Na_2SO_4 \cdot 10H_2O$이며, 가죽을 부드럽게 다루는 데 쓰인다.

입으면 간편하고 추위도 막아 주며, 버선이나 신으로 만들면 더욱 좋다. 고라니는 광동廣東에 매우 흔하고, 그 밖에 중원中原 지방에서는 호남湖南·호북湖北 일대에 가죽이 모이며, 망화산望華山[210]은 고라니 모피 교역장소이다. 또 고라니 가죽은 전갈이 사람을 찌르는 것을 막아 주어 북방 사람은 이것으로 옷을 지어 입는 것 외에도 긴 가닥으로 하여 이불 가장자리에 달아 두면 전갈이 감히 가까이 접근하지 못하고 스스로 멀리 달아난다. 범과 표범의 가죽은 그 무늬가 가장 아름다워 장군들이 자기의 권위와 존엄을 빛내기 위하여 즐겨 사용하였다. 개나 돼지의 가죽은 가장 가격이 저렴하여 일꾼들이 신이나 장화로 만들어 신는다. 서북의 각 민족[211]은 수달[212]의 가죽을 소중히 여겨 솜털로 털옷의 옷깃으로 사용하였으며, 동북의 '상황기尙黃旗' 여진女眞족[213]은 산을 넘고 고개를 넘어 그것을 사냥하여 잡아서 먼데다 팔아 높은 값을 받기도 하였다.

각 지방의 진귀한 특산품으로 금사원金絲猿[214]의 가죽은 모투帽套로 만들어 황제에게 바쳤으며, 사리손猞猁猻[215]의 가죽은 웃옷으로 지어 황제에게 바쳤다. 이런 것들은 모두 중화中華 내지의 것이 아니다. 짐승 가죽으로 옷을 짓는 것은 대체로 여기서 말한 바와 같으며, 각지의 특산품을 상세히 다 말할 수는 없다.

하늘을 나는 새 가운데 독수리의 배와 기러기의 겨드랑이에 나 있는 솜털로

---

210 《대명일통지大明一統志》에 의하면 호광湖廣 지역에는 망화산望華山이란 이름이 없고, 단지 양양襄陽에 망초산望楚山이 있다.

211 원문에서는 서융西戎이라고 되어 있다.

212 수달은 족제빗과에 딸린 짐승으로 강이나 늪가에 산다. 가죽은 옷에, 털은 붓을 만드는 데 쓰인다. 유럽·인도·아시아 중북부 등에 분포되어 있다.

213 원문은 양황襄黃이라고 되어 있는데, 이에 대해 혹자들은 지금의 호북성 양양襄陽과 황주黃州 일대라고 조심스럽게 추측하기도 한다. 그 근거로 양양을 옛날에는 황극黃棘 내지 양황襄黃으로 칭했기 때문이다.

214 금사원은 금사후金絲猴로서 황금원숭이라고 불러지는 포유류이며, 중국의 특산 동물이다. 해발 2,500 내지 3,000척의 고산 밀림에서 무리를 지어 산다. 사천·감숙·섬서에 분포하고 있으며, 털이 극히 보드랍고 진귀한 짐승이다.

215 사리손은 고양이과의 포유류로서 바위가 많은 숲에서 살고 야행성이며 나무를 오를 수 있다. 중국 동북·산서·운남·티베트 등지에 분포하고 있다.

옷감을 만들자면 만 마리 이상을 죽여야 겨우 한 벌의 옷감이 되는데 이런 옷을 천아융天鵝絨[216]이라고 부른다. 그런데 이렇게 많은 비용을 들여서 도대체 무슨 소용이 있단 말인가?

216 천아융에 대한 작자의 오해이다. 그러나 생물에 대한 보호의식은 옳은 생각이라고 할 수 있다.

모포(毛布)와 전방석

면양綿羊에는 두 종류가 있다. 한 종류는 사의양蓑衣羊[217]인데, 이 양의 솜털을 깎아 전氈방석이나 융絨[218]을 만든다. 털모자나 털양말은 온 천하가 모두 다 이것으로 만든다.

옛날 서역西域의 양이 중국에 들어오기 이전에는 궁핍한 사람들이 거칠고 누추한 갈옷褐衣 즉 모포로 옷을 짜 입었는데, 이것도 사의양의 털로 만든 것이다. 이런 모포는 거친 것만 있지 정교한 것은 없다. 현재의 거친 모포도 대개 이런 양털로 만든 것이다. 이런 양은 강소江蘇의 서주徐州나 회하淮河 이북의 지역들 어느 곳이나 번창하게 자라지 않는 곳이 없다. 남방에서는 오직 호주湖州에서만 면양을 기르며, 1년에 세 번 털을 깎는다(여름철에는 털이 적게 자라고, 가죽도 생산되지 않는다). 양 한 마리에서 1년에 털양말 세 켤레의 원료를 얻을 수 있으며, 수컷과 암컷 한 쌍의 짝짓기로 새끼 두 마리를 얻을 수 있다. 따라서 북방의 가정에서는 이 면양 100마리를 기르면 1년의 수입이 은자銀子 100냥이 된다.

면양의 또 다른 한 가지 종류는 고력양羖䍽羊(서부민족의 말이다)[219]이다. 당말唐末에 처음으로 서역西域[220]에서 전래된 것이다. 이런 양의 외모外毛는 사의양 만큼 그다지 길진 않으나 내모內毛는 매우 가늘고 부드러워서 이 털로 융이나 갈

217 원산지는 몽골 고원이며, 중국에 가장 널리 퍼져 있고, 육질이 좋으며 털은 대체로 거칠다.
218 가는 털을 끓는 물에 삶아 손으로 비비면 솜 오양의 섬유가 되는데 이를 융이라고 한다.
219 원문은 번어番語로 율조양矞刁羊이라고 되어 있다. 고양羖羊이라고도 한다. 《여진역어女眞譯語》에 따르면 대양大羊이 고력이라고 되어 있다. 이 양은 섬서성과 감숙성 일대에서 나며, 털이 길며 굵고 모질毛質이 좋다.
220 중국 서북부의 소수 민족 지구이다.

즉 모포를 짠다. 섬서陝西 사람들은 이를 산양山羊이라 불러 면양과 구별한다. 이런 양은 먼저 서역에서 감숙성甘肅省의 임조臨洮로 전해지고, 지금은 유독 난주蘭州에 가장 많은데, 이 때문에 모포 가운데 가늘고 부드러운 것은 다 난주에서 나온 것이다. 이를 난융蘭絨이라고 부르며, 소수 민족의 언어로는 고고융孤古絨[221]이라 부르는데, 그 처음의 명칭에 따라 계속 사용하고 있다.

산양의 세모융細毛絨에도 역시 두 가지가 있다. 한 가지는 추융搊絨이라 하여 얼레빗으로 양의 털을 빗어 내려 이를 실로 자아서 짠 모포로 갈자褐子·파자把子 등의 명칭으로 불러진다. 또 다른 한 가지는 발융拔絨이라 부르며, 이는 솜털 가운데 비교적 정교하고 가는 것으로 두 손톱으로 좋은 것을 한 가닥씩 뽑아내어 실로 자아 짠 모포이다. 이렇게 짠 모포는 비단처럼 매끄럽고 부드러운 감촉이 있다. 한 사람이 종일 일해서 실을 뽑더라도 겨우 무게로 1전錢에 불과하며, 반년이나 일해야 겨우 직물 한 필의 원료를 얻을 수 있다. 만약 추융搊絨으로 실을 잣는다면 하루의 분량이 발융拔絨에 비하여 몇 배가 많다. 모포의 실을 자으려면 납의 추를 실 끝에 매달아 양 손으로 부드럽게 꼬아 낸다.

모포를 짜는 직기는 베틀보다 크다. 잉아 8매를 쓰고 날실은 이를 따라 지난다. 밑에는 4개의 답륜踏輪을 두어 한 번 밟을 때마다 말실 두 가닥을 올린 후 씨줄 한 가닥이 지나도록 하며, 이렇게 짜내면 사문斜紋이 나타난다. 현재 쓰고 있는 북의 길이는 1척 2치이다. 양모를 짜는 방법과 양종羊種은 다 당시 내지에 귀속된 즉 귀화한 소수 민족[222]이 전래한 것이다(이름은 알 수가 없다). 따라서 지금에 이르기까지 직공織工은 다 그 종족이며, 내지인內地人은 없다.

221 원음原音인 고羖의 장음을 딴 것이다.
222 원문에서는 귀화한 오랑캐의 뜻인 귀이歸夷라고 되어 있다.

면양에서 깎은 세모細毛 가운데 거친 것은 전방석을 만들고 가는 것은 융絨을 만든다. 전방석은 모두 양모를 끓는 물에다 넣어 비벼서 빨아 서로 엉키기를 기다렸다가 목판의 틀에다 형태를 만든 다음에 그 위에다 융을 부어 깔고 둥근 막대를 굴려서 만든다.[223] 전방석과 융의 본색은 백白과 흑黑이며 그 나머지는 모두 염색한 것이다. 구유氍毹[224]·방로氆氌[225] 등의 명칭은 다 모두 화이華夷 각지의 사투리이다. 그리고 가장 거친 것으로 만든 담요는 여러 가지 좋지 못한 말의 털들이 섞여 있으며, 순수하게 양에서만 재료를 얻은 것이 아니다.

223 여기서는 펠트, 즉 양모를 압착한 제품의 제조 과정을 말하고 있다. 요사이는 황산수黃酸水나 비눗물에 담근 것을 가열·압축하여 섬유를 밀착시키며 모자·신발 등에 사용한다.

224 털로 짠 담요이다.

225 티베트에서 나는 모직품으로 옷이나 깔개로 쓴다.

3. 염색[226]

나는 말한다. 하늘에는 구름과 노을이 여러 가지 빛깔을 띠고 있으며, 대지[227]에는 꽃과 잎이 그 모양이 각각 다르다. 대자연이 이처럼 여러 가지 모양으로 나타나기에 성인聖人은 이를 모방하여[228] 다섯 가지 색채를 옷감에다 청靑, 황黃, 적赤, 백白, 흑黑의 다섯 가지 색으로 염색하였다.[229] 유우씨有虞氏[230]도 어찌 여기에 뜻을 두지 않았겠는가!

나는 새도 많은데 오직 봉황만이 그리도 붉으며, 달리는 짐승도 넘치는데 오로지 기린만이 유달리 푸르다. 푸른 옷을 입은 많은 백성들이 황궁 대궐을 바라보며, 노랗고 붉은 옷을 입은 제왕장상에게 멀리서 예를 올리는 것도 이와 같은 도리라 할 수 있다.

노자老子는 '단것은 여러 가지 맛과 조화될 수 있고, 흰색은 여러 가지 색으로 염색할 수 있다'[231] 라고 말하였다. 세상의 비단 · 삼베 · 갓옷 · 갈옷 등은 모두

226 원문에는 창시彰施로 되어 있다. 여기서 말하는 창시는 염색을 뜻하고 있다. 《상서尙書 · 익직益稷》에는 순舜이 하夏의 우禹에게 말하기를 '이오채창시어오색작복以五彩彰施於五色作服'이라 하였는데, 그 의미는 '다섯 가지의 빛깔로 다섯 가지의 각종 도안이 그려진 복장을 지어 등급의 존비尊卑를 나타내어야한다'는 뜻이다. 여기서는 염료의 제법과 색깔들에 대해 얘기하고 있는데, 중국에서는 홍紅 · 남藍 · 녹綠의 세 가지가 기본 색깔이다.

227 대지의 의미로 원문에서는 염부閻浮로 되어 있다. 이는 인도 범문梵文의 음역音譯으로서, 불경용어인 염부제에서 나온 말로 전체의 명칭은 '남염부제南閻浮提'인데, 이것은 불교 경전에 있는 이른바 사대부주四大部洲의 하나인 남첨부주南瞻部洲이다. 여기서는 대지를 가리킨다. 또 이 말은 원래는 인도 본토만 지칭하는 말이었지만 나중에는 모든 인간세상을 지칭하는 말로 변하였다.

228 《주역周易 · 계사상繫辭上》에는 "하늘이 여러 가지 모양을 드리우니, 길흉이 드러나고, 성인이 이를 형상으로 나타내었다. 하가 그림으로 나타나고, 락이 책으로 나타나니, 성인이 이를 따랐다.(天垂象, 見吉凶, 聖人象之., 河出圖, 洛出書, 聖人則之.)"라는 말이 있는데, 이에서 본 딴 말이다.

229 《상서尙書 · 익직益稷》에서 따온 말이다.

230 중국 고대의 전설의 제왕으로서 우순虞舜을 말한다.

231 이 구절은 노자老子의 도덕경道德經에는 없고, 《예기禮記 · 예기禮器》에 "군자왈君子曰, 감수화, 백수채甘受和, 白受彩"로 되어 있다. 따라서 노자老子가 아니고, 군자君子를 잘못 쓴 것이다.

바탕이 흰색으로 되어 있어서 여러 가지 색으로 염색할 수 있다. 그러므로 조물주造物主가 염색하는 데 마음을 쓰지 않았다는 것은 나는 믿을 수가 없다.

여러 물감의 원료

#심홍색深紅色[232]~오로지 홍화병紅花餠[233]만 그 원료로 쓴다. 이것을 오매수烏梅水[234]에다 삶아 내어서 다시 소다수[235]로 여러 번 헹군다. 또는 볏짚의 잿물을 소다수 대신에 쓰더라도 그 효과는 같다. 여러 번 헹구면 색깔이 더욱 선명해진다.[236] 요령을 피우는 염색집에서는 미리 노목수櫨木水[237]로 피륙의 바탕을 황색으로 물들인다. 홍화는 침향沈香[238]이나 사향麝香[239]을 대단히 두려워하므로 홍화로 물들인 의복을 이런 향료香料와 함께 두게 되면 한 달 이내에 의복의 색이 바래버린다.

또 홍화로 비단을 붉게 물들인 후에 원래의 색으로 되돌릴 생각이 있다면, 단지 그 옷을 물에 적셔 소다수나 볏짚의 잿물 수십 방울을 그 위에다 떨어뜨리면 홍색이 완전히 빠져나가 원래의 흰 바탕으로 되돌아온다. 그리고 이렇게 빠져나온 붉은 물을 녹두 가루에 부어 저장하였다가 다시 이를 써서 홍색으로

232 또는 대홍색大紅色이라고도 하는 아주 붉은 빨강색이다.

233 홍화는 잇꽃으로 엉거싯과에 달린 두해살이풀로서 씨는 기름을 짜고, 꽃은 부인병 · 통경 따위 약재로 쓰며, 꽃물은 물감으로 쓴다. 홍화병은 잇꽃으로 만든 얇은 떡이다. 아래의 '홍화병의 제법'의 항목을 참조할 것.

234 오매는 껍질을 벗기고 짚불 연기를 쐬어 말린 매실, 즉 매화나무의 열매로서 설사 · 기침 · 소갈消渴에 쓰며, 살충약으로도 쓴다. 오매수는 오매를 삶은 물로서 산성이며, 홍화 속에 남아 있는 황색소黃色素를 없애는데 쓴다.

235 천연산 알칼리성 물질로 덩어리 모양, 또는 두꺼운 판자 모양으로 채굴한 것을 녹인 물이다. 이 물질의 성분은 탄산나트륨 Na_2CO_3이다.

236 홍화 속의 홍색소는 산성에는 녹지 않으나 약알칼리성에는 녹는다. 산성인 오매수에다 천연산 탄산나트륨을 차례로 넣으면 중화되어 나중에 약알칼리성이 된다. 이에 따라 홍화소의 용해도가 커져 빛깔이 선명해진다.

237 노목蘆木은 고생대 석탄기에 무성했던 고사리류의 화석 식물이기 때문에 여기서의 노목蘆木은 마땅히 노목櫨木이어야 한다. 즉, 거망옻나무인 황노목黃櫨木 또는 모황노목毛黃櫨木이다. 거망옻나무는 옻나뭇과의 갈잎큰키나무로서 전남의 완도 · 제주도 및 일본 · 대만 · 중국에 분포되어 있다. 이 나무를 삶은 물로 황색으로 물들일 수 있다.

238 침향은 팥꽃나무과에 딸린 늘푸른나무로서 향료로 쓰인다.

239 숫사향노루의 사향선의 분비물이 건조한 향료이다.

염색하여도 되니 반 방울도 허비되지 않는다. 염색집은 이런 것들을 비방이라 하여 바깥사람들에게 알려주는 것을 싫어한다.

#연홍蓮紅 · 도홍색桃紅色 · 은홍銀紅 · 수홍색水紅色~ 이상의 원료도 역시 홍화병紅花餠이며, 색의 짙고 연함은 분량의 많고 적음의 차이로 정해진다. 이런 네 가지 홍색은 노란 고치실에는 물들일 수가 없고, 반드시 흰 고치실에만 염색할 수 있다.

#목홍색木紅色~ 다목[240]을 삶은 물에 명반明礬[241]과 오배자五倍子[242]를 넣어 염색한다.

#자색紫色~ 다목으로 바탕을 염색하고, 거기에다 청반靑礬을 매염재로 하여 염색한다.

#자황색赭黃色~ 물들이는 방법을 확실히 알 수 없다.

#아황색鵝黃色~ 황벽나무[243]를 삶은 물로 바탕을 물들이고, 다시 남전수藍靛水[244]로 그 위에다 염색한다.

#금황색金黃色~ 노목櫨木을 삶은 물로 염색하고, 다시 마麻의 잿물에 담갔다가 또다시 소다수로 빤다.

---

240 다목은 단목丹木 또는 소방목蘇方木이라 하며, 콩과에 딸린 늘푸른큰키나무이다. 껍질은 홍색 염료로, 뿌리는 황색 염료로 쓴다. 이시진李時珍에 따르면 서기 3, 4세기의 서진西晉 시대나 그 이전에 다목을 염료로 사용하였다고 한다.

241 물감이 직접 섬유에 염착染着되지 않을 경우, 미리 금속염이나 또는 가수분해하여 금속 산화물로 바꾸어 물감에다 넣으면 비로소 직물에다 물들일 수 있다. 이런 금속염이나 금속 산화물을 매염제라 한다. 명반 · 청반 등이 있다.

242 오배자는 붉나무의 잎에 생기는 벌레혹으로서 불규칙한 돌이를 가진 자갈색 주머니 모양으로서, 50% 이상의 타닌이 들어 있다. 속은 벌레가 나가기 전에 따서 말려 설사 · 출혈 따위의 약재 또는 물감으로 쓰인다. 타닌산이 명반과 같은 금속염과 결합하면 매염제 구실을 한다.

243 황벽나무는 황얼黃蘗 · 황백黃栢으로서 운향과에 딸린 갈잎큰나무이다. 나무의 속껍질에서 황색 염료를 얻을 수 있고 약재로도 쓰인다. 중국에서는 늦어도 5세기에는 황색 염료로 사용하였다.

244 쪽잎으로 만든 염료의 용액을 말한다.

#다갈색茶褐色~ 연蓮의 씨 껍질을 삶은 물로 염색하고, 다시 청반수青礬水로 처리한다.

#대홍관록색大紅官綠色~ 홰나무의 꽃을 삶은 물로 염색하고, 다시 남전수藍靛水로 그 위에다 물들인다. 빛깔의 농담濃淡은 명반明礬으로 조절한다.

#두록색豆綠色~ 황벽나무를 삶은 물로 바탕을 물들이고, 다시 남전수로 그 위에다 물들인다. 현재는 작은 잎의 현람莧藍[245]을 삶은 물로 그 위에다 염색한 것을 초두록색草豆綠色이라 하는데, 그 색깔이 대단히 화려하다.

#유록색油綠色~ 홰나무의 꽃을 삶은 물로 엷게 물들이고, 다시 청반수青礬水로 처리한다.

#천청색天青色~ 남전수의 항아리에 넣어 연한 남색으로 물들이고, 다시 다목을 삶은 물로 짙게 염색한다.

#포도청색葡萄青色~ 남전수의 항아리에 넣어 짙은 남색으로 물들이고, 다시 짙은 소목수로 염색한다.

#단청색蛋青色~ 황벽나무를 삶은 물로 물들인 후 남전수의 항아리에 넣는다.

#취람翠藍 · 천람天藍~ 이런 두 가지 색은 다 같이 남전수로 물들이며, 그 색깔의 농담濃淡은 남전수가 결정한다.

#현색玄色[246] ~ 먼저 남전수로 진한 청색으로 염색하고, 같은 양의 거먕옻나무와 소귀나무[247]의 껍질을 삶은 물로 물들인다. 또 다른 방법은 대청大青[248]의

245 현람은 쪽의 일종이다. '남전'의 항목을 참조할 것.

246 검은빛 속에 붉은 빛을 띠고 있다.

247 소귀나무는 소귀나뭇과에 딸린 늘푸른나무로, 열매는 먹으며 껍질은 그 속에 타닌이 들어 있어 색을 고정시킨다.

248 대청은 당청화唐青華, 요람蓼藍이라 하며 겨잣과에 딸린 두해살이풀이다. 열매는 해독제 · 해열제로 쓰고, 잎은 쪽빛 물감으로 쓴다.

어린잎을 우려낸 물에 넣어 물들이고, 그 후에 다시 청반·오배자의 물에 넣어 염색한다. 그러나 이렇게 염색한 베나 비단은 비교적 쉽게 상하여 문드러진다.

#월백月白·초백草白의 두 색~ 다 같이 남전수로 엷게 물들인다. 현재의 방법은 현람莧藍을 삶은 물로 물들이며, 현람을 삶아 반쯤 익었을 때 담가 물들인다.

#상아색象牙色~ 거먕옻나무를 삶은 물로 엷게 물들인다. 혹은 황토黃土로 물들인다.

#우갈색藕褐色~ 다목을 삶은 물로 엷게 물들이고, 다시 연蓮씨 껍질과 청반수로 처리한다.

(덧붙이기)

포두청包頭靑의 염색법~ 이런 흑색은 남전藍靛으로 염색해내는 것이 아니고, 밤 껍질이나 연씨 껍질을 함께 모아 하루 동안 삶아서 건져낸 후에, 다시 사철砂鐵과 조반皂礬[249]을 솥에 넣어 다시 하룻밤을 삶으면 진한 흑색으로 염색된다.

(덧붙이기)

모청포색毛靑布色 염색법~ 포청색布靑色은 최초로 안휘성安徽省 무호蕪湖의 염색법에서 유행하여 현재까지 이미 천여 년이 흘렀다. 왜냐하면 이러한 색깔의 포는 염색한 후 굴림대로 눌러 굴리면 푸른 광채를 띠게 된다. 따라서 변방 지역이나 외국에서는 이를 귀중한 피륙으로 여겼다. 그러나 사람들이 오래 동안 쓰면서 싫증을 내게 되었다. 그래서 근래에 모청색毛靑色이 새로이 나왔다. 그 방

249 조반은 청반이다.

법은 송강淞江의 좋은 베를 써서 진한 청색으로 물들인다. 그리고 염색한 후에는 굴림대로 굴리지 않고, 바람에다 말려 아교를 섞은 콩을 삶은 물에 한 번 담궈야 한다. 다음에는 미리 표항標缸이라고 부르는 가장 좋은 남전수를 간직한 항아리에 넣어 엷게 물들인 후 곧바로 꺼내면 베가 은은한 붉은 빛깔을 띠게 된다. 이러한 베도 한 때 크게 환영받았다.

쪽물감[250]

쪽[251]에는 다섯 가지 종류가 있으며, 이들을 써서 모두 남전藍澱을 만들 수 있다. 다람茶藍[252] 즉 숭람菘藍은 뿌리로 번식하는데 비하여 대청[253]·마람馬藍[254]·오람吳藍[255] 등은 모두가 씨를 뿌려 번식한다. 근래에는 잎이 작은 대청이 나타났는데 속칭으로는 현람莧藍이라 하며, 이런 쪽은 더 좋은 품종이다.

다람茶藍을 심는 방법은 음력 11월 겨울에 다람을 수확해 거둬들여 잎을 한 잎씩 따서 지함(움)에다 넣어 두었다가 남전을 만든다. 그 줄기는 아래위는 잘라내는데, 뿌리 가까이 몇 치를 남겨 두고, 이를 그을려서熏 말렸다가 흙 속에 묻어 보관한다. 그리고 춘이월春二月 봄이 되면 산에 불을 놓아 잡초를 깨끗이 태워 흙을 부드럽고 기름지게 한 후 끝이 뾰족한 호미(이러한 호미는 그 끝이 안으로 향하며, 그 갈고리머리가 대략 8치쯤 된다)로 땅속으로 비스듬히 구멍을 파서 보관한 다람의 줄기뿌리를 그 속에 꽂으면 자연히 뿌리가 내려 잎이 돋는다. 그 밖의 다른 종류의 쪽들은 모두 씨를 밭에 뿌리면 늦봄에 모종이 나고, 6월에 씨를 따고, 7월에 줄기를 베어서 거둬들여 남전을 만들 수 있다.

---

250 쪽의 짙은 검푸른 빛의 물감을 말한다. 남전藍靛 또는 남청藍青, 또는 남전藍澱이라고도 부르는데, 약칭으로 전靛이라고도 한다. 주요 성분은 인독실의 글루코사이드이다. 식물 원료의 발효·가수 분해하면 유리된 인독실을 얻고 다시 산화시키면 쪽 물감을 얻을 수 있다. 5세기의 《제민요술齊民要術》에서는 마람의 재배에 대하여 상세히 쓰여 있으며, 중국에서는 상주商周 시대에 이미 남전으로 직물을 염색하였다. 19세기에는 쪽 물감을 인공적으로 합성할 수 있어서 현재는 쓰지 않는다.

251 쪽은 남藍이라 하며, 마디풀과에 달린 한해살이풀이다. 중국·인도가 원산지로 잎은 남빛을 들이는 물감으로 쓰인다.

252 다람은 숭람菘藍이라고도 하며 겨잣과에 딸린 두해살이풀이다. 줄기와 잎은 파랑 물감의 원료로 쓰인다.

253 원문은 료남蓼藍이라고 되어 있다.

254 마람은 겨잣과에 딸린 쪽의 한 가지이다.

255 오람은 여·과에 딸린 쪽의 한 가지이다.

남전을 만드는데 잎과 줄기가 많으면 지함에 넣고, 적으면 통이나 항아리에 넣는다. 물에다 7일간 담가 두면 쪽의 즙이 자연적으로 우러난다. 이 즙 한 섬마다 석회 다섯 되를 넣어 수십 번 휘저어주면 남전이 엉기게 되고, 가만히 두어 액체가 잠잠해지면 남전이 밑바닥에 가라앉아 쌓이게 된다.

근래에 복건성福建省 사람들이 보편적으로 산에 심는 것은 모두 다람茶藍인데, 그 수량은 다른 쪽보다 몇 배나 된다. 운송은 산에서 대광주리에 넣었다가 배에 실어 바깥으로 운반한다.

남전藍靛을 만들 때 위에 떠 있는 거품을 걷어내어 햇볕에 말린 것을 전화靛化라 한다. 남전을 항아리에 넣어 둘 때는 반드시 먼저 볏짚의 잿물로 골고루 섞어서 매일 대막대기를 사용하여 무수히 휘젓는다. 그 가운데서 질이 가장 좋은 것을 표항標缸이라 부른다.

홍화(紅花)[256]

홍화는 대개가 밭에다 씨를 심는 품종으로서, 2월초에 파종한다. 만약 너무 이르게 파종하여 모종의 키가 1척쯤 되면 바로 검은 개미와 같은 작은 벌레들이 생겨 뿌리를 파먹어 곧장 죽어버린다. 토지가 기름진 곳에 심으면 모종 높이가 2, 3척이 되는데, 두둑마다 말뚝을 박아 가로로 줄을 쳐서 강풍에 꺾이지 않도록 해야 한다. 그러나 토지가 메말라 묘의 높이가 1척 5치 이하일 때에는 그럴 필요가 없다.

홍화는 여름이 되면 꽃이 피는데, 꽃 아래에는 공球 모양의 꽃받침이 열리며, 꽃은 그 꽃받침 위에서 나온다.

또 총포總苞에는 많은 가시가 돋아 있다. 꽃을 딸 때에는 반드시 새벽에 날이 밝아 올 때 이슬을 머금은 채로 따야 한다. 그러나 만약 해가 높이 솟아 이슬이 마르면 꽃이 오므라들어 딸 수가 없다. 그리고 이른 새벽에 비가 내려 이슬이 없으면 피는 꽃이 비교적 적은데, 이때에는 늦게 따도 무방하다. 왜냐하면 햇빛이 비추지 않았기 때문이다.

홍화는 날마다 꽃이 피어 한 달쯤 지나면 꽃이 멈춘다. 약으로 쓸 것에는 떡 모양으로 만들지 않아도 된다.

그러나 염색용으로 쓸 때에는 반드시 정해진 방법에 따라 떡 모양[257]으로 만들어 사용해야 한다. 그래야만 황즙黃汁이 말끔히 빠져버리고, 진한 붉은 색이

256 여기에서 말한 것과 아래 항목의 내용으로 볼 때 《본초강목本草綱目》에서 따온 것이다.
257 이것이 홍화병紅花餠이다.

나타나게 된다.

홍화의 씨는 볶아서 짜면 기름을 낼 수 있다. 만약 은박銀箔을 부채에 붙이고 이 기름을 한번 쳐서 불을 쬐어 말리면 곧 바로 금빛깔이 나타난다.[258]

258 '제련製鍊'의 '금'의 항목을 참조할 것.

홍화병(紅花餠) 만드는 법

이슬을 머금은 채로 딴 홍화는 잘 찧어 물로 씻고, 포대에 넣어 황즙黃汁을 짜낸다. 다시 찧어서 이미 발효醱酵시킨 좁쌀 혹은 쌀뜨물[259]로 씻고는 다시 포대에 넣어 즙을 짠다. 제비쑥[260]으로 하룻밤을 덮어두었다가 손으로 얇은 떡으로 빚어 그늘에 말린 후 간직한다. 염색하는 자들이 이런 염색법을 터득하였기에 옷에 산뜻한 성홍색猩紅色으로 물들일 수가 있는 것이다.[261](홍화로 물들인 종이는 경사慶事인 길례용吉禮用으로도 쓰이는데, 여기에는 자류紫鉚를 쓰기도 한다. 그렇지 않으면 전혀 물들일 수가 없다).

(덧붙이기)

#연지燕脂[262]~연지는 옛날의 제조법에 의하면 자광紫礦[263]을 써서 면綿을 염색한 것이 가장 좋고, 홍화즙과 영산홍映山紅[264] 즙이 그 다음이다. 근래에 산동성山東省의 제령濟寧 일대에서는 염색한 나머지의 홍화 찌꺼기로 만드는데 그 값이 아주 싸다. 그 찌꺼기가 마른 것을 자분紫粉이라고 부르며, 화가들이 때때로 이를 가져다 쓰기도 하나, 염색집은 그것을 찌꺼기로 취급하여 버린다.

259 좁쌀이나 쌀을 씻는 뜨물을 조용히 두면 효모의 작용으로 산酸으로 변한다. 이로써 홍화의 황색소를 제거할 수 있다.

260 제비쑥은 청호靑蒿라 하며 방충용이나 약용으로 쓰인다. 여기서는 살충과 균을 억제하는데 쓰인다.

261 원문에는 '아주공양我朱孔陽'이란 법을 터득하였다고 되어 있는데 이는 《시詩 · 빈풍豳風 · 칠월七月》에 나온 문구이다. 이 뒤에 '위공자상爲公子裳'이 생략되어 있다. 그 뜻은 '나는 산뜻한 홍색으로 물들인 비단으로 공자의 예복을 짓는다'이다.

262 홍색의 염료이며, 우리나라에서는 여자가 양쪽 뺨에 찍는 화장품으로 쓰였다.

263 원문은 자류紫鉚인데, 자광의 꽃은 등홍색橙紅色으로서 염료로 만들 수 있다. 또 다른 종류로는 여러 나무에 기생寄生하는 자교충紫膠蟲의 분비물이 있다. 《본초강목本草綱目》등의 책에 기재되어 있다.

264 원문은 산류화山榴花로 되어 있다. 영산홍은 영산백映山白과의 한 품종으로 꽃이 붉게 핀다.

홰나무꽃[265]

홰나무 즉 괴목은 10여 년을 자라야 비로소 꽃피고 열매를 맺는다. 그 꽃이 막 피려고 하며 아직 피지 않은 꽃봉오리를 괴뢰槐蕾[266]라고 하는데, 이것으로 옷에다 녹색으로 염색하는 것은, 홍화를 써서 홍색으로 염색하는 것과 같다. 이것을 딸 때에는 나무 밑에 대나무 광주리를 바싹 붙여서 많이 펼쳐 두고 딴 것을 받도록 한다. 그리고 끓는 물에다 익혀서 건져 말린 후 떡 모양으로 빚어서 염색집에다 두고 쓰도록 한다. 이미 한껏 핀 꽃은 색이 차점 황색으로 변하는데, 이를 수집하여 사용할 때에는 소량의 석회와 골고루 섞어 햇볕에 말려서 보관한다.

265 홰나무는 괴목槐木 또는 회화나무라 하며, 콩과에 딸린 갈잎큰나무로 그 꽃은 치질 등의 약이나 살충제로 쓴다. 원래 황색의 염료로 쓰이나 남전을 섞으면 녹색의 염료가 된다.
266 괴예槐蕊라고 되어 있는 판본도 있다.

4. 곡물의 손질[267]

나는 말한다. 하늘이 오곡을 낳아 백성을 길러 준다. 오곡 속에는 정화精華가 포함되어 있으니, 그 모습은 마치 "황색의 의상衣裳"을 입은 것과 같다.[268] 쌀알은 겨를 등딱지로 삼고, 밀알은 밀기울을 겉옷으로 삼고 있으며, 조·기장 등은 다 깃털 조각과 같은 모양의 껍데기 속에 숨어 있다. 이들을 키를 사용해 까불어 골라내어서 그 속의 정화인 낟알을 얻어내는 것이 어찌 영원한 비밀이 될 수 있겠는가!

먹어서 맛을 아는 음식을 중시하는 사람들은 식물食物이 정세精細하고 아름다울수록 더욱 좋아한다.[269] 공이와 절구통의 덕으로 백성들은 그 편리함을 얻었으니, 이는《역易》에서 말하는 '소과小過'[270]의 괘卦에서 계시된 것이다.[271] 이런 도구를 만든 것이 어찌 사람의 지혜가 아니고 하늘이 준 것이라고 할 수 있겠는가!

267 원문은 '수정粹精'인데《주역周易 · 문언文言》에서 나오는 단어이다. 또《주역周易 · 건乾》에서도 "크도다! 건이여! 강하고 건장하며 중도를 지키고 바르며, 또 순수하고 정교하도다. 大哉乾乎, 剛健中正, 純粹精也."라는 말이 나온다. 여기서는 곡물을 가공하여 그것을 더욱더 순수해지도록 만드는 것을 뜻하며, 이는 곡물의 가장 순수하고 가장 정미한 부분을 얻는 것을 가리킨다.

268 원문에서는 '황상黃裳'이라고 표현하였는데, 이것은《주역周易 · 곤坤》에서 노란 옷의 괘卦의 뜻은 대단히 길吉한 것을 나타낸다고 하는 뜻을 빌려서 말한 것이다.

269 원문의 '식불염정食不厭精'은《논어論語 · 향당鄕黨》의 '식불염정食不厭精, 회불염세膾不厭細'에서 따온 구절이다.

270《주역周易》의 64괘卦 가운데 62번째의 괘卦로서 그 뜻은 사소한 일은 처리할 수 있으나 큰 일은 해낼 수 없다는 것이다.

271《주역周易 · 계사하繫辭下》에서 나온 글이다. 그 뜻은 공이와 절구는 소과의 괘와 부합된다는 것이다.

벼의 탈곡

벼를 베어 수확한 후에는 볏집을 털어 나락을 걷어야 한다. 이 때 낟알을 얻는 방법으로는 손으로 볏단을 잡고 돌이나 나무에다 후려쳐서 얻는 것이 반을 차지하고, 말리는 마당에 벼를 모아서 소가 끄는 연자매로 얻는 것이 또한 반을 차지한다.

손으로 후려쳐 낟알을 털 때에는 목통木桶이나 돌판자 위에서 내려친다. 그러나 수확할 때 비가 그치지 않고 맑은 날이 적어 논이나 벼가 흠뻑 젖어 있으면 태질[272]할 마당으로 가져올 수가 없게 되는데, 이때에는 논에서 바로 목통에다 쳐서 나락을 걷는다. 그런데 날씨가 맑아 벼가 충분히 말랐을 때는 돌판을 쓰는 것이 훨씬 편하다.

소가 마당에서 연자매를 끌어서 벼를 털면 손으로 칠 때보다 3배나 힘을 절약할 수 있다. 그러나 볍씨로 쓸 벼를 남겨 두자면 벼끝의 씨눈이 갈아 없어져 발아율發芽率이 떨어질 걱정이 있다. 그러므로 남방에서 벼농사를 많이 하는 가구에서는 대부분의 벼를 마당에서 소의 힘을 빌려 탈곡하지만, 다만 다음해에 쓸 종자 볍씨만은 차라리 돌판에다 내리쳐서 거둬들인다.

가장 좋은 벼는 10개의 나락 중에서 9개는 꽉 차 있고, 1개는 비어 있는 것이다.(즉 충실한 낟알 9개에 쭉정이가 한 개 있다.) 그런데 만약 날씨가 불순하여 시도 때도 없이 비바람이 불었거나 거기에다 김매기를 제 때에 하지 못했을 때

272 태질이란 볏단을 들어 후려쳐서 낟알을 터는 것을 말한다.

에는 좋은 낟알 6개에 쭉정이가 4개 생길 수도 있다. 쭉정이를 가려 없애는 데는 남방에서는 다 풍차風車를 써서 날려 보내나, 북방에서는 벼가 적어 나비질[273]로 날려 보낸다. 이 방법은 맥麥이나 기장 등을 바람에 날리는 방법을 벼에다 쓴 것인데, 이는 풍차만큼 편리하지는 못하다.

벼의 왕겨를 까는 데는 매통[274]을 쓰고, 속겨는 방아나 돌절구를 사용한다. 그러나 물방아로 찧으면 매통의 구실을 겸하게 된다. 건조된 벼를 돌절구로 찧을 때도 역시 매통을 쓰지 않아도 된다.

매통에는 두 종류가 있다. 한 종류는 나무로 된 것인데, 톱으로 나무를 1척여의 길이로 잘라(대개 소나무를 사용한다) 큰 맷돌 모양으로 깎아 아래위 한 짝을 만든다. 서로 접하는 면에는 세로로 비스듬한 날을 새긴다. 아래 부분에 축을 하나 끼워서 위짝을 꿰뚫도록 한다. 위짝 가운데에 구멍을 뚫어 벼를 넣는다. 나무매인 매통은 2천여 섬을 갈면 닳아서 더 이상 못쓰게 된다.

매통은 벼가 충분히 마르지 않은 것은 그 속에 넣더라도 겉껍질이 벗겨지지 않는다. 나라에 바치는 군량軍糧과 관량官糧이나 배로 실어 나르거나 저장코자 하는 다량의 쌀은 모두 다 이 매통으로 가공한 것이다.

또 한 종류는 흙매이다. 대나무를 잘라 둥글게 엮어, 중간에는 깨끗한 황토로 그 속을 채운다. 아래위 양면에는 대의 이빨을 박고, 위에 대로 엮은 구멍에다 벼를 넣는다. 흙매에 벼가 들어가는 용량은 나무로 된 매보다 두 배나 많다. 벼가 조금이라도 젖은 것을 흙매 안에 넣으면 낟알이 쉽게 깨지며, 또 200여

273 벼를 떠서 바람에 날리면 가벼운 쭉정이나 북데기는 멀리 떨어지고 충실한 낟알은 가까이 떨어지는데 이런 동작을 나비질이라고 한다. 원문은 양법揚法이라고 되어 있다.

274 원문은 롱礱으로 "롱礱"은 갈 롱, 맷돌 롱의 뜻이 있는데, 이것은 특수한 맷돌이다. 상세한 그림을 참조.

섬의 쌀을 가공하면 더 이상 못쓰게 된다.

흙으로 된 매통은 반드시 건장한 남자가 다루어야 하지만, 흙매는 연약한 부인이나 아이도 그 소임을 다 할 수 있다. 백성이 먹는 쌀은 모두 흙매에서 가공되어 나온 것이다.

벼는 매로 간 후에는 풍차로 겨나 벼쭉정이를 날려 버리고, 다시 체에 부어 돌리면 껍질이 그대로 남은 벼는 체 위로 떠오르므로 이것을 다시 거둬 매에다 넣는다.

체 가운데 큰 것은 둘레가 5척이고, 작은 체는 그 반쯤 된다. 큰 체는 가운데가 약간 불거져 있으며, 건장한 사내가 사용한다. 작은 체는 테두리의 높이가 겨우 2치인데, 바닥이 평평하며 부녀자나 아이들이 사용한다.

볍쌀은 체로 친 후에 절구에 넣어 찧는데, 절구에도 역시 두 종류가 있다. 식구가 8인 이상이 사는 집에서는 대체로 땅을 파서 돌절구를 그 위에 보관한다. 절구의 양量은 큰 것은 다섯 말이 들어 갈 수 있고, 작은 것은 그 반이다. 방앗공이를 방아채 머리에 꽂고(공이의 입은 쇠로 되어 있는데, 초 찌꺼기로 그것을 공이의 머리와 붙인다),[275] 방아채 뒤끝을 발로 밟아 쌀을 찧는다. 충분히 찧지 않으면 쌀이 거칠고, 너무 찧으면 쌀이 부서져 가루가 된다. 정미精米는 다 이렇게 가공되어 나오는 것이다. 식구가 많지 않아 양식을 많이 필요로 하지 않는 집에서는 나무를 잘라 손절구 공이를 만들어 사용한다. 절구는 나무나 돌로 만들며 이 공이로 찧는다. 찧고 나면 쌀겨가 가루로 되는데, 이를 세강細糠이라 부르며, 개나 돼지의 양식으로 제공된다. 그러나 흉년이 든 해에는 사람도 먹을 수 있다.

275 흰초와 쇳가루를 섞어 만든 것으로 구멍 따위를 매우는 데 쓴다.

세강을 풍차바람으로 날려버리면 먼지와 같은 겨가 깨끗이 없어져 정백된 쌀이 나타난다.

물방아는 산중의 냇가에 사는 사람들이 만들어낸 것이다. 이것을 사용하여 벼를 가공하면 인력을 10배나 절약할 수 있어서 사람들이 모두 즐거이 이를 만들어 사용한다. 물을 끌어 물방아를 찧게 하는 것은, 통차筒車로 논에다 물대는 것과 똑같은 방법이다. 설치하는 절구의 숫자는 일정하지 않다. 만약 흐르는 물의 양이 적고 또 지역이 비좁은 곳에서는 두세 개의 절구를 두지만 물이 흐르는 양이 많고 지역이 넓은 곳에서는 10개의 절구를 나란히 설치하더라도 문제가 되지 않는다. 강서성江西省 상요上饒 일대에서는 물방아를 만드는 방법이 매우 교묘하다. 물방아를 설치할 때에 있어 가장 어려운 점은 절구를 묻는 곳을 선택하는 것인데, 만약 절구를 묻은 곳이 낮으면 큰물이 덮쳐 잠겨버릴 수가 있고, 반면에 절구를 묻은 곳이 너무 높으면 물이 올라가지를 못해 닿기가 어렵다. 그래서 상요上饒 일대에서는 배로써 땅으로 삼는데, 그 방법은 말뚝을 박아 배 한 척을 땅에다 붙들어 매고, 배 속을 흙으로 채우고 거기에다 절구를 묻는다. 그리고는 다시 냇물의 중간쯤에 약간의 돌로 방죽을 쌓으면 물방아가 완성된다. 이렇게 하면 힘들게 말뚝을 박아 둑을 쌓는 번거로움을 덜 수 있게 된다. 또 이것은 한 번에 세 가지 일을 동시에 할 수도 있다. 물을 받아 바퀴를 돌리게 되면 첫 번째의 일은 맷돌을 돌려서 가루로 갈고, 두 번째의 일은 물방아로 살을 찧으며, 세 번째로는 물을 끌어 논에다 물을 댈 수가 있는 것이다. 이는 그야말로 생각이 면밀주도한 사람들만이 만들 수 있는 것이다.

냇가에서 물방아만 쓰는 지역에서는 늙어 죽을 때까지 평생토록 매를 보지 못하고 죽는 사람도 있는데, 그곳에서는 왕겨를 벗기고 속겨를 깎는 일들을 시

종일관 절구로 하고 있다. 다만 유독 풍차를 사용하고 체를 치는 방법들은 그 어디서나 다 똑같다.

연자방아[276]는 돌덩이를 깎아서 만드는데, 받침돌과 굴레도 다 돌을 사용하여 만든다. 연자방아를 당기는 데에는 송아지나 망아지를 이용할 수 있지만 사람이 부려야 한다. 소 한 마리가 하루에 해내는 일은 다섯 사람이 해내는 것에 상당한다. 단지 속에 넣는 벼는 매우 잘 말려져야 하며, 조금이라도 젖어 있으면 쌀알이 깨지기 쉽다.

276 원문에서는 맷돌磨을 나타내는 외磈라고 되어 있지만 사실 여기에서 지칭하는 것은 연碾으로 연자방아의 뜻으로 쓰였다. 따라서 그림에서도 연碾으로 표기되어 있다.

젖은 논에서 목통에다 쳐서 나락을 걷는다

소가 끄는 굴레

마당에서 태질하기

매

풍차

흙매

나뭇매

양선(바람으로 날리기)

곡식을 채질하기

방아

방아와 절구–오른쪽은 방아, 왼쪽은 절구

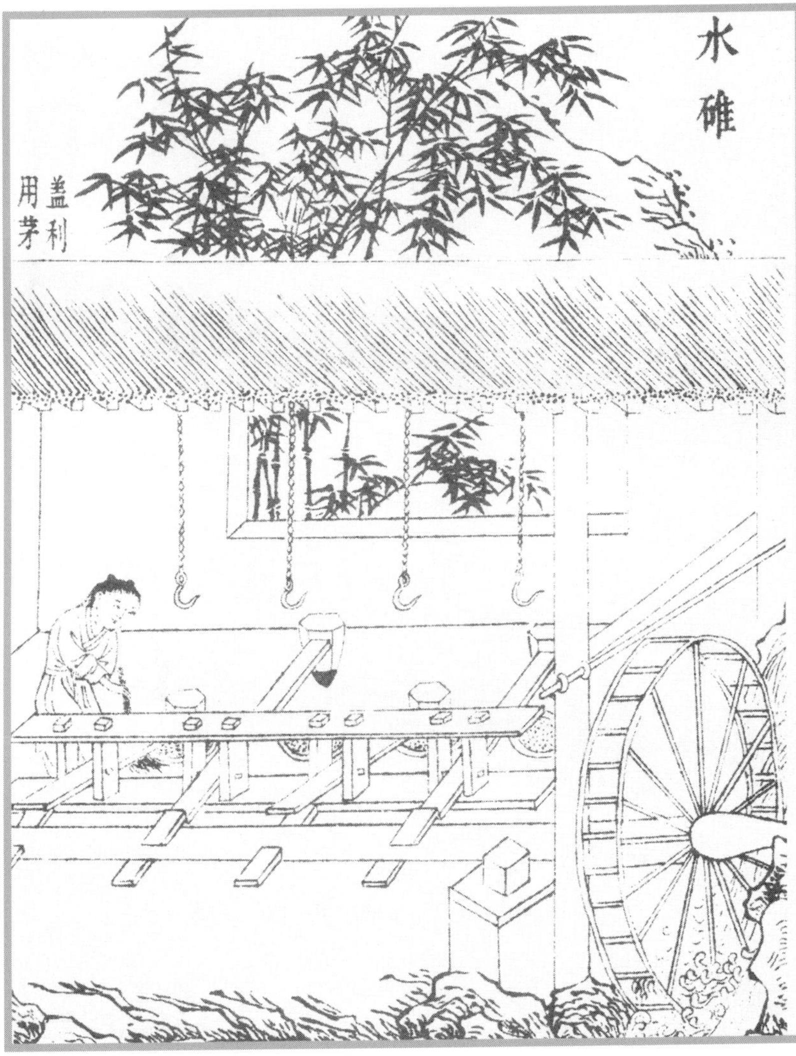

물방아—대개 띠를 사용한다

소가 끄는 돌 연자매

물 연자매

밀과 보리의 탈곡

소맥 즉 밀의 바탕 즉 정화精華는 밀가루이다. 정교함의 극치를 말하자면 벼 가운데에는 여러 번 찧은 쌀이고., 순수함의 극치를 말하자면 맥 가운데에는 여러 번 체로 친 밀가루이다.(벼의 가장 정수精粹한 부분이 여러 번 찧은 쌀이고, 밀의 가장 순수한 부분은 체로 여러 번 친 밀가루이다.)

밀을 수확할 때에는 손으로 밀 짚단을 쥐고 후려쳐서 낟알을 터는데, 이는 볏단을 쳐서 벼의 낟알을 얻는 것과 같다. 잡쭉정이를 없애는 방법으로는 북방에서는 나비질을 하는데 이는 풍차風車가 아직도 전국적으로 보편적으로 퍼져 있지 않기 때문이다. 바람으로 나비질을 하자면 처마 밑에서는 할 수 없고, 게다가 반드시 기다려서 바람이 불 수 있는 곳에서만 가능하다. 바람이 없거나 비가 그치지 않고 올 때에도 나비질을 할 수 없다.

밀을 나비질 한 후에는 물로써 먼지와 때를 깨끗이 씻고, 다시 여러 번 볕에 말린 다음에 갈아야 한다. 밀의 껍질에는 자색과 황색의 두 가지 종류가 있으며, 자색이 황색보다 좋다. 좋은 밀은 한 섬마다 밀가루 120근이 나오며, 나쁜 것은 3분의 1이나 덜 나온다.

맷돌磨에는 대소가 있으나 정해진 규격은 없다. 큰 맷돌은 힘세고 몸이 비대한 소가 끌어야 한다. 소가 매를 끌 때는 기름오동의 열매 껍질로 눈을 가려야 한다. 그렇지 않으면 소가 돌면서 어지러워한다. 그리고 소의 배에도 통을 매달아 배설물을 받도록 하여야 하며, 그렇지 않으면 더러워질 수 있다. 이보다 작은 맷돌은 당나귀가 끄는데, 그 무게가 비교적 가볍다. 이보다 더욱 작은 맷돌은 오로지 사람이 끈다. 건장한 소 한 마리는 하루에 밀 두 섬을 갈고, 나귀는 한 섬을 갈지만, 그러나 힘센 사람은 세 말을 갈며, 약한 사람은 한 말 반만을 갈 수 있을 뿐이다. 수력을 이용한 매의 사용법에 대해서는 이미 '벼의 탈곡' 단락에 있는 '물방아'의 부분에서 자세히 설명한 것과 그 방법은 같으며, 그것의 효과는 송아지의 세 배나 된다. 소나 말이 끄는 매나 수력水力의 매는 다같이 그 매 위에다 아가리가 넓고 밑이 좁은 포대가 달려 있다. 이 포대 속에는 밀 몇 말이 들어 있어 매의 눈으로 밀이 자동적으로 천천히 미끄러져 들어갈 수 있다. 하지만 사람의 힘으로 미는 매에는 이런 포대가 필요 없다.

매를 만드는 재료로 쓰이는 돌에는 두 가지 종류가 있는데, 밀가루의 품질의 좋고 나쁨은 돌의 차이에 따라 달라진다. 강남江南에 잘 정백精白된 밀가루가 적은 것은 매의 돌에 모래부스러기가 섞여 있어, 갈 때 열이 나면서 색을 띠고 있는 밀기울이 부서져 밀가루로 섞여 들어가 그 검은 밀기울을 체로 쳐도 가려낼 수 없기 때문이다. 이에 비해 강북江北의 돌은 그 성질이 차고 치밀하면서도 매끄럽다. 특히 안휘성安徽省 지주池州의 구화산九華山[277]에서 나는 돌은 더욱 좋다. 이런 돌로 만든 매는 돌에 열이 나지 않아 밀기울이 눌려져 편편해지더라도 부서지지 않으며, 검은 밀기울이 조금도 밀가루에 섞이지 않아 여기서 나온 밀가루는 지극히 희게 된다.

또 강남의 매는 20일이 되면 매의 이빨이 마멸되지만 강북의 매는 반년이 지나야 겨우 마멸된다. 강남의 매는 밀기울도 부수어 밀을 갈기 때문에 밀가루 100근이 나온다면, 강북 매는 겨우 80근을 넘지 못한다. 이런 까닭으로 좋은

277 안휘성安徽省 귀지貴池의 남쪽과 청양현靑陽縣 서남에 있는 산이다.

밀가루의 가격은 10분의 2나 비싸다. 그러나 강북의 매에서 나오는 밀기울로 글루텐(gluten)[278]과 녹말도 얻을 수 있기 때문에 이런 것을 다 합치면 총 근수가 커져 수입은 오히려 더 많다.

밀은 매로 간 후에도 몇 차례나 체로 쳐야 하며, 부지런한 사람은 되풀이하기를 게을리 하지 않아야 한다. 체의 바닥은 누에실로 짠 얇은 비단을 메워서 쓴다. 절강성浙江省의 오흥吳興 일대에서 나는 누에실로 짠 것은 천 섬의 밀가루를 치더라도 망가지지가 않으나, 이에 반해 다른 지방의 황사黃絲로 짠 것은 밀가루 백 섬을 치면 바로 못 쓰게 된다.

밀가루가 잘 갈려 만들어진 다음에는 추운 겨울철에는 석 달이 지나도 괜찮으나, 봄이나 여름철에는 20일이 채 못 되어도 습기가 차 변질되어 못쓰게 된다. 따라서 입에 맞도록 맛있게 먹자면 반드시 밀가루를 그때마다 갈아서 먹는 것이 좋다. 대맥 즉 보리는 찧어서 껍질을 벗긴 후 밥으로 익혀서 먹으며, 가루로 찧어서 먹는 것은 10분의 1도 못된다. 메밀은 미리 약간 찧어 껍질을 벗긴 후 다시 찧거나 갈아서 가루로 만들은 다음에 먹는다. 그러나 이러한 양식들은 밀과 견주어 볼 때, 품질의 정교함이나 값의 고하에 있어서도 큰 차이가 난다.(가공된 곡식의 정교함이나 가격에 있어 모두 밀보다 많이 못하다.)

278 면근麵筋이라고도 하는데, 밀가루의 힘줄이라는 뜻이다. 밀기울을 포대에 넣고 물 속에서 주무르면 포대에 남는 것이 면근이며, 조미료나 반찬으로 사용된다. 한편 물속의 침전물은 녹말이며, 장漿이나 풀의 원료로 쓰인다.

돌매

나귀가 돌리는 매

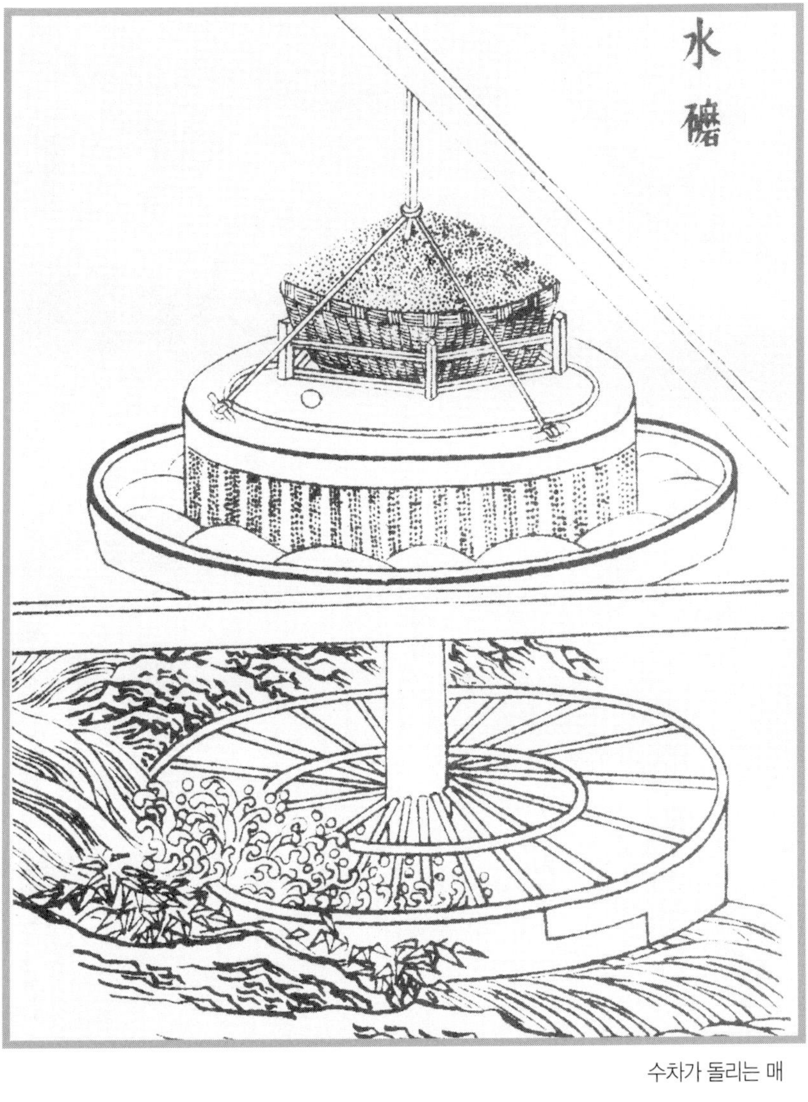

수차가 돌리는 매

체로 밀가루 치기

기장 · 조 · 참깨 · 콩의 탈곡

소미小米[279]를 가공함에 있어, 나비질을 통해 알곡을 얻고, 나비질로 얻은 그 낟알 즉 알곡을 찧어서 소미를 얻으며, 마지막으로 다시 그것을 갈아서 그 가루를 얻게 된다. 알곡의 겨나 쭉정이를 없애는 데에는 나비질과 풍차로 바람을 불어서 북데기를 날리는 방법 이외에도 키를 쓰는 방법이 있다. 이것은 대로 둥근 판을 만들어서 알곡을 그 속에 깔고 키로 골고루 까불면 가벼운 잡질은 앞으로 나와 키질에 의해 땅바닥 아래로 떨어지고, 무거운 것은 뒤에 남는데 이것이 바로 알찬 낟알이다.

소미 즉 기장이나 조를 탈곡하는데 찧고, 갈고, 나비질하고, 까부는 기구에 대해서는 이미 '벼의 탈곡'과 '밀과 보리의 탈곡' 두 항목에서 이미 상세히 설명하였다. 단지 작은 연자매라는 기구에 대해서는 이 두 항목에서 말한 바가 없다. 북방에서 소미를 탈곡하는 데는 집에 안석砮, 즉 받침돌 한 개를 설치하는데, 이 돌은 가운데는 높고 둘레는 낮으며, 그 변두리에는 홈을 만들지 않는다. 이 연자매에 사용하는 굴레는 긴 원기둥형으로, 마치 소가 끄는 굴레와 같으나, 다만 그 양단에는 나무 자루가 꽂혀 있다. 알곡을 그 받침돌 위에 깔고 두 부녀자가 마주 보며 서로 교대하면서 자루를 잡고 굴레를 굴린다. 알곡이 변두리로 흘러내리면 작은 대빗자루로 쓸어 올린다. 집에 이런 기구가 있으면 편리하여 공이나 절구는 사용할 필요가 없어 늘 걸어두게 된다.

279 기장이나 조를 탈곡한 것을 소미小米라고 하며, 한편 쌀은 대미大米라고 한다. 우리나라에서 소미는 좁쌀을 말한다.

참깨는 수확하여 거둬들인 다음에는 센 햇볕에 쬐어 말려서 작은 다발로 묶는다. 두 손으로 각각 한 다발씩 쥐고 서로 치면 깍지가 터지면서 참깨 낟알이 빠져나오는데 이를 대나무 돗자리로 받도록 한다.

참깨를 켜는 체는 작은 쌀의 체와 모양이 같으나, 체의 눈이 쌀의 체에 비해서 5배나 조밀하다. 깨알이 체의 눈으로 빠지게 되면 남은 잎이나 깍지의 부스러기는 체 위에 뜨게 되어 이를 버리면 된다.

콩을 수확한 후 그 양이 적으면 도리깨를 쓰고, 양이 많아 힘을 덜자면 역시 마당에 펼쳐서 센 햇볕에 말린 다음에 소가 끄는 굴레로 콩알을 눌러 빠져 나오게 한다.

콩을 치는 도리깨는 대나무막대로 자루를 만들고, 자루의 앞쪽 끝에는 둥근 구멍을 내어 여기에다 길이가 약 3척쯤 되는 나뭇가지를 붙들어 맨다. 그리고 콩을 마당에 펼치고 손으로 자루를 잡고 내려친다. 다음에 콩이 털려 나오면 풍차로 콩깍지와 잎을 날려 보내고, 다시 체로 치면 알찬 콩알이 되어 창고에 들어가게 된다. 이 때문에 참깨는 방아와 매를 사용하지 않으며, 콩에는 돌매나 연자매를 쓰지 않는다는 것이다.

키질 하기

작은 연자매

참깨 타작

도리깨질

5. 제염(製鹽)[280]

나는 말한다. 하늘에는 다섯 가지의 기氣[281]가 있어, 이 때문에 여기서 다섯 가지의 맛[282]이 생겨난다. 물의 성질은 땅 아래로 스며들어야 짠 맛이 난다고 하였는데,[283] 주周나라 무왕武王은 기자箕子를 방문하고서야 비로소 그 이치를 알게 되었다.[284]

사람들은 다섯 가지의 맛 중의 신辛·산酸·감甘·고苦의 네 가지 맛 가운데 그 어느 하나를 오래도록 끊더라도 몸에 아무 영향이 없지만, 유독 소금만은 열흘 동안만 먹지 않아도 몸에 병이 든 것같이 쇠약해지고 나른해져, 닭을 잡을 힘조차 내지 못하게 된다. 이것은 바로 자연계에서 물이 제일 먼저 생겨나고,[285] 물에서 생겨난 소금이 바로 인간 생명력의 원천이라고 말해주는 것이 아니겠는가!

---

280 원문에는 작함作鹹으로 되어 있다. 《천공개물》에는 식품가공에 대한 생생한 기록이 많이 있다. 이를테면 제당製糖·제염製鹽·제유製油·제주製酒 등이 그러한데, 이 가운데에서 소금을 만드는 제염이 가장 기본적이고 가장 중요한 것이라고 할 수 있다.

281 다섯 가지의 기를 오기五氣라 한다. 수水·화火·목木·금金·토土로서 오행五行의 기氣를 말한다. 《논기論氣·기생 오氣生 五》의 설명에 따르면 기는 만물을 구성하는 가장 기본적인 물질이다.

282 다섯 가지의 맛, 즉 오미五味는 오행五行에서 생기는 함鹹·고苦·산酸·신辛·감甘을 가리킨다. 그리고 중국 고대의 오행설에 의하면 동방목東方木은 맛이 신맛이고, 남방화南方火는 맛이 쓰고, 서방금西方金은 맛이 맵고, 북방수北方水는 맛이 짜고, 중앙토中央土는 달다고 하였다. 이는 《상서尙書·홍범洪範》과 《예기禮記·월령月令》에 보인다.

283 《상서尙書·홍범洪範》에 '윤하작함潤下作鹹'이라 하여, 물이 대지로 스며들면 짠맛을 띠게 된다고 하였다. 홍범은 주周의 무왕武王이 은殷을 멸한 후 은殷 주왕紂王의 조신인 기자箕子로부터 받은 교훈을 적은 것으로 전해진다.

284 《상서尙書·홍범洪範》편에 전해지는 것으로, 무왕이 기자에게 물었던 바 기자가 답한 가운데에 고대의 오행설이 언급되어 있다고 한다. 여기에 의하면 오행의 처음은 물이고, 둘째는 불이며, 셋째는 나무고, 넷째는 쇠고, 다섯째는 흙이니, 물은 적시고 내려가는 것이고, 불은 타고 올라가는 것이며, 나무는 굽고 곧은 것이고, 쇠는 따르고 바뀌는 것이며, 흙은 심고 거두는 것이라고 하였다. 그리고 적시고 내려가는 것은 짠 것을 만들고, 타고 올라가는 것은 쓴 것을 만들며, 굽고 곧은 것은 신 것을 만들며, 따르고 변화하는 것은 매운 것을 만들고, 심고 거두는 것은 단 것을 만든다고 하였다.

285 원문에는 '천일생수天一生水'로 되어 있는데 이 뜻은 고대 음양오행설에 따르면 물은 천수天數의 일一이 지수地數의 육상六相과 배합配合하여 형성되었다고 한다. 저자는 여기서 물과 소금의 중요성을 강조한 것이다.

소채와 곡물을 심으려 하더라도 중국 내지內地나 변강[286]에 전혀 자라지 못하는 곳이 도처에 다 있지만, 그러나 소금은 교묘히도 곳곳에 다 분포되어 있어 사람들이 가져다 쓰도록 기다리고 있으니 그 누구 이런 까닭을 알 수 있겠는가!

286 원문에는 "사해지중四海之中"과 "오복이외五服而外"라고 되어 있다. 여기서 "사해지중"는 중국 본토를 가리키고, "오복이외"는 중국 본토 밖의 변경을 지칭한다. "오복"의 명칭은《상서尙書 · 우공禹貢》편에 나오는 "전복甸服", "후복侯服", "수복綏服", "요복要服", "황복荒服"을 지칭하는 말이다.

소금의 산출

소금의 종류는 대단히 많다. 대체로 해염海鹽·지염池鹽·정염井鹽·토염土鹽·애염崖鹽·사석염沙石鹽 등 6종류로 분류할 수 있다. 다만 여기서 중국 동북 지방 숙신족肅愼族[287]의 수엽염樹葉鹽[288]과 서북 소수 민족의 광명염光明鹽[289]은 그 속에 넣지 않았다.

중국에서 생산되는 소금은 바닷소금인 해염이 10분의 8을 차지하고, 나머지 10분의 2는 정염과 지염 및 토염이다. 이들 식염들은 인력으로 만들어지든지 혹은 천연적으로 생성되기도 한 것이다. 요컨대 교통운수가 어려워, 외지의 식염을 운반해 오는데 어려움이 있는 곳에서는 조물주가 이에 맞추어 그런 곳에 소금이 나도록 미리 마련해 둔 것이다.

---

287 중국 동북 지방에 옛날에 살았던 종족으로 나중에 여진女眞이라 불렀다. 원문에서는 "동이수엽東夷樹葉"이라고 하여 동이족이란 표현을 쓰고 있는데, 일반적으로 말해 중국 요동지역에 있던 소수민족을 지칭하던 말이었다.

288 중국 동북부 지방인 길림성吉林省이나 흑룡강성黑龍江省에 소금이 나는 나무가 있었던 것은 《위서魏書·물길전勿吉傳》이나 《북사北史·물길전勿吉傳》에 적혀 있다. 동북 지방에서 나는 위성류渭城柳나 비파시枇杷柴 등이 소금을 분비하는 식물인데, 건조할 때 나뭇잎에 소금 버캐가 생기며, 이를 긁어모아 식용으로 사용하였다. 이밖에 명아줏과에 딸린 퉁퉁마디와 명아줏과 나문재속 식물 등은 염분의 함량이 높다. 또한 대만이나 중국 남부 연안에도 소금을 분비하는 식물이 있으며, 몽골이나 서북 지방에서 나는 물레나물과의 호동胡桐등도 그 중의 하나이다.

289 중국 서북부에서 나며, 수정염水晶鹽이라고도 한다. 바위가 많은 산에 많이 나며, 무색투명하고, 수정 모양을 하고 있다. 명대明代 이시진李時珍의 《본초강목本草綱目》 11권卷에 실려 있다. 또 "광명염"이란 이름은 눈을 밝게 해주는 효과가 있어 붙여진 이름이며, 돌 위에서 난다고 한다.

바닷소금[290]

바닷물은 원래 염분鹽分 성질을 갖고 있다.[291] 해변의 지세가 높은 곳을 조돈潮墩이라 하고, 낮은 곳을 초탕草蕩이라고 하는데, 소금은 이 두 곳에서 모두 난다. 그러나 같은 바닷소금이라 하더라도 채취하는 방법은 각각 다르다.

한 가지 방법은 조수가 들어오지 못하는 해안 연안가의 높은 고지高地에서 소금을 채취하는 방법이다. 염전의 주인들은 각각 그어놓은 자신들의 밭이 있어서 서로를 침범하지 않는다. 소금을 걷는 방법은 날씨가 맑을 듯한 날의 하루 전 날에 볏짚이나 밀짚의 재와 갈대나 띠의 재를 땅 위에 한 치 남짓한 두께로 뿌리고, 잘 다져서 고르게 한다. 그 다음에는 이튿날 이른 새벽에 이슬이 많이 내리면[292] 염모鹽茅가 재 밑에서 자란다.[293] 낮이 되어 해가 중천에 떠 안개가 걷히고 날씨가 맑아지면 재와 소금을 다 함께 쓸어 모아 걸러서 달인다.

다른 방법으로는 조수 파도가 얕게 덮치는 곳에서 재를 뿌려 덮지 않고, 조수가 한 번 거쳐 가기를 기다렸다가 다음날 날씨가 맑으면 반나절이면 햇볕에 물기가 말라서 소금가루가 나타나므로 서둘러 쓸어 모아 달이는 방법이다.

그리고 또 다른 방법으로는 조수가 깊게 덮치는 곳에서 우선 움을 깊게 파

290 "해염海鹽" 또는 "해수염"이라고도 부른다.

291 바닷물의 소금 함량은 대체로 3.0~3.5%이며, 곳에 따라 차이가 나는데 홍해紅海가 4%로서 가장 높고, 발틱해의 1~3%가 가장 낮다. 소금의 주성분은 염화나트륨 NaCl 이 78%이고, 염화나그네슘 $MgCl_2$ · 황산마그네슘 $MgSO_4$ · 염화칼슘 KCl 등이 22%를 차지한다.

292 "이슬이 많이 내리면"을 "땅 속의 습기가 빠르게 위로 올라와"로 번역하기도 한다.

293 밤에 기온이 노점露點 이하로 내려가면 공기 속의 수분이 응결하여 이슬이 된다. 이슬이 많이 생기면 지표의 염분을 녹여 간수가 되어, 이것이 재에 흡수되어 농축된다. 다음날 햇볕이 쬐면 소금이 띠처럼 대량으로 석출하게 된다.

고 그 위에 대나무로 움 위를 가로로 걸쳐서 거적자리를 깔고, 다시 그 위에 모래를 깐다. 해수가 그 움 위를 덮치게 되면 염분은 모래를 거쳐서 움 속으로 스며든다. 이때를 기다렸다가 모래와 거적자리를 걷어 내고 등불로 움을 비추어 보아 염기鹽氣[294]로 불이 곧 꺼지면 그 염수를 걷어 내어 달인다. 그러나 이런 소금들을 얻어낼 수 있는 관건은 맑고 좋은 날씨에 있다. 만약에 궂은비가 잇따라 열흘을 내리게 되면 소금을 만들 수 없는데, 이를 염황鹽荒이라 한다.

또 회장淮場[295]의 제염지製鹽地에서는 해수를 햇볕에 쬐어 말리면 마아초馬牙草[296]와 같은 흰소금 버캐가 생기는데[297] 이를 대쇄염大灑鹽이라 부른다. 이는 달이지 않고 쓸어 모으기만 하더라도 바로 먹을 수 있다. 이밖에 바다에서 순풍으로 흘러 온 해조海藻를 건져 모아 끓여서 만든 소금을 봉염蓬鹽이라 한다.

소금을 걸러서 달이는 방법은 우선 두 개의 움을 파는데, 하나는 얕고 다른 하나는 깊게 판다. 얕은 움은 깊이를 약 1척 가량으로 하여 그 위에다 대나무를 걸치고 또 그 위에는 거적자리를 깐다. 쓸어 모은 소금(재가 있든 없든 거르는 방법은 다 같다)을 자리에다 깔고, 주위에는 둑을 쌓아 저수지처럼 만들어 가운데에는 해수를 대어 부어 염분이 많은 해수가 얕은 움 속으로 스며들게 한다. 깊은 움은 그 깊이가 7, 8척이며, 얕은 움에서 흘러내린 해수를 받아들이게 된다. 그리고 이 해수를 다시 솥에 넣어 끓인다.

소금을 다리는 솥을 옛날에는 뇌분牢盆이라고 하였다. 이런 동이의 둘레길이

294 소금은 1,400℃ 이상의 고온이 되면 휘발하지만 여기서는 소금이 기체로 되기 어렵다. 단지 바닷물의 성분이 복잡하여 증기 가운데 불조연 기체不助燃氣體가 함유되어 등불을 끌 수도 있다. 또 다른 가능성으로 거적자리와 같은 유기질이 물에 덮였다가 건조되는 일을 반복하면 자연 산화가 일어나 공기 속의 산소가 줄고 질소가 증가하여 불을 끌 수도 있다.

295 아마도 회하淮河 유역의 염전지를 말하는 듯하다.

296 초석硝石의 일종이다. '병기兵器'의 항목에 나온다.

297 "자연적으로 말의 이빨과 같은 소금이 생긴다."라고 번역할 수도 있다.

는 수 장丈이며, 지름도 1장쯤 된다. 그 제법製法에는 두 가지가 있다. 한 가지는 쇠로 만든 철분鐵盆으로, 쇠를 두들겨 잎사귀 조각 같이 얇게 만들어 쇠못으로 이어서 꿰맞춘다. 그 동이의 바닥은 아가리가 큰 주발처럼 평평하고, 동이의 깊이는 1척 2치이며, 이음매는 한번 염수가 지나면 소금 결정이 틈을 틀어막게 되어 그 틈으로 영원히 새지 않는다. 그 동이 아래에는 아궁이를 두고 장작을 땐다. 그 아궁이는 많게는 12, 13개나 되고, 적게는 7, 8개인데 땔감을 동시에 태워서 이 하나의 뇌분 즉 솥을 끓이는 것이다. 그런데 남해南海지역에서는 또 다른 방법으로 만든, 대로 엮은 솥이 있다. 이 대나무 솥은 지름이 1장, 깊이는 1척쯤 되며, 동죽조개 껍질을 태운 재를 그 위에다 바른다. 그리고 솥 아래에서 불을 지펴 소금물이 끓도록 하여 소금이 생겨날 때까지 계속해서 끓인다. 이런 기구를 염분鹽盆이라 부른다. 그러나 쇠판지로 만든 뇌분만큼 편리하지는 못하다. 그런데 소금물을 달여도 소금이 엉기지 않으면 쥐엄나무 열매의 껍질[298]을 찧어서 조의 겨를 섞어 물이 끓을 때 넣어서 휘저으면 소금이 곧 바로 빨리 엉기게 된다. 쥐엄나무 열매의 껍질을 넣어 소금이 엉기도록 촉진하는 것은 마치 석고石膏를 넣어 두부를 엉기게 하는 것과 같다.

회장淮場과 양장揚場[299]의 제염장에서 나는 소금은 무겁고 검다. 이에 반해 그 밖의 곳에서 나는 소금은 가볍고 희다. 무게를 비교해 보면 회장의 소금은 한 되에 10냥兩이나 되지만, 광동廣東 · 절강浙江과 장로長蘆[300]의 소금은 한 되에 단지 6, 7냥에 불과하다.

298 쥐엄나무 열매의 껍질로서 식염의 결정화를 돕는다. 현재는 이의 대용으로 명반明礬을 쓴다.
299 앞의 회장과 같이 아마도 양주 부근의 염장으로 사료된다.
300 중국의 이름난 소금 산지로서, 하북성河北省 발해渤海 연안에 있다.

봉초염蓬草鹽은 언제나 기대할 수 있는 것이 아니다. 왜냐하면 그 해초가 때로는 여러 해 만에 한 번 오는가 하면, 또 때로는 한 달에 몇 번이나 오기도 하기 때문이다.

소금은 물을 만나면 곧 용해되고, 바람을 맞으면 간수가 흘러나오고, 불에 쬐면 더욱 굳어진다.[301] 저장하는 데는 창고가 필요 없다. 소금의 성질은 바람을 겁내나 습기를 두려워하지 않는다.[302] 단지 땅에다 볏짚을 3치쯤 높이로 깔아 두면 땅이 낮아 습기가 차더라도 소금이 상하지 않는다. 둘레에 흙벽돌을 쌓아 그 틈을 진흙으로 발라 막고, 그 위에다 약 1척 남짓한 두께로 띠를 덮어 두면 백년을 두더라도 변질되지 않는다.

301 소금은 무게로 3배의 물에 녹아 포화 상태가 되면 더 이상 녹지 않는다. 소금은 수증기가 많은 남풍을 만나면 소금의 불순물인 염화마그네슘 $MgCl_2$등이 습기를 흡수하여 주성분이 $MgCl_2$인 간수가 스며 나온다. 소금은 또한 800℃ 이상 되면 녹고, 식어서 굳으면 큰 덩이로 되어 더욱 굳어진다.

302 소금은 건조한 바람을 맞으면 소금의 수분이 증발하여 무게가 줄고, 습한 바람을 맞으면 조해潮解하여 간수가 흘러 나와 무게가 준다. 따라서 날씨가 습하고 바람이 없으면 소금이 약간만 녹아도 포화되어 무게가 거의 줄지 않는다. 여기서 말한 것은 어디까지나 상대적이다.

소금 끓이기

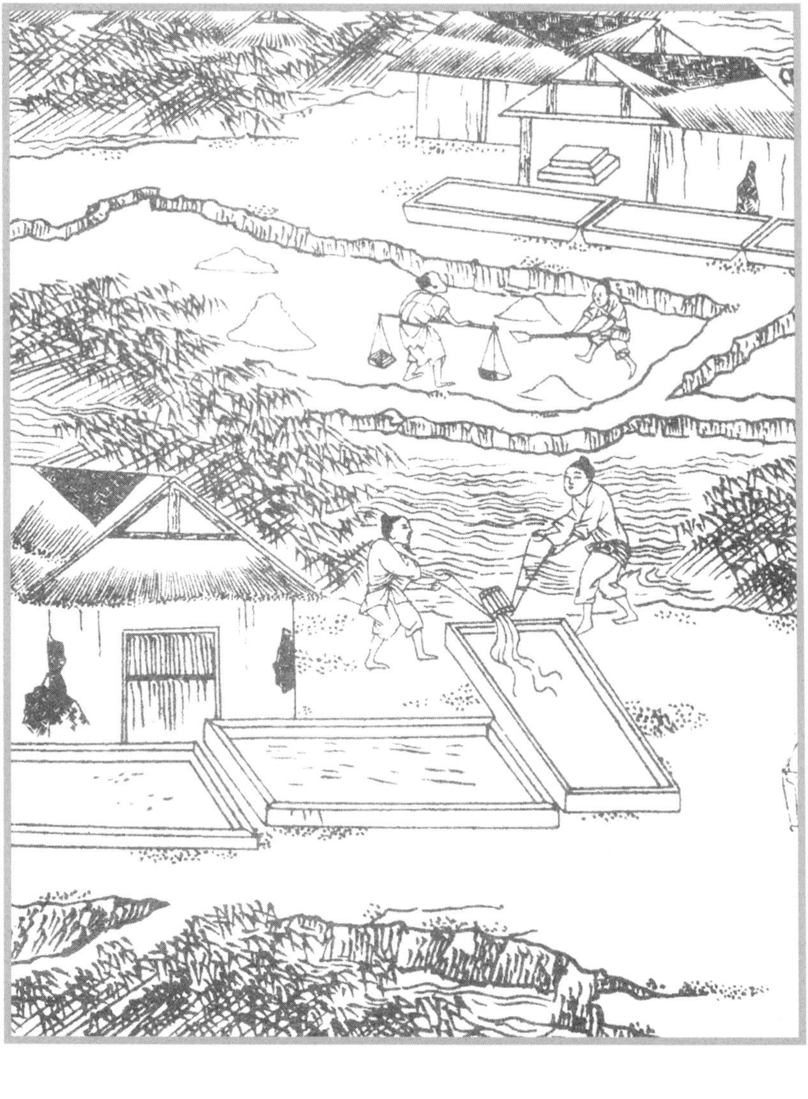

얕은 움에다 먼저 물을 붓는다

뇌분으로 소금 달이기

재를 뿌려 염전을 관리하다(한낮에 소금 쓸기, 해뜨기 전 재 뿌리기)

무게를 재어 보관하기

지염(池鹽)

지염의 산지는 중국에 두 곳이 있다. 한 곳은 영하寧夏에 있는데, 이곳의 소금은 변방지역으로 보내져 식용으로 사용된다. 또 한 곳은 산서성山西省의 해지解池[303]로서 산서성·하남성河南省의 각 군현郡縣에 공급되고 있다. 해지는 안읍安邑과 의씨椅氏, 그리고 임진臨晉의 사이에 있는데, 그 주위는 성벽이 둘러싸여져 그 가운데에 있는 염지鹽池를 보호하고 있다. 그 염지의 색깔은 못물이 깊은 곳은 물의 빛깔이 진한 녹색이다. 그곳에서 제염하는 사람들은 못 가에다 땅을 갈아 두둑을 쌓고, 못 속의 맑은 물을 두둑으로 끌어들인다. 그런데 이때 흙탕물이 혼입되지 못하도록 주의해야 하는데, 이런 물은 염맥鹽脈을 막기 때문이다.

못의 물을 끌어들여 제염작업을 하는 것은 봄철에 시작해야 한다. 그 시기가 너무 늦으면 물이 붉은색으로 변한다. 여름에서 가을로 바뀌는 철에 남풍[304]이 세게 불어오면 하룻밤 사이에 소금으로 응고되는데, 이를 과염顆鹽이라 부르며, 고서古書에서 일컫는 대염大鹽[305]이 바로 이것이다. 바닷물을 달여서 만든 해염은 낱알이 비교적 잘고 잘 부서지지만, 지염은 굵은 낱알을 만들기 때문에 대大라는 칭호가 붙게 되었다. 이런 지염은 소금이 엉기고 난 후에 바로 쓸어서 식용으로 제공된다. 제염하는 사람들은 한 섬을 쓸어 모아 관청에 바치지만 겨우 몇십 문文의 돈밖에는 받지 못한다.

---

303 관운장關雲長의 고향으로 산서성 서남부인 운성運城의 동쪽에 있으며, 소금의 산지로 유명하고, 여기서 나는 소금을 해염解鹽이라 한다. 이런 지염을 지금은 통틀어 호염湖鹽이라 한다.

304 산시성의 대륙성 기후인 남풍은 건조하며, 중국 남방의 남풍과는 상반된다.

305 대염이 처음 보이는 것은《사기·화식열전》에서이다.

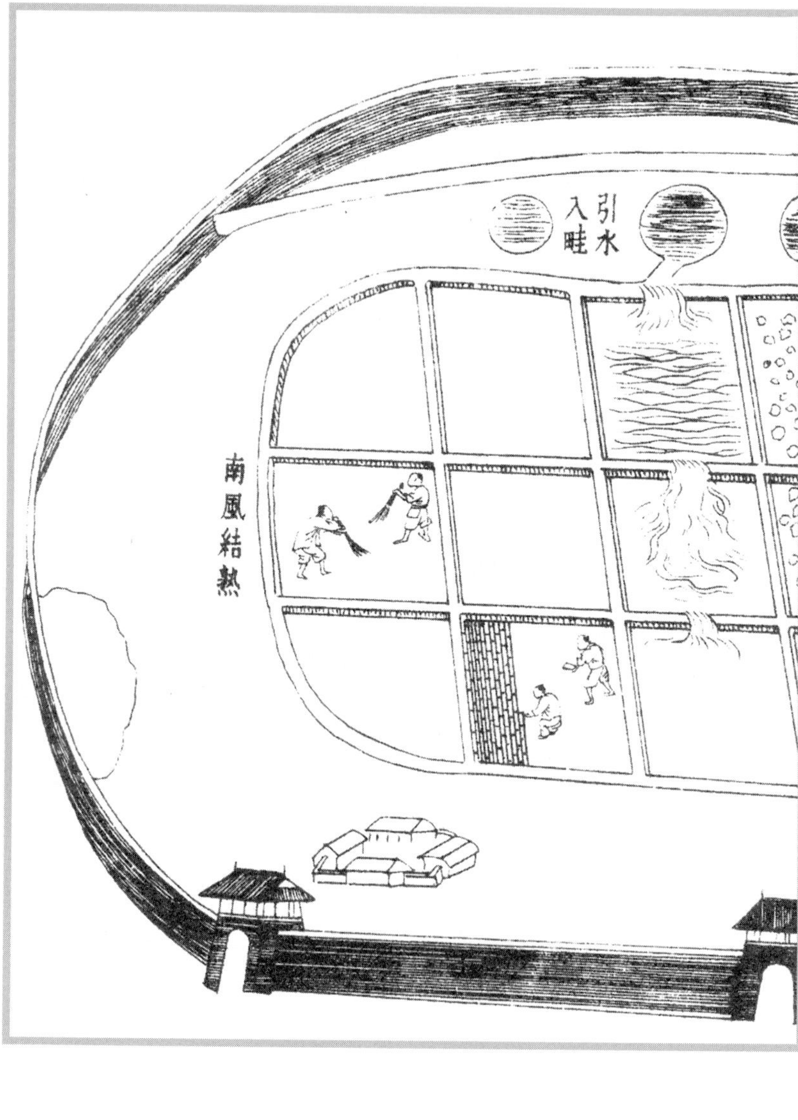
引水入畦
南風結熱

지염池鹽

광동廣東의 해풍현海豊縣이나 심주深州[306]에서는 바닷물을 못으로 끌어들여 햇볕에 쬔 다음에 끓이지 않고 소금을 만들며, 소금으로 엉기면 쓸어 모아 그 어떤 가공처리도 없이 바로 먹기도 한다. 이런 점은 해염解鹽[307]과 같으나 단지 소금이 되는 시간과, 남풍에 의존하지 않는다는 점이 크게 다르다고 할 수 있다.

306 해풍과 심주는 모두 지금의 광동성에 있는 지역으로 하북성에 있는 곳이 아니다.
307 앞의 주 해지解池를 참조.

정염(井鹽)

운남雲南과 사천四川 두 성省은 바다에서 멀리 떨어져 교통이 불편하고 지세地勢도 높아, 그곳의 염맥鹽脉은 모두 지하에 잘 간직되어 있다. 사천에서는 하천에서 멀지 않은 석산石山 위에 많은 우물을 파서 소금을 얻고 있다. 염정鹽井의 둘레는 겨우 몇 치에 불과하며, 그 우물의 구멍은 하나의 작은 주발로 덮어도 남을 정도이다. 그러나 그 깊이는 반드시 10장丈 이상을 넘어야[308] 비로소 간수가 있는 염층鹽層에 도달할 수 있기 때문에 우물 파는데 많은 인력과 시간이 든다.

우물을 파는데 쓰는 철추鐵錐는 모양이 방아의 공이 끝과 같아서 그 끝이 극히 단단하고 예리하여 돌산을 찧어 구멍을 낼 수 있다. 철추의 몸 부분은 죽편으로 철추를 꼽아서 끈으로 단단히 묶는 것이다. 매번 몇 척씩의 깊이로 뚫을 때마다 대막대를 이어서 길게 한다. 처음 깊이가 약 1장丈여 될 때까지는 방아로 쌀을 찧을 때처럼 발로 밟다가 깊이가 아주 깊어지면 손으로 철추를 잡고 치켜 올렸다가 힘으로 찍어 내려 암석을 짓이겨 부순다. 찍혀서 부스러진 돌가루는 긴 대에다 쇠국자를 달아 그것으로 퍼 올린다. 대체로 깊은 우물을 하나 파는 데는 반년 정도, 그리고 얕은 우물은 한 달 남짓 되어야 비로소 완공될 수가 있다. 만약 이렇게 판 우물 구멍이 너무 크면 염기鹽氣가 흐트러져서 소금으로 엉기지 않는다. 우물을 파서 염수층鹽水層에 이르러 물이 보이게 되면 길이가 1장쯤 되는 좋은 대나무를 골라 가장 밑에 있는 한 마디만 남겨 두고 속의

308 옛 염정鹽井의 깊이는 나무 걸상 하나를 1척으로 하는 판등척板凳尺으로 재었으며, 1척尺이 1여 미터여서 1장은 10여 미터이며, 원문의 10장은 100여 미터가 된다. 실제로 염정의 깊이는 500미터에서 1,200미터가 되며, 더 깊은 곳도 있다.

우물 구멍을 파다(사천성의 정염)

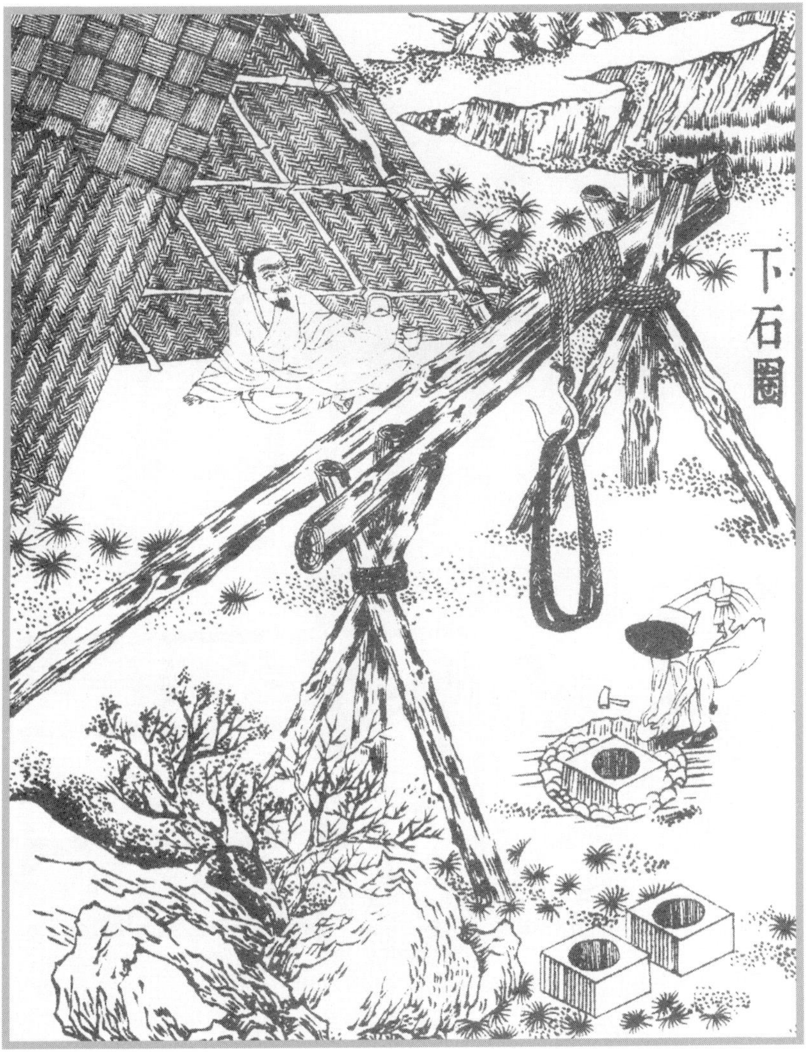
下石圖

우물 파기

목죽 만들기

목죽 내리기

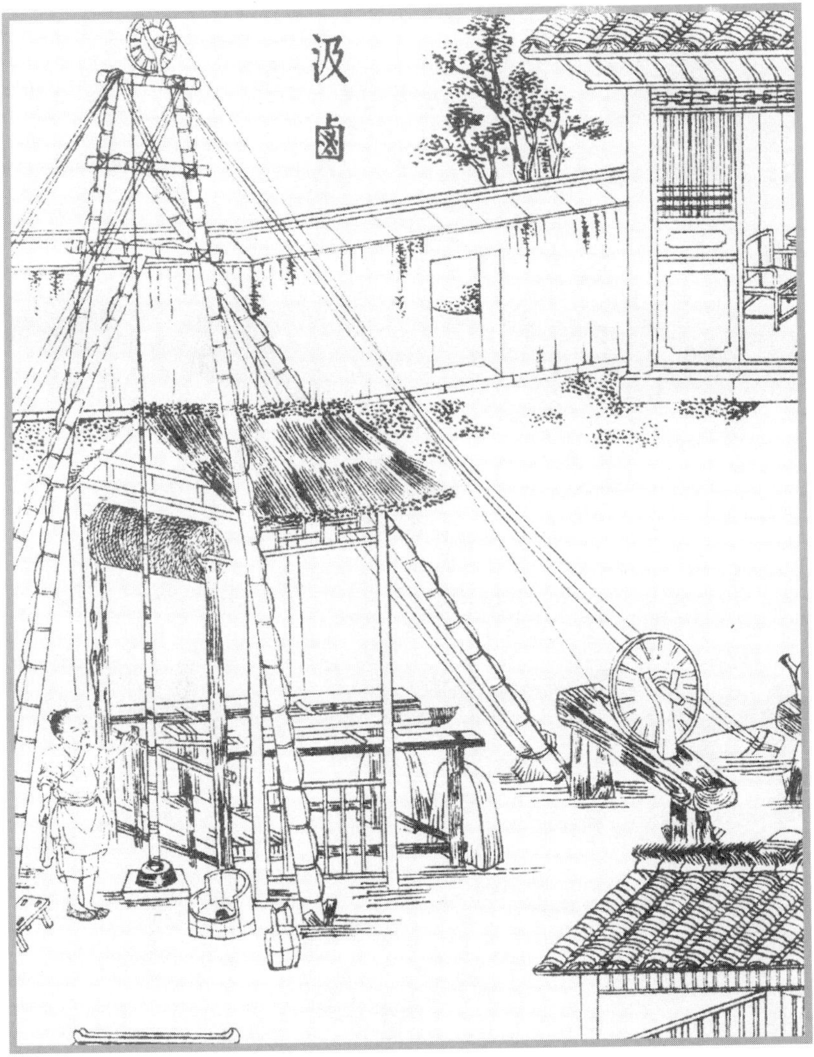

간수 끌어올리기

소금 달이기

사천과 운남의 소금 운반

마디를 모두 뚫어낸 다음에 그 마디에다 판瓣을 달아 물을 통에 넣어 걷기에 편하도록 한다.[309] 이 죽통을 굵은 끈에 매달아 우물물에 잠기게 하여 통 속에 소금물을 가득 채운다. 우물 위에는 돌을 매단 두레박이나 녹로轆轤 등의 물을 퍼 올리는 기구를 설치해 둔다. 또 전반轉盤도 설치하여 그것을 소에게 씌우면 소가 그것을 끌어서 돌리게 되고, 그러면 녹로가 끈을 감아 소금물이 가득한 대의 대롱을 위로 끌어올리게 된다. 그리고 이 소금물을 가마 속에 넣고 끓인다(단지 중간 크기의 가마를 사용하며, 뇌분牢盆은 쓰지 않는다). 그러면 재빨리 소금이 응결되는데, 그 색깔이 매우 희다.

사천四川의 서쪽 지역에는 화정火井[310]이란 대단히 기묘한 우물이 있다. 그런데 그 우물 안에는 의외로 모두 냉수만 있으며, 화기火氣라고는 조금도 없다. 그렇지만 긴 대를 쪼개어 속 마디를 없앤 다음에 쪼갠 대를 합쳐 칠포漆布로 조여 매어 한쪽 끝을 우물 바닥에다 꽂는다. 그리고 다른 끝은 굽은 관에다 연결하거나 구부려서 이 관의 끝을 솥 밑 한가운데에 닿게 하고, 솥에다 소금물을 부어 넣으면 불이 활활 타면서 물이 곧 끓게 된다. 그런데 죽통을 열어 보아도 그슬린 흔적은 전혀 찾아볼 수 없다. 불에 탄 흔적이 보이지 않은 데도 불을 사용하였다는 것은 참으로 세상의 기이한 일이라 하지 아니할 수가 없다. 사천四川·운남雲南의 염정鹽井에서는 관세官稅를 탈루하고 숨기는 일이 너무도 쉬워서 이를 추궁하기가 어렵다.

309 밸브에 있어서 대의 통을 물속에 넣으면 수압으로 밸브가 열려 물이 들어오고, 가득 차게 하여 끌어올리면 대통 속의 수압으로 밸브가 닫히게 된다.

310 천연 가스가 있는 우물을 말한다. 이 가스의 주요 성분은 타기 쉬운 메탄가스이다.

말염(末鹽)[311]

지감地鹼[312]을 달인 소금은 산서山西의 태원太原 일대의 말염 이외에도 있다. 하북河北의 발해만渤海灣 해안 일대[313]에서도 그곳 사람들은 지감을 긁어모아 달여서 소금을 만들었다. 그런데 이런 소금은 잡물이 들어 있어서 빛깔이 거무스레하고, 맛도 극히 좋지 않다.

311 가루로 된 식염이다.

312 옛날부터 중국에서 천연 탄산나트륨 Na_2CO_3을 채굴하여 써왔다. 이것은 덩이나 두꺼운 판자 모양으로 산출된다.

313 원문에서는 장로분사長蘆分司라고 되어 있는데, 명대에는 장로長蘆 즉 지금의 하북성河北省 경내에 있는 곳에다 염운사鹽運使를 설치하였고, 또 부근에 있는 창주滄州와 청주青州 두 곳에다 분사分司 즉 지사를 두었다.

애염(崖鹽)[314]

서쪽에 있는 감숙甘肅의 무도武都나 강현康縣 등지, 그리고 섬서陝西의 봉현鳳縣에서는 바닷소금이나 정염이 다 같이 없다. 그러나 그곳의 바위 동굴에서 소금이 자생한다. 그 빛깔은 붉은 흙과 매우 비슷하며, 누구나 마음대로 긁어서 달이지 않고도 바로 식용으로 사용된다.

314 이는 암염岩鹽을 말한다. 깨끗한 것은 백색 · 투명하며 먹을 수 있다. 잡물이 들어 있는 것은 공업용 원료로 쓴다.

6. 단맛[315]

나는 말한다. 그지없이 향기로운 향기, 짙고 검푸른 아름다운 색깔, 아주 달콤한 맛. 이런 것들은 사람들이 모두 늘 너무나도 탐내는 것들이다. 향기 중에서 특히 강렬한 것이 있고, 빛깔 중에서도 특히 진하면서 아름다운 것이 있으며, 단맛 가운데서 특히 단 것이 있다는 것은 다 조물주가 특별히 뜻한 바가 있어서 나온 것이다. 세상에서 단맛을 내는 제당의 원료는 10분의 8이 초목에서 생산된다. 꿀벌들은 온 힘을 다해 서로 다투어 가면서 온갖 꽃을 채집하여 꿀을 만들어 내는데, 그리하여 초목들이 그 공을 모두 차지하지 못하게 한 것이다. 그 누가 이런 일을 주재主宰하여[316] 세상 사람들로 하여금 그 이로움을 받도록 하겠는가!

315 원문은 감기甘嗜로 되어 있는데, 원래 《상서尙書 · 감서甘誓》에 나오는 말이다. 거기에는 "감주기음甘酒嗜音"이란 말이 나오는데, 그 뜻은 술을 마시고 음악을 듣는 것을 즐긴다는 뜻이다. 그러나 본문에서의 의미는 단맛을 좋아한다는 뜻하며, 여기서는 수수 사탕, 벌꿀, 엿기름 등의 단 것의 재료를 말하고 있다. 오행설에 따르면 감甘은 토土에 속하며, 오미五味의 하나이다. 일본침략시대에 일본은 타이완을 설탕공장으로 삼아 수많은 사탕수수를 심게 하여 사탕을 얻은 후에 그것들을 외국으로 수출하여 많은 외화를 얻었다고 한다.

316 원문에 있는 '숙주장시孰主張是'라는 구절은 《장자莊子 · 천운天運》에서 따온 것으로 '누가 이러한 물건을 지배할 수 있을까?'라는 뜻이다.

사탕수수의 재배

사탕수수[317]에는 두 종류가 있다. 복건福建 · 광동廣東 일대의 지방에서 가장 많이 나며, 그 밖의 지역의 산출량은 모두 합쳐도 이곳의 10분의 1에 불과하다.

사탕수수 중에는 모양이 대나무와 비슷하고 큰 것을 과자果蔗라고 하는데, 잘라서 생으로 먹거나 즙으로 해서 마셔도 입에 맞지만 이런 종은 제당製糖에는 적합하지 않다. 그리고 물억새처럼 줄기가 가느다란 것을 당자糖蔗라고 하는데, 날로 먹으면 입술이나 혀를 찔러 상하게 하여 먹을 수 없으나 백설탕白糖이나 붉은 설탕紅糖 등은 모두 이것으로 만든다.

옛날에는 사탕수수에서 사탕[318]을 만드는 것을 중국에서는 몰랐으나[319] 당唐의 대력大歷 연간에 서역西域의 스님인 추화상鄒和尙이 사천四川의 수령遂寧에 와 있을 때 처음으로 그 제당의 방법을 전수하였다.[320] 지금도 사천에서는 사탕수수 재배가 활발한데 이것도 역시 서역에서 차례로 전래된 것이다.

---

317 원문에는 감자甘蔗라고 되어 있다.

318 엄격히 말해 사탕砂糖은 모래 알갱이와 같은 크기의 상태를 말하고, 설탕은 눈처럼 흰 가루 상태를 말하지만, 사탕과 설탕은 같은 의미로 구별 없이 사용하던 말이었다. 그러나 지금 남한에서는 설탕은 가루로 된 물질을 말하고, 사탕은 설탕을 녹여 만든 과자를 치칭하는 말로 변하였다. 그러나 북한에서는 이들을 모두 사탕이라고 한다.

319 저자가 8세기에 제당법을 알게 되었다는 것은 잘못이다. 서기전 1세기의 《이물지異物志》에도 사탕수수로 만든 석밀石蜜이 적혀 있으며, 6세기의 《명의별록名醫別錄》에는 사탕에 대하여 말하고 있다. 7세기에는 당唐 태종太宗이 인도의 제당술製糖術의 장점을 알고자 사자를 보냈다는 사실이 《신당서新唐書 · 서역열전西域列傳》에 적혀 있다.

320 북송北宋 왕작王灼의 《당상보糖霜譜》에 추화상鄒和尙에 대하여 적혀 있는데 원문에는 '서승西僧'의 서西자가 없다. 따라서 추화상은 중국인일 가능성이 더욱 크다. 대력大歷은 당唐 대종代宗의 연호이며, 서기 766~779년으로 8세기에 해당된다. 그러나 남조南朝의 양梁 대에 도홍경陶弘景이 지은 《본초경本草經》주注에서는 중국에서 사탕수수로 설탕을 만드는 것이 이미 육조六朝 때부터 시작되었다고 얘기하고 있다. 따라서 당대唐代부터 비롯되었다는 말은 오류인 듯하다. 저자가 인용한 상기 책의 언급은 수령遂寧 지구의 제당 기원을 말한 것으로 짐작된다.

사탕수수[321]를 심는 방법은 이른 겨울 서리가 내리기 직전에 사탕수수를 베어서 머리와 뿌리를 자르고 흙 속에다 묻는다(움푹 패여서 물이 고인 곳이나 습기 찬 곳은 피하도록 한다). 그리고는 우수雨水 5, 6일 전의 날씨가 맑은 날에 사탕수수를 꺼내어 겉껍질을 벗기고, 5, 6치의 길이로 자르는데 매 단段마다 싹 눈이 두 개가 남도록 하는[322] 것을 기준으로 한다. 그 다음에는 이들을 빽빽이 땅에다 깔고는 그 위에다 흙을 살짝만 덮는다. 이때 마치 물고기의 비늘처럼 머리와 꼬리를 서로 겹치게 한다. 매 단 위의 두 싹은 수평으로 두어야 하며, 하나는 위로 하나는 아래로 두어서는 안 된다. 왜냐하면 아래를 향하는 싹이 흙 밖으로 올라오기가 어렵기 때문이다. 싹의 길이가 1, 2치가 되면 자주 맑은 똥물을 주어야 하며, 길이가 6, 7치가 되도록 자라게 되면 호미로 캐내어 옮겨 심어야 한다.

사탕수수를 심을 때는 반드시 모래가 섞여 있는 흙에서 재배한다. 가장 좋은 곳은 강가에 쌓인 물 섬洲 흙이다. 토질을 감별할 때에는 깊이가 1척 5치쯤 되게 움을 파서 그 속의 모래흙을 입에 넣어 맛을 보아 맛이 쓰면 사탕수수를 재배할 수가 없다. 쌓인 흙이라 하더라도 깊은 산 부근의 하류河流 상류에 있는 흙은 맛이 달더라도 사탕수수를 심을 수가 없다. 그 이유는 산의 기후가 너무 차서 나중에 만들어 낸 사탕의 맛을 쓰게 하기 때문이다. 따라서 산에서 40~50리 떨어진 평평하면서도 넓고, 또 햇볕이 잘 드는 퇴적토로 된 좋은 땅을 골라 심도록 한다(황토黃土 땅에서는 절대 심지 못한다).

사탕수수를 심으려면 땅을 정돈하여 두둑을 쌓아야 하며, 두둑의 너비는 4

321 원문에는 적자荻蔗, 즉 "억새 사탕수수"라고 되어있다.
322 "한 개 마다 두 마디가 되게 하는"으로 번역할 수도 있다.

척, 고랑의 깊이는 4치이다. 사탕수수는 고랑 안에다 심는데 대략 길이 7척에 세 그루를 심으며, 약 한 치 두께로 흙을 덮는다. 너무 두텁게 덮으면 싹트는 것이 적어진다. 매 그루마다 싹이 3, 4개 또는 6, 7개가 돋으면 점점 양쪽 가의 흙을 고랑 안으로 내려주어야 한다. 또 김맬 때마다 흙을 북돋워 주어 그 흙이 차츰 두텁게 되면 수수의 키도 자라고 뿌리도 깊이 내려 수수가 넘어질 위험이 적어진다.

김매기는 아무리 잦더라도 자주 할수록 좋으며, 똥거름 주는 횟수는 땅이 기름진지 마른지에 따라 달라진다. 수수의 묘의 키가 1, 2척이 되면 참깨나 유채의 깻묵을 물에 풀은 후에 물과 섞어서 두둑에다 부어주며, 시비할 때에는 두둑 안으로 준다. 또 수수의 높이가 2, 3척이 되면 두둑 사이로 소를 몰아 반 달에 한 번씩 쟁기로 갈도록 한다. 한 번 갈아 흙으로 뒤엎으면서 옆으로 뻗은 뿌리를 자르고, 또 갈아 흙으로 뿌리를 북돋워 준다. 9월초가 되면 흙을 많이 북돋워 뿌리를 보호해주어 수수를 수확한 후의 남은 뿌리가 서리나 눈의 피해를 입지 않도록 한다.

사탕의 종류

사탕수수로 만든 사탕(즉 설탕)에는 얼음사탕冰糖·백사탕白糖·홍사탕紅糖 세 가지 품종이 있다. 이처럼 사탕의 품종이 구분되는 것은 사탕수수의 늙고 어린 것의 차이에 따라 결정된다. 사탕수수의 외피外皮는 가을이 되면 차츰 변해서 검붉은 흑색이 되었다가, 동지冬至 이후에는 붉은색에서 갈색으로 변하며, 그 후에는 다시 순백색으로 변한다.

오령五嶺[323] 이남에는 서리가 내리는 곳이 없어서 겨울이 지나도 그것을 베지 않고 그냥 밭에 묵혀두었다가 나중에 그것으로 백사탕을 만든다. 그러나 광동廣東의 소관韶關·남웅南雄 이북[324]의 땅에서는 수수가 10월이 되면 서리를 받기 시작하고, 그렇게 되면 사탕수수의 질이 파괴되게 된다.[325]

이런 곳에서는 수수의 껍질이 백색으로 변할 때까지 오랜 기간 동안 땅 속에 둘 수 없기 때문에 빨리 베어서 홍사탕을 만들어야 한다.

홍사탕을 만들려면 반드시 10일 이내에 전력을 다해서 일을 완수해야 한다. 왜냐하면 10일 이전에는 사탕수수가 아직 덜 익고, 10일 이후가 되면 서리가 내려 그 피해로 인해 지금까지 애쓴 보람이 모두 사라질 수가 있기 때문이다. 그러므로 10무畝의 사탕수수를 심는 농가에서는 사탕수수의 즙을 짜고 끓일

323 오령五嶺은 장강長江과 주강珠江의 분수령이며, 여기에 있는 다섯 고개를 말한다. 분수령 이남은 영남嶺南인 광동廣東·광서廣西로서 아열대 지대이다.

324 오령 이북이 된다.

325 수수의 질이란 당분과 같은 함유물을 말한다. 10월에 서리를 맞으면 수수의 자당蔗糖은 포도당과 과당果糖으로 쉽게 분해한다. 이런 혼합물을 전화당轉化糖이라 하며, 물에 쉽게 녹아서 과포화 용액이 되지만 즙 속의 단백질과 같은 아교질이 결정의 석출을 억제한다. 이리하여 질이 변한 즙은 끓여도 사탕으로 되지 않고, 단지 농축액으로 남는다.

出筒

당차를 이용하여 사탕수수를 짜서 즙을 내기

수레와 솥을 서둘러 준비하여 바쁠 때의 사용에 미리 대비하여야 한다. 그러나 만약 광남廣南과 같이 서리의 피해가 없는 지역이라면 사탕수수를 수확하는 시기는 그 농가의 편의에 따라 일찍 할 수도 늦게 할 수도 있다.

제당(製糖)

사탕을 만드는데 사용되는 사탕수수를 짜기 위한 기구인 당차糖車[326]의 구조와 규격에 대해 알아보면, 그 규격은 우선 아래위의 두 횡판橫板을 사용한다. 판의 크기는 각각 길이가 5척, 두께가 5치, 너비가 2척이며, 판의 양단兩端에는 구멍을 뚫어 기둥을 설치한다. 기둥 상단의 박은 부분은 상판上板 위를 약간만 나오게 하고, 기둥 하단의 박은 부분은 하판下板을 뚫어 2 내지 3척이 나오도록 하여야만 땅 속에 묻혀져 차체車體를 안정시키고 흔들리지 않게 할 수 있다. 상판의 가운데의 축에는 두 구멍을 파서 큰 나무 막대 두 개를 끼워 축으로 삼는다(이때 두 나무 막대는 매우 단단하고 무거운 나무로 만든다). 축으로 만든 중심의 나무 막대의 둘레는 7척이 알맞다. 그리고 그 축에 꼽은 두 나무 막대는 길이가 하나는 3척, 다른 하나는 4척 5치로 만든다. 축의 순두筍頭 즉 끝의 튀어나온 부분은 상판을 뚫고 나와 있는데 이는 여담犁擔을 꽂아 설치하기 위함이다. 여담은 길이가 1장 5척이 되는 굽은 나무로 만드는데, 이는 소에다 걸어서 돌리기에 편하도록 되어 있다. 나무 축에는 요철凹凸의 이빨이 맞물리도록 되어 있으며, 두 나무 막대가 맞물리는 부분은 곧으면서 둥글어야 되는데, 그래야만 그 틈새가 서로 잘 맞물리는 것이다. 사탕수수를 쥐고 두 나무 막대 축 사이에 끼어 넣으면 한번 눌려지면서 사탕수수가 짓눌려 즙이 흘러나오는데, 이는 면화를 타는 알화기軋花機의 원리와 같다.

326 나무 두 개로 만든 굴대로 구성된 압착기壓搾機이다. 지금도 이런 압착기를 쓰고 있으며, 단지 굴대의 개수가 많을 뿐이다.

사탕수수의 줄기를 짜서 즙이 흐르고 나면, 다시 짠 사탕수수를 축軸에 있는 투입구[327]에 넣어 두 번 세 번 더 짜내면 즙이 더 이상 나오지 않게 된다. 그리고 남은 사탕수수의 찌꺼기는 땔감으로 사용된다. 하판下板은 축軸을 지지하기 위하여 사용되는데, 축을 넣는 곳은 단지 1치 5푼의 깊이로 작은 구멍을 내어 축의 다리 끝이 하판을 꿰뚫지 않도록 한다. 이것은 판면에서 즙을 받도록 하기 위함이다. 또 축의 다리 끝에는 쇳덩이를 끼워 잘 돌아가도록 한다. 사탕수수의 즙은 하판의 홈 구멍을 통해 항아리 속으로 들어가게 된다. 또 즙 한 섬마다 석회石灰 5홉을 섞는다.[328] 즙을 얻어 사탕으로 끓이려면 솥 3개를 품品자 모양으로 설치한 다음에 우선 진한 사탕수수의 즙을 한 솥에 모으고 난 후, 차례로 묽은 즙을 나머지 두 솥에다 넣는다. 그리고 만약 땔감이 모자라 화력火力이 조금이라도 부족하게 되면 즙을 달여도 질이나 양이 떨어져 완당頑糖[329]이 되고, 거품만 일면서 쓸모가 없다.

327 원문과 그림에는 압취鴨嘴라고 되어 있는데, 바로 오리 주둥이란 의미이다.

328 석회를 넣으면 수수즙에 함유된 불순물을 가라앉게 하고, 산성 물질을 중화하여 사탕의 결정화結晶化를 촉진시킨다.

329 재래식 제당법에서 화력이 모자라 오래 끓이면 당즙糖汁이 전화轉化되고, 아교질이 증가하며, 거품도 그대로 남아 결정으로 되기가 어렵다. 이를 완당이라 한다.

백사탕(白砂糖)의 제조법

복건福建이나 광동廣東 일대와 같은 남방에서는 겨울을 지난 묵은 사탕수수를 앞서 말한 바와 같은 방법으로 당차糖車로 즙을 짜내어 항아리에 넣는다. 당즙(糖汁)을 달일 때는 끓을 때의 거품의 모양을 보면서 화력을 조절해야 한다. 끓여서 거품이 작은 구슬처럼 되어 마치 끈적끈적한 국이나 죽이 끓는 것처럼 보이면 손으로 비벼보면서 시험한다. 만약에 손이 끈적끈적하면 적당하게 끓였다는 것을 의미한다. 이때 당즙은 여전히 황흑색黃黑色인데, 그것을 통 속에 담가두면 엉겨서 검은 물엿[330]이 된다. 그 다음에는 와류瓦溜[331] (도공陶工에게 부탁하여 직접 구워 만들도록 한다)를 항아리 위에 올려놓는다. 이 와류는 위가 넓고 아래가 뾰족하며, 바닥에는 작은 구멍이 뚫려 있는데 풀로 그 구멍을 막아 둔다. 그리고 통 속의 물엿을 거기에다 부어 넣고 굳기를 기다렸다가, 구멍을 막고 있는 풀을 뽑아 내고 황니수黃泥水[332] 즉 황토진흙물로 위에서부터 씻어 내리면 그 속의 검은 찌꺼기인 당밀糖蜜은 항아리로 흘러 들어가고 와류 안에 남는 것은 모두가 백사탕으로 된다. 그 중에서도 맨 위층의 두께가 5치쯤 되는 것은 유달리 희어서 서양당西洋糖이라 부른다(서양의 사탕은 지극히 희어서 이런 이름이 붙게 되었다). 그러나 아래층은 약간 황갈색을 띠고 있다.

---

330 원문에서는 흑사黑沙라고 되어 있다.

331 물엿 스스로의 중력重力으로 당밀糖蜜을 분리시키는 간단한 장치이다. 현재에는 이 장치 대신에 원심분리기遠心分離機를 사용한다.

332 황니黃泥를 물에 타서 얼마 동안 두었다가 위쪽의 유탁상乳濁狀 액체를 사용한다. 와류에 있는 물엿 표면에 종이를 깔고 황니를 부어 흘러내리게 한다. 그러면 점토粘土는 흡착吸着 및 탈색脫色시키는 성질이 있어서 사탕에 붙어 있는 소량의 당밀을 제거시킬 수 있다.

얼음사탕을 만들려면 가장 위층의 백사탕을 달여서 녹이는데, 위에 뜬 찌꺼기를 없앤 계란 흰자위[333]로 알맞게 화기를 조절한다. 그 다음에는 신선한 청죽青竹을 쪼개어 한 치 길이로 잘라서 그 당액糖液 속에 뿌려 넣는다. 그리고 하룻밤을 두면 자연히 얼음덩이와 같은 얼음사탕이 된다. 사자 · 코끼리 · 인물 등의 모양으로 사탕을 만드는 데에는 당질糖質이 가는 것도 있고 거친 것도 있는데, 이는 모두 만드는 사람이 편의에 다라 선택할 수 있다. 얼음사탕[334]에는 다섯 가지가 있다. 석산石山이 가장 좋고, 그 다음에는 단지團枝와 옹감甕鑑의 차례이며, 또 소과小顆가 그 다음인데, 사각沙脚이 하등품이다.

333 단백질인 계란의 흰자위는 열을 받아 응고하면 불순물을 흡착하는 성질이 있다. 이를 이용하여 사탕을 정련하여 얼음사탕으로 만든다.

334 원문에서 백사탕으로 되어 있는데, 아마도 얼음사탕을 가리키는 듯하다.

수당

엿[335]

엿은 벼 · 밀 · 보리 · 기장 · 조 중 그 어느 것으로도 만들 수 있다. 《상서尙書 · 홍범洪範》편에 '씨를 뿌려 오곡五穀을 수확하여 그 양식으로 단 것을 만든다(가색작감稼穡作甘)'라고 하였는데, 지금에 와서는 오행五行에서 오미五味가 생기는 이 글귀의 이치가 밝혀졌다.

엿을 만드는 방법은 벼나 밀 · 보리 등을 물에 담가 싹트기를 기다렸다가 이를 햇볕에 말리고, 그 후 달여서 엿을 만든다. 빛깔은 흰 것이 가장 좋다. 붉은 것은 교이膠飴라고 하여 한 때는 황궁 궁중에서 좋아하였는데, 이런 엿은 입에 넣으면 곧장 녹고, 그 모양은 호박琥珀과 같았다. 남방에서 떡을 만드는 사람은 엿을 소당小糖이라고 불렀는데, 이는 아마도 사탕수수의 즙과 구별하기 위해서 지어진 이름으로 사료된다. 사람들은 엿을 수많은 방법과 기교로 맛난 것을 만들어 내기에 이를 일일이 다 열거할 수 없다. 그 가운데에는 황궁에서 쓰는 일와사一窩絲[336]라고 부르는 것이 있는데, 그 제법이 예로부터 전해져 내려온 것인지는 알 수가 없다.

335 원문은 이당飴餳이라 되어 있는데 이飴는 맥아당麥芽糖이며, 당餳은 사탕의 액체, 즉 물엿을 말한다.
336 맥아당麥芽糖의 제품이며, 막대로 사탕을 여러 차례 휘저어 만든 것으로 빛깔이 희고 바삭바삭하다. 지금도 이런 엿이 있다.

벌꿀

꿀을 만드는 꿀벌은 천하 그 어디에도 다 있다. 그러나 사탕수수를 많이 생산하는 곳에서는 꿀벌이 자연히 줄게 된다. 꿀벌이 만드는 꿀은 야생벌에 의해 산의 낭떠러지山崖나 토혈土穴에서 나는 것이 10분의 8이고, 집에서 인공으로 양봉하여 얻어지는 꿀이 10분의 2를 차지한다.

벌꿀에는 정해진 빛깔이 없고, 청青·백白·황黃·갈褐색 등의 여러 색깔이 있는데, 이는 그 지방의 꽃의 성질 즉 화밀花蜜의 종류에 따라 결정되어지는 것이다. 이를테면 채화밀菜花蜜·화화밀禾花蜜[337] 등과 같이 그 명칭이 백이나 천을 넘을 만큼 많다.

집벌家蜂이나 야생벌野蜂을 가릴 것 없이 벌에는 모두 다 왕벌이 있다.[338] 왕벌이 거처하는 곳에는 복숭아 크기 만한 하나의 받침대가 마련되어 있다.[339] 왕벌의 이세二世가 계속하여 왕벌이 되며,[340] 왕벌은 일생 동안 화밀花蜜을 채취하

---

337 화화禾花는 벼의 꽃이며, 벼의 꽃이 필 때 딴 꿀을 화화밀이라 한다. 그러나 벼의 꽃에는 꽃가루가 적으며, 화밀花蜜이 없으므로 벌이 여기서 꿀을 얻는다는 말은 옳지 못하다.

338 벌의 왕이란 여왕벌을 말한다. 벌에는 이밖에 수벌과 일벌이 있다. 꿀벌은 여왕벌 한 마리이며 많을 때는 수십 마리, 일벌이 가장 많아 1만 내지 2만 마리이며 많을 때는 8만 마리나 된다고 한다. 여왕벌은 산란하여 후대를 번식하는 일을 하며, 수벌을 단지 여왕벌과 교미하는 것이 주어진 일이다. 일벌은 생식기가 불완전하여 후대를 번식시킬 수 없으며, 꿀을 따거나, 집을 짓거나, 새끼 벌을 기르기도 한다.

339 이 받침대는 여왕벌이 거처하는 곳이 아니고, 새 왕벌 즉 처녀왕處女王을 기르기 위하여 임시로 만든 것이며, 모양과 크기는 땅콩 깍지와 같다.

340 벌떼의 모든 벌은 왕벌의 자식이라 할 수 있다. 왕벌이 맑은 날 공중에서 수벌과 교미하고 산란産卵한다. 수정란은 일벌과 왕벌이 되고, 수정하지 않은 알은 수벌이 된다. 왕벌의 체내에는 수정낭受精囊이 있어서 교미시 받은 정자를 저장해 두었다가 왕벌의 뜻대로 정자를 내보내 수벌 수를 조절한다. 따라서 여기서 말하는 왕의 자식은 받침대에서 특별히 자란 새 왕벌을 가리킨다. 이 왕벌은 부화 후 유충이 되어 3일 동안 일벌의 입에서 분비하는 자양분을 먹고, 다음에는 화분과 꿀을 먹고 자라서 16일이 되면 생식기가 완전히 발육한 왕벌이 된다. 일벌도 수정란에서 부화된 것이므로 암컷이라 할 수 있다. 새 왕벌은 분봉하게 된다.

는 일을 하지 않는다. 매일 많은 벌들이 교대로 반班을 나누어 책임지고 화밀을 따서 왕벌에게 바친다. 왕벌은 매일 두 번 외출한다.[341](봄 · 여름철 꿀을 만들 때이다). 외출하여 날 때는 8마리의 벌이 교대로 당직이 되어 왕벌의 시중을 든다. 왕벌이 스스로 출구까지 기어 나오기를 기다렸다가 4마리의 벌이 머리로 왕벌의 배를 받치며 왕을 밖으로 밀어내고, 또 다른 4마리의 벌은 왕벌 가까이에서 호위하며 왕의 비상飛翔을 시중든다. 그리하여 외출한지 오래지 않아 왕벌은 앞서와 같은 지탱과 호위를 받으면서 집안으로 들어오게 된다.

양봉가養蜂家들은 벌통蜂桶을 처마 끝에 매달든가, 혹은 벌상자蜂箱를 창 밑에 두기도 하는데, 모두 둥근 구멍 수십 개를 뚫어서 벌떼가 드나들게 한다. 양봉하는 사람 중에 만일 그 집안 식구가 한두 마리의 벌을 죽여도 괜찮으나, 세 마리 이상을 죽이게 되면 벌떼가 몰려 와서 사람을 찌르는데 이를 봉반蜂反이라 한다.

박쥐는 벌을 잡아먹기를 가장 좋아하는데, 벌통 틈새로 들어와 벌을 먹는데 그 양이 실로 무한하게 먹어치운다. 이럴 때에는 박쥐 한 마리를 죽여서 벌통 앞에 걸어 두면 박쥐들이 다시는 감히 잡아먹으러 날아오지 않는다. 이것을 속된 말로 효령梟令이라고 한다.

집에서 키우는 벌떼가 나누어 이웃으로 분봉分蜂할 때는 반드시 왕벌의 이세인 새 왕벌이 분봉한 벌떼의 왕벌이 된다. 이 때에도 벌떼들이 부채꼴의 진陣을 치면서 새 왕벌을 호위하면서 날아간다. 시골 사람들 중에는 단술 지게미를 뿌려 그 향내로 벌떼를 불러들이기도 한다.

341 처녀왕이 자라서 맑은 날에는 하루에 한두 번 날아다닌다. 이때 반드시 8마리가 아니고, 많은 일벌이 수행한다. 벌집에 있는 수벌은 냄새를 맡고 달려가 수벌 가운데 한 마리가 높은 하늘에서 처녀왕과 교미한다. 왕벌은 돌아와 며칠 후부터 산란하는데 분봉이나 벌떼가 도망치기 전에는 다시는 밖으로 나오지 않는다.

벌이 꿀을 만들려면 벌집蜜脾을 짓는데, 그 모양은 마치 위로 치켜 올라간 말의 갈기처럼 보인다. 꿀벌은 꽃 가운데에 있는 즙액을 씹어 먹은 후에 그것을 조금씩 토해서 쌓아 올려 집을 짓는다.[342] 만약 여기에다 받아 놓은 사람의 오줌을 적시어주면 이렇게 얻어진 꿀맛은 달면서도 향기로워진다. 이것이 이른바 취부臭腐가 신기神奇로 변한다는 것이다.[343]

벌집을 쪼개어 꿀을 딸 때, 유충幼蟲과 번데기가 벌집 안에 많이 죽어 있는데, 그 밑의 층은 황색의 봉랍蜂臘이다.

깊은 산의 낭떠러지에는 수년이 지나도록 꿀을 따지 않은 벌집이 있는데, 그 속의 꿀은 세월이 흘러 이미 스스로 익어 있으며, 그곳 사람들이 긴 막대기로 쑤셔 따면 꿀이 곧 흘러내린다. 그런데 만약 아직 1년도 안되고 기어 올라가 꿀을 딸 수가 있다면 그 따는 방법은 집의 꿀일 때와 마찬가지이다. 토혈에서 나는 꿀은 대개 북방에서 많이 나며, 남방은 지세가 낮고 습해서 낭떠러지의 꿀은 있지만 토혈의 꿀은 없다.

벌집 한 근에서 12냥의 꿀을 얻을 수 있다. 벌꿀의 산출량은 서북 지방이 전국의 반을 차지하는데, 이는 남방에서 나는 사탕수수의 사탕과 비길만하다.

342 벌의 입은 위쪽은 씹기에 알맞아 화분을 가져오고, 입의 아래쪽은 핥고 빨기에 알맞아 꽃의 꿀을 채취한다. 따라서 씹어서 꿀을 가져온다는 표현은 잘못이다.

343 벌이 오줌이 있는 곳을 찾는 것은 염분이나 수분을 섭취하기 위한 것이 확실하지만 꿀과의 관계는 지금도 잘 모른다. 원문의 '취부신기臭腐神奇'는 '냄새가 나는 오줌을 더해주면 향기롭고 단꿀로 된다'는 뜻인데 이것은 저자의 추측이다. 《장자莊子 · 지북유知北游》에 이런 구절이 보이며, 여기서는 모순矛盾이 서로 전화轉化된다는 뜻을 썼으며, 《본초강목本草綱目》권 39는 오줌에 신기한 효과가 있다는 뜻으로 쓰고 있다.

수당(獸糖)[344] 만들기

짐승 모양의 사탕을 만들려면 큰 솥 하나에 백사탕 50근을 넣고 솥 밑에 불을 피워 천천히 달인다. 불을 한쪽 모퉁이에다 때면 녹은 당액糖液이 펄펄 끓으면서 빙빙 돌게 된다.[345] 솥 밑 한가운데에다 불을 때면 당액이 갑자기 끓어올라 땅으로 넘쳐흐른다. 솥마다 계란 3개의 흰자위를 쓰는데 흰자위를 냉수 5되에다 골고루 섞는다. 한 순갈씩 끓어오른 당액에다 떨어뜨리면 거품과 검은 찌꺼기가 표면으로 다 떠오르게 되며, 이를 조리로 걷어내면 당액이 아주 희게 변한다. 이 당액을 자루가 달린 작은 구리 솥에다 넣고, 솥 밑에는 탄가루로 불을 천천히 때면서 데우고, 불의 세기를 알맞게 조절한다. 그런 후 틀에다 기울여 부어 넣는다.

사자나 코끼리의 사탕틀은 반쪽 틀 두 개로 되어 있으며, 이는 기와틀과 같이 둘을 합쳐서 사용한다. 국자로 당액을 틀에다 기울여 넣고, 손으로 틀을 돌리고 나서 부어낸다. 틀의 벽은 차고, 당액은 데워져 있어서 틀의 벽에는 한 층의 사탕막이 형성된다. 이를 향당享糖이라 부르며 큰 잔치에 쓰인다.

344 원본에는 원래 이런 제목이나 글이 없지만 판본에 따라 수록된 그림인 "수당獸糖" 아래에 설명문의 형식으로 나와 있는 글이 있어 그 내용을 따로 정리하여 만든 단락이다.

345 솥 밑 한가운데에다 불을 때면 당액은 비중이 커서 좀처럼 끓지 않다가 갑작스레 끓어올라 넘쳐흐르거나 그릇을 깨기도 한다. 따라서 솥 밑 모퉁이에다 불을 때야 한다.

7. 도자기[346]

나는 말한다. 물과 불이 서로 적절하게 작용하면 진흙이 굳게 결합되어 도자기가 탄생된다. 만호萬戶나 넘는 지역에서는 매일마다 천 사람이 애써서 도자기를 만들더라도 공급이 수요에 모자라 다 댈 수가 없으니,[347] 민간에서 매일 사용되는 도자기의 양은 실로 많다. 크고 작은 집마다 비바람을 피하고자[348] 지붕을 다 기와로 덮고 있다.

왕공王公은 요새要塞를 두어 국토를 지키는데 벽돌로 쌓은 성벽과 몸을 보호하는 낮은 담장은 적군이 쳐들어오더라도 오를 수 없다. 진흙으로 만든 독은 굳고 단단하여 맛있는 술을 맑게 간직할 수 있으며, 질그릇은 깨끗하기에 식초와 잘게 다져서 저민 고기를 담아 제사상에 올리기에 알맞다. 상商·주周 시대에는 예기禮器를 나무로 만들었는데 이것은 장중함의 뜻을 중시한 데서 나왔으리라.

후세에 와서는 각지의 토질이 서로 다른 우수한 점이 나타나 사람들은 여러 가지 독특한 기예로 우아한 도자기 그릇을 만들게 되었다. 그것은 마치 흰비단과 같은 살갗에다 옥석 같은 바탕을 지녔다. 그리하여 그것들을 탁자나 책상

346 원문에는 도선陶埏으로 되어 있으며, 뜻은 '질그릇 만들기'라는 의미이다. 이는 《순자荀子·성악性惡》에 '고도인선식이위기故陶人埏埴而爲器'에서 따온 것이다. 뜻은 '그러므로 도공이 진흙을 이겨 구워서 그릇을 만든다'는 것이다. 또 여기에는 '대개 도공은 진흙을 이겨서 질그릇을 만든다. 그렇다면 진흙을 그릇으로 만드는 이것이 어찌 도공의 타고난 본성에 고유한 것이란 말인가!(夫陶人埏埴而生瓦, 然則瓦埴豈陶人之性也哉.)'라는 말도 있다. 또 《노자老子》에도 '선식이위기埏埴而爲器'라는 말이 나온다.

347 《맹자孟子·고자하편告子篇下》에 '만실지국, 일인도萬室之國, 一人陶'에서 따온 것이며, 그 뜻은 '만호나 되는 나라에 한 사람이 질그릇을 굽는다'는 뜻이다.

348 《역易·계사하繫辭下》에 '상동하우, 이대풍우上棟下宇, 以待風雨'에서 인용한 것이다. 그 뜻은 '용마루로부터 처마가 사방으로 드리워져 있어, 비바람에 불안하지 않다'는 것이다.

위에 진열해 두면 서로 잘 어울려 빛이 나고, 그 모양 또한 아름답고 우아하다. 그렇다면 이것도 어찌 영원히 변하지 않는다고 할 수 있겠는가!

기와

진흙을 이겨 기와를 만들려면 땅을 2척이 넘게 파서 모래가 섞이지 않은 점토진흙을 골라서 만들어야 한다. 사방 백리 안에는 반드시 집을 짓기에 알맞은 흙을 찾을 수 있어 집을 지을 수 있을 것이다.

민가의 집을 짓는데 쓰는 기와는 원래 네 장을 함께 합쳐서 이뤄진 것이다. 우선 원통으로 모형 즉 틀을 만들어, 통 바깥에 네 줄의 같은 분계선을 긋는다. 진흙을 밟아서 잘 이겨 도기에 쓸 점토로 만들어 일정한 두께의 장방형의 흙 반석 덩이로 쌓아 올린다. 그 다음에는 철사로 된 시위를 맨 활을 만드는데, 이때 시위 위쪽에 3푼을 비워 두고, 시위의 길이는 한 척으로 한정한다. 그리고 활을 흙덩이에다 수평으로 끌어당겨 3푼 두께의 질그릇 진흙을 마치 종이를 벗겨 내는 것처럼 한 장씩 떠내서 원통의 바깥벽에다 단단히 붙이고, 얼마쯤 마르기를 기다렸다가 틀에서 벗기면 자연히 굽지 않은 기와 넉 장으로 갈라진다.

기와의 크기에는 예로부터 일정한 규격이 없다. 큰 것은 가로세로가 8, 9치이고, 작은 것은 그의 10분의 3으로 축소되어 있다. 지붕의 물받이용 기와瓦溝는 구와溝瓦[349]라고 하는 가장 큰 기와를 써야 오랫동안 내리는 큰비의 빗물을 받을 수 있고, 또한 빗물이 넘쳐 새지 않는다.

진흙으로 빚은 기와는 건조시킨 후에 가마 속에 쌓고 땔감을 사용하여 굽는다. 여기에는 하루 밤을 꼬박 굽는 것이 있고, 또 이틀 밤을 꼬박 굽는 것도 있

349 기왓골의 암키와를 말한다.

는데, 이것은 가마 속에 기와가 얼마나 있는가에 따라 결정된다. 또 가마 속의 불을 끄고 나면 바로 가마 위에다 물을 부어 기와가 남흑색藍黑色의 광택을 띠도록 하는데, 이 방법은 벽돌을 만들 때와 같다. 처마 끝에 드리워진 기와를 적수滴水[350]기와라 하고, 용마루 양변에 사용되는 것을 운와雲瓦라고 하며, 용마루를 덮는 기와를 포동抱同[351]기와라고 한다. 또 용마루의 양쪽 끝을 장식하는 새나 짐승 모양의 기와[352]도 있다. 이런 기와들은 모두 사람의 손으로 하나씩 만들어져 가마 속으로 들어가 구워지는데, 이때 사용되는 물과 불은 보통 다른 기와 때와 마찬가지이다.

황실과 궁전에서 사용되는 기와와 그 만드는 방법은 위에서 얘기한 민가의 것과는 크게 다르다. 황실과 궁전에 쓰이는 유리기와[353]는 판상板狀이거나 반원통半圓筒형인데, 모두 둥근 대나무 통이나 나무를 깎아 틀을 만들어 한 장씩 차례로 만든다. 그리고 사용되는 진흙도 반드시 안휘의 태평부太平府[354]에서 운송되어 온다(배로 삼천리를 운반해야 겨우 수도에 닿는다. 이때 모래를 몰래 섞어 거짓으로 만들거나 혹은 백성인부들을 강제 동원하든가, 아니면 남의 배를 빼앗아 운송하는 등의 여러 가지 폐단이 많았다. 심지어 승천황릉承天皇陵[355]의 조성에도 이 흙을 썼다. 그러나 아무도 감히 이를 시정하자고 제의하지 않았다).

그 제작과정을 얘기하면, 진흙으로 빚은 기와를 우선 유리가마 속에 넣는

---

350 암막새를 말한다.
351 마루기와의 적새를 말한다.
352 마루기와의 치미를 말한다.
353 알루미늄이나 나트륨을 함유한 규산염의 유약을 발라 구워 만든 것으로, 녹綠·남藍·금황金黃 등의 빛깔이 있으며, 옛날에는 오로지 궁전이나 사당에만 사용하였다.
354 부명府名으로서, 지금의 안휘성安徽省의 당도當塗와 무호蕪湖 등지이다.
355 명明의 흥헌황제興獻皇帝의 묘를 가리키며, 호북성湖北省 종상현鐘祥縣 북부의 송림산松林山에 있다.

다. 이때 기와 백장에 땔감 5천 근이 필요하다. 구운 후에는 꺼내어 유약색을 바르는데, 무명이無名異[356]나 종려모棕櫚毛[357] 등을 달인 즙을 바르면 녹색綠色이나 남흑색藍黑色이 되고, 자석赭石[358]·송진·포초蒲草[359] 등을 바르면 황색黃色이 된다. 그 연후에는 다시 다른 가마에 넣어 불을 줄여 낮은 온도에서 구우면 유리 광채를 띤 아름다운 빛깔을 내게 된다. 수도首都 밖의 친왕親王 궁전이나 사찰, 그리고 도교道敎의 묘우廟宇에서도 빛깔을 내는 독특한 유약이 있으며, 배합하여 만드는 방법과 그 얻어진 기와들도 각각 다르다. 그러나 민가에서는 이런 유리기와를 쓰지 못하였다.

356 산화코발트와 이산화망간 등을 함유한 복광複鑛으로서, 자기의 청색 유약으로 쓰인다.
357 종려 잎 끝의 섬유를 말한다.
358 홍갈색의 광물로서 주요 성분은 함수알루미늄광과 산화철이며, 안료로 쓰인다.
359 부들과에 딸린 여러해살이풀을 말한다.

기와 만들기

벽돌

진흙을 이겨 벽돌을 만들려면 역시 땅속의 진흙을 파내어서 그 색깔을 감별하여야 한다. 일반적으로 흙색은 남藍 · 백白 · 홍紅 · 황黃 등의 색깔(복건福建 · 광동廣東에는 붉은 진흙이 많다. 남색의 진흙을 선니善泥라 부르며, 강소江蘇와 절강浙江에 많다)이 있는데, 어느 것이나 차지고 흐트러지지 않으며, 고운 가루인데다 모래가 섞이지 않은 것이 가장 좋다. 진흙을 물로 적셔서 몇 마리의 소를 몰아 소가 발로 밟아 흙을 이긴다. 다음에 이 진흙을 나무틀에다 채우고 철사궁鐵絲弓으로 표면을 반듯하게 깎은 다음에 틀에서 빼면 벽돌이 된다.

도시의 성벽城壁이나 민가의 담을 쌓는 벽돌로는 면전眠磚과 측전側磚의 두 종류가 있다. 면전은 장방형長方形인데, 성벽이나 돈 있는 민가의 담을 쌓을 때는 모두 비용을 아끼지 않고 면전만으로 차곡차곡 쌓는다. 하지만 비용을 생각해야 하는 민가의 사람들은 절약을 위해 집을 지을 때 면전 한 층을 쌓고 그 위에다 두 개의 측전을 쌓아올린 다음에, 그 중간에는 속을 진흙과 자갈로 채워 비용을 아낀다.

담에 쓰는 벽돌 이외에 다른 용도로 쓰는 벽돌도 있다. 땅에 까는 벽돌을 방만전方墁磚이라 하고, 또 지붕 가장자리 서까래 위에다 올려 기와를 얹도록 하는 벽돌을 황판전榥板磚이라 부른다. 그리고 작은 무지개다리나 무지개 문, 그리고 묘혈墓穴등을 둥글게 쌓는데 쓰는 벽돌을 도전刀磚 또는 국전鞠磚이라 한다. 도전은 사용할 때에 한 변을 좁게 깎아 이들이 밀착되도록 무지개 모양으로 쌓았기에 수레나 말이 밟고 지나가도 눌려서 무너지지 않는다.

방만전을 만드는 방법은 진흙을 네모난 나무틀에다 넣고, 위에다 평평한 판자를 깐 다음에 두 사람이 그 위에 서서 끊임없이 돌아가면서 밟아 흙을 단단하게 다진 후에 구워 사용한다. 석공石工은 먼저 벽돌의 네 변을 갈아 비스듬하게 만들고 그 다음에 땅에다 깐다.

도전의 값은 담벽돌에 비해서 10분의 1쯤 비싸며, 황판전은 담벽돌의 10분의 1이고, 방만전은 담벽돌보다 10배나 비싸다.

벽돌은 진흙으로 빚은 후 가마에 넣는데, 3천근의 벽돌을 넣을 때마다 하룻밤 꼬박 불을 때고, 6천근이면 꼬박 두 밤을 구워야 하니 그 시간이 두 배 이상이 된다.

벽돌을 굽는 가마로는 땔나무를 쓰는 가마와 매탄煤炭을 쓰는 가마가 있다. 땔나무를 때어서 구워내면 벽돌이 청흑색青黑色이 되고, 매탄으로 구워낸 것은 연한 백색을 띠게 된다.

땔나무가마 정상의 측면에는 구멍 3개를 뚫어 연기가 나가도록 하고, 잘 타서 더 이상 땔나무를 넣지 않아도 좋을 때는 진흙으로 연기구멍을 단단히 막는다. 그 다음에는 가마 위에다 물을 끼얹어 벽돌이 청흑색으로 변하게 한다. 구울 때에 만약 화력이 10분의 1이라도 모자라면 벽돌에 광택이 나지 않는다. 또 10분의 3이 모자라면 눈화전嫩火磚이라 하여 원래의 흙빛깔이 곳곳에 나타나며, 나중에 눈비나 비바람으로 침식되어 곧 부스러져 원래의 흙으로 되돌아간다. 그런데 또 만약 화력이 10분의 1 정도 세게 되면 벽돌 표면에 갈라진 무늬가 나타나며, 10분의 3 정도 세면 벽돌 모양이 축소되어 구부러지고 깨어져 나올 뿐 만 아니라 벽돌이 조금만 부딪혀도 잘 깨어져 마치 썩은 쇠와 같아 담벽을 쌓는데 적합하지 못하게 된다. 그러나 잘 이용할 줄 아는 사람들은 이것을 땅에 묻어 담의 받침돌로 대신 스는데 이 또한 벽돌의 다른 구실이라고 할 수 있을 것이다.

가마에 불을 땔 때, 화력을 보려면 가마 아궁이 문에서 안을 들여다본다. 진흙은 고온高溫으로 열을 받으면 마치 금은金銀이 완전히 녹았을 때처럼 이글거리며 요동을 치는데, 노련한 도장陶長[360]은 오랜 경험으로 불의 화력을 분간한다.

전유법轉釉法[361]에서는 가마의 꼭대기를 평평하게 만들고 그 둘레를 조금 높인 다음, 그 위에다 물을 붓는다. 벽돌 3천근에 대하여 물 10섬을 사용하여 붓는다. 가마 꼭대기의 물이 가마 벽의 토층土層으로 스며들어가 고온의 가마 속에서 불과 서로 작용하여 견고하면서도 오래 쓸 수 있는 푸른 벽돌이 만들어진다. 이때 물과 불의 배합에 힘입어 벽돌의 강도와 그 실용성이 결정되는 것이다. 매탄 가마는 땔나무 가마보다 그 깊이가 한 배나 깊고, 정상의 둥근 모양은 차츰 작아지고 또 꼭대기를 봉하여 막지 않는다. 가마 속에는 지름이 1척 5치의 매탄 가루로 만든 매탄떡을 빚어 넣는데, 매탄떡 한 층에 벽돌 한 층씩 교대로 쌓아 올리고, 맨 밑에는 갈대나 땔나무를 한 층 깔아 불을 지펴 피우기 좋게 한다.

황궁皇宮에서 사용하는 벽돌은 산동성山東省 임청현臨淸縣에 있는 큰 공장에서

360 벽돌가마를 장관하던 장인의 우두머리이다.

361 원문에는 '전수지법轉銹之法'으로 되어 있다. 중국에서 2,000여 년 전에 알아낸 청기와나 청색의 벽돌을 만드는 방법이다. 가마 아궁이를 막아 가마에 들어가는 공기를 줄이면, 환원성 분위기가 되어 벽돌로 빚은 흙 속의 붉은 3산화철 Fe_2O_3이 회청색의 2산화철 FeO 이 되고, 이것은 다시 흙 속의 실리카 SiO_2와 결합하여 저온에서 녹아 용제 작용溶劑作用을 하여 유리질이 된다. 그 위에 불꽃 속의 유리탄소遊離炭素도 날벽돌로 스며들어 1,000℃ 근처로 올라가면 환원 작용을 한다. 가마 위에서 물을 부으면 급냉한다. 이에 따라 환원성 분위기가 유지되어 회청색의 2산화철이 그대로 남아 가마에서 꺼낸 벽돌은 그 표면이 청색의 유리질로 덮인다.

만들어지는데, 공주工部 내의 전문기관에서 벽돌의 제조를 관할하고 있다. 처음 제정한 규격으로는 부전副磚 · 권전券磚 · 평신전平身磚 · 망판전望板磚 · 부인전斧刃磚 · 방전方磚 등등의 이름들이 있었으나 나중에 그 반을 폐지했다. 이런 공장에서 만든 벽돌을 수도首都로 운반할 때는 운량선運糧船 한 척마다 40덩이를 실으며, 백성들의 민선民船은 그 반인 20덩이를 싣도록 되어 있다. 황궁의 정전正殿에 사용하는 고운 재료로 만든 방전은 소주蘇州에서 제조되어 조달된다.

그리고 유리벽돌을 제조할 때 사용하는 유약에 대해서는 이미 앞의 기와 제조 항목에서 기술하였다. 이들은 대기창臺基廠[362]에서 연료를 가져오고, 흑요黑窯[363]에서 구워낸 것이다.

362 명대明代 공부工部에서 소관하는 연료 공급처로, 대기창과 흑요창은 모두 북경에 위치하였다.
363 명대明代 수도에 설치되어 있는 유리 가마의 공장으로서, 전적으로 궁정에다 벽돌이나 기와를 공급한다.

병 만들기

물로 푸른 벽돌을 만들기

매단으로 별돌 굽기

옹기 그릇

옹기집에서 만드는 옹기그릇의 종류는 수백 수천이나 된다. 큰 것으로는 항아리와 독缸甕이 있고, 중간 것으로는 바릿대鉢盂, 작은 것으로는 병단지瓶罐가 있다. 그 모양은 곳에 따라 달라 이루 다 열거하여 거론할 수가 없다. 이런 도기그릇들은 모두 다 둥글며 모난 것이 없는데, 만들 때에는 흙을 시험하여 알맞은 진흙을 찾아낸 다음, 물레를 제작하여 돌려 만든다. 기술이 숙련된 사람은 그릇의 크기에 따라 진흙 덩이를 취하여 집어 물레에 올리는데 그 분량이 크게 벗어나지는 않는다. 두 사람이 힘을 합쳐 질흙 덩이를 물레에 올려놓고 물레를 돌리면서 한 번 주무르면 곧 만들어진다.

조정朝廷에서 쓰는 용봉항龍鳳缸(가마는 하북성河北省의 정정현正定縣 · 곡양현曲陽縣과 강소성江蘇省의 의진현儀眞縣에 있다)과 강소江蘇 남직南直[364]의 화항花缸은 진흙 덩이를 조금 두텁게 쌓아 조각하기에 편하도록 한다. 이런 옹기의 제작 방법은 보통 옹기와 전혀 다르고, 그 값도 50배 내지 100배나 된다.

병이나 장군의 아가리나 손잡이는 모두 따로 만들어 붙이며, 또 잿물을 발라 굳힌다.[365] 도기陶器 그릇에는 다 바닥이 있으나 바닥이 없는 것으로는 섬서陝西 서쪽 지역에서 사용되는 밥을 찌는 시루가 있다. 이것도 토기土器이지 나무로 만든 것은 아니다.

364 남직례南直隷라고도 하며, 명明의 성조成祖가 남경南京에서 북경北京으로 천도한 후부터 원래 남경에 직속되었던 강남의 여러 부府나 주州를 일컫는다. 지금의 강소성江蘇省과 안휘성安徽省 지방이다.

365 질물에다 알칼리 토금속이 비교적 많이 함유된 초목草木의 재와 같은 유료釉料를 묽게 섞어 만든 잿물이다. 이런 잿물은 녹는 점이 낮고, 접합부接合符의 소결 온도도 떨어 뜨려 소결을 촉진시킨다. 그 결과 접합부가 더욱 단단해진다.

정교한 도기 그릇은 안팎으로 잿물을 입히지만 거친 것은 반만 잿물을 입힌다. 그러나 소래기沙盆나 막자사발齒鉢과 같은 것은 속에 잿물을 입히지 않고 안쪽 벽을 거친 대로 그대로 두어 갈기에 좋도록 한다. 뚝배기나 질솥[366]도 잿물을 입히지 않는데 그것은 음식물을 끓일 때에 불길이 잘 통하여 잘 익도록 하기 위해서다.

도기의 잿물을 만드는 원료는 곳곳에 다 있다. 강소江蘇 · 절강浙江 · 복건福建 · 광동廣東에서 쓰는 것으로는 궐람초蕨藍草[367]가 있다. 이는 원래 주민들이 사용하던 땔감으로서 길이가 3척이 안되며, 가지나 잎은 삼杉나무와 닮았고, 그것을 묶을 때에도 손을 찌르지 않는다(이런 이름은 수십 개나 되며, 각 지방마다 다르다). 옹기집에서는 이런 풀을 가져다 태운 재를 포대에 넣고 물로 걸러서 굵은 낱알은 골라서 버리고, 극히 고운 잿가루만 건는다. 이런 재 두 그릇에다 붉은 진흙물 한 그릇을 섞어 골고루 잘 저어서 잿물을 만든다. 이 잿물을 물그릇[368]에다 입혀 구우면 저절로 광택이 난다. 북방에서는 어떤 원료로 잿물을 만드는지 아직 알 수 없다. 소주蘇州의 황관黃罐에서 쓰는 잿물은 다른 원료이다. 다만 조정에서 쓰는 용봉기龍鳳器는 송진과 무명이無名異로 잿물을 만든다.

병요甁窯에서는 작은 그릇을 굽고, 항요缸窯에서는 큰 그릇을 굽는다. 산서山西와 절강浙江 두 성에서는 항요와 병요를 따로 두고 있으나, 나머지 다른 성에서는 하나의 가마로 함께 구워 낸다. 대개 아가리가 큰 항아리를 만들 때는 물

366 중국 요리에서 탕국을 오래 동안 끓일 때 사용하는 바닥이 깊은 질솥을 말한다.

367 이 풀은 양치羊齒 식물의 발풀고사리로 생각된다. 풀고사릿과에 딸린 늘푸른여러해살이풀로서 장강長江 이남에 널리 퍼져 있으며, 태운 재 속에는 인산칼슘이 많아 이런 잿물을 쓰면 비교적 낮은 온도에서 구워 내도 좋은 광택이 난다. 우리나라에서는 제주도 · 남해 · 흑산도 등지의 양지 바른 곳에 자란다. 중국에서는 낭기초狼萁草라고도 부른다.

368 물그릇은 진흙으로 그릇을 성형한 후 말린 것이다. 여기에 잿물을 입혀 말린 것을 날그릇이라 한다. 날그릇을 가마에서 굽는다.

레를 돌려 아래 위 반쪽씩 만들어 접합시키며, 접합부를 나무망치로 안팎을 두들겨 다진다. 아가리가 좁은 단지나 독도 역시 아래위를 접합하지만 접합 후 속을 망치로 다지기가 어려워 미리 질흙으로 둥근 테를 구워 속에 대고, 바깥에서 나무망치로 두들겨 다진다. 그러면 두 질덩이는 쉽게 붙는다.

항요나 병요는 평지가 아닌 반드시 산언덕의 비탈에다 축조하며, 긴 것으로는 20~30장丈, 짧은 것도 역시 10여 장이나 된다. 또 이런 요들은 수십 채가 되는 가마가 서로 이어져 있으며, 비탈을 따라 올라갈수록 차례로 가마가 더 높아진다. 이렇게 산세山勢에 의지하면 물이 고이지 않고 화력도 오를수록 차례로 높아진다. 수십 개의 이어진 가마에서 나오는 도기 그릇 가운데는 비록 값비싼 것은 없으나, 많은 사람들이 인력人力과 돈을 합쳐야만 이렇게 구워 낼 수 있다. 그리고 그 가마 정상은 무지개 모양으로 쌓고, 그 위에 약 3치 두께로 극히 고운 질흙을 깔며, 5척여 간격으로 연기를 빼는 창을 낸다. 아궁이 문은 가마 양쪽에서 마주보게 아궁이를 낸다. 가장 작은 그릇은 가장 아래쪽의 가마에 넣고, 가장 큰 항아리나 독은 가장 높은 가마에 넣는다. 가마에 불을 땔 때는 가장 아래에 있는 가마부터 불을 지펴 두 사람이 마주 보면서 화력을 살핀다. 대체로 도기 130근에 땔감이 100근 든다. 첫 번째의 가마에서 불기운이 충분히 돌면 아궁이를 막고, 두 번째 가마의 아궁이에 불을 지핀다. 이렇게 차례로 가마에다 불을 지펴 마지막 가마에까지 이르게 된다.

항아리 만들기

병요와 항요는 이어져 있다

백자(白瓷), (덧붙이기) 청자(青瓷)

흰 빛깔의 진흙을 악토堊土라 하며, 도자기 공방에서는 그것으로 극히 정미精美한 자기瓷器를 만드는 데 쓴다. 이런 흙이 나는 곳은 중국에서도 단지 5, 6개 지역 뿐이다. 북방에는 하북성河北省 곡양曲陽, 감숙성甘肅省 화정현華亭縣, 산서성山西省 평정현平定縣, 하남성河南省 우현禹縣 등이 있고, 남방에서는 복건성福建省 덕화현德化縣(흙은 영정현永定縣에서 나고, 가마는 덕화에 있다)과 강서성江西省 무원현婺源縣, 그리고 안휘성安徽省 기문현祁門縣(다른 지방에서 나는 흰 진흙은 자기를 만들려고 하더라도 찰기가 없어 잘 붙지 않아 벽에 칠을 하는데 사용된다)이 있다.

덕화德化의 가마는 오로지 신선상神仙像과 정교한 인물, 그리고 완구玩具만 구워 실용적인 가치가 있다. 하북성 곡양과 하남성 우현의 가마에서 생산하는 자기는 황색을 띠나 흐릿하여 광택이 없다. 앞서 말한 각 지방의 제품들은 모두가 강서성江西省 경덕진景德鎭[369]의 것에는 미치지 못한다. 절강성浙江省의 여수麗水와 용천龍泉의 두 현縣에서 만든 유약을 입힌 잔이나 사발은, 구워 내면 칠기漆器와 같은 청흑색青黑色으로 광택이 나는데 이를 처요기處窯器라 부른다. 송宋·원元 시대에 용천현龍泉縣의 화류산華琉山[370] 산발치에는 장씨章氏 형제가 만든 가마가 있는데, 여기서 나는 제품을 극히 소중히 여겼다. 이것이 골동품 상점에서 말하는 이른바 가요기哥窯器[371]이다.

---

369 원문에서는 경덕진을 요군鐃郡 또는 요진鐃鎭이라고 하였다.

370 원문에는 화류산華琉山으로 되어 있는데, 이는 아마도 유화산琉華山을 잘못 표기한 듯하다.

371 송대宋代의 처주處州 사람으로 장생일章生一과 장생이章生二 형제가 있어 용천현龍泉縣에다 각각 가마 하나씩 두어 정교한 자기를 구워 냈는데, 이들 가마를 가요哥窯 혹은 제요弟窯라 불렀으며, 나중에는 통틀어 가요라 불었다. 가哥라는 것은 중국어로 형을 뜻

중국 내에서 멀리까지 널리 이름이 알려져 사람들마다 모두 다투어 갖고자 하는 자기는 모두가 다 강서성江西省 부량현浮梁縣의 경덕진景德鎭 생산품이다. 경덕진은 옛날부터 자기를 굽는 곳이었으나 백토는 나지 않는다. 백토는 무원婺源과 기문祁門 두 현에 있는 산에서 난다. 한 산은 고량산高梁山[372]이라 부르는데, 여기는 메벼를 산출하는 흙으로 그 토질이 찰기가 없고 단단하다. 또 다른 한 산은 개화산開化山[373]이며, 찰벼를 내는 흙으로 찰기가 있고 연하다. 자기는 이 두 가지의 백토를 혼합해야만 비로소 만들 수가 있다. 이 두 종류의 백토 흙을 각각 네모 덩어리로 만들어 작은 배로 경덕진으로 운반한다. 그러면 자기를 만드는 사람들은 이 두 가지 흙을 같은 양으로 절구에 넣어 하루 동안 찧는다. 그 다음에는 항아리에다 넣고 물을 부어 맑게 될 때까지 둔다. 이때 항아리 위에 뜬 것이 고운 재료인데, 그것을 따로 한 항아리에 부어 둔다. 그리고 바닥에 가라앉은 것이 거친 재료이다. 그리고 고운 재료의 항아리 안에서 위에 뜬 것을 다시 부어 놓으면 그것은 가장 고운 재료가 되고, 그 밑바닥에 가라앉은 것은 중간 재료가 되는 것이다. 이렇게 거른 다음에는 그것들을 가려서 가마 곁에 벽돌로 쌓은 장방형의 못에다 부어넣어 가마의 불기로 수분을 날려 말린 다음에 다시 새로이 맑은 물로 이겨 자기 물그릇을 만든다.

자기의 물그릇에는 두 가지가 있다. 한 가지는 인기印器라고 하여, 둥글거나

한다. 이들 자기의 특징은 잔금이 있는 무늬가 있고, 그 빛깔은 옅은 흰색이어서 백급쇄白圾碎라고 불렀다.

372 고령高嶺을 말하며, 지금의 강서성江西省 부량현浮梁縣 동향東鄕 고령촌高嶺村이다. 여기서 나는 점토의 그 질이 단단하고 알루미나가 30% 이상 들어 있어 내화도는 약 1,710℃이며 각종 자기의 주요 원료가 된다. 국내외에서 이런 점토를 고령토高嶺土라고 부르게 되었으며, 고령석高嶺石도 여기서 연유한다.

373 기문祁門의 개화산이며, 이 점토는 알루미나를 약 18% 함유하고 있어서 내화도는 약 1,470℃이다. 이 점토에는 알칼리금속의 산화물이 많이 함유되어 있어서 소결 온도를 낮추고 소결을 촉진시킨다. 질물을 맑게 하여 얻은 질흙에는 분산성이 있는 세립細粒이 많이 들어 있어서 가소성可塑性이 고령토보다 좋다. 이런 점토를 고령토와 혼합하면 그릇의 벽이 얇고, 정세한 자기를 만들 수 있다.

모진 것으로 병·독·향로·합盒 등과 같이 것들이 있으며, 또한 궁중에서 쓰는 자기 병풍이나 촛대도 여기에 속한다. 그 만드는 방법을 소개하면, 우선 황니黃泥를 이겨서 틀을 만드는데, 틀에는 좌우 반 짝으로 되어 있는 것과 상하로 반 짝으로 되어 있는 것, 그리고 통째로 된 것이 있다. 그리고 자토瓷土 진흙을 역시 진흙으로 만든 틀에다 넣어 물그릇을 만든 후 틀을 벗겨 잿물을 이음새에다 발라 모두 합쳐서 구워내면[374] 이음새가 완벽하게 깨끗이 없어진다.

또 한 가지는 원기圓器라 부르는데, 이 종류에는 헤아릴 수 없을 만큼 많은 양의 크고 작은 잔이나 접시들이 있으며, 그 모두가 사람들이 날마다 쓰는 필수품이다. 원기의 생산량은 자기의 10분의 9를 차지하며, 인기는 단지 10분의 1에 불과하다. 이런 원기의 물그릇을 만들자면 물론 우선 도차陶車 즉 물레를 만들어야 한다. 물레는 곧은 막대를 하나 세우고 아래의 약 3척은 땅에 묻어서 흔들리지 않도록 고정시킨다. 그리고 지면에서 2척쯤 높이에 상하로 원판 두개를 막대에다 장착하고, 짧은 대막대로 원판 둘레를 밀면 물레가 돌아가게 된다. 박달나무로 깎아 만든 회두盔頭로 상판 즉 위 쪽의 원판 한가운데를 씌운다.

잔이나 접시를 만드는 데는 그 어떤 정해진 틀을 쓰지 않고, 두 손으로 질덩이를 잡아 회두 위에 올려두고 원판을 돌린다. 다음에는 미리 손톱을 깨끗이 깎은 엄지로 질덩이 밑을 살짝 누르면서 질흙이 엄지를 따라 회전하게 하며 위로 향해 천천히 엄지를 올리면 잔이나 사발의 모양이 빚어진다(처음으로 배우는

374 도자기를 생산할 때는 날로 만든 부분을 접합시킬 필요가 있다. 예컨대 인기印器나 항아리의 손잡이, 인물이나 동물과 같은 예술 자기는 각 부품을 접합시켜야 완성한다. 접합 방법은 몇 가지가 있다. 각 부품이 아직 물기가 있을 때는 물을 배토坯土에다 발라 묽은 질물이 되게 하여 직접 접합한다. 각 부품이 이미 말랐을 때는 유약과 배토의 질물을 섞은 잿물로 접합시킨다. 이렇게 접합시키면 소결 온도가 낮아져 소결을 촉진시킨다. 구워내면 자기의 이음새가 나타나지 않는다. 물그릇에 미리 유약을 입히고 나서 접합시킨 다음 이를 구워 내면 접합부에는 유리질의 유약의 빛깔을 띤다. 경덕진에서 출토된 명대明代의 자기는 유약으로 직접 접합시킨 것이다.

사람은 잘못하여 망쳐도 괜찮다. 부서진 흙으로 다시 물그릇을 만들 수 있기 때문이다). 경험이 쌓여 익숙해지면 천만 개를 만들더라도 마치 한 틀에서 찍어 나온 것처럼 보이게 될 것이다. 회두 위에서 작은 잔을 만들 때는 질흙을 보태어 줄 필요가 없으나 중간 크기의 접시나 큰 사발을 만들 때는 질흙을 보태어서 회두머리를 크게 하여 질흙이 마르기를 기다렸다가 다시 일을 계속한다. 손가락으로 돌리면서 물그릇을 만든 다음에는 그것을 뒤엎어서 회두에다 씌어 한 번 눌러 그릇의 둥근 아가리를 바로 잡는다. 약간만 말린 후 아직 습기가 있을 때에 다시 눌러 그릇의 모양이 바른 원형이 되도록 한다. 그 후 말리게 되면 매우 희고 단단하게 된다. 이것을 물에 한번 담갔다가 젖은 상태로 회두 위에 두고, 칼날이 날카로운 작은 칼로 두 번에 걸쳐 물그릇의 몸체를 매끈하게 깎는다(칼을 쓸 때는 반드시 흔들리지 말아야 하며, 조금이라도 흔들리면 구워 냈을 때 작은 흠집이 생긴다). 그 다음에는 물레 위에서 다시 수정하며, 물레를 돌리면서 물그릇에다 둥근 테두리를 만들고, 다음에는 물레에 둔 채로 그림이나 문자를 새긴 후 입으로 물을 몇 차례 뿜고서 유약을 입힌다.

대개 쇄기碎器[375] · 천종속千鐘粟[376] · 갈색배褐色杯 등에는 청색의 유약을 입히지 않는다. 쇄기를 만들 때는 날카로운 칼로 물그릇을 수정한 후 따가운 햇볕에

375 표면의 유층釉層에 여러 가지 모양의 잔금이 있는 자기를 말한다. 쇄기는 열문자裂紋瓷 또는 쇄문자碎紋瓷라고도 부르며, 이런 쇄기는 송대宋代의 가요哥窯에서 비롯된다. 초벌구이를 한 것이나 말린 물그릇에 말린 물그릇에 물로 적시고 다시 열문유裂紋釉를 바른다. 이 유약의 열팽창 계수는 배토보다 커서 가마 속에서 온도가 내려가면 자기 표면의 유층釉層의 체적이 배신坯身보다 더 빨리 수축하여 잔금의 무늬가 나타난다. 자기를 구워낸 후 보통은 그 위에 먹물을 입혀 잔금이 흑색을 띠게 하든지 또는 연지색胭脂色의 유약과 같은 저온 안료를 잔금에다 문질러 저온에서 한 번 구워내면 안료가 단단히 잔금에 붙게 된다. 이 책에서 말하는 것은 경덕진에서 채용하고 있는 물그릇 표면에 열문유를 바르는 방법을 말한 것인데 여기서는 이 공정에서 열문유를 바르는 중요한 공정이 빠져 있다.

376 표면에 쌀알과 같은 모양으로 튀어나온 자기의 품종이다. 천종千鐘은 길상吉祥을 뜻한다.

뜨겁게 쬐어 말렸다가 맑은 물에 넣자마자 곧 꺼내어[377] 구우면 저절로 잔금이 있는 무늬가 나타난다. 천종속의 무늬는 유약을 신속하게 입혀야 나타난다. 갈색배는 묵은 찻잎을 달인 물에 한 번 묻힌 것이다(오래된 쇄기는 일본에서는 극히 귀중히 여기며, 진품이면 천금을 아끼지 않고 산다. 옛 향로香爐 쇄기는 어느 시대에 만들어졌는지 알 수 없으며, 그 바닥에는 쇠못이 있는데, 그 쇠못은 빛을 머금고 녹이 슬지도 않는다[378]).

경덕진景德鎭의 백자에 쓰는 유약은 소항취小港嘴[379]에서 나는 질물과 도죽桃竹[380]의 잎을 태운 재를 섞어서 만든 것으로 마치 쌀뜨물처럼 보이는데(덕화德化 가마에서 나는 신선상神仙像 자기는 솔잎의 재와 질물을 혼합하여 입힌 것이다. 절강성의 여수麗水와 용천龍泉 두 현의 청자유靑瓷釉는 무엇을 섞었는지 알 수 없다), 이것을 항아리 속에 담아 둔다.

물그릇 자기에다 잿물을 입히자면 우선 그것을 잿물 속에 넣어 한 번 흔들어 적시고, 다시 손가락을 펴서 그릇을 잡고 잿물에다 살짝 외벽外壁을 적신다. 이 때 잿물이 외벽 테두리까지 잘 스며들도록 한다. 이렇게 되면 잿물은 자연히 그릇 전체에 골고루 잘 입혀진다.

사발에 그림을 그려 넣는 청색 잿물 재료로는 오직 무명이無名異 밖에 없다(옻장이가 기름오동의 기름을 달여서 쓰는데도 무명이를 쓰는데, 이는 빨리 마르게 하는 최건제催乾劑의 역할을 한다). 이 무명이는 깊은 땅 속에 있지 않고 지면 가까이에서

377 물에서 꺼내어 다시 잔금을 생기게 하는 열문유裂紋釉 유약에 담군 후에 구워야 된다.

378 자기의 밑바닥에 유약을 바른 후 들어 올려서 구우려면 받침대로 받쳐서 갑발과 사이를 두어야 밑바닥이 열을 골고루 받게 된다. 이 받침대는 철분鐵分이 높은 홍니紅泥로 미리 구워 만든다. 여기서 말하는 쇠못은 자기 밑바닥의 받침대가 받치고 있던 자리의 흔적을 말하며 그 곳은 금속의 광택이 난다.

379 지명地名으로서 강서성江西省 경덕진景德鎭 시내의 남부 변두리에 있다.

380 종려과의 종려죽棕櫚竹속의 식물을 말한다.

자란다. 가장 깊더라도 3척의 깊이를 파면 얻을 수 있으며, 어느 성省에나 다 있다. 이 재료는 상급上級·중급·하급으로 나누어지는데, 사용할 때 미리 숯불로 태워 보면 알 수 있다. 상급은 불에서 꺼낸 후 비취빛 녹색綠色을 띠며, 중급은 연한 녹색이고, 하급은 토갈색土褐色에 가깝다. 무명이 한 근을 태우면 상급은 단지 7냥兩에 불과하고, 중급 및 하급으로 갈수록 차례로 준다. 정치精緻한 고급 자기와 황제가 쓰는 용봉기龍鳳器 등을 제조할 때는 모두 상급 재료로 그림을 그린 다음에 구워 낸다. 그러므로 상급의 무명이는 그 값이 한 섬마다 백은白銀 24냥이며, 중급은 그 값의 반이고, 하급은 10분의 3일 따름이다.

경덕진景德鎭에서 쓰는 것으로는 절강성浙江省의 구현衢縣과 강서성江西省의 상요上僥에서 나는 것을 상급 재료로 삼는데, 이를 절료浙料라 부른다. 또 강서성江西省의 상고현上高縣 부근에서 나는 것은 중급이며, 강서성江西省의 풍성현豊城縣 부근에서 나는 것을 하급으로 친다. 청색 잿빛 재료 즉 청화료靑花料는 태워 낸 후에 연마용 막자사발로 아주 곱게 간다(막자사발의 안쪽 바닥은 잿물을 입히지 않아 꺼칠하다). 그리고 다시 물에다 섞어 갈면 갈 때는 흑색을 띠게 되지만 가마마다 넣어 고온高溫을 거치고 나면 밝은 남색藍色이 된다. 자하색紫霞色의 쇄기碎器잔을 만들 때에는 연지석胭脂石가루 물로 적셔서 철사로 만든 그물 포대에 쇄기를 담아 숯불로 굽고, 다시 연지석 가루 물로 한 번 문지르면 잔이 쉽사리 만들어진다.

선홍宣紅 자기는 소성燒成한 후에 따로 정교하게 약한 불로 구워낸 것이다. 이런 붉은 빛은 주사朱砂가 불 속에서 남긴 것이 결코 아니다.(이런 주사朱砂와 같이 불에 탄 후에도 홍색紅色을 지니는 것은 세상에 없다)(선홍은 원元 말엽에 이미 제조법을 알 수 없게 되었으나[381] 그 후 명明의 정덕正德 연간[382]에 많은 시험을 거쳐 다시 만들 수 있게 되었다).

자기의 물그릇은 그림을 그려 넣고, 유약을 입힌 다음에 갑발匣鉢 속에 넣는다(넣을 때 조금이라도 힘이 들어가면 구워 낸 자기는 오목하게 들어가 모양이 변한다). 갑발은 거친 진흙으로 만들며, 그 속에 니병泥餅 하나에 날그릇 하나를 얹고, 밑의 빈 곳은 모래로 채운다. 갑발 하나에 큰 날그릇 한 개를 넣을 수 있고, 작은 날그릇은 10여 개를 넣을 수도 있다. 좋은 갑발은 10여 차례나 그릇을 넣어 구워 낼 수 있으나, 나쁜 것은 한두 차례만 쓰면 부서진다.

갑발에 날그릇을 장입한 후 가마에 넣고 나면 이제 불을 지펴 가마를 때워야 한다. 가마 위에는 둥근 구멍이 12개 있는데, 이를 천창天窓이라고 부른다. 불은 24시간을 때야 충분하다. 우선 가마 아궁이에 불을 지펴 20시간 때면 불기가 밑에서 위로 올라가며, 그 후 천창을 통해 가마에다 장작을 던져 넣고 4시간 더 때면 불기가 위에서 아래로 통한다. 자기는 고온의 뜨거운 불 속에서 마치 솜처럼 부드러워진다. 쇠집게로 그릇 하나를 꺼내어 불기가 충분한 가를 살펴보고, 충분하면 장작을 그만 땐다. 자기 잔 하나를 만드는데 드는 공력은 72가지의 공정과정을 거쳐야 겨우 완성된다. 그 중간의 극히 세세한 절차에 대해서는 다 말하지 못하였다.

381 선홍기宣紅器 자기瓷器는 원래 서홍보석西紅寶石 분말粉末을 사용하였으나 그 방법은 이미 실전되었다.
382 명明 무종武宗의 연호로서 서기 1506~1521년이다.

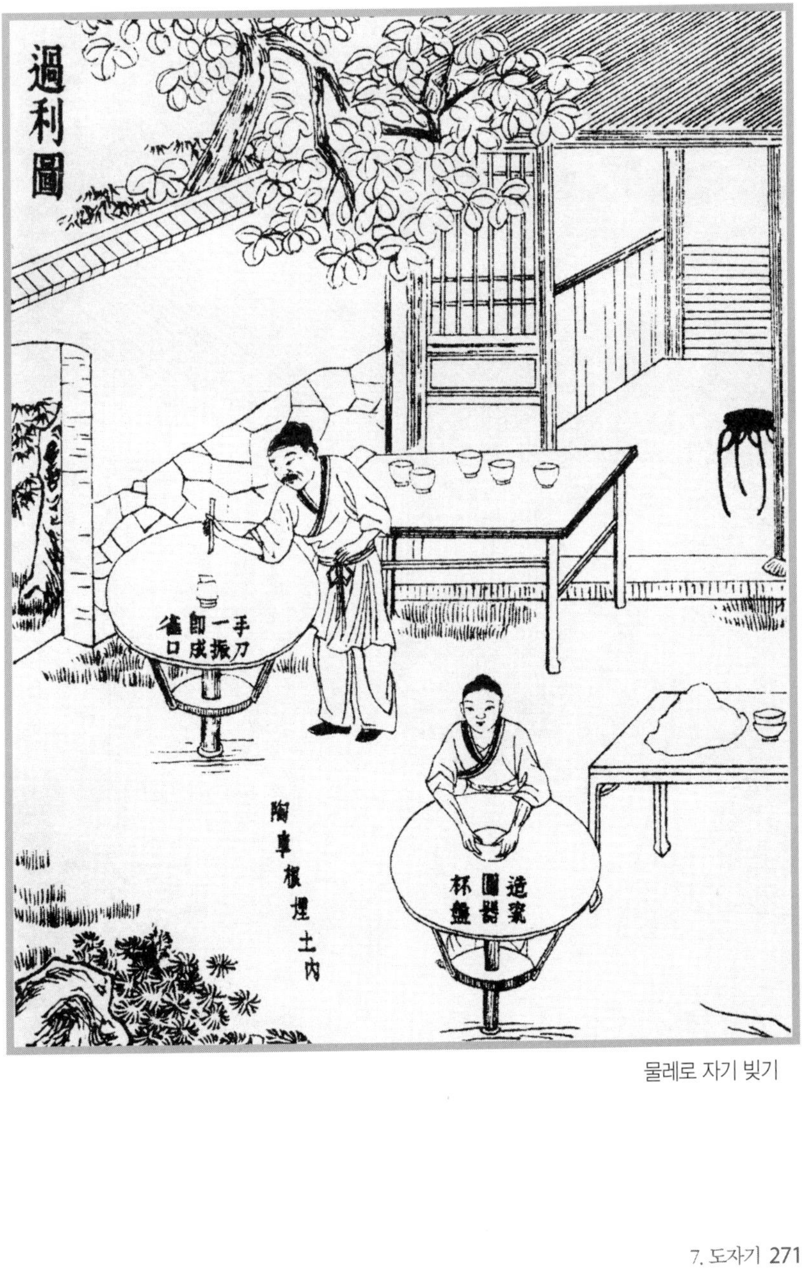

물레로 자기 빚기

날그릇 물에 적시기

사발에 그림 그리기

물그릇 잿물 입히기

자기요

(덧붙이기) 요변(窯變)[383] · 회청(回青)[384]

명明의 정덕正德 연간에 궁에서는 특사를 보내 황족皇族이 쓰는 어기御器 자기의 제조를 감독하도록 하였다. 당시, 선홍宣紅 자기의 제조법이 전해지지 않아 이를 만들 수 없었는데, 이에 따라 도장陶匠은 그 생명과 재산을 보장받을 수 없었다. 그 중의 한 사람이 황제의 치죄治罪를 겁내어 가마 속으로 뛰어 들어가 분신자살 하였다. 그런데 그가 꿈에 나타나 제조법을 가르쳐 주어 드디어 선홍기宣紅器를 만들어 내게 되었다. 이리하여 사람들은 다투어 요변窯變의 법을 전하게 되었으며, 마침내는 호기심이 많은 사람들의 터무니없는 말이 전해져 사슴이나 코끼리와 같은 여러 괴이한 건물들을 구워 내기에 이르렀다.

또, 회청回青이란 것은 서역西域에서 나는 대청大青으로서 그 질이 우수한 것을 불두청佛頭青이라고 불렀다. 중국에서의 고급 무명이無名異로 만든 유약을 써서 구워 낸 빛깔이 대청과 비슷하다. 그러나 대청과 같은 이러한 종류의 안료는 가마에 넣어 고온을 거치면 원래의 남색을 지니지 못한다.

383 가마에서 구워 낸 자기의 빛깔이 제작자의 의도와 빗나간 것을 요변이라 한다. 예컨대 송대宋代의 유명한 하남성河南省 우현禹縣에 있는 균요鈞窯의 청유青釉에는 동분銅分이 많은 것이 있어서 구워 낸 빛깔은 녹색을 기대했으나 실제로 나온 것은 홍자색紅紫色으로서 이런 것을 요변이라 한다. 명대明代의 사람들은 원인을 이해하지 못하여 억지로 여러 가지 이상한 이야기와 결부시켰다. 사실은 유색釉色은 유약에 함유된 금속 염류金屬鹽類와 연소의 분위기에 따라 달라지는 것이다. 유약에 동염銅鹽이 있으면 산화 불꽃酸化焰에서는 산화구리 CuO가 형성되어 동염의 양에 따라 녹색이나 남색이 되고, 환원 불꽃還元焰에서는 산화2구리 Cu_2O 가 되어 자색이나 홍색으로 된다. 철염鐵鹽은 산화 불꽃에서는 3산화2철 Fe_2O_3이 되어 황색이나 갈색으로, 환원 불꽃에서는 산화철 FeO 이 되어 청색을 띠게 된다.

384 회청은 당시 서역에서 생산되는 진한 남색의 안료이며, 이 때문에 서역 대청이라고도 불렀다. 이 안료의 원료는 남색의 결정체인 알칼리성 탄산구리 $2CuCO_3Cu(OH)_2$인 광석이다. 중국 내지에서도 산출되며, 이것은 이시진李時珍의 《본초강목本草綱目》에도 적혀 있다. 그러나 명대明代 이전에는 회청은 외국에서 수입하였으며, 청자青瓷의 가장 좋은 유약으로 잘못 전해져 왔다. 저자는 이를 바로잡아 청자의 유약으로는 무명이 밖에 없으며, 수입품을 쓰지 않았다고 강조하였다. 저자는 아울러 회청은 단지 안료의 일종이며, 고온을 거치면 원래의 남색을 지닐 수 없으며 이 때문에 회청과 무명이는 유약에 불과하다는 것을 강조하였다.

8. 주조(鑄造)[385]

나는 말한다. 채광採鑛은 일찍이 황제黃帝 시대 때에 이미 수산首山[386]에서 비롯되었으니 그 역사는 참으로 유구하다. 하夏나라의 구주九州에서 금속을 공물貢物로 바쳐 하우夏禹 임금이 9개의 대정大鼎을 만들게 되면서부터[387] 이때부터 주조기술鑄造技術이 날마다 달라지고 달마다 새로이 발전되어 왔다.

금속은 흙에서 나니 그 어미는 흙이다. 그것이 그릇이 되어 사람들에게 사용되어지면 그 형상은 어미인 흙으로 만든 어미 틀과 똑같아진다. 이 때문에 금속은 흙을 어미로 삼는다는 말이 생겼다. 주물鑄物[388]에는 정밀한 것, 거친 것, 큰 것, 작은 것이 있고, 그 쓸모도 각각 다르다.

거칠고 둔탁하게 보이는 것은 물건을 찧을 때 사용되고, 날이 날카로운 것은 땅을 일구는 농구로 쓰인다. 그릇과 같이 몸체가 얇은 것은 물을 끓이거나

385 원문에는 야주冶鑄라고 되어 있는데, 금속 기물들을 주조하는 것을 말한다. 이 부분은 중국 고대의 기술서 가운데에서 주조기술에 관한 기록이 가장 상세한 것으로 정평이 나있어 매우 연구가치가 있는 단락이다. 특히 이 단락은 뒤에 나오는 오금五金 · 단조鍛造 2편과 연관하여 살펴보면 중국 고대 금속기물들의 사용과 발명, 그리고 제조방법 등에 대해 더욱 깊이 이해할 수가 있을 것이다.

386 원문에는 황제黃帝를 헌원軒轅이라고 표현하였다. 수산首山은 수양산首陽山 또는 뇌수산雷首山이라고도 하며, 산서성山西省 영제현永濟縣의 남쪽에 있다. 《사기史記 · 효무본기孝武本紀》에 따르면 전설적인 천자天子인 황제가 여기서 동광銅鑛을 채광하여 형산荊山의 아래에서 정鼎을 주조하였다고 되어 있다.

387 《사기 · 효무본기》에 '우수구목지금, 주구정禹收九牧之金, 鑄九鼎'이라 적혀 있는데, 그 뜻은 우임금이 구주의 쇠를 거두어 솥 9개를 만들었다는 의미이다. 구목九牧은 하夏의 우왕禹王 때 9개 주의 지방 통치자方伯를 말한다. 우왕은 기원전 21세기의 하夏의 왕으로 전해지나, 하夏나 우왕은 어디까지나 전설적인 것이다.

388 솥과 같이 거푸집에다 쇳물을 부어서 굳히는 공정을 주조鑄造라 하고, 그 제품을 주물이라 한다. 한편 낫과 같이 대장간에서 달구어 두드려서 제품을 만드는 공정을 단조鍛造라 한다. 쇠의 탄소 함량이 1.7~4.5%이면 단단하지만 질기지 못하여 단조할 수 없어서 주물로 사용한다. 이런 철을 현재는 선철銑鐵이라 한다. 특히 주조용 주철鑄鐵은 탄소의 함량은 선철과 거의 같으나 3.0~3.6%를 많이 쓰며 여기에 실리콘을 0.5~3.0% 첨가한다. 한편 탄소의 함량이 0.035~1.7%인 것을 강철鋼鐵이라 하며 단조할 수 있다.

음식을 익히는 데 쓰여, 백성들이 널리 쓰고 있다.

또 종鐘과 같이 그 속이 비어 있는 것은 공기를 뒤흔들어 진동시켜 여덟 가지의 소리[389]가 울려나오기도 한다. 신앙심이 깊은 신도는 쇠로써 선불仙佛의 모양을 상상하여 속세 세상에서 정치精緻한 불상佛像을 만들어 내고, 손재주가 있는 영리한 사람은 하늘[390]에 뜬 밝은 달의 모양을 본 따 세상 어디서나 유통되는 동전을 만들어 냈다. 이와 같은 가짓수는 손가락으로 꼽거나 산술로 셈하더라도 모두 다 헤아릴 수가 없다. 요컨대 이런 것들은 인력人力 만으로는 만들어내지 못하는 것이다.

389 원문에는 팔음八音으로 되어 있다. 팔음은 고대 악기의 통칭으로서 보통은 금金 · 석石 · 토土 · 혁革 · 사絲 · 목木 · 포匏 · 죽竹 등 여덟 가지를 가리킨다. 진동수가 배가 되는 사이의 여덟 가지 음도 역시 팔음이라 한다. 여기서는 악음樂音을 가리킨다.

390 원문은 상청上淸이다. 이는 도가道家의 세 깨끗한 장소인 옥청玉淸 · 상청上淸 · 태청太淸의 하나로, 《운급칠첨云笈七籤》을 보면 '상청지천재절하지외上淸之天在絶霞之外'라고 말하고 있다. 여기서는 하늘을 가리키나 또 일설에는 상청上淸을 동전의 대명사로 보기도 한다. 고사故事에 의하면, 전정錢精 즉 돈의 요정은 상청동자上淸童子라는 이야기가 있다.

정(鼎)[391]

정을 언제 주조하였는지에 대해 요堯·순舜 이전은 고증할 수가 없다. 그러나 하夏의 우왕禹王이 주조한 9개의 정은 9주의 공물貢物로 만든 것이다. 당시에는 9주州가 바쳐야 할 전지田地의 부세조례賦稅條例가 이미 정해졌으며, 각 지방이 매년 바쳐야 할 공물貢物 토산물도 이미 정해졌다. 그리고 하도河道도 이미 소통되었으며, 《우공禹貢》[392]이란 책도 이미 만들어졌다. 그러나 우왕 이후 후세의 제왕帝王들이 부세賦稅를 늘여서 백성의 재산을 빼앗거나 아니면 후세의 제후諸侯들이 교묘한 머리를 써 엉터리 물건을 공물로 바치든가, 또는 후세 사람들이 원래의 방법대로 치수治水할 것을 게을리 할까 두려워한 나머지 우왕의 모든 사적事跡을 정에다 주각鑄刻해 두었다. 이렇게 함으로써 서적書籍처럼 쉽게 없어지지 않고, 후세의 사람이 준수하여 함부로 바꿀 수 없도록 할 목적으로 구정九鼎을 주조鑄造하게 되었다.[393] 그러나 정이 주조된 지 아득히 먼 세월이 흘러 정에다 원래 새겨 두었던 여러 모양, 예컨대 진주眞珠·기어暨魚[394]·호리狐狸[395]·모직물毛織物·수피獸皮 등이 녹슬어 뭉그러져 학문이 깊지 못하고 견식이 넓지 못한 사람들은 그 모양이 바뀐 것도 모르고 이를 각지의 괴상한 신괴

391 금속제의 발이 셋, 귀가 둘 달린 솥으로서 음식을 익히는 데 쓰였다. 우왕이 구주의 금속을 모아 만든 아홉 개의 솥은 왕위 전승傳承의 보기寶器로 삼은 후 국가·왕위·제업帝業의 뜻이 되었다.

392 이 책은 《상서尙書》 중의 한 편으로서 하夏의 우왕禹王 때 쓰인 것이 아니고 전국시대戰國時代의 작품이다. 전설에 근거하여 우왕의 치수治水 후 수륙水陸의 교통이 개통된 사정에 대해서 말한 것이다. 사실은 중국 최고最古의 지리서地理書이기도 하다.

393 이런 설은 그것이 역사적 사실과 부합하는지의 여부를 떠나 저자 송응성의 우국우민의 정신이 잘 반영된 표현이고, 이를 통해 당시 사회를 어느 정도 빗대어 말하고 있음이 명백하다.

394 붕어와 비슷한 강에 사는 큰 물고기의 한 종류이다.

395 여우와 이리를 말한다.

류神怪類로 생각하게 되었다. 이 때문에 《좌전左傳》[396]에서는 우정禹鼎은 백성이 요마妖魔와 괴귀怪鬼를 식별하여 그들을 피할 수 있도록 하기 위한 것이라는 말이 생겨나기도 하였다.[397] 이런 정鼎들은 진秦에 이르러서는 종적을 감춰 더 이상 볼 수 없게 되었다.[398]

춘추시대春秋時代에는 고국郜國의 대정大鼎, 거국莒國의 두 방정方鼎이 있었으나 이들은 모두 제후국諸侯國에서 주조된 것이며, 이곳에 그림이 새겨져 있다고 하지만 《우공禹貢》의 원뜻과는 동떨어졌으며, 단지 고물古物로 이름이 남았을 뿐이다. 후세에 와서는 서적이 상고上古때보다 몇 백 배나 많아져 더 이상 정을 주조할 필요가 없어졌다. 여기서 특히 이 일을 한 번 적어 두는 바이다.

396 《춘추좌전春秋左傳》의 약칭이며, 춘추시대에 좌구명左丘明이 공자孔子의 《춘추春秋》를 일부 해석한 책이다. 《좌전左傳·선공삼년宣公三年》에는 하의 우왕이 정을 주조한 목적은 괴귀怪鬼를 식별하여 이를 피하도록 백성에게 가르치는 데 있다고 쓰여 있다.

397 우왕이 구정을 제작한 또 다른 목적에 대해 저자는 사실史實에 입각하여 이를 비판하였고, 아울러 좌전의 저자를 견식이 천박한 사람으로 다루었으나 이런 설법이 터무니없는 잘못된 것이라고 반박하는 사람도 많다.

398 선진시대의 서적에 의하면 주周에는 9개의 정鼎이 있었는데 이 정들은 당시 여러 제후국들이 서로 호시탐탐 노리다가 결국 진秦에 의해 취해졌고, 진나라가 멸망하자 이 9개의 정들은 어디로 갔는지 그 행방을 알 수 없다고 말하고 있다. 그러나 선진시대의 이 책들은 9개의 정이 우임금이 만든 구정九鼎인지에 대해서는 말하지 않았다. 우임금이 주조했다는 것은 후세의 기록에 의한 것이다.

종(鐘)

종은 금속 악기 가운데 으뜸을 차지한다. 종소리가 한번 울리면 큰 것은 10리 내에서 들을 수 있고, 작은 것이라도 1여 리에 미친다. 그래서 황제가 조정朝廷에 나가 청정聽政을 하든지, 관리가 등청登廳할 때는 반드시 종을 울려서 신하나 사람을 모으게 한다. 또한 향음주례鄕飮酒禮[399]에는 반드시 종으로써 노래를 반주하게 한다. 또 사찰이나 선전仙殿에서도 종소리로 참배자의 성심誠心을 불러일으키고, 귀신에 대한 경의를 환기시키기도 한다.

종을 주조할 때 좋은 종은 구리[400]를 쓰고, 하찮은 종은 쇠를 쓴다. 현재 조정의 북극각北極閣의 조종朝鐘은 순전히 향동響銅[401]을 사용하였다. 여기에는 종 한 구口에 구리 47,000근, 주석 4,000근, 금 50냥, 은 120냥이 들었다. 주성鑄成한 종의 무게는 2만근, 높이가 1장 1척 5촌(치)이며, 종鐘 위에 있는 쌍룡雙龍의 포뇌蒲牢[402] 높이가 2척 7치, 종의 구경口徑이 8척이다. 이것이 현재 조종朝鍾의 규격이다.

399 향학鄕學에서 거행하던 주회酒會의 예절禮節이다. 주대周代에 비롯되어 진한秦漢 이후에도 계속되었으며, 그 사이 예절은 좀 변했으나 경대부卿大夫가 오래도록 이에 따라 거행하여 왔다. 《의례儀禮 · 향음주례鄕飮酒禮》에 상세히 기술되어 있다. 향음주 중에는 종경鐘磬을 매달고 여러 사람들이 「녹명鹿鳴」과 같은 시가를 부르며 생笙으로 반주和歌했다고 하지만 종鐘으로 반주하였다는 말은 없다. 하지만 종으로 "합락合樂"했다는 말은 있다. 따라서 그 가운데 종경과 같은 부류의 악기가 있었음은 부인할 수 없을 것이다.

400 옛날에는 구리는 순수한 구리와 그 합금合金을 통틀어 말한다. 여기에서 말하는 구리는 구리와 주석의 합금인 청동靑銅을 가리킨다.

401 주석이 다량 함유된 청동을 가리킨다. 청동은 주석의 함량이 높을수록 소리도 높아진다. 신라종新羅鐘을 비롯한 한국 종은 주석의 함량은 15% 내외이다.

402 중국종 위에는 두 용이 마주 보며, 여기에 고리를 걸어서 종을 매달며, 이 부분을 포뇌蒲牢라 한다. 포뇌는 해변에 사는 전설적인 짐승으로 한 번 울부짖으면 그 소리가 크고도 맑다고 전해진다. 한국 종은 용이 하나이다.

조종과 같은 만 근[403] 이상의 큰 종鐘은 그 주조법이 정鼎의 주조법과 서로 같다. 그 주조법을 대략 소개하면, 우선 깊이 한 장 몇 여 척이나 되는 움을 파고 그 속을 건조시켜서 방처럼 꾸민다. 다음에는 석회石灰와 진흙과 고운 모래를 섞어서 내형內型의 틀 재료로 쓰는데, 이때 내형에는 실털 만큼의 갈라진 틈도 없도록 해야 한다.[404] 내형을 건조시킨 후에는 쇠기름[405]과 황랍黃蠟[406]을 섞어 그 표면에 두께가 몇 치나 되도록 바르며, 그 비율은 소기름이 10분의 8, 황랍이 10분의 2이다.

그리고 종 틀 위에는 차양을 쳐서 햇빛이나 비가 들지 않도록 한다(여름철에는 기름이 굳지 않기 때문에 틀 만드는 일을 할 수 없다).[407] 기름과 황랍을 섞어 바른 층의 표면은 흙손 칼로 평평하게 잘 다듬고 그 위에다 여러 가지 섬세한 문자나 무늬를 새길 수 있다. 다시 가는 진흙 가루와 숯가루[408]를 빻아 체로 쳐서 얻은 매우 고운 가루로 반죽한 풀과 같은 진흙을 그 위에다 한 층씩 차례로 겹겹이 발라 그 두께가 여러 치가 되도록 한다. 그리고 틀의 안팎을 속까지 완전히 말려서 굳어지면 밖에서 불을 지펴 데우면 그 속에 있는 기름과 황랍이 용해되어 거푸집 밑의 틈으로 흘러서 깨끗이 빠진다. 이렇게 기름과 황랍이 빠져나간

403 고대의 한 근은 현재의 30근이며, 따라서 만 근은 30만 근이다. 당시의 종 무게를 정확하게 알 수 없으나 좀 과장된 말을 사용하였다.

404 내형의 표면은 매끄럽고 틈이 없어야 하며, 거기다 강도와 통기성이 있어야 한다. 그래야 많은 쇳물이 흘러 들어와 부딪쳐도 버틸 수 있고, 또 쇳물이 굳을 때 생기는 수축력도 견뎌 낼 수 있다. 생석회에다 물을 넣으면 소석회인 수산화칼슘 $Ca(OH)_2$이 되어 화학 성분이 안정되고, 흙과 모래와 단단히 결합하여 주물과 붙지 않는다. 쇳물이 거푸집의 벽으로 스며들지 않는다.

405 소 내장의 지방을 삶아서 얻은 유지이다. 주요 성분은 올레인산, 스테아린산의 글리셀라이드이다.

406 벌집을 100℃ 근방에서 녹여 비단으로 걸러 짜면 연한 황색의 액체가 나온다. 이것을 굳힌 것을 황랍 또는 밀랍이라 부른다. 쇠기름에 20%의 황랍을 섞으면 녹는점이 높아지고, 가소성可塑性이 좋아진다. 쇠기름의 양이 많을수록 더 굳으며, 흔히 쇠기름 대신에 송진을 쓴다.

407 여름철에는 기름이 굳지 않을 뿐더러 습도가 높고, 기압이 낮아 액체 금속의 온도가 빨리 내려가 유동성流動性이 떨어진다. 따라서 넓은 면적이나 정밀한 무늬가 있는 거푸집에 주입하면 쇳물이 구석구석까지 차지 않아 버릴 때도 있다.

408 숯가루는 쇠로 만든 숯가마에서 불을 끈 후 가마에 남은 숯이다. 이 숯가루는 조형재造型材로서 내화耐火 및 보온 작용이 있다.

종의 거푸집 만들기

정의 주조 모습

鑄鼎圖
土槽
土槽
入孔

천근의 종과 선불상

빈 공간, 즉 내외 틀 간의 틈이 바로 종이나 정의 형체가 된다.

기름과 황랍 한 근이 차지하였던 빈 공간을 채우자면 구리 10근이 필요하다. 따라서 거푸집 틀을 만들 때 기름과 황랍 10근을 썼다면 구리 100근을 준비해 두어야 한다.

거푸집의 속이 깨끗이 비면 다음에는 구리를 녹이는 일에 들어간다. 녹은 구리가 만근 이상이 되면 사람의 손으로 운반하여 부을 수 없다. 그래서 종 거푸집 주위 사방에다 용해로와 질흙으로 된 물길 수조泥槽를 만들어야 한다. 그리고 물길의 상단부는 용해로의 출탕구出湯口와 잇고, 하단부는 물길을 비스듬히 낮추어 아래 끝을 거푸집의 주입구注入口에 잇는다. 또 구리의 쇳물이 흐르는 물길의 양쪽에는 세찬 숯불로 둘러싸서 쇳물이 식어서 굳지 않도록 한다. 모든 용해로의 구리가 다 녹으면 한꺼번에 출탕구의 마개를 연다(미리 질흙으로 마개를 만들어 막아 둔다). 그러면 구리의 쇳물이 마치 물이 흘러가듯 니조泥槽 물길을 따라 거푸집으로 일제히 흘러 들어가 종이나 정으로 주성鑄成된다.

무게가 만 근 이상이나 되는 철종鐵鐘이나 향로香爐와 큰솥 등의 주조 방법은 모두 앞에서 얘기한 방법으로 만들어진다. 다만 이들이 거푸집을 제작하는 자세한 공정의 일부내용은 때로는 생략되기도 한다.

천 근 이내의 주물을 주조하자면 이러한 인력과 비용이 필요하지 않고, 단지 10여 기의 작은 용해로를 만들면 된다. 이런 용해로의 몸체는 키처럼 볼록하다. 철근으로 노爐의 골격을 만들고, 여기에다 질흙을 발라서 노를 만든다. 노의 몸체 아래쪽 양쪽에는 두 개의 구멍을 뚫어 철편으로 감아서 만든 두 개의 원통형圓筒形의 쇠막대를 통과시켜 노를 들어올릴 2개의 봉棒을 꽂아 넣을 수 있도록 한다. 이러한 노들은 흙더미 위에 두어 각 노마다 일제히 풀무질을 하여 구리를 녹인다. 다 녹으면 두 막대를 노 밑에 있는 구멍에 끼워 노를 드는데 가벼운 노는 두 사람이, 무거운 노는 여러 사람이 함께 들어올려 구리 쇳물을 거푸집의 주입구에다 기울여 붓는다. 갑甲의 노를 다 주입하면 재빨리 을乙의 노를 주입하고, 그다음엔 곧이어 병丙의 노를 주입하면 거푸집 속의 구리물은 녹은 채로 자연히 합쳐진다. 그러나 만약 연이어서 붓기가 너무 늦게 되면 앞서 주입한 구리물이 이미 굳어버려 나중에 주입한 쇳물과 녹은 채로 합쳐지지 않아 이음매가 나타나 못쓰게 된다.

철종鐵鐘의 거푸집에는 기름과 황랍을 그다지 많이 쓰지 않는다. 우선 질흙으로 외형外型을 만드는데, 세로로 쪼개어 두 개의 반형半型으로 만들든가 또는 상하 두 부분으로 잘라, 자른 부위를 서로 맞춘 후 외형의 안쪽 벽에다 문자나 무늬를 새긴다. 내형은 외형보다 일정한 치수로 작게 하여 내형과 외형 사이에 일정한 치수의 공간이 생기게 한다. 이런 작업은 정밀한 계산을 한 후에 내형을 만들어야 한다. 외형의 안쪽에다 문자나 무늬를 새긴 후 쇠기름을 발라 매끄럽게 하는데, 이는 나중에 쇳물이 굳을 때 거푸집과 붙지 않도록 하기 위함이다. 그 다음에는 외형과 내형을 조합하고, 그 접합 부분의 틈을 질흙으로 메우면 바로 쇳물을 주입할 수 있다. 거반巨磐이나 운판雲板[409]의 주조방법도 이와 비슷하다.

409 거반은 주발 모양의 타악기打樂器이며, 처음은 돌로 만들었으나 나중에는 청동으로 주성하였다. 거반은 비교적 커서 사묘寺廟에서 사용하였다. 운판은 청동판에 구름 모양을 새긴 것으로 절에서 사용한다.

솥(釜)

솥은 물을 끓이고 밥을 짓기에 사람들의 일상생활과 떨어질 수 없다. 주조할 때 원료는 생철生鐵[410]이나 주철의 폐물을 쓴다. 솥의 크기에는 일정한 규격이 없으나 통상 쓰는 것은 지름이 약 2척이며, 두께는 약 2푼이다. 작은 것은 지름이 약 1척이며, 두께는 앞의 것과 같이 약 2푼이다. 솥의 거푸집 즉 주형은 내형과 외형 양층으로 되어 있다. 미리 내형을 만들어 마르기를 기다렸다가 솥의 모형을 그 위에 덮고 수치를 계산한 다음에 외형을 만든다. 이 외형을 만들 때는 매우 정확하여야 하며, 얼마라도 어긋나면 외형은 쓸모가 없어진다.

거푸집을 만들어 말린 다음에는 질흙으로 철을 녹이는 노爐를 만든다. 노의 속은 솥처럼 생겼고, 생철生鐵을 그 안에 넣는다. 노의 뒤쪽에는 송풍送風용 관管 한 개를 내어 풀무에 연결하고, 노의 앞쪽에는 쇳물이 나오는 출탕구出湯口를 하나 마련해 둔다. 각 노마다 녹일 수 있는 쇳물은 대충 10개 내지 20개의 솥을 주조할 수 있는 재료가 된다. 생철이 녹아 쇳물이 되면 질흙으로 자루를 고정시킨 쇠바가지로 출탕구에서 쇳물을 받는다. 한 바가지의 쇳물은 솥 하나를 만들 수 있는 재료가 되는데, 그 쇳물을 거푸집에다 기울여 붓고, 쇳물이 완전히 식기 전에 외형을 들어올려 쇳물이 닿지 않은 빈틈이 있는 가를 살핀다. 이때 솥이 아직도 붉으며 검지 않아 쇳물이 닿지 않은 곳이 있으면 약간의 쇳물을

410 광석을 녹인 노에서 갓 나온, 탄소가 1.7~4.5%인 탄소가 많은 쇠로서 선철銑鐵을 말한다. 탄소의 함량이 높을수록 녹는점이 낮아진다. 넓은 의미로 선철을 주철이라고도 말한다. 중국에서는 늦어도 춘추 시대 후기(서기 전 약 600년)에 나타났으며, 한편 유럽에서는 14세기에 등장한다.

그곳에다 부어 보충해 주고, 물로 적신 짚으로 그 위를 평평히 누르면 마치 그 보수한 흔적이 없는 듯 깨끗이 된다.[411]

처음 생철로 솥을 주조하면 보수해야 할 경우가 매우 많으나, 유독 폐물이 된 깨진 솥을 녹여서 주조하면 새는 틈이 없어진다(조선朝鮮의 풍속으로는 깨진 솥은 반드시 산 속에 버리며, 다시 노에 넣어 녹이지 않는다).

솥이 만들어진 다음에 완성된 솥을 시험하는 방법은, 가벼운 나무 막대로 때려 보아 그 소리가 나무를 때릴 때처럼 소리가 나면 그 솥은 잘 된 것이다. 반면에 다른 잡소리가 나면 쇠의 질이 미숙未熟하다는 것을 뜻하며 나중에 깨지기 쉽다.[412] 중국의 큰 사찰에는 천승과千僧鍋라는 가마솥이 있는데, 쌀 2섬의 죽을 끓일 수가 있다. 참 어처구니없는 물건[413]이라 아니할 수 없다.

---

411 이 방법은 부득이할 때만 통용되는 방법이다. 외형을 들어올리면 솥은 이미 응고되어 식어서 그 온도는 700~800℃로 떨어진다. 여기에다 쇳물을 부어도 완전히 용합熔合되지 않으며, 부은 쇳물도 응고할 때 수축이 일어나 얼마의 틈이 생기게 된다. 특히 솥의 안쪽은 평평히 되지 않아 흔적이 없어진다는 표현은 잘못된 것이다. 단지 솥의 구멍이 작을 때 이 방법을 적용할 수 있다.

412 이 항목에서 말한 질흙의 노는 만들기 쉬우나 노 몸체의 용적이 적어 온도가 높지 않아 안정하지 못하다. 따라서 쇳물이 녹으면 곧바로 밑으로 떨어져 침탄浸炭이 부족하거나 쇳물에 불순물이 많고 산화되어 백주철白鑄鐵이 된다. 이런 주물에 많은 터진 무늬를 볼 수 있다. 이를 쇠의 질이 미숙하다고 말한다. 이때 깨진 솥을 다시 녹이면 이를 방지할 수 있다. 한 번 녹였던 쇠를 녹이면 속에 있던 가스가 이미 없어져 주물의 결함이 생기지 않는다.

413 원문은 치물痴物이라고 되어 있다. 바보 같고 어리석은 물건이라는 뜻인데, 그 속에는 폄하하는 의미보다는 묵직하여 대견하고 대단하다는 칭찬의 뜻으로 사용된 듯하다.

솥 만들기

동상(銅像)

선불仙佛의 동상을 주조하는 방법은 그 만드는 법이 조종朝鐘일 때와 같다. 단지 종과 정은 따로 주조한 부품을 접합할 수 없으나, 동상은 몇 개의 부품을 주조하여 접합하여 만들 수 있다. 이 때문에 부품의 거푸집에 쇳물을 주입하는 데는 힘이 그다지 들지 않는다. 그러나 주물을 연결하고, 부품을 접합할 때는 극히 정확하게 해야 한다고 한다.[414]

414 동상을 여러 부분으로 나누어 각 부분마다 거푸집을 만들어 그 부분을 따로 주조한 다음 용접하여 동상을 만든다. 이때는 용접한 후 용접 부위가 견고해야 하며, 또한 부품의 접합부가 조금이라도 어긋나서는 안 된다. 또 다른 방법은 각 부분의 거푸집을 만들어 이 거푸집을 조립하여 쇳물을 한꺼번에 부어 만드는 것이다. 이때는 거푸집을 만들기가 편리하다는 이점이 있다.

포(炮)

대포를 주조하는데 서양포西洋炮 · 홍이포紅夷炮 · 불랑기포佛郞機炮[415] 등은 숙동熟銅[416]으로 주조하고, 신포信炮[417]와 단제총短提銃[418] 등은 생동生銅[419]과 숙동을 반반씩 섞어 만든다. 양양襄陽 · 잔구盞口[420] · 대장군大將軍 · 이장군二將軍[421] 등의 포는 철로 만든다.

415 서양포 · 홍이포 · 불랑기포 등은 유럽에서 전래된 세 종류의 포의 명칭이다. 명대에 네덜란드를 홍이紅夷라고 하였고, 벨기에를 불랑기佛郞機라고 불렀다. '병기'의 항목을 참조할 것.
416 숙동은 단조가 가능한 구리 또는 구리 합금을 말한다.
417 신포는 신호포信號炮이다.
418 단제총은 일종의 수창手槍으로 길이가 1여 척이다.
419 생동은 취성脆性이 커서 단조할 수 없고, 단지 주조용이다.
420 잔구포는 구경口徑이 작고, 앞쪽에 활강포滑腔炮가 장치되어 있다. 활강포는 총강銃腔에 선조旋條가 없는 총이다.
421 양양 · 잔구 · 대장군 및 이장군의 네 가지 포는 당시 중국에서 만든 포의 명칭이다. 대장군과 이장군에 대해서는 '병기'의 항목을 참조할 것.

거울(鏡)

거울을 주조할 때에 거울의 거푸집에는 겨의 재에다 고운 모래를 섞어 사용한다. 거울의 원료는 동과 주석의 합금이다(아연[422]은 쓰지 않는다). 《주례周禮 · 고공기考工記》에서는 동과 주석을 각각 반반씩 섞은 합금은 평면경平面鏡이나 오목거울의 재료로 쓰인다고 적혀 있다.[423]

거울의 면이 빛을 반사할 수 있는 것은 수은水銀을 한 층 입혔기 때문이며, 구리 자체가 빛나는 것은 아니다. 당唐의 개원開元 연간(서기 717~741년)에 궁중에서 사용한 거울은 모두 은과 구리를 같은 양으로 섞어 주조한 것이며, 이 때문에 한 개의 동경銅鏡 값이 은자銀子 몇 량兩이나 되었다.[424] 주성된 거울에 주사朱砂와 같은 붉은 반점이 나타나는 것은 그 속에 불순물로 들어간 금은金銀이 빛나기 때문이다(옛날의 향로에는 금을 넣은 것도 있다). 우리 조朝인 명대明代의 선로宣爐[425]는 당시에 어느 금속 창고에서 우연히 화재가 발생하여 금金과 은銀이 구리, 주석과 함께 녹아서 한 덩어리로 되었기에 관청에서 이것으로 향로를 주

422 원문은 왜연倭鉛으로 되어 있다.

423 춘추시대春秋時代의 《주례周禮 · 고공기考工記》에는 '금유육제金有六齊'란 말이 있다. 여기서 금金은 순동純銅 또는 청동靑銅으로 해석할 수 있으며, 제(齊, 혹은 劑로도 사용됨.)는 합금 내지는 재료의 의미를 띠고 있다. 따라서 이것은 6종의 합금 성분비를 가리킨다. 육제 가운데 '금석반, 위지감수지제金錫半, 謂之鑒燧之劑'란 말이 있는데, 그 뜻은 청동과 주석을 반씩 섞으면 평면거울과 오목거울의 재료가 된다는 의미이다. 여기서 감鑒은 사람을 비추는 용도로 쓰이는 평면경이며, 수燧는 햇빛을 모아 불을 얻는 데 사용되는 오목거울을 말한다. 여기서 금을 구리로 해석하면 구리 50%, 주석 50%가 되며, 한편 금을 청동으로 해석하면 구리 67%, 주석 33%가 된다. 지금까지의 청동기 출토품의 분석 결과를 보면 후자의 해석이 옳다.

424 사서의 기록에 의하면, 명나라 만력 연간에 은자 1냥이면 보통 품질의 쌀을 2석石 살 수 있었다. 그러나 은자 1냥의 가치를 만일 당나라 때로 계산한다면 그 구매력은 더욱 놀랄 정도이다. 당태종 정관 연간에 경제는 아주 번성하여 1 말斗의 쌀이 5문文이었다고 하는데 통상적으로 은자 1냥은 1000문文 동전(1貫)이 되므로, 200말의 쌀을 살 수 있었다.

425 선덕로宣德爐라고도 부르며 명조明朝 선덕 연간(서기 1426~1435)에 주조된 향로이다. 구리를 정련한 데다 금은과 같은 귀금속을 첨가하여 그 빛깔이나 광택이 아름다워 매우 진귀한 명대의 미술 공예품이다.

조하도록 하여 만들어진 것이다(선로의 진품 표면에는 금색의 반점이 반짝이고 있다). 당나라 거울인 당경唐鏡과 명의 선덕 연간에 주조된 향로香爐인 선로宣爐는 모두 왕조王朝가 번성했을 때의 산품이다.

전(錢)

구리로 동전을 주조함은 백성들이 무역왕래에 편하도록 사용하기 위함이다. 동전의 한 면에는 국호國號인 'ㅇㅇ통보通寶'라는 네 글자가 주성되고 있는데, 이런 일은 공부工部에 속한 한 관서官署가 맡고 있다.[426]

유통되는 동전은 10문文이 은 1푼의 가치가 있다. 대전大錢 한 개는 통용되는 동전의 5개나 또는 10개에 해당한다. 이런 대전의 폐단은 동전을 위조하기가 쉬워 오히려 백성들에게 해를 끼친다는 데 있다. 이 때문에 중앙이나 지방에서 한 번 발행하더라도 얼마 지나지 않아 그 유통이 중단되었다.

10근의 동전을 주조하자면 6, 7근의 순동純銅[427]과 3, 4근의 아연亞鉛[428](북경北京에서는 수석水錫이라 부른다)이 드는데, 이런 배율은 대략의 비율이다.[429] 아연은 뜨거운 불 속에서 녹일 때마다 반드시 4분의 1이 소모된다.

우리 명조明朝에서 통용되던 동전 가운데 가장 빛깔이 좋아 귀한 것은 오직 북경 보원국寶源局[430]의 황전黃錢[431]과 광동廣東 고주高州에서 주조한 청전靑錢[432]이다(고주전高州錢은 복건福建의 장주漳州 · 천주泉州 일대에서 통용되고 있다). 이런 동전들은 1문文이 남경南京 조강국操江局과 절강성浙江省 주전국鑄錢局에서 주조한 2문과 맞

426 명대에는 지폐는 戶部(호부)의 권한이고, 동전을 주조하는 것은 공부工部 내의 보원국寶源局 등의 관서가 맡았다.
427 원문에는 홍동紅銅으로 되어 있다.
428 아연은 연鉛, 아연亞鉛, 왜연倭鉛, 지鋅, 수석水錫 등의 여러 가지 이름으로 불려진다.
429 중국의 동전은 구리-주석-납의 청동靑銅을 사용하였으나 명대明代 가정嘉靖 이후에는 구리-아연의 황동黃銅을 사용하게 되었다.
430 보원국은 명대明代에 전폐錢幣를 주조하는 전문 기구로서, 공부工部에 속한다.
431 황전은 구리 60%, 아연 40%의 황동으로 주조한 것이다.
432 청전의 조성은 구리 50%, 아연 41%, 납 6.5%, 주석 2%이다.

먹는다. 황전黃錢은 또 두 등급으로 나뉘는데 사화동四火銅[433]으로 주성한 것을 금배전金背錢이라 하고, 이화동二火銅[434]으로 주조한 것은 화칠전火漆錢이라고 부른다. 동전을 주전할 때에는 구리를 녹이는 도가니를 사용하며, 이 도가니 동이는 매우 고운 질흙 가루(마른 흙벽돌 가루를 빻은 것이 가장 좋다)와 숯가루를 혼합하여 섞어 만든다(북경에서는 구리 녹이는 도가니에다 쇠발굽의 발톱을 넣는데 이것이 무슨 작용을 하는지 알 수 없다).[435]

도가니의 재료 매 10냥에는 질흙 가루가 7냥, 숯가루가 3냥을 차지한다. 숯가루는 열의 손실을 막고, 보온의 작용을 하기 때문에 이것과 흙가루를 섞어 만든 도가니는 구리를 쉽게 녹이게 만든다. 도가니는 높이가 8치, 구경口徑이 2치 5푼인데, 한 도가니에 약 10근의 구리와 아연을 넣을 수 있다. 이때는 구리를 먼저 녹인 후 아연을 넣고, 노에다 바람을 불어 넣어 그것들을 다 녹인 후 거푸집에다 주입한다. 동전의 거푸집 틀을 만들려면 나무 막대 4개로 테를 만든 후(막대의 길이는 1척 1치, 폭은 1치 2푼이다), 질흙과 숯가루를 체로 쳐 아주 곱게 하여 섞어 테의 안을 채워 다지고, 삼杉나무나 버드나무 숯의 재를 그 위에다 약간만 뿌린다. 그러나 때로는 송진이나 채소의 씨기름을 태워서 그 연기로 그을리기도 한다.[436]

---

433 네 차례 녹여서 정화淨化한 구리로서 품질이 비교적 순수하다.

434 두 차례 녹여 정화한 구리이다. 사화동보다는 덜 순수하다.

435 도가니의 재료로 숯가루는 내화 재료가 되며, 또한 보온 작용이 있다. 그밖에 쇠발굽의 각질角質을 약한 불에 쬐어 말린 다음 갈아서 도가니 재료에다 섞는데 이 각질의 가루는 고온에서는 도가니 벽에 녹아 교상膠狀이 된다. 그러나 이것은 산화되지 않고, 보온 성능이 좋은 활성 탄소로 변한다. 아울러 도가니 원료를 점결黏結시키고, 도가니를 보온시키며 내화도耐火度를 높인다.

436 거푸집 내벽에 삼나무나 버드나무 숯가루를 뿌리든지, 송진이나 채소의 씨기름을 태워 그을리면 이런 숯가루나 그을음은 거푸집 내벽에 잘 붙고, 스며든다. 액체 금속이 흘러 들어오면 곧 타서 산화탄소 기체로 되어 주물과 거푸집이 붙지 않도록 하여 분리가 잘 된다. 그러나 동전의 거푸집처럼 분리형分離型일 때는 이런 재료는 얇게 골고루 분포되어 있어야 하며 너무 두터우면 주물 표면에 결함이 생긴다.

동전을 줄로 쓸기

주전도

鑄錢圖
模印錢母

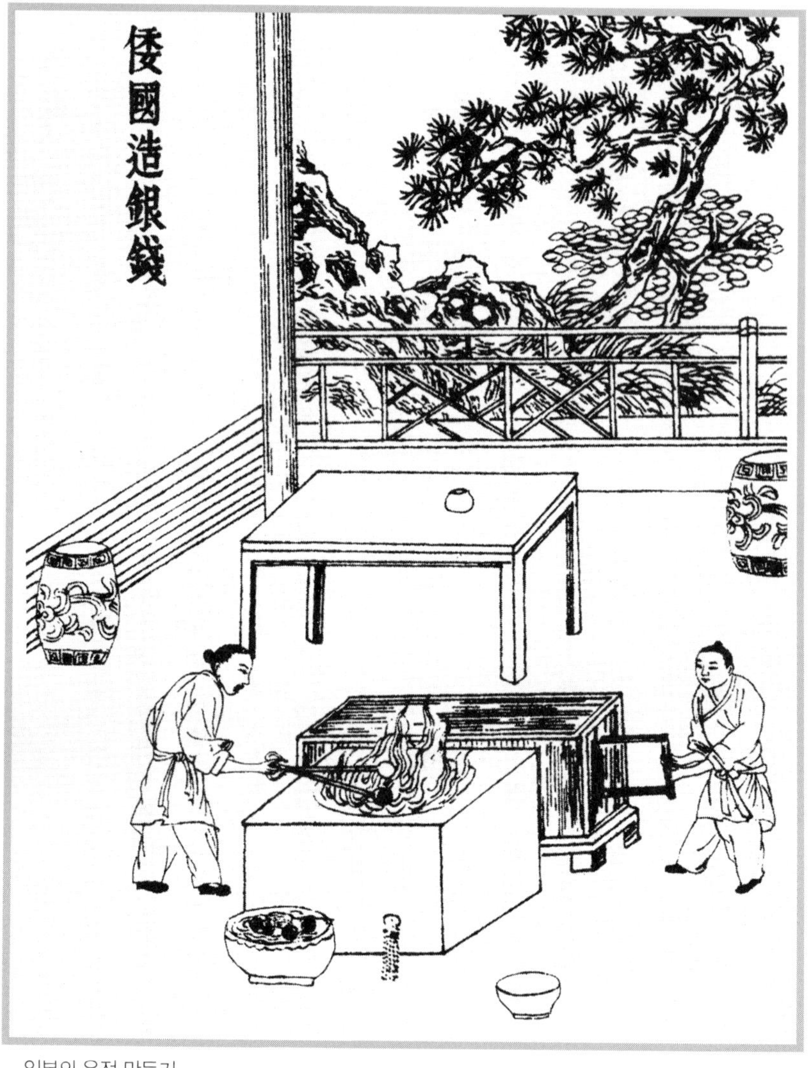

일본의 은전 만들기

그 다음에는 동전의 모형模型인 모전母錢 100개(주석에다 새겨서 만든다)를 문자가 있는 정면이나 문자가 없는 뒷면을 그 위에다 늘어놓고, 또 앞과 같은 방법으로 질흙과 숯가루를 채운 다른 나무 테를 그 위에다 포개면 동전 앞, 뒤의 거푸집이 된다. 합쳐 있는 두 반형半型을 뒤엎어 앞의 반형을 들어올리면 뒤의 반형에 모전이 떨어져 놓이게 된다. 다시 다른 나무 테를 쓰서 뒤의 나무 테 위에 포개어 흙과 숯가루를 채운 다음에 뒤엎고, 뒤의 거푸집을 들어 올린다. 이렇게 반복하여 10여 개의 테로 된 거푸집이 완성되면 이들을 합쳐서 밧줄로 단단히 동여매어 고정시킨다. 나무 테의 가에는 구리의 쇳물을 부어 넣을 주입구를 미리 마련해 둔다.

동전을 주조할 때 주물공鑄物工은 매부리 모양의 집게로 녹은 구리가 든 도가니를 노에서부터 꺼낼 때 다른 한 사람은 다른 집게로 도가니 밑을 받쳐 주어 서로 도우면서 차례로 하나씩 거푸집 구멍에다 쇳물을 붓는다. 그리고 식은 다음에는 밧줄을 풀고 거푸집을 열어 보면 동전 100개가 마치 꽃이나 과일이 나뭇가지에 달리듯 주렁주렁 많이 매달려 있는 것을 보게 된다. 그것은 왜냐하면 거푸집에 미리 만들어 둔 홈을 따라 구리가 녹은 쇳물이 흘러 굳어져 나뭇가지처럼 구리의 가닥이 널려 있기 때문인데, 이 동전들을 하나씩 잘라 끄집어내어 차례로 줄로 쓸면 동전이 완성된다. 이때 먼저 동전의 테두리를 줄로 쓸고, 그 다음에는 대나무 막대에다 수백 개를 꿰어서 다시 한꺼번에 줄로 쓴다. 이 일이 끝나면 고르지 못한 동전의 표면을 또 줄로 쓸어야 하는데, 이때에는 동전을 하나씩 쓸어 나간다.

동전의 빛깔과 질이 좋고 나쁜 것은 아연 함량의 많고 적음에 따라 나눠진다. 동전이 완성된 후에 그 동전의 무게와 두께는 쉽사리 확인될 수가 있다. 아연은 값싸고 구리는 비싸기 때문에 사사로 동전을 위조하는 사람은 심지어 구리와 아연을 반반으로 섞어 만들기도 한다. 이런 동전은 섬돌에다 던져 보면 마치 나무나 돌맹이를 던지는 듯한 소리가 나는데, 이는 그 질이 매우 떨어진다는 것을 말해준다. 만약 질이 좋은 동전이라면 구리가 9, 아연이 1이 들어 있으며, 땅에다 던지면 '쨍강'하는 금속성의 소리가 난다.

동銅으로 된 제품의 폐품으로 동전을 주조하면 한 번 녹일 때마다 10분의 1이 소모되는데, 이는 그 속의 아연이 먼저 달아나 버려 구리의 함량이 점점 높아지기 때문이다. 따라서 이것으로 동전을 주조하면 새 구리로 처음 녹인 것보다 질이 더 좋다.

유구琉球 일대의 나라에서 주조한 은전銀錢은 그 거푸집이 쇠집게 끝에 새겨져 있어 은이 녹을 때에 집게 끝으로 도가니 속의 은의 쇳물을 퍼내어 냉수에다 살짝 담그면 한 개의 은전이 물 속에 떨어진다.

(덧붙이기) 철전(鐵錢)

철은 그 가치가 대단히 천해서 예로부터 전錢을 주조하는 데는 사용하지 않았다. 철전은 당대唐代의 번진藩鎭[437]인 위박진魏博鎭 지역[438]에서 비롯되었다.[439] 번진이 할거割據하여 구리를 조달하기 어려워 동화銅貨가 불통不通되자 부득이 철로 주전하였다.[440] 이는 어디까지나 일시적인 방편에 불과하였다.

당대唐代의 황실皇室이 홍성했을 때는 은銀으로 콩을 주성하여 장난감으로 즐겼으나[441] 할거정권들이 집권하여 국가가 쇠락했을 때에는 천한 철로도 철전을 주조하게 되었다.[442] 따라서 여기에 박물자博物者의 감개感慨를 아울러 적어 두는 바이다.

437 당대唐代 초에는 중요한 주州에 도독부都督府를 설치하였으나 후에는 차츰 절도사節度使로 바뀌어 갔다. 이를 번진이라 불렀다.

438 당나라 말기의 번진 가운데에는 위박절도사가 있었는데, 이는 하북河北의 세 번진의 하나로서, 그 위치는 지금의 하북성 남부인 대명大名현에 있었다. 광덕廣德 원년인 763년에 안록산安祿山과 사사명史思明의 반란 부대를 수습하기 위하여 설치된 것이다. 그 후 오래도록 이곳의 통치자가 할거하여 스스로 왕으로 군림하였다. 이 지역은 지금의 산동山東·하북河北·하남河南 세 성省에 걸친 곳이라고 말하기도 한다.

439 철전의 주조는 한대漢代의 공손술公孫述에서 시작되어 남조南朝의 양梁 때에도 주조되었으며, 당대에 처음 만들어진 것이 아니다.

440 철전은 당 이전에 통용된 때도 있다. 예컨대 6세기 초의 양梁의 보통 연간普通年間에는 동전 대신에 철전이 유통되었다.

441 명대明代 유약우劉若愚의 《작중지酌中志·내부아문직장內部衙門職掌》에 기재된 바에 의하면 당대唐代에는 은작국銀作局을 두어 오로지 궁정에서 쓸 금은의 기물을 만들었다. 그 가운데는 금은으로 만든 콩도 있었다. 당唐의 경제景帝 등은 금은 콩을 땅에다 뿌려 궁녀나 내시內侍들이 서로 앗아 가게 하여 이를 즐겼다고 한다. 또 명대에도 황제들이 신하들에게 은으로 만든 콩 즉 은두銀豆를 하사하였다고 한다.

442 당조唐朝는 755년의 '안安, 사史의 난亂' 이후에 번진이 할거하게 되었으며, 이에 따라 당의 왕조가 쇠퇴하여 서기 907년에서 979년에 이르는 오대십국五代十國의 혼란시대로 접어들었다. 이때는 동전·철전이 있는가 하면 심지어 연전鉛錢까지 나타났으며, 특히 철전이 대량으로 유통되었다. 철전이 동전 대신에 쓰였으나 화폐의 액면가는 바뀌지 않아 돈의 가치가 떨어졌다. 이 때문에 물가가 치솟는 등 경제가 매우 혼란하게 되었다.

9. 배와 수레[443]

나는 말한다. 인류가 각지에 분산되어 살면, 각 지역의 산물産物도 각기 다르다. 사람들은 서로 내왕하면서 무역과 운수로 상호 물자를 교환하여 이 세계가 성립된다. 만약 사람들이 제각기 떨어져 살면서 서로 연락 없이 평생을 마친다면 무엇으로 인류사회가 존립할 수 있겠는가!

지위가 높은 사람은 반드시 문을 나서야 하지만 언제나 먼 길 가기를 두려워한다. 어떤 물건은 그 가격이 싸더라도 일상생활의 필수품이라면 모자랄 때는 사서 가져와야 한다. 국내의 사정을 보면, 남방에서는 배에 의존하고, 북방에서는 수레가 주요한 교통수단이 된다.

사람들은 수레나 배를 빌어 산을 넘고 바다를 건너, 국내외의 물자들을 서로 교역하고, 그리하여 제국帝國의 수도首都를 번영하게 만든다. 그럼에도 불구하고 무슨 이유로 배나 수레를 처음으로 만든 사람이 후인의 숭배를 받지 못하고 있는 것인가?[444]

어떤 이들은 오래도록 넓은 바다를 항행하며 만경萬頃의 큰 파도도 마치 평지처럼 보는데, 이는 열자列子[445]가 마치 바람을 타고 날랐다는 고사故事와 다를

443 원문에는 주차舟車로 되어 있다. 중국에서는 "남선북마南船北馬"라고 하는 말이 있어 남북방의 다른 교통상황을 잘 말해주고 있다. 명대에는 정화鄭和가 7차례나 배를 타고 서양을 간 것으로 되어 있는데, 이는 당시 조선造船기술의 발달을 잘 말해주고 있다.

444 원문에는 불식시축지보不食尸祝之報라고 되어 있는데, 여기서 '시축지보'는 후대에서 제사를 지내고 기념하여 그 은공에 보답하는 것을 말한다.

445 《장자莊子·소요유逍遙游》에는 열자가 바람을 타고 왕래하였다고 한다. 열자는 전국시대戰國時代의 정鄭나라 사람이며, 이름은 어구御寇이다.

바 없다. 사서史書에 쓰여 있는 수레를 처음으로 만든 해중奚仲[446]과 같은 사람을 신인神人이라 부르는 것은 당연한 일이라고 하겠다.

446 《세본世本》에 따르면 해중은 수레를 처음으로 만든 사람이며, 하대夏代에 차정車正이란 직책을 맡았다고 한다. 또 《회남자淮南子 · 수무修務》에도 이런 내용이 기재되어 있다.

조선

漕舫圖

배(舟)

배의 명칭은 고금을 통해서 이루 다 헤아릴 수 없을 만큼 많다. 어떤 때는 배의 모양으로 이름을 짓기도 하고(이를테면 해추海鰌·강편江鯿·산사山梭 등이 그러하다), 또 그 양量으로 이름을 지으며(싣는 양에 따른다), 또는 배의 재료로 이름을 짓기도 한다(각종 목재의 이름에 따른다). 따라서 이런 모든 이름들을 다 말할 수 없다.

해변에 사는 사람들은 멀리 떠나는 원양선遠洋船이나 외항선外航船을 볼 수 있고, 강가에 사는 사람들은 궁량宮糧을 운반하는 돛배인 조선漕船을 볼 수가 있다. 그러나 산중에 파묻혀 살거나 또는 평원平原에서 평생을 보내는 사람은 단지 일엽편주一葉片舟나, 목재나 대로 만든 뗏목 밖에는 볼 수가 없다. 여기서는 몇 가지 배의 구조와 그 만드는 방법을 대략 소개하니, 여기서 언급하지 않은 그 밖의 것들은 미루어 유추할 수 있을 것이다.

조선(漕船)[447]

수도首都는 군인이나 백성이 모이는 곳이어서 이런 경성의 수용에 따라 전국 각 지방으로부터 수운水運으로 물자가 운반되어, 조선漕船이 번창하게 되었다. 원조元朝가 중국을 통일 한 후 북경北京을 수도로 삼았다. 당시 남방에서 북방으로 수송하는 항로를 보면, 하나는 강소성江蘇省 태창현太倉縣의 유가항劉家港을 출발하는 것과, 또 하나는 강소성江蘇省 해문현海門縣의 황령사黃連沙를 출발하는 것이었는데, 이것들은 모두 연해沿海를 따라 천진天津으로 직항하는 항로로, 여기에 사용되는 배는 차양선遮洋船이 항행하였다. 이 상황은 계속되어 명조明朝 영락永樂 연간[448]에도 이와 사정이 같았으나 그 후 해양海洋의 풍랑風浪이 높아지고 위험이 커지면서 내륙의 하천河川을 이용하는 것으로 바뀌게 되었다.

당시 소주부蘇州府의 포정사布政使인 진모陳某[449]가 처음으로 선저船底가 평평한 천선淺船을 만들 것을 제창하였는데, 이는 지금 양식을 운반하는 운량선運糧船인 조선漕船의 형식이다.

이런 배의 선저船底는 건축물의 기초인 터에 해당되고, 선신船身은 건축물의 벽에 해당된다. 또 선창船艙의 머리부분은 반으로 쪼개서 마디를 빼낸 음양죽

---

447 조선漕船은 배의 일종으로서, 국가에서 거둔 조세미租稅米를 수도로 운반하는 배이다. 《대명회전大明會典》권 200에 따르면 조선은 차양선遮洋船과 천선淺船으로 나뉜다. 원대元代에는 남방의 쌀을 바다를 통해서 차양선으로 운반하였고, 명대明代 성조成祖가 북경北京으로 수도를 옮긴 후, 운하와 하천을 연결한 수로水路로 천선을 많이 사용하였다.

448 명明 성조成祖의 연호로서 서기 1403~1424년이다.

449 명대 평강부平江府의 포정사布政使인 진선陳瑄을 가리킨다. 평강부는 지금의 강소江蘇의 오현吳縣 · 상숙常熟 · 곤산昆山 · 오강吳江 · 가정嘉定 등의 현縣이 포함된다. 한편 포정사는 방백方伯이라고도 부르며, 부府의 재정을 맡았다.

陰陽竹[450]으로 만들어졌는데, 그것은 마치 집 지붕의 기와의 역할을 하였다. 그리고 선수船首의 맨 앞에 있는 큰 횡목橫木 하나는 집 앞 문루門樓의 기둥[451]에 해당하였고, 선미船尾에 있는 이와 같은 횡목은 침실에 해당하였다. 또 선상船上의 돛대는 활의 몸체弓身에 해당하였고, 돛과 이에 따르는 돛줄은 활의 줄弦에 해당하였으며, 노櫓는 수레를 끄는 말에 해당되었다. 그리고 배를 끄는데 사용되는 밧줄은 길을 걷는데 사용되는 발의 신에 해당하였고, 쇠로 된 닻을 매는 두터운 밧줄과 배 전체를 단단히 묶는 연안에 매다는 큰 밧줄은 매나 수리와 같은 맹금猛禽의 근골筋骨에 해당하였다. 그 밖에 선수船首에 가까운 첫 번째의 노는 길을 여는 선봉先鋒에 해당하였고, 선미의 키舵는 항행을 지휘하는 장수에 해당하였다. 그리고 만약에 군대가 안전하게 진영陣營을 주둔시키려고 한다면 이에는 배의 닻을 사용하여야 했다.

초기의 운량선 배의 규격은 다음과 같다. 선저船底의 길이가 5장 2척, 너비가 9척 5치, 목판의 두께가 2치이며, 남목楠木[452]의 큰 나무가 가장 좋고, 그 다음이 밤나무이다. 선수船首의 길이는 9척 5치,[453] 그 바닥 너비가 6척이다. 선미船尾의 길이는 9척 5치, 그 바닥 너비는 5척이다. 선수 꼭대기인 큰 횡목橫木의 길이는 8척, 선미船尾의 상응하는 횡목의 길이는 7척이다. 배 전체의 몸을 가로지르는 선면船面의 횡량橫梁 및 이와 이어져 있는 양쪽의 늑골肋骨, 저량底梁과 격창판隔艙

450 대를 반으로 쪼개어 마디를 없앤 것으로, 오목한 부분을 위로 향하게 하여 아래쪽으로 차례로 이어 두어 빗물을 받는다. 마치 지붕 위의 기와 같다.

451 옛날에 벼슬에 오른 사람의 집 앞에는 대문 바깥에 좌우로 두 기둥을 세웠다.

452 남목에는 두 가지가 있다 녹나뭇과에 딸린 정남楨楠은 높이 약 30m되는 큰키나무로서 나무 주기가 곧고, 질이 좋다. 또 같은 과에 달린 산남算楠도 높이는 약 10m이다. 두 가지 다 건축과 가구용으로 쓰인다.

453 명대의 척도는 10진법으로 10척이 1장이며, 1척은 31.1cm이다. 따라서 선수 · 선저 · 선미의 길이를 합치면 7장 1척이므로 선신의 길이는 22.1m이며 너비는 1장 4척이므로 약 4.4m이다.

板을 포함하여 여기에 드는 나무의 뼈대는 통틀어 14개, 그 가운데 선수에 가까운 용구량龍口梁의 길이는 1장, 선저船底까지의 거리는 4척, 그 가운데에 돛대를 세우는 사풍량使風梁의 길이는 1장 4척이며, 선저船底에서의 높이는 3척 8치이다(선저보다 3척 8치가 높다). 선미의 후단수량後斷水梁의 길이는 9척이며, 선저와의 거리는 4척 5치이다. 또한 선루船樓 양쪽에 있는 통로의 너비는 통틀어 7척 6치이다. 이것이 초기 운량선 즉 조선漕船의 규격이며, 한 척이 약 2천 섬石의 쌀을 실을 수 있다(한 척이 한 차례에 적재 한계인 5백 섬만 실어 건네주면 되었다).[454] 그러나 나중에는 수송하는 군軍이 만든 배는 멋대로 선신船身의 길이를 2장 쯤 늘렸고, 선수船首·선미船尾의 너비를 각각 2척이 넘도록 늘려 쌀을 3천 섬을 싣도록 하였다. 그러나 운하의 수문은 폭이 원래 1장 2척이어서[455] 이러한 배들이 겨우 통과할 수 있었다.

현재 관용官用 객선客船의 규격은 이와 완전히 같으나, 단지 선상의 객실 누각의 문과 창을 약간 더 크게 넓혔고, 그 위에 정교한 장식만 더했을 따름이다.

배를 만들려면 우선 선저船底부터 만드는데, 선저의 양쪽에 선벽船壁을 단단히 세우고, 그 선벽 위에다 배에 까는 판목을 받쳐주는 갑판甲板을 만들며, 선벽의 하면下面은 선저에 닿게 한다. 일정한 간격으로 선벽船壁 사이를 가로로 걸치는 나무를 양梁이라 부르며, 선저船底 양쪽에는 한 무더기의 나무를 첩첩이 높이 꽂은 것을 선벽 혹은 선신船身이라고 한다. 선벽 위를 덮은 큰 네모난 나무 기둥 하나를 정방正枋이라 하고, 정방에는 그 위마다 세로로 긴 목판 하나를 얹

454 선체의 크기를 계산해 보면 이 배의 배수량排水量은 백 톤이 될 수 없으며, 따라서 2천 섬을 실을 수 없다. 또 운하의 깊이에 한도가 있고, 운하에는 얕은 곳도 있어서 당시에 정부는 4, 5백 섬 싣는 양을 한도로 삼았다.

455 원문의 1장 2척은 잘못이다. 배의 가운데 너비가 1장 4척이어서 조선이 통과할 수 없다. 따라서 수문의 폭은 2장 2척이어야 한다.

는데 이를 현弦이라고 한다. 또 양梁 앞쪽에 돛대를 세운 곳을 묘단錨壇이라 하고, 묘단 밑에 돛대의 밑부분을 고정시키는 장치를 지룡地龍이라 한다. 선수와 선미에는 각각 선체를 잇는 큰 횡목橫木이 있는데 이를 복사伏獅라 하며, 복사 두 끝 아래에 선신과 단단히 이어져 있는 한 쌍의 세로로 향한 나무를 나사拿獅라고 한다. 또 복사 밑에는 나무 막대 3개가 한 무더기로 연결된 당랑판擋浪板이 꽂혀 있는데 이를 연삼방連三枋이라 부른다. 선수 가운데에 있는 네모난 선실 하나를 수정水井(그 안에 밧줄 등과 같은 물건을 간직한다)이라 하며, 선수 양쪽에 세워서 밧줄을 매는 두 말뚝을 장군주將軍柱라 부른다. 선미부船尾部 바닥 양쪽에서 밑에서부터 비스듬히 올라 있는 선벽 나무를 초혜저草鞋底라 하고, 선미부의 봉초목封梢木 밑에 있는 하나의 횡목橫木을 단방短枋이라 하며, 그 방枋 밑에는 만각량挽脚梁이라는 나무 하나가 있다. 또 선미船尾에서 키를 잡는 곳 위를 덮은 시렁을 야계봉野鷄篷(돛을 올릴 때 한 사람이 이 시렁 위에 앉아 돛줄을 잡아 조정한다)이라 한다. 배의 길이가 10장 가까이 되면 반드시 돛대 두 개를 세워야 한다. 그중 가운데의 돛대는 배의 중앙에서 앞쪽으로 두 개의 양梁이 있는 곳에 세우고, 앞 돛대는 가운데 돛대보다 1여장 앞에 세운다. 조선漕船의 가운데 돛대는 긴 것은 대체로 8장에 이르고, 짧은 것은 그보다 10분의 1, 2가 짧다. 선창船艙 누각인 선루船樓 꼭대기에서 선저까지 들어가는 돛대의 길이는 1장여이며, 돛은 거는 곳은 돛대의 총 길이 가운데서 5, 6장을 차지한다. 앞 돛대의 높이는 가운데 돛대의 반에 미치지 못하고, 돛의 가로세로의 길이도 그것의 3분의 1에도 못 미친다.

소주蘇州 · 호주湖州의 여섯 군郡 일대의 쌀을 운반하는 배는 대부분 무지개 모양의 돌다리를 지나야 하며, 또한 장강長江이나 한수漢水와 같은 풍랑이 험한 곳이 없어서 돛이나 돛대가 작아도 괜찮다. 그러나 호남湖南·호북湖北·강서江西 등을 다니는 배는 호수를 지나 강을 건어야 하기 때문에 갑자기 불어오는 풍랑風浪을 만날 수도 있어 닻·밧줄·돛, 그리고 돛대 등을 모두 엄격하게 규격에 따라 건조하여야만 비로소 후환이 없다. 돛의 크기는 선신의 폭과 같아야 하며, 이보다 크면 위험이 따르고, 작으면 풍력風力이 부족하다.

배의 돛은 대나무를 쪼갠 죽편을 줄로 엮어서 만드는데 그러면 한 부분식 접기가 싶다. 또 죽편은 일정한 길이가 될 때마다 돛대에 끼울 고리에 하나씩 끼워 넣으며, 이렇게 만든 짝을 겹겹이 접어 두었다가 때가 되면 돛대에 걸도록 한다. 조선漕船의 가운데 돛대의 돛은 열 사람이 힘을 합쳐야 비로소 돛대의 꼭대기까지 올릴 수 있지만, 앞의 돛은 단지 두 사람만으로도 족하다.

돛줄을 걸 때는 미리 지름이 한 치쯤 되는 나무 도르래를 돛대 꼭대기에다 매달고, 다음에는 허리에 돛줄을 차고 돛대에 기어 올라가 세 가닥의 돛줄을 서로 얽어서 도르래에다 걸친다. 돛이 받는 풍력風力은 맨 위의 돛 한 장은 아래의 3장과 맞먹기 때문에 이들을 잘 조절하여야 한다. 만약 정확하게 조절을 잘하여 순풍順風을 만났을 때, 돛을 최대한 올리게 되면 전진하는 배의 속도는 마치 질주하는 말처럼 빨리 나아간다. 하지만 바람이 부단하게 세어지면 돛을 점점 줄여야 한다(갑자기 센바람을 만나 돛을 내릴 수 없을 때는 갈고리로 당겨 내린다). 바람이 심할 때는 돛 한두 장만 달아도 충분하다.

옆에서 불어오는 바람을 이용하여 배가 항행하는 것을 창풍搶風[456]이라고 한다. 만약 이때 물이 흐르는 방향에 따라 갈 때는 돛을 올려 '지之'자나 '현玄'자형

456 항해를 막는 바람이라는 의미이다.

으로 나아간다. 창풍과 같은 이런 상황에서 배가 돛을 조종하여 동쪽에 있는 건너편 기슭을 향하여 나아가자면, 때로는 얼마의 거리는 건너편 기슭과 나란히 순조로이 갈 수 있으나, 심한 경우에는 수십 장丈이나 후퇴할 때도 있다. 이때는 배가 건너편 연안에 닿기 전에 서둘러 키를 돌리면서 돛을 조절하여 배를 서西로 향하게 하면 수세水勢와 풍력風力이 서로 작용하여 배는 잠시 동안에 십여 리를 비스듬히 달릴 수 있다. 그리고 만약 고요한 호수에서의 상황이라면 배는 천천히 비스듬히 사행斜行하며 나아갈 수 있다. 그러나 이와 반대로 물이 흐르는 방향이 아닌 물을 거슬러 올라가는 상황에서 이런 옆바람을 만나게 되면 배는 한걸음도 나아갈 수가 없다.

배는 원래 물 흐름에 따라 가는 것으로, 마치 풀이 바람에 따라 요동하는 것과 같다. 따라서 키로 물의 흐름을 가로막으면 물은 원래의 방향과는 달리 흐르게 된다. 키를 한 번 돌리면 그때마다 한 줄기의 물의 흐름이 이에 따른다.

키의 아래쪽 끝은 선저船底와 가지런해야 한다. 만약 키가 선저보다도 한 치라도 밑으로 나오면 수심水深이 얕은 곳에서는 선저는 이미 지나도 선미의 키가 걸려 나아갈 수 없다. 따라서 바람이 세차게 불면 이 한 치의 나무는 형용할 수 없는 곤경을 겪게 만든다. 반대로 만약에 키가 선저보다 한 치라도 짧으면, 키의 운전력이 너무 약해 선체船體의 방향을 재빨리 바꿀 수 없다. 키로 가로막힌 물의 힘은 이에 따라 선수船首까지 미치는데, 이때 선저船底 밑의 물은 마치 한 줄기의 방향을 따라 흐르는 급류急流와도 같아 이 때문에 선수는 자연히 일정한 방향을 향하게 된다. 이는 실로 오묘하다고 아니할 수 없다.

키 위의 조종간操縱杆을 관문봉關門棒이라 부른다. 선수를 북으로 향하게 하려면 조종간 즉 관문봉을 남으로 돌려야 하고, 반면에 선수를 남으로 향하게 하려면, 그것을 북으로 돌려야 한다. 그런데 선체가 너무 길거나 거기다가 바람이 옆에서 세차게 불어오면 키의 힘은 쓸모가 없어진다. 이때는 재빨리 바람이 불어오는 쪽의 피수판披水板[457]을 내려서 바람의 기세를 막아야 한다.

키를 제작할 때에는 곧은 나무 하나로 몸체를 만들고(조선漕船에 쓰는 것은 둘레가 3척이고, 길이가 1장여이다), 위쪽 끝은 구멍을 뚫어 관문봉을 옆으로 꽂고, 아래쪽 끝에는 톱으로 타판舵板을 끼울 곳을 만들어 판을 꽉 끼우는데, 그 형상이 마치 도끼와 같다. 여기에다 쇠못을 단단히 박아 고정시키면 물을 막을 수 있다. 또 선미船尾에 높이 솟은 곳을 타루舵樓라 부른다.

쇠로 된 닻은 물 밑에 가라앉혀 배를 매달아 고정시켜 두는 것으로, 조선漕船 한 척에는 닻이 모두 5, 6개 있다. 그중 가장 큰 것은 그 무게가 5백 근 내외로, 이를 간가묘看家錨[458]라 부른다. 그 나머지는 선수에 2개, 그리고 선미에도 2개가 있다. 만약 배가 항행 중에 역풍逆風을 만나 나아갈 수도 없고, 또 해안에 정박할 수도 없으면(혹은 이미 해안에 가까이 있으나 바닥이 돌뿐이고 모래가 없으면 정박할 수가 없다. 그러나 이때는 수심水深이 깊은 곳에 닻을 내려 정박할 수 있다) 닻을 내려 바닥에 닿게 하고, 닻을 매단 밧줄을 장군주將軍柱에다 감는다. 닻의 발은 한 번 질흙이나 모래에 닿으면 그 속으로 빠져 들어가 바다 밑을 움켜잡는다. 만약 상황이 극히 위급할 때는 바로 간가묘看家錨 닻을 내려야 하는데, 이런 닻을 매단 밧줄을 본신本身[459]이라 부르며, 이는 이 밧줄이 대단히 중요하다는 것을 뜻한다. 같은 방향으로 나아가던 앞선 배가 방해를 받아 멈칫거리는데 자기 배는

457 피수판披水板은 현재 벽수판劈水板이라 부른다. 선수船首에 가까운 복부腹部의 양쪽에 있는 두 목판木板으로서 아래위로 오르내리게 되어 있다. 횡풍橫風이 불면 선저船底보다 더 아래로 내려서 배가 가로로 떠내려가거나 전복되는 것을 막는다.

458 집을 지키는 닻이란 의미이다.

459 명줄기命根라고도 부른다.

순조로이 힘차게 나아가 앞의 배와 충돌할 위험이 있으면, 서둘러 선미의 닻을 내려 배의 전진속력을 줄여야 한다. 또 바람이 잠잠해져 배가 출발할 때는 권양기捲揚機로 밧줄을 감아 닻을 올린다.

선판船板에 있는 틈새들을 메우려면 어저귀白麻를 찧어 솜 같은 섬유로 만들어, 이를 날이 둔한 끌로 틈에다 박아 넣고, 다시 체로 친 매우 고운 석회石灰를 기름오동의 기름과 반죽하여 덩어리로 만든 다음에 찧어 그것을 다시 그 틈새에 채워 넣는다. 절강浙江의 온주溫州·대만臺灣·복건성福建省·광동廣東·광서廣西 등지에서는 모두 석회 대신에 조개껍데기의 재를 쓴다.

배돛의 밧줄은 삼(대마大麻라고도 한다) 껍질을 꼬아 만든다. 지름이 한 치보다 굵게 꼰 굵은 밧줄은 설령 만근 이상의 물건을 매달아도 끊어지지 않는다. 닻을 매는 밧줄은 대쪽을 깎아 만든 푸른 대靑竹를 쓰는데, 미리 죽편竹片을 솥에서 충분히 삶은 다음에 꼬아서 만든다. 배를 당기는 밧줄도 역시 죽선竹線을 삶아서 꼰 것이다. 밧줄의 길이가 10장 이상으로 이어야 할 경우에는 그 중간에 테를 끼워 이음매 구실을 하게하고, 만약 장애물을 만나면 손가락의 힘으로도 쉽게 끊어 떨어지도록 한다. 대의 성질은 곧아 세로 방향으로 끄는 힘이 세어서, 하나의 대오리는 천근의 무게도 버틸 수 있다.

장강長江의 삼협三峽[460]에서 강을 거슬러 사천四川으로 진입하는 배는 종종 대로 꼰 밧줄을 쓰지 않고, 대를 쪼개어 너비가 한 치여가 되는 대쪽 자체를 차례로 이은 것을 쓰는데, 이를 화장火杖[461]이라고 한다. 이는 연안의 석벽의 돌날이 칼날과 같아서 대오리가 쉽게 상할 우려가 있기 때문이다.

460 삼협은 장강에 있는 곳으로 사천四川 동부의 구당협瞿塘峽과 무협巫峽 및 호북湖北 서부의 서능협西陵峽을 말한다.
461 이런 대쪽을 쓰고 나면 잘라 횃불용으로 쓰기 때문에 화장이라 부른다. 어떤 판본에서는 대장大杖으로 되어 있다.

배를 만드는데 사용되는 목재는 돛대에는 곧고 잘 빠진 삼杉나무를 쓰며, 한 개로 길이가 모자라면 이어 쓰고, 이음매 바깥은 쇠로 만든 테를 한 치마다 끼워 싸서 고정시킨다. 선루船樓 앞쪽은 한 곳을 비워 두어 돛대를 세우기 쉽도록 한다. 가운데 돛대를 세울 때에는 먼저 몇 척의 큰 배를 이어서 돛대를 싣고 와서 돛대 한쪽 끝에 긴 밧줄을 매어 줄을 잡아당겨 일으켜 세운다.

선상船上의 양梁과 선신에 사용하는 긴 목재로는 남목楠木 · 저목櫧木[462] · 녹나무[463] · 느릅나무[464] · 홰나무(봄이나 여름철에 벤 녹나무를 오래 두면 벌레가 먹는다)를 사용한다. 선저나 갑판甲板은 어떤 목재를 써도 괜찮다. 다만 키에 해당하는 타간舵杆에는 느릅나무 · 참느릅나무[465] 또는 종가시나무를 사용하고, 관문봉關門棒에는 주목稠木[466]이나 참느릅나무를 쓴다. 노櫓는 삼나무 · 전나무[467] 또는 가래나무[468]를 사용한다. 이상 말한 것은 목재 사용에 대한 대체적인 상황이다.

462 저목櫧木은 너도밤나뭇과의 메밀잣밤나무속의 몇 가지 나무를 가치킨다. 예컨대 종가시나무가 있으며 이 나무는 제주도, 일본, 중국, 히말라야 등지에 분포한다.

463 녹나무는 녹나뭇과에 딸린 늘푸른큰키나무로서 높이 20m, 재목은 건축이나 가구재 또는 장뇌樟腦의 원료 약재로도 쓰인다. 장목樟木이라고도 부른다.

464 느릅나무는 유목楡木 또는 백유白楡라고 하며, 느릅나무과에 딸린 갈잎큰키나무이다.

465 참느릅나무는 낭목榔木 또는 낭유榔楡라고 하며, 경북 · 충남 · 전라도 등지에 자라며, 재목은 숯을 굽거나 땔나무로 쓰고, 어린 잎은 먹는다.

466 주목은 너도밤나뭇과의 메밀잣밤나무속이나 상수리나무속의 여러 가지 나무를 통틀어 주목이라 한다.

467 전나무는 회목檜木 또는 원백圓柏이라 하며, 소나뭇과에 딸린 늘푸른큰키나무이다. 목재는 건축 · 제지용으로 쓰인다.

468 가래나무는 추목楸木이라 하며, 호두나뭇과에 딸린 갈잎큰키나무이다. 열매는 먹고, 나무는 단단하여 여러 가지 기구를 만드는 데 쓴다.

바닷배(海舟)[469]

원대元代나 본조本朝인 명대明代 초기에 쌀을 운반하는 바닷배로 비교적 큰 것을 차양천선遮陽淺船이라 하고, 그보다 작은 것을 찬풍선鑽風船(즉 해추海鰍이다)이라 한다. 이런 배의 항로는 겨우 만리장탄萬里長灘,[470] 흑수양黑水洋,[471] 사문도沙門島[472] 등 까지이며, 도중에 그다지 위험한 항로는 없다. 이런 배를 제조하는 건조비는 유구琉球나 일본日本에 사신을 파견하거나 무역을 위해 인도네시아의 자바섬과 말레이 반도의 파타니[473]로 항행하는 배들과 비교하면 그 10분의 1에도 미치지 못한다.

차양선遮陽船의 규모는 조선漕船보다 배의 길이가 1장 6척이 더 길고, 너비는 2척 5치가 더 넓으며, 그 밖의 각종 설비는 똑같다. 단지 타간舵杆은 반드시 두메밤나무[474]로 만들고, 이 배 선판船板의 틈새를 메울 때에는 석회에 어유魚油와 기름오동의 기름을 반죽하여 쓰는데 그 이유는 무슨 까닭인지 알 수 없다. 외국 해선海船의 모양과 크기 등의 규격도 대개 이와 대동소이하다. 복건福建이나 광동廣東의 원양선遠洋船(복건성에서는 해징현海澄縣[475]에서, 광동성에서는 마카오항에서 출발한다)에는 대를 두 조각으로 쪼개 이를 엮어서 방책防柵을 만들어 배의 양편

469 해선海船이라고도 한다.
470 만리장탄은 장강長江 입구에서 강소성 북부의 염성鹽城에 이르는 수심이 얕은 해역海域을 말한다.
471 흑수양은 강소성江蘇省 숭명도崇明島부터 산동성山東省 성산각成山角에 이르는, 서해西海 가운데 비교적 수심이 깊은 한 가닥의 항로를 일컫는다. 혹은 강소성 염성에서 산동반도 남부의 사이라고도 한다.
472 사문도는 발해渤海의 묘도군도廟島群島 가운데의 한 섬이다. 지금의 산동반도 봉래蓬萊 서북쪽의 바다에 위치하였다.
473 원문에는 독니篤泥라고 되어 있는데 발음으로 보아 말레이시아 반도의 Patani로 생각된다.
474 두메밤나무는 철력목鐵力木이라 하며, 동남아 열대 지방에서 나며, 재질이 단단하여 건축 재료로 쓰인다.
475 복건성福建省 남부의 연해沿海이며, 현재는 용계현龍溪縣과 합쳐져 용해현龍海縣이 되었다.

에 세워 파도를 막는다. 산동성山東省의 등주登州[476]와 내주萊州[477]의 해선 즉 바닷배는 그 방법이 이와 다르다. 일본日本의 바닷배는 양쪽에 배열한 노槳인 난판欄板을 두어 사람이 힘껏 돌려가면서 파도를 막는 역할을 한다. 조선朝鮮에서 만드는 방법은 또 이와 다르다.

배의 선수와 선미에는 나침반[478]을 두어 이것으로 방향을 잡는다. 배의 중간에 있는 큰 횡량橫梁은 밖으로 몇 척쯤 튀어나오도록 하여 여기에 요타腰舵를 꽂는데, 이것은 어느 배나 다 같다. 허리 키인 요타는 선미의 키인 미타尾舵와는 모양이 다르며, 넓은 판자를 칼의 모양으로 깎은 것으로서, 물 속에서 돌지 않으며, 다만 선체가 기울지 않게 평형을 유지하도록 한다. 또한 요타 위에는 가로 손잡이 하나가 양梁에 묶여 있다. 수심水深이 얕은 곳에 이르면 그것을 끌어올리는 점은 키와 닮은 점이 있어서 이 때문에 요타腰舵라고 부른다.

해선은 바다로 출항할 때에 죽통竹筒에다 몇 백 근의 담수淡水를 담는데, 이는 넉넉히 선원들에게 이틀 분의 식수로 공급될 수 있으며, 섬 같은 곳에 닿게 되면 다시 물을 보충한다. 어느 지방, 어느 섬이나, 또 어느 방향으로 항해를 할 때나 그 방향을 나침반의 지침이 분명히 가리켜 주는데, 이는 사람의 경험만으로 얻어지는 것이 아니다. 실로 키를 잡아 배를 조종하는 사람들의 견식見識과 기백氣魄은 거의 사생死生을 초월한 경지에 이른 것이며, 이는 결코 일시적인 용기로 되는 일이 아니다.

476 부명府名으로서, 산동반도山東半島 북부의 봉래현蓬萊縣 일대이다.

477 부명府名으로서, 현재는 산동반도山東半島 남부의 즉묵卽墨과 해양海陽 사이의 지역이다.

478 중국에서는 지남철을 항행에 이용한 것은 11세기이지만, 지남철, 즉 자침을 이용한 나침반은 명대明代에서 비롯된다.

여섯 노 과선

六槳課船圖

여러 가지 배

＊강한江漢의 과선課船 : 장강長江이나 한수漢水를 다니며 주로 은銀을 운반하는 과선課船은 선체가 좁고 길며, 배 위에는 앞뒤의 선실이 모두 10여 개 줄지어 있다. 매 선실마다 그 크기는 겨우 한 사람이 누워 쉴만하다. 배 전체에는 노가 6개 있고, 작은 돛대와 돛이 하나가 있으며, 풍랑風浪 속에서 오직 이 몇 개의 노에 의지하여 저어 나아간다. 만약에 역풍逆風을 만나지 않는다면 물 흐름에 따라 하루 동안에 4백여 리를 갈 수 있고, 물을 거슬러 올라가더라도 백여 리는 갈 수가 있다.

명조明朝 때 회음淮陰·양주揚州 일대에서는 거둬들이는 염세鹽稅의 징수액徵收額이 많아 이런 배로 염세의 은銀을 운반하였기에 과선課船이라고 불렀다. 길을 서둘러 떠나야 하는 여행객들도 종종 이런 배를 빌려 탔다. 뱃길은 대개 남南으로는 강서성江西省의 장수章水와 공수貢水의 두 강에서, 서西로는 호북성湖北省의 형주荊州·강릉현江陵縣·양양현襄陽縣 등지에서 출발하여 강소성江蘇省의 과주瓜州·의징儀徵까지 이른다.

＊삼오三吳의 낭선浪船 : 절강성浙江省의 서부에서 강소성江蘇省의 소주蘇州에 이르기까지 가로세로 7백 리 이내에는 수많은 깊은 고랑이나 작은 시내가 굽이굽이 흘러 낭선浪船(가장 작은 것을 당선塘船이라 한다)의 수가 십만이나 헤아릴 수 있으며, 여행자들은 그 지위나 빈부貧富를 가릴 것 없이 다 이 배를 타고 왕래하며 거마車馬나 보행步行을 대신하고 있다.

이런 배는 비록 매우 작더라도 반드시 창문과 방이 마련되어 있으며, 배의 목재로는 삼나무杉木를 많이 쓴다. 사람이나 물건이 이 배에 적재되면 배는 양쪽의 균형을 유지해야 하므로 돌 하나의 무게만큼이라도 한쪽으로 쏠리면 배는 기울어진다. 이 때문에 이런 배는 흔히들 속된 말로 천평선天平船[479]이라 일컫는다. 내왕하는 뱃길은 일반적으로 7백 리 이내이나, 안일함을 꾀하는 사람들은 이런 배를 빌려 타고 북쪽의 통현通縣[480]과 천진天津으로까지 곧바로 가기도 한다. 그러나 뱃길 가운데 강소성江蘇省의 진강鎭江에서 장강長江을 한번 가로지를 때는 풍랑이 잠잠해지기를 기다렸다가 건너야 한다. 다음에는 역시 강소성의 청강靑江의 운하運河를 건너, 다시 황하黃河의 얕은 물을 거슬러 올라가 2백 리를 가면 대운하의 갑문閘門으로 들어가게 되면서 조용한 운하運河[481] 속의 항행을 할 수가 있게 된다.

장강長江의 상류는 물 흐름이 급하고 물결이 높아 이런 배로는 도저히 항행할 수 없다. 낭선의 추진력은 전적으로 선미船尾의 큰 노櫓, 槳에 의지하기 때문에 두세 사람이 힘을 합쳐 배를 전진시키든지 또는 사람들이 기슭으로 올라가 밧줄로 배를 당겨 나아가게 해야 한다. 돛은 손바닥만한 작은 돛자리여서 배가 나아가는데 전혀 의지할 바가 못 된다.

＊동절東浙의 서안선西安船 : 절강浙江의 동부인 상산현常山縣에서 전당강錢塘江까지 8백 리의 수로水路는 그대로 바다에 이어져 다른 뱃길이 없다. 이 때문에 이런 배는 절강성浙江省 서부의 상산현常山縣·개화현開化縣·수안遂安[482] 등의 작은 강에서 전당강까지 다니고 다른 항로를 이용할 필요가 없다. 이런 배는 댓잎을

479 천평天平은 저울을 뜻한다.
480 북경 근교에 위치한 지역으로 이탁오李卓吾의 묘가 있는 곳이다.
481 운하에는 각 단계마다 갑문閘門이 설치되어 있어서 수위를 조절한다.
482 수안은 절강성의 구현명舊縣名이며, 지금은 순안현淳安縣에 통합되었다.

엮어 무지개 모양으로 시렁을 만들어 위를 덮고, 무명베로 돛은 만든다. 돛의 높이는 약 2장이며, 돛의 줄도 역시 무명으로 만든다. 처음 배로 된 돛을 쓰게 된 까닭은 전당강錢塘江에는 솟구치는 파도가 치는 곳이 있어 위급한 경우에 돛을 쉽게 거둬들일 수 있기 때문이라는 말도 있으나 반드시 그 이유 때문이라고는 할 수 없다. 이런 돛을 만드는데 드는 비용은 대오리를 엮어 만든 것보다 훨씬 비싼데 무엇 때문에 이런 돛을 쓰는지는 이해할 수가 없다.

*복건福建의 청류선淸流船과 초봉선梢蓬船 : 이 배들은 복건성福建省의 서북부인 광택현光澤縣과 숭안현崇安縣의 두 작은 강에서 복주福州의 홍당洪塘까지 다닌다. 그 아래쪽의 수로는 바로 바다로 이어진다. 이 가운데 청류선은 화물과 행상인을 함께 태우나, 초봉선은 이보다 커서 사람이 앉고 누울 수 있으며, 관리나 귀인貴人들과 그 가솔이 이용한다. 이런 배는 모두 삼나무로 선저船底를 만들었기에 항행하는 길에 험한 여울이나 암초가 적지 않아 자주 충돌하고 파손되어 물이 스며들기도 한다. 만약 이런 상황에 처하여 배가 상하게 되면 곧 배를 해안 기슭으로 몰아 짐을 내리고 틈을 막아 수리해야 한다. 또 이런 배의 선미船尾에는 키가 달려 있지 않아 선수船首에 있는 큰 노 하나로 배의 방향을 돌린다. 따라서 안전을 위하서는 배 5척을 서로 연이어서 선단船團을 이루어 항행하며, 급류의 험한 여울을 지날 때는 뒤의 배 4척에 탄 사람이 기슭에 올라 밧줄로 첫 번째의 배를 뒤로 당겨 끌어 그 배의 속도를 줄여야 한다. 뱃사람들은 추운 겨울철에도 신을 신지 않는데, 그것은 늘 물을 건너야 하는 불편함이 있기 때문이다. 또 이런 배의 돛은 달려만 있지 사용하지는 않는다.

*사천四川의 팔로등선八櫓等船 : 사천四川의 수원水源은 원래 장강長江과 한수漢水와 통해 있으나, 사천의 배는 호북성湖北省의 형주荊州까지만 다니고, 거기서 다

시 하류로 항행할 때에는 또 다른 배로 바꾸어야 한다. 그리고 반대로 상류로 거슬러 올라갈 때에는 호북성湖北省의 의창宜昌에서 삼협三峽으로 진입해야 하고, 이때에는 사람이 밧줄로 당기는 것에 의존해야 한다. 밧줄은 큰 대나무大毛竹를 네 쪽 또는 여섯 쪽으로 쪼개어 다시 삼으로 꼰 줄로 단단히 묶어 이은 것을 사용하며, 이를 화장火杖이라고 부른다. 배 위에서는 마치 단오절에 용주龍舟를 타고 경주하는 것처럼 북을 치고, 밧줄을 끄는 사람은 기슭의 바위틈에서 북소리를 듣고 함께 힘내어 배를 끈다. 한여름에서 한가을까지는 강물이 불어 협곡을 막으면 몇 달 동안 배가 항해를 할 수가 없게 된다. 그 후 수위가 줄면 비로소 항해가 다시 시작된다. 이 뱃길에서 지나게 되는 호북성湖北省의 신탄新灘[483] 등과 같은 몇몇 극치 위험한 곳을 지날 때는 승객과 화물을 다 기슭에 내려 반 리여를 기슭을 따라 육로로 운행하고, 승객과 물건이 없는 빈 배만 강을 운행한다. 이런 배의 모양은 선복船腹이 둥글게 불룩하며 선수와 선미는 좁고 뾰족하여 험한 여울에서 물결을 헤쳐 나가기에 편하게 되어 있다.

*황하黃河의 만봉초滿蓬梢 : 이 배는 황하에서 회하淮河로 진입하거나 또는 회하에서 하남河南의 변수汴水로 거슬러 올라가는 데에 이용된다. 이런 배를 제작하는 데에는 남목楠木을 사용하며, 배의 건조비가 비교적 높다. 배의 크기는 여러 가지가 있어 큰 것은 3천 섬을 실을 수가 있지만, 작은 것은 겨우 5백 섬만 실을 수 있다. 물길을 따라 순조롭게 내려갈 때는 선수와 선신이 이어지는 곳에 횡목橫木 하나를 배의 양변에 나오도록 가로질러 놓고, 횡목 두 끝에는 큰 노 두 개를 걸쳐 사람들이 양쪽에서 노를 저어 배를 나아가게 한다. 그리고 쇠

483 신탄은 청탄青灘이라고도 하며, 호북성의 자귀현秭歸縣 동쪽으로 30리에 있으며, 장강의 험탄險灘 가운데 하나이다.

닻 · 밧줄 · 돛의 규격은 장강이나 한수의 배와 동일하다.

*광동廣東의 흑루선黑樓船과 염선鹽船 : 북으로는 남웅南雄에서부터, 그리고 남으로는 광주廣州에 이르기까지 그 어느 곳이나 다 이런 배가 다닌다. 그러나 광동의 혜양惠陽과 조주潮州에서부터 복건의 장주漳州나 천주泉州로 가자면 강에서 바다로 나가는 입구에서부터는 해선 즉 바닷배로 갈아타야 한다.

흑루선은 고위관리나 귀인이 타고, 염선은 화물을 운반하는 배이다. 이런 배들은 사람들이 배 양쪽으로 걸어 다닐 수 있으며, 돛대는 하나가 아닌 둘을 써서 여기에 부들로 엮어 만든 돛을 걸친 모양이다. 이 때문에 중원中原의 돛배처럼 돛을 마음대로 움직일 수가 없다. 그리고 역류로 물을 거슬러 올라갈 때에는 밧줄로 끌어야 하는 점은 다른 성省들의 배와 마찬가지이다.

*황하黃河의 진선秦船(속된 말로 파자선擺子船이라고 부른다) : 이런 배는 대부분 섬서성陝西省의 한성현韓城縣에서 제작된다. 큰 배는 수만 근의 돌을 실을 수 있어 물길을 따라 내려와 회음淮陰 · 서주徐州 일대에 공급된다. 이 배는 선수와 선미의 넓이가 같다. 선창船艙과 양梁은 모두 비교적 낮고 평평하여 그리 불거져 나온 곳이 없다. 배가 급류急流로 내려올 때에는 양쪽의 큰 노를 저어 배를 전진시키며, 항행하는데 풍력風力은 이용하지 않는다. 뱃길로 다시 되돌아 올 때에는 종종 20여 사람이 기슭에 올라가 밧줄로 배를 끌어야 하기도 한다. 이 때문에 심한 경우는 배를 타지도 않고 도보로 걸어서 돌아올 때도 있다.

수레(車)

수레는 평지에서 사용하는 데 알맞다. 전국시대戰國時代에 섬서陝西 · 산서山西 · 하북河北 · 산동山東 등지의 각 제후국諸侯國이 교전交戰할 때에는 반드시 수레를 사용하였는데, 이 때문에 전차戰車의 수를 말하는 이른바 '천승지국千乘之國'이니 '만승지국萬乘之國'이니 하는 말들이 생겨난 것이며, 이는 모두 전국시대부터 비롯되었다. 진말秦末에 초楚의 항우項羽와 한漢의 유방劉邦이 혈전血戰을 벌인 후로부터 전차의 사용이 점차 감소하였다. 남방에서는 수전水戰에는 배를 사용하였고, 육전陸戰에는 보병步兵과 기병旗兵을 사용하였다. 북방에서도 흉노匈奴와 싸울 때에는 모두 기병을 사용하였기 때문에 전차는 쓸모가 없어졌다. 오늘날에는 수레에 말을 매달아 단지 무거운 물건만을 나르는데, 지금의 노새나 말이 끄는 수레는 당시 전차의 구조와 응당 같다고 할 수 있다.

노새가 끄는 수레, 즉 나차騾車의 양식에는 네 바퀴로 된 것과 두 바퀴로 된 것이 있다. 수레 위에 얹는 받침대는 모두 축과 연접連接되어 있다. 네 바퀴의 나차는 앞뒤 두 바퀴에 각각 하나의 횡축橫軸이 있으며, 축에 세운 짧은 기둥 위에 들보를 걸치고, 이 위에다 차상車廂을 얹는다. 노새를 수레에서 풀어내어도 수레의 차상은 평평하여 방처럼 안온安穩하다. 두 바퀴로 된 나차 수레는 노새가 앞에서 끌어 수레가 굴러갈 때는 차상은 평평하나, 노새를 멈추어 멍에를 벗길 때는 짧은 나무 막대로 수레의 앞쪽을 받쳐주어야만 된다. 그렇지 않으면 수레가 앞으로 기울어진다.

마차의 수레바퀴車輪를 원轅이라 부른다(속칭은 차타車陀이다). 수레바퀴는 바퀴통 · 바퀴살 · 안테 · 바퀴테(옛 이름으로는 곡轂 · 폭輻 · 보輔 · 망輞이라고 하였다) 등 네 부분으로 구성되어 있다. 큰 수레의 바퀴통(속칭은 차뇌車腦이다)은 길이가 1척 5치이며(주희朱熹가 《시경詩經》중 '소융小戎'에 대한 주석에서도 이렇게 말하고 있다), 이것은 그 가운데에 차축車軸이 꽂혀 있고, 바깥은 바퀴살에 이어져 있는 부품이다. 모든 바퀴가 바퀴살이 모두 30개이며, 바퀴살의 안쪽 끝은 바퀴통에 꽂혀 있고, 바깥 끝은 바퀴의 안테와 접해 있다. 그것은 위로 바퀴테가 단단히 둘러져 있고, 그 모양이 원형圓形이기에 안테라고 부르는 것이다. 바퀴테의 바깥쪽은 바퀴에서 가장 바깥의 테두리여서 이를 윤원輪轅이라 부르게 되었다.

큰 수레를 안 쓰고 보관할 때에는 일반적으로 몇 개의 큰 부품으로 분해해서 간수한다. 그리고 수레를 사용할 때에는 우선 두 축을 먼저 끼우고, 그 후에는 차례로 식軾 · 형衡 · 진軫 · 액軛 등[484]을 올려놓는데 이것은 수레 위의 모든 부품이 다 축 위에다 얹는 까닭이다.

네 바퀴의 큰 수레는 그 적재량이 50섬을 실을 수 있으며, 이 수레를 끄는 노새나 말은 많으면 12마리나 10마리이고, 적으면 8마리이다. 수레몰이꾼은 차상 안 높은 곳에 서서 채찍을 손에 잡고 노새나 말이 수레를 끌도록 한다. 수레 앞의 말은 앞뒤 두 줄로 나눈다(전차戰車는 말 네 마리를 가로로 한 줄로 세우는데, 바깥의 두 마리를 참驂, 가운데 두 마리를 복服이라고 불렀다). 황마黃麻를 꼰 긴 줄을 만들어 각각 말머리에다 매달고, 이 줄을 모아 두 다발로 하여 수레 앞 가운데의 횡목橫木을 지나 차상 안, 좌우 양변으로 끌어 들인다. 수레몰이꾼은 손에 긴 채찍

484 식軾 · 형衡 · 진軫 · 액軛 등은 모두 수레 몸체를 구성하는 부속품이라고 할 수 있다. 여기서 식은 차상車箱 앞에 기댈 수 있는 횡목橫木을 말하고, 형은 수레바퀴 위의 횡목을 말하며, 진은 차상 밑에 있는 네 면의 횡목을 말하고, 액은 말과 같은 짐승의 목에다 거는 마구馬具를 말한다.

을 쥐는데, 채찍은 삼으로 만든 것으로 그 길이가 약 7척 남짓하며, 거기에 이은 채찍 막대의 길이도 이와 같다. 그리고 힘내지 않는 말을 보면 몸에 채찍질을 가한다. 차상 안에는 말과 그것을 당기는 줄의 성질을 잘 아는 두 사람이 줄을 장관하는데, 이때 말이 너무 빨리 달리면 재빨리 고삐 줄을 밟아야 하며,[485] 그렇지 않으면 수레가 전복될 수도 있다.

수레가 달리 때 앞에 행인이 있으면 반드시 수레를 멈추고 길을 비켜 주어야 한다. 이때는 몰이꾼이 갑자기 고함을 지르면 말도 급히 멈춘다. 말고삐를 다발로 묶어 횡목橫木을 거쳐 차상 안으로 들어가는 곳에는 모두 쇠가죽으로 둘러져 있다. 이것이 《시경詩經》에서 말하는 '협구脅驅'[486]라는 물건이다.

큰 수레를 끄는 말에게 중도에서 먹이를 줄 때에는 말을 마구간으로 들여놓지 않고, 수레 위에 버들가지로 엮은 광주리를 두었다가 여기에다 먹이를 넣어 말 앞에 두고, 말의 고삐 줄을 풀어 주어서 그 자리에서 먹게 한다. 수레를 타는 사람들은 모두 작은 사다리로 오르내린다. 경사도가 비교적 큰 다리를 지날 때는 10마리의 말 가운데 가장 힘센 말 한 마리를 골라 수레 뒤에다 매단다. 그리고 비탈을 내려올 때, 앞의 9마리는 천천히 끌고, 뒤의 말은 힘을 다하여 수레가 못 가도록 버티게 하여 수레의 속력을 줄인다. 이렇게 하지 않으면 매우 위험하다. 큰 수레는 강이나 산고개 · 굽은 길 · 오솔길 등은 통과할 수가 없다. 산동山東 · 하북河北 · 하남河南의 접경지대는 둘레가 3백리가 되더라도 배를 댈 강이나 호수가 없어서 마차가 배로 운반하는 수운水運의 모자람을 메워준다.

---

485 혹은 재빨리 일어나 고삐 줄을 당겨야 한다고 말하기도 한다.
486 《시경詩經 · 진풍秦風 · 소융小戎》에 나온다.

수레를 만드는 데 사용되는 목재는 우선 긴 나무를 골라 차축車軸으로 만들고, 짧은 것은 바퀴통으로 쓴다. 차축과 바퀴통으로 사용되는 나무로는 홰나무·대추나무·박달나무[487]·느릅나무(참느릅나무도 쓴다)가 가장 좋다. 그러나 박달나무는 오랫동안 쓰면 마찰로 열이 나기 때문에 이런 물건들을 만드는데 그다지 적합하지가 않다. 그러므로 세심한 사람들은 대추나무와 홰나무를 겹쳐서 만들고,[488] 그러면 당연히 더할 나위가 없이 좋다. 마차에서의 그 밖의 부품은 어떤 나무를 쓰더라도 괜찮다.

이밖에 사료飼料를 싣는 우차牛車는 산서山西에 가장 많다. 도중에 좁은 길에 이르면 소의 목에다 '보군지報君知'라는 큰 방울을 매다는데, 이는 일반적인 마차에서 말이나 노새에게 방울을 달아주는 것과 같다. 또 북방에서 사용되는 것으로 바퀴가 하나인 독륜차獨輪車는 당나귀가 앞에서 끌고 사람이 뒤에서 미는 것으로, 나그네 중에서 장시간에 걸쳐 짐승을 탈 수 없는 사람들이 주로 이를 빌려서 이용한다. 이런 수레는 앉는 자리 위에 돗자리로 만든 반원형 무지개 모양의 덮개가 있어서 바람을 막아 주며 햇볕도 가려 준다. 여기에 타는 사람은 반드시 양쪽에서 마주보고 앉아야 하며, 그렇지 않으면 수레가 넘어진다. 이런 수레는 섬서陝西의 서안西安과 산동山東의 제령濟寧에서부터 곧바로 북경北京에까지 다다를 수가 있다. 사람을 태우지 않을 때는 화물을 싣는데, 가장 많이 실어도 4, 5섬을 넘기지 못한다. 또 소가 끄는 교차轎車가 있는데, 하남성河南省 일대에 가장 많다. 양쪽에 두 바퀴가 있으며 중간에 한 개의 횡축橫軸이 아주 수평으로 정착되어 있다. 그리고 다시 몇 개의 짧은 횡목을 걸치고 그 위에다 가

487 박달나무는 횡단橫檀이라고도 하며, 단향목檀香木의 한 가지로서 껍질이 단단하고 빛깔이 누렇다.
488 "두 손으로 감쌀 수 있는 정도의"라고 번역하기도 한다.

남방의 추차

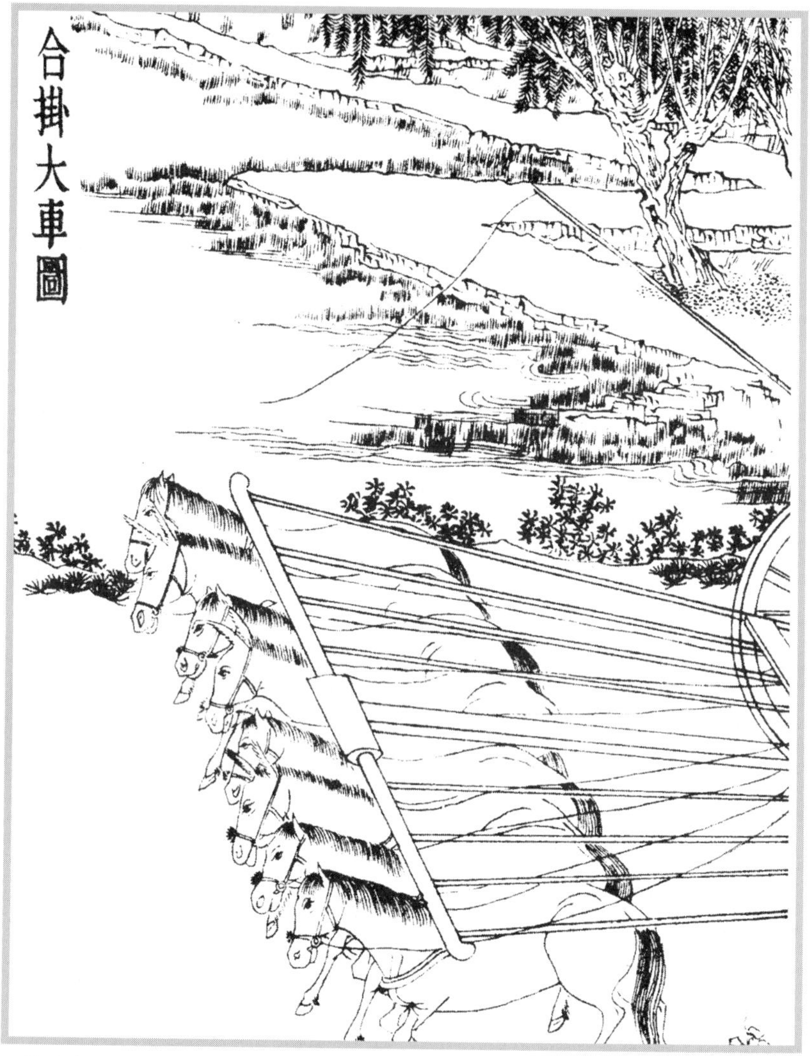

큰 수레

箱
衡

독륜차

雙縋

마를 놓는다. 사람은 가마 안에서 극히 평안히 앉아 있을 수 있고, 소를 멈추게 하여 수레에서 벗겨도 수레가 기울어 넘어지지 않는다.[489]

남방에는 바퀴가 하나인 추차推車가 있는데, 이는 단지 한 사람의 힘에만 의존한다. 이런 수레는 2섬을 실을 수 있으나 험한 산길이나 평탄치 못한 길을 만나면 갈 수가 없고, 가장 멀리 간다 하더라도 기껏 100리 이내이다.

이 밖의 각종 수레들에 대해서는 이루 다 말할 수가 없다. 다만 남방에서 태어난 사람들은 대나차大騾車와 같은 큰 수레를 보지 못하였고, 또 북방에서 늙은 사람들도 큰 배를 보지 못하였을 것이므로 여기에 대강 소개해 두는 바이다.

489 소가 끄는 수레 뒤쪽에 두 다리가 달려 있어서, 수레가 갈 때는 두 바퀴가 땅에 닿고, 멈출 때는 두 바퀴와 다리가 땅에 닿게 되어 기울지 않는다.

10. 단조(鍛造)[490]

금속이나 목재는 가공을 거쳐야만 각양각색의 완전한 기물器物이 된다. 만약 세상에 좋은 공구工具가 없다면 비록 노국魯國의 공수반公輸般이나 황제黃帝 때의 수倕[491]와 같은 명공名工이라고 할지라도 그 멋진 솜씨를 펼칠 수는 없었을 것이다. 여러 가지 병기兵器[492]나 금속 악기[493]라고 할지라도 집게와 망치로 단조하지 않으면 이들을 만들어낼 수가 없다. 마찬가지로 똑같이 세찬 노爐의 불을 거쳤지만 여러 가지 기물들도 그 크기나 모양이 각각 달라진다. 무게가 천 근이나 되는 닻은 세찬 바람이나 거대한 파도 속에서도 큰 배를 매달아 멈추게 하며, 이에 반해서 깃털처럼 가벼운 바늘은 예복 위에다 여러 가지 무늬를 수놓을 수 있다. 따라서 여러 가지 금속을 단조하는 이런 신묘한 공예工藝 앞에서는 종鐘이나 정鼎을 주조하는 기교技巧도 그 자리를 물려주어야 될 만큼 손색이 간다. 중국 고대의 막야莫邪나 간장干將[494]과 같은 명검名劍을 휘두르면 마치 쌍룡雙龍이 날뛰는 것[495]과 같다는 전설도 결코 근거가 없는 것은 아닐 것이다.

---

490 금속을 가열하고 두드려서 필요한 형체로 만드는 일을 말한다. 원문에서는 추단錘鍛이라고 되어 있다.

491 원문에서는 반수般倕라고 되어 있다. 반은 공수반, 또는 노반魯般이라고도 하며, 춘추시대春秋時代 노魯의 명장名匠이다. 그리고 수倕는 황제黃帝 때(또는 다른 설에서는 요堯 때)의 전설적인 명장이다.

492 원문은 오병五兵이다. 오병은 주대周代의 다섯 가지 무기인 궁시弓矢 · 수殳 · 모矛 · 과戈 · 극戟을 가리킨다. 또 다른 설에서는 과戈 · 수殳 · 차극車戟 · 추모酋矛 · 이모夷矛라고 한다.

493 원문은 육악六樂인데, 종鐘 · 박鎛 · 대錞 · 탁鐲 · 뇨鐃 · 탁鐸이며, 여기서는 금속 악기를 가리킨다. 또 다른 설에 의하면 육악은 여섯 가지 고대의 악곡樂曲이라고도 한다. 여기에는 운문雲門 · 대함大咸 · 대소大韶 · 대하大夏 · 대호大濩 · 대무大武가 있다.

494 당唐나라 육광미陸廣微의 《오지기吳地記》에 따르면 춘추시대春秋時代 오왕吳王의 명에 의하여 간장干將이 검을 만들려 했으나 이루지 못하자 그의 처 막야莫邪가 노 속으로 뛰어 들어가 드디어 두 보검이 만들어졌다고 하며, 보검의 이름은 이 한 쌍의 부부의 이름을 따서 명명하였다고 한다. 또 육조의 지괴소설 가운데 간보干寶가 지은 수신기搜神記 속에도 간장 막야의 고사가 유명한데, 그 속의 내용은 위의 사실과 많이 다르다.

495 《진서晉書 · 장화전張華傳》에 의하면 진晉의 뇌환雷煥이 지하에서 발굴한 두 개의 보검寶劍이 물에서 두 용으로 변해 하늘로 날아

쇠의 단련

쇠를 불리어 그릇을 만들려면 생철生鐵[496]을 초강법炒鋼法[497]으로 숙철熟鐵[498]을 만들어 사용한다. 우선 쇠망치로 불릴 대의 받침대로서 쇠모루를 주조한다. 속담에서 얘기하는 '모든 그릇들은 모두 집게가 만들어낸 것이다'라는 말은 결코 근거가 없는 것이 아니다. 노爐에서 나온 숙철을 모철毛鐵이라고 하며, 그것이 달궈 두들겨질 때에는 10분의 3이 쇠똥이나 산화된 껍데기로 소모된다. 이미 폐품廢品으로 되었으나 녹이 쓸지 않은 쇠그릇을 노철勞鐵이라고 하며, 이것을 이용하여 다른 그릇이나 원래의 그릇으로 만들고자 다시 단조하면 10분의 1이 소모된다.

노에서 쇠를 달굴 때 연료는 석탄煤炭이 10분의 7을, 숯木炭이 10분의 3을 차지한다. 석탄이 없는 산중에서는 대장장이가 단단한 나뭇가지를 골라 견탄堅

올랐다고 한다. 이처럼 중국 전설에서는 보검이 용이 되거나 반대로 용이 보검으로 변하여 날아가는 이야기들이 많다.

496 쇠의 분류는 쇠 속의 탄소의 함량으로 결정한다. 현대에는 탄소가 약 0.035% 이하를 순철純鐵, 0.035~1.7%를 강철鋼鐵, 1.7~4.5%를 선철銑鐵이라 한다. 선철은 흔히 주철鑄鐵 또는 무쇠라고 하나 주철은 광석을 녹인 노에서 바로 나온 선철에다 실리콘 등을 첨가하여 주주하기 좋도록 성분을 조정한 것이다. 쇠의 탄소량이 높을수록 경도가 높아지는 대신 질기지 못하여, 단조하기가 어렵다. 생철은 선철에 해당되며, 너무 단단하여 단조할 수 없어서 주조한다.

497 생철의 쇳물을 공기 속에서 휘저으면 쇠 속의 탄소가 타서 이산화탄소 기체로 날아서 탄소의 함량이 낮아져서 숙철이 되는데, 이렇게 생철을 숙철로 만드는 방법을 초강법炒鋼法이라 한다. 중국에서는 전국시대戰國時代 또는 서한西漢 때 비롯되었고, 유럽에서는 이에 해당하는 교반법(攪拌法 : Puddler)이 1784년에야 나타난다. 초강법에 대해서는 '제련製鍊'의 '쇠'의 항목을 참조할 것.

498 숙철을 초강炒鋼이라 한다. 흔히 숙철을 탄소가 0.03~0.05%인 탄소강이나 탄소가 0.05~0.25%인 저탄소강을 말한다. 그러나 아래의 '톱'의 항목을 보면 중탄소강도 포함되며, 《격물조담格物粗談》에는 담금질한 숙철은 '강가절옥鋼可切玉'이라 하여 옥도 자를 수 있다고 하였다. 이는 탄소의 양이 0.8% 이상인 고탄소강을 말하며, 어떤 숙철을 분석한 바 0.92%로서 이를 뒤받쳐 주고 있다. 옛날에는 쇠 속의 탄소의 역할을 알 수 없었다. 따라서 탄소의 함량과는 관계없이 생철을 녹여서 초철로炒鐵爐에 넣어 제련하여 연성延性을 좋게 하고 단조가 가능토록 한 것은 다 숙철이라 불렀다. 그러나 대체로 강철은 강도와 경도가 비교적 높고, 강성剛性이 좋으며, 그렇잖으면 숙철이라 하였다. 숙철은 속에 불순물이 약간 많으며, 때로는 탄소의 양도 적어 강성이 낮아 강철이라 부를 수 없었다.

炭[499](속명으로는 화시火矢라고 하는데, 이를 태우면 가루로 되지 않아 노의 송풍로送風路를 막지 않는다)을 구워 내며, 이 숯의 불꽃은 석탄보다 더욱 세차다. 석탄을 쓸 때에도 석탄의 일종으로 철탄鐵炭[500]이라는 것도 있다. 이 석탄은 불길이 속으로 쏠리면서 온도는 높으나, 불꽃이 뚜렷하지 않는 장점이 있다. 밥을 짓는 석탄과 그 모양은 같으나 종류가 다르다.

단조된 쇠는 차례로 접합시킬 수 있다. 이음매에다 누런 질흙을 발라 불 속에 넣어 빨갛게 달군 후 재빨리 망치로 두드려 접합시킨다.[501] 이러면 흙 찌꺼기가 다 빠져나오는데, 여기서 흙의 기氣를 매개媒介로 이용한 것이다. 한 번 접합되면 빨갛게 달구어 다시 도끼로 자르지 않는 한 영원히 떨어지지 않게 된다.

숙철이나 강철은 빨갛게 달구어 두들긴 다음에는 물과 불의 효험이 아직 배합配合되지 않았기 때문에 그 재질이 아직은 그리 단단하지 못하다. 따라서 불에서 꺼내어 이내 그것을 맑은 물속에 넣어 담금질[502] 한 것을 건강健鋼 · 건철健鐵이라고 부른다. 그 뜻은 건健이 앞에 붙기 전에는 강철이나 철은 아직도 연한 성질을 갖고 있음을 의미하는 것이다.

접합하는[503] 방법으로 서양의 각국은 독특한 접합제를 사용하고 있다. 한편 중국은 작은 것을 접합할 때 백동白銅 가루를 접합제로 쓰며, 큰 것은 힘을 다

499 원문에서는 이를 화묵火墨이라고 하였다.
500 '소석'의 '석탄'의 항목을 참조할 것.
501 접합할 면에 누런 질흙을 바르면 그 부분이 식는 것을 막아주며, 녹는 쇳물이 흘러 나가지 못한다. 그 위에 공기와의 접촉을 막아 표면의 산화를 방지한다.
502 강철은 강종鋼種과 크기에 따라 다르지만 760~1,800℃에서 일정한 시간 두었다가 200~300℃ 이하의 물 · 소금물 · 기름 등과 같은 액체에 재빨리 담그는 열처리법을 담금질이라 한다. 이 처리를 하면 연한 강철의 결정 구조가 달라져 단단하게 된다. 이 방법은 이미 중국에서는 춘추 · 전국시대에 알려져 있었다.
503 이것을 원문에서는 '한철焊鐵'이라고 한다.

하여 두드려 억지로 접합시킨다. 그러나 이렇게 접합시킨 것은 시간이 흐르면 결국 그 접합한 부분의 단단함이 풀리게 된다. 따라서 서양에서는 대포를 단접하여 만들 수 있으나 중국은 주조에만 의존하는 것이다.

칼과 도끼

쇠로 만든 병기로서 얇은 것을 도刀나 검劍[504]이라 부르며, 등이 두껍고 날이 얇은 것을 도끼(斧 또는 斤)라 한다.

가장 좋은 도검은 표면을 백련강百鍊鋼[505]으로 감싸고, 그 속은 여전히 숙철로 써 그 골격을 이룬 것이다. 그러나 만약 이처럼 표면을 강철로, 골격을 숙철로 하지 않는다면 센 힘을 주었을 때에 부러지게 된다. 보통의 칼이나 도끼의 날은 표면에다 강철을 박아 넣은 것이다. 설령 못이나 쇠를 자를 수 있는 귀중한 보도寶刀라고 하더라도 숫돌에다 수천 번이나 갈고 나면, 표면의 강철이 다 닳아서 속의 숙철이 나타난다.

왜국倭國의 칼(즉 일본도日本刀를 말함.)은 칼등의 폭이 2푼도 되지 않지만, 칼등을 손가락 위에 얹어도 넘어지지가 않는다. 어떤 방법으로 단조하였는지는 알 수 없으나 그 방법이 아직 중국에는 전래되지 않았다.

열처리를 거친 칼이나 도끼는 모두 우선 날에다 강철을 끼우거나 통째로 강철로 감싸서 잘 다듬은 다음에는 물에 넣어 담금질한다. 칼날을 더 날카롭게 하자면 숯돌에다 공을 들여 갈아야만 한다. 장인들이 도끼나 쇠망치를 단조하여 나무 자루를 끼울 구멍을 낼 때에는 미리 찬 쇠를 두드려 '양두羊頭'라고 불리는 하나의 쇠막대를 만들어, 이 막대에다 빨갛게 달군 쇠를 감싸서 망치로

504 도와 검의 일반적인 구분은 도는 대개 구부러지고 한 쪽에만 칼날이 있지만, 검은 대개 직선이며 칼날이 양쪽으로 나있다.

505 그대로 직역하면 백 번 두드린 강철이란 뜻인데 숙철을 수없이 두드리면 그 속에 들어 있던 큰 덩어리의 불순물이 빠져나오고, 결정입도結晶粒度도 작아져 강도가 높아지고, 더 질기게 된다. 이런 강철은 전국시대戰國時代에 출현하였다.

두드린다. 찬 쇠막대는 숙철과 붙지 않으므로 쇠막대를 뽑으면 자연히 자루를 끼울 구멍이 생긴다. 돌을 깨는 망치는 오래 쓰면 곳곳이 닳아 손상되어 오목하게 들어가는데, 이때는 녹은 쇳물로 패인 곳을 평평하게 메우면 다시 쓸 수가 있게 된다.

괭이

땅을 일구고 농작물을 가꾸는 데에는 보통 괭이와 날이 넓은 괭이와 같은 농구들을 사용한다. 숙철을 단조한 후에 다시 생철生鐵을 녹여 괭이 날에 입혀서[506] 담금질하면 곧 단단하면서도 질기게 된다. 그 비율은 괭이의 무게 한 근마다 3전의 생철을 입힌다. 생철을 모자라게 입히면 단단하지 못하고, 이와 반대로 많이 입히면 너무 단단해져 깨어지기 쉽다.

506 숙철의 탄소 함량이 0.25% 이내의 저탄소강이면 약 1,200℃로 달구어 생철을 칼날에다 아주 얇게 입힌 후 냉각 단조를 한다. 약 800℃로 달구어 물에다 5초 동안 담금질을 하면 칼날 부분은 마르텐사이트나 시멘타이트의 혼합물로 변해 단단하면서도 내마모성을 갖게 된다. 표면은 이처럼 단단하지만 본체는 유연성을 갖는데 이것이 농구나 공구의 중요한 특성이다. 담금질을 한 다음에 줄로 다시 칼날을 쓸면 좋은 농구가 된다. 현재는 약제를 써서 표면을 경화시킨다.

줄

줄은 순수한 강철로 만든다. 담금질하기 전의 줄을 만들 강철은 아직 비교적 연하다. 이때 미리 담금질하여 단단하게 된 작은 끌로 이 연한 강철에다 세로로 비스듬한 무늬를 새겨 넣는다.

새길 때 비스듬히 끌을 나아가게 하면 무늬의 골이 패어 불꽃처럼 날의 서슬이 선다. 새긴 후 빨갛게 달구었다가 꺼내어 좀 식으면 물에 넣어 담금질하면 줄이 완성된다.

줄을 오래 사용하여 날이 무디어져 팽팽해지면 불에 구워 연하게 한 다음 다시 끌로 무늬를 새로이 넣는다.

각종 줄은 그 용도가 모두 다르다. 톱니를 새길 때는 처음은 삼각줄로 이를 내고, 다음에는 반원형半圓形의 반원줄을 쓴다. 동전銅錢을 평평하게 손질할 때에는 방장견차方長牽鎈[507]라고 하는 장방형의 끈과 같이 긴 줄을 사용하고, 열쇠와 쇳대를 가공하는 데에는 방조차方條鎈라고 하는 네모로 된 선이 있는 줄을 사용한다. 또 뼈나 뿔을 손질할 때에는 검면차劍面鎈(이것은 주희朱熹가 《대학大學》을 주해하면서 말한 여석鑢錫이다)[508]라고 하는 칼의 면과 같은 줄을 사용한다. 그리고 나무 그릇을 손질할 때에는 향차香鎈[509]라는 줄을 사용하는데 이 줄은 표면에

507 방장색차方長索鎈라고도 한다.

508 송대宋代 주희朱熹가 《사서집주四書集注》에서 《대학大學》에 나오는 구절 '차이여석鎈以鑢錫'(여석으로 쓸듯이)이라 하였다. 본 뜻은 줄로 모를 쓰는 공정을 '수신修身, 제가齊家, 치국治國, 평천하平天下'에 비유한 것이다.

509 목수가 나무를 평평하게 쓰는 줄을 말하는데 나무를 쓸 때는 나무에서 향기로운 냄새를 풍기기에 이런 이름이 붙었다. 현재 목수가 쓰는 줄은 몸체가 넓고, 이가 성긴 것을 사용한다.

세로나 비스듬한 무늬가 없고, 대신에 많은 둥근 구멍이 있다(줄의 날을 새길 때에는 미리 소금 · 식초 · 양뿔의 가루를 반죽하여 바른 다음에 다시 새긴다).[510]

510 양뿔의 가루는 회백색이어서 바르면, 골을 판 곳과 안판 곳을 쉽게 판별할 수 있어 작업하기에 편하다. 또 골을 판 후 다시 달굴 때 양뿔 속의 탄소가 줄의 표면에 침탄되어 표면이 경화되며, 소금과 초는 침탄을 촉진시키는 작용이 있다. 이 침탄층은 담금질을 하고 나면 더욱 경화된다.

송곳

송곳은 숙철을 단조하여 만들며, 강철을 넣지 않는다. 서적 등을 장정裝訂할 때는 둥근 송곳인 원찬圓鑽을 쓰고, 가죽에 구멍을 뚫어 기울 때는 납작한 송곳인 편찬扁鑽을 사용한다. 그리고 목수가 나무에 구멍을 내어 못을 박아 목판을 합칠 때는 사두찬蛇頭鑽을 쓴다. 사두찬의 구조는 예리한 부분의 길이가 2푼 남짓하며, 한 면은 원호형圓弧形이고, 다른 한 면은 패어져 있는데, 그 양변에 두 날이 있어서 끈으로 돌리면 송곳이 쉽게 들어갈 수 있게 되어 있다.

구리 조각에 구멍을 낼 때는 계심찬鷄心鑽을 쓴다. 송곳 몸체에 세 가닥의 날이 있는 것을 선찬旋鑽이라고 하고, 몸체가 네모이며 그 끝이 날카로운 것을 타찬打鑽이라고 한다.

톱

톱을 만들 때에는 우선 숙철을 단조하여 긴 박편薄片으로 만들어야 한다.[511] 여기에 강철을 쓰지 않고 또한 담금질도 하지 않는다. 박편을 달구어 꺼내어 식힌 후에 끊임없이 두드려 강인성强靭性을 높인 후에 줄을 사용하여 톱니를 낸다.

사용할 때에는 톱 두 끝에 짧은 막대로 톱 손잡이를 만들고, 두 막대 중간에 가로 막대인 동발을 끼운다. 두 짧은 막대 끝에는 대오리로 꼰 줄을 동여서 비녀장을 질러서 계속해서 틀어 넘기면 줄이 당겨져 팽팽히 곧게 펴지게 된다.

긴 톱은 나무를 세로로, 짧은 톱은 나무를 가로로 자르는 데 쓰인다. 톱니가 가장 잔 톱은 대나무를 자르는 데 사용한다. 톱니가 무디어지면 이따금 줄로 톱니를 하나씩 쓸어 날카롭게 해서 다시 사용한다.

511 현대나 옛날의 톱은 탄소의 함량이 0.25~0.60%인 중탄소강을 사용한다. 이에 따르면 숙철은 중탄소강에 해당한다.

대패

대패를 만들 때에는 너비가 한 치 되는 강철 조각을 쇳조각에 끼워서 단조한 후 갈아 날을 세워 나무집에 비스듬히 꽂아 대팻날을 약간[512] 나오게 한다. 대패의 용도는 나무를 평평하게 깎는데 쓰는 것으로 옛날에는 준準이라고 불렀다.

큰 대패는 거꾸로 눕혀서 날을 나오게 하여 깎을 나무를 잡고 끌어 당겨서 깎는데 이것을 추포推刨[513]라고 한다. 이는 둥근 통을 만드는 목공들이 주로 사용한다.

평상시에 쓰는 대패는 가로 막대 하나가 마치 한 쌍의 날개처럼 꽂혀 있는데, 이 대팻손 횡목을 잡고 앞쪽으로 민다.

목수가 곱게 다듬는 데는 기선포起線鉋가 있는데, 날의 너비는 2푼 여쯤 된다. 또 나무를 깎아 극히 매끄럽게 하는 대패는 오공포蜈蚣鉋라 부르며 대팻집에 10여 개의 작은 대패 날이 꽂혀 있어서 그 모양이 마치 지네의 다리와 같다.

512 원문에는 초홀秒忽이라고 되어 있다. 고대 옛날에는 만분의 일 촌寸을 일 초秒라고 하였고, 십분의 일 초를 일 홀忽이라고 하였다. 따라서 초홀은 매우 짧은 것을 의미한다.

513 대패를 뜻하는 한자로는 포刨와 포鉋가 모두 같이 사용된다.

끌

끌은 숙철을 단조하여 만들며, 칼날에는 강철을 끼운다. 끌 몸체는 원추형圓錐形의 빈 관管이기에 여기에다 나무 자루를 끼울 수 있다(끌을 단조할 때 미리 원추형의 철골鐵骨로 틀을 만드는데, 이를 양두羊頭라고 한다. 쇠로 된 구기[514]의 자루를 만들 때도 이런 틀을 쓴다). 끌 자루 머리를 쥐고 망치로 때려서 나무에 구멍을 파는데, 끌날의 너비는 넓은 것이 한 치여 이며, 작은 것은 3푼에 불과하다. 둥근 구멍을 뚫으려면 따로 원호형圓弧形의 날을 가진 완착剜鑿을 만들어 사용하여야 한다.

514 구기는 기름 · 술 · 죽 따위를 뜰 때 쓰는 기구로 국자같이 생겼으나 자루가 짧고 바닥이 오목하다.

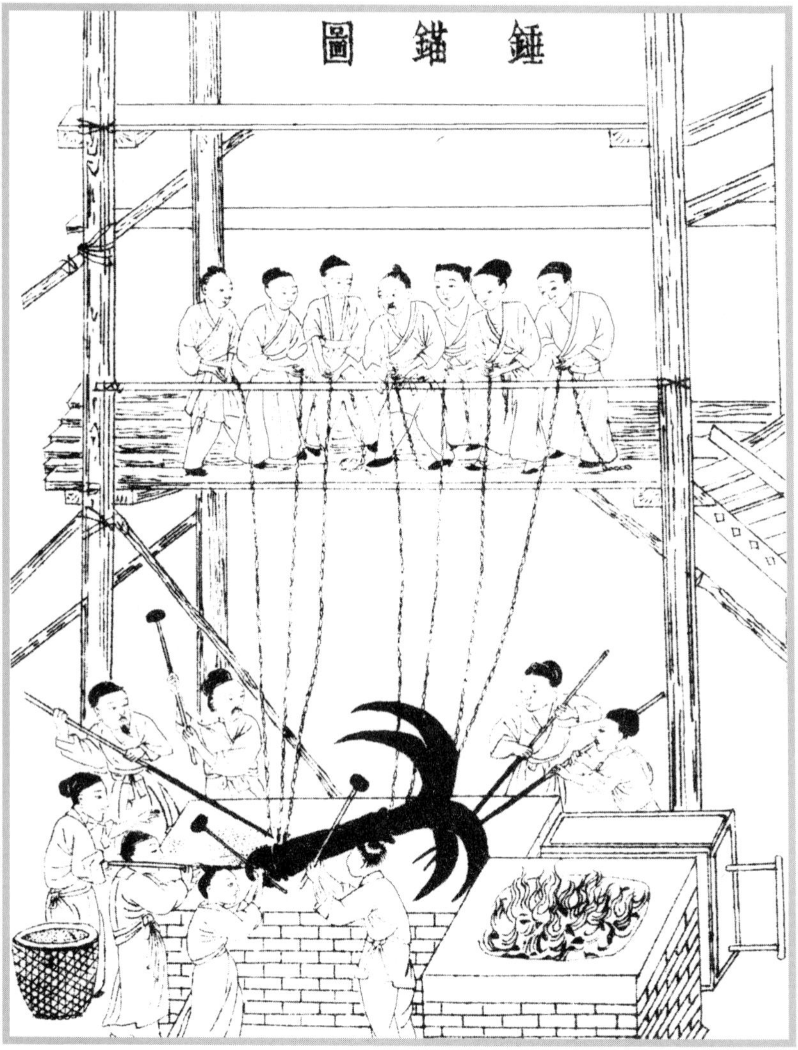

큰 닻 단조하기

쇠를 뽑아 바늘 만들기

닻

항해하던 배가 바람을 만나 기슭 가까이에 정박하기 어려울 때는 그 배의 안전은 전적으로 닻에 달려 있다. 전시에 사용되는 전선戰船이나 바닷배인 해선海船의 닻은 그 무게가 무거운 것은 천근에 이른다. 닻의 단조법은 우선 네 개의 닻가지를 단조한 후에 하나하나 차례로 닻의 몸체에다 접합시킨다.

닻의 단조 방법은 닻의 무게가 3백 근 이내이면 우선 지름이 1척쯤 되는 모루를 노爐의 곁에 두어야 한다. 그리고 닻채와 닻가지의 끝이 빨갛게 달구어지면 노에서 탄炭을 드러내고, 철판으로 감싼 나무 막대로 닻을 모루 위에 집어올려 단조한다. 만약에 천 근쯤 되는 닻을 단조하자면 우선 나무를 걸쳐 선반을 만들어 많은 사람이 그 위에 서서 다 함께 쇠사슬을 잡는다. 쇠사슬 말단부분은 닻채 양끝에 있는 큰 쇠고리에 나눠 매어 닻을 들어올려 동시에 굴리면서 여러 사람이 힘을 합쳐 닻가지 네 개를 차례로 두드려 닻채에다 접합시킨다.

접합시킬 때 사용되는 접합제로는 누런 질흙을 쓰지 않고, 오래 된 벽의 흙을 체로 쳐서 얻은 고운 흙가루를 한 사람이 접합부에 줄곧 뿌린 다음에 다함께 닻채와 접합시켜야만 비로소 미소한 틈도 생기지 않는다. 단조물로서는 닻이 가장 크다고 하겠다.

바늘

바늘을 만들려면 우선 쇠를 두드려 가느다란 가닥으로 만들어야 된다. 또 따로 철척鐵尺[515]에다 송곳으로 작은 구멍을 뚫어 앞서 만든 가는 쇠가락을 이 구멍에다 통과시켜 뽑아내면 바로 철선鐵線이 된다. 그 후에 철선을 한 치마다 자르면 바늘의 기초가 완성된다. 다음에는 우선 철선의 한쪽 끝을 줄로 쓸어 뾰족하게 바늘 끝을 만들고, 다른 쪽 끝은 작은 망치로 두드려 평평하게 하고 단단한 송곳으로 바늘코를 뚫는다. 다시 그 주위를 줄로 쓸어 평평하게 한 후 가마에 넣어 약한 불로 굽는다.

구운 후 흙가루와 소나무의 숯 및 약전국[516] 세 가지를 섞어서 그 위를 덮고 아래에서 다시 불로 찐다.[517] 바늘 두세 개를 밖에다 꽂아 이것으로 불기운을 관찰하는 용도로 쓴다. 밖의 바늘이 완전히 산화되어 손으로 비벼 보아서 가루가 되면 속의 바늘은 충분히 불기를 받은 것이다. 그런 다음에는 집어내어 물에 넣고 담금질을 하면 바늘이 완성된다.

옷을 꿰매거나 수를 놓는 바늘은 비교적 단단하다. 다만 복건성福建省 복주福州 부근의 마미진馬尾鎭[518]에서 모자를 만드는 직공들이 쓰는 바늘은 비교적 연

515 철척은 생철生鐵로 만든다. 여기에다 구멍을 내어 만든 냉간신선冷間伸線용 금형을 만든다.

516 두시豆豉라고도 하며, 콩을 찌거나 삶아서 소금과 새앙 등을 섞어 띄운 것이다. 한약재로 두통 치료나 발한제 등으로 쓰인다.

517 이것은 고체침탄법固體浸炭法을 말한다. 소나무 숯은 침탄제浸炭劑이며, 흙가루와 약전국은 침탄을 촉진시킨다. 침탄 온도는 900~930℃이며, 침탄제는 열을 받으면 분해하여 활성 탄소 원자를 방출하여 바늘의 표면에 침투하여 경화硬化시킨다. 이 방법은 침탄 작용 이외에 바늘의 산화도 방지한다. 현재는 기체氣體로 침탄시킨다.

518 현재 복건성福建省 복주시福州市 동남의 민강구閩江口에 있으며, 명대明代에는 자수 공업이 발달하였다.

정, 탁 단조하기

해서 유조연침柳條軟針[519]이라 부른다. 바늘이 연한지 단단한지의 구별은 오로지 교묘한 담금질에 달려 있다.

519 버들가지와 같이 부드러운 바늘이라는 의미이다.

구리의 단조(鍛造)

구리[520]에다 아연을 넣어 제련하여 황동黃銅[521]을 얻고, 이를 다시 녹인 연후라야 비로소 그릇을 만들 수 있다. 그리고 구리에다 비상砒霜[522]과 같은 재료를 넣어 제련하면 백동白銅[523]을 얻을 수 있다. 백동은 가공이 어렵고, 품질이 좋아 호사스러운 사람들만이 사용할 수 있다.

황동은 노감석爐甘石[524]을 구리에 넣어 제련하여 만든 것으로 녹인 후 열이 가시기 전에 망치질을 해야 한다. 그러나 만약 노감석 대신에 아연을 넣어 만든 것이라면 노에서 나온 다음에 식힌 후에 단조한다.

향동響銅은 구리에다 주석을 넣은 합금(향동의 제조법은 '제련'에 적혀 있다)으로 악기를 만드는 데 사용한다. 악기를 만들 때는 온전한 한 개의 덩어리를 단조하여야 하며, 몇 개의 부품들을 접합해서는 아니 된다. 그 밖의 네모나 원형의 그릇은 땜질로 접합하거나 달구어서 접합시킨다.

작은 것을 땜질할 때는 주석가루를 땜질제로 쓰며, 큰 것은 향동가루를 쓴다(구리를 깨어서 가루로 만들려면 밥풀에다 이겨서 빻는다. 다음에 밥풀을 물로 씻어 내면

---

520 구리는 순동純銅을 말하며, 중국에서는 홍동紅銅이라고 한다. 따라서 원문에서는 홍동으로 되어 있다. 자연에도 순동이 있으며, 이를 자연동自然銅이라고 하는데, 우리나라에서도 곳곳에서 생산된다. 그러나 그 자원이 제한되어 있어서 일반적으로 황화물黃化物이나 산화물 구리 광석을 제련하여 구리를 얻는다. 자연동이나 제련한 구리에는 불순물이 들어 있어 순도를 높이자면 전기분해하여 구리를 얻으며, 이를 전해동電解銅이라 한다.

521 황동은 구리와 아연의 합금이며, 구리에다 아연이나 노감석을 넣어 제련하였으나 현재는 노감석을 쓰지 않고 금속 아연을 쓴다.

522 원문의 비砒는 비소 As를 가리키나 일반적으로 비상砒霜, 즉 산화비소 As_2O_3를 말한다.

523 백동은 여기서는 구리와 비소의 합금을 말한다. 비소광 중에는 때로는 니켈 Ni 이 함유된 것도 있어서 구리-비소 합금, 또는 구리-비소-니켈 합금이며, 이들은 다 흰색을 띤다. 현대의 백동은 구리-니켈 합금을 말한다.

524 아연 광석이며, 주요 성분은 탄산아연 $ZnCO_3$이다. 금속 아연이 나오기 전에는 구리에다 노감석을 넣어 황동을 만들었다.

구리가루를 얻을 수가 있다. 밥풀로 이기지 않고 빻으면 구리가루가 흩어져 날아가 버린다). 은銀기구를 땜질할 때에는 구리가루를 사용한다.

악기의 제조에 대해 말하자면, 정鉦(속된 말로 나鑼라고 한다)[525]은 주조하지 않고, 녹은 금속 덩어리를 단조하여 만든다. 탁鐲(속된 말로 동고銅鼓라고 한다)[526]과 정령丁寧[527]은 미리 둥글게 주조한 후에 단조한다. 정이나 탁을 만들려면 모두 구리 덩이나 구리 조각을 땅에다 두고 두드려야 한다. 큰 것은 여러 사람이 힘을 합쳐 두드려야 된다. 작업은 작은 것부터 차츰 펼치면서 넓힌다. 차가운 물건을 단조하여 두드리고 나면 현악絃樂이 울리는 소리와 같은 소리가 본체에서 난다. 탁은 가운데를 때려서 하나의 불거져 나온 원포圓泡[528]를 만든다. 다음에 식혀 두드리면서 음색音色을 정한다. 소리는 고저高低 두 가지로 구분되는데, 이것은 원포의 후박厚薄과 심천深淺의 약간의 차이에 따른다. 일반적으로 세게 많이 두드린 것은 그 소리가 비교적 낮고, 약하고 적게 두드린 것은 그 소리가 비교적 높다.

구리는 단조한 후에 그 표면이 광택이 없이 희멀겋게 되지만 줄로 쓸면 다시 황색의 광택이 난다. 단조할 때에 구리의 소모량은 쇠의 소모량의 10분의 1에 불과하다. 구리는 독특한 비린내가 나며, 그 빛깔도 곱다. 따라서 구리를 다루는 장인은 쇠를 다루는 장인보다 한 계급 위라고 말할 수 있다.

525 정鉦은 긴 자루가 달린 종鐘으로, 저자는 동라를 정이라 불렀는데 이는 잘못이다.

526 탁鐲은 종 모양의 방울로, 저자는 동고를 탁이라 하였는데 이는 잘못이다.

527 정령丁寧은 일종의 작은 종으로, 주조하여 만들 수도 있다. 또 이 정령은 고대에 행군용으로 사용되었다.

528 초각본 원문에는 포炮라 하였는데, 이는 포泡의 오자이다. 이런 악기를 사천四川에서는 유라乳鑼라 일컬었고, 광동廣東에서는 금고대라金鼓大鑼라고 불렀다.

11. 소석(燒石)[529]

오행五行[530] 가운데 흙은 만물의 어미이다. 흙에서 태어난 많은 물질 가운데 귀중한 것으로 어찌 오금五金[531] 뿐이겠는가! 금속이 불이 서로 작용하여 녹아 기물이 만들어지는데, 이런 효용效用은 무엇보다도 뛰어나다고 말할 수 있다. 그러나 돌을 태운 후의 그 효용을 따지자면 그것은 더욱더 특이하다. 물이란 물건에 스며들어 이를 못 쓰게 만들고, 틈이 있는 곳이면 물이 스며들어 머리카락만한 틈이라도 그냥 지나치지 않는다. 그러나 돌을 태워 만든 석회石灰는 틈을 메우는 재료로 쓰여서, 배의 틈을 메워 물이 스며들지 못하게 하고, 이로써 배는 바다에 떠서 바다를 건널 수가 있다. 또한 석회로 벽돌로 하여 쌓은 성벽은 견실하면서도 공고하다. 이런 보물과 같은 석회는 먼 길을 가지 않고서도 얻을 수 있다. 그러므로 아마도 돌을 태워서 얻은 그 효용은 그 어떤 것보다 그 가치가 더 크다고 말할 수 있다. 반礬은 오색五色의 빛깔의 형태로 그 모습을 드러내며,[532] 유황은 모든 돌 가운데의 주장主將이 되었다.[533]

이들은 다같이 세찬 불 속에서 변화해서 나온 것이며, 이러한 기교는 실로 연단술煉丹術[534]에서 말하는 가장 교묘한 것들이다. 그러나 연단술사煉丹術士가

529 원문에는 번석燔石으로 되어 있는데, 이는 광석을 태워서 만든 것을 뜻한다. 여기서는 비금속 광물의 처리와 제조에 대해 소개하고 있다. 따라서 본 단락은 중공업 혹은 대형 제조업으로 진입하는 입문의 성격을 띠고 있다.

530 오행은 수水 · 화火 · 목木 · 금金 · 토土이며, 오행설五行說에 따르면 만물은 이 다섯 가지 물질이 변화해서 형성된 것이라고 한다.

531 오금은 금金 · 은銀 · 동銅 · 철鐵 · 석錫이며, 넓게는 금속金屬을 가리킨다.

532 백색白色의 명반明礬, 녹색綠色의 청반靑礬, 홍색紅色의 홍반紅礬, 황색黃色의 황반黃礬, 남색藍色의 담반膽礬을 말한다.

533 원문에는 '유황군석지장硫黃群石之將'으로 되어 있다. 이는 원래 유황의 독성毒性이 크다는 것을 가리키며, 여기서는 《본초강목本草綱目》 제 11권의 '칠십이석지장七十二石之將'에서 말하는 약용광물藥用鑛物 가운데의 장군將軍을 일컫는다.

534 원문에는 단연노화丹鉛爐火인데, 이것은 연단술煉丹術을 말한다. 단丹은 단사丹砂 즉 주사朱砂이며, 연鉛은 연홍鉛汞, 즉 납과 수은을

입술이 타고 혀가 마르도록 거짓말을 일삼아도 그 능력을 대자연의 기교와 비교한다면 어찌 그 만 분의 일이라도 미칠 수 있겠는가!

말한다. 다같이 연단煉丹의 주요한 재료이다. 연단가는 단丹을 먹으면 사람이 장수한다는 등 거짓말을 퍼뜨리기도 하였으나, 이런 단을 만드는 과정에서 단사와 수은의 금속 치환 반응 등 화학 반응을 알아내어 화학에 공헌한 바도 있으며, 또 그 중에는 제약製藥이나 의학에 얼마간의 업적을 남기기도 하였다.

석회(石灰)[535]

석회는 불로 태워서 만들어진 것이며, 석회질石灰質이 형성되면 물에 넣어도 영원히 변질되어 파괴되지 않는다. 수많은 배나 많은 담벽 등의 틈은 반드시 석회로 메워 물이 스며드는 것을 막는다.

백리 안팎의 지역에 있는 흙 속에는 반드시 태워서 석회로 만들 수 있는 돌, 즉 석회석石灰石[536]이 있다. 이런 돌은 청색이 가장 좋으며, 황백색黃白色이 그 다음이다.[537] 석회석은 지하 2, 3척에 묻혀 있고[538] 캐내어 태운다. 그러나 표면이 이미 풍화風化된 것은 쓸모가 없다. 석회를 태우는 연료는 석탄이 10분의 9, 땔나무가 10분의 1을 차지한다. 먼저 석탄을 진흙과 이겨서 석탄떡을 만든다. 그 다음에는 이 석탄떡과 석회석을 한 층씩 교대로 쌓아 올리고, 그 밑에는 땔나무를 깔아 불을 지펴 태운다. 질이 가장 좋은 것을 광회礦灰라 부르며, 가장 나쁜 것을 요재회窯滓灰라 부른다. 불기가 충분하면 돌이 연하게 변하고, 그것을 공기 속에 두면 천천히 풍화되어 가루가 된다. 급히 쓰고자 할 때에는 그 위에 물을 부어도 역시 스스로 가루로 변한다.

석회의 용도는 매우 넓다. 석회를 써서 배의 틈을 막으려면 기름오동의 기

535 석회는 석회석 $CaCO_3$를 태워서 만든다. 우선 태우면 생석회生石灰 CaO 가 되며, 여기에다 물을 넣으면 소석회消石灰 $Ca(OH)_2$가 된다. 이것을 석회라 말하며, 점결성粘結性이 좋아 중요한 건축 재료로 쓰인다. 소석회는 공기 속의 이산화탄소 CO_2를 흡수하여 단단하면서 녹지 않는 탄산칼슘 $CaCO_3$으로 변한다.

536 원문에는 가번석可燔石으로 되어 있다. 즉 이는 태워서 석회로 만들 수 있는 돌을 말한다.

537 청색의 석회석은 그 바탕이 비교적 순수하며, 황백색은 질흙이나 광물질 따위의 불순물이 들어 있다.

538 이것은 잘못된 표현이다. 지표에도 석회석이 아주 많으며, 지하로도 2, 3척 이상으로 뻗혀 있다.

름[539]이나 어유魚油에다 석회를 반죽하고 여기에다 두꺼운 명주나 고운 비단을 넣어 방망이로 많이 두드린 다음에 틈새를 막는데 사용한다. 석회를 써서 돌담을 쌓을 때는 우선 채로 쳐서 석회의 덩이를 버리고 물로 잘 이겨서 붙인다. 벽돌을 쌓거나 땅바닥에 깔 때도 기름과 석회를 사용한다. 석회로 담이나 벽을 희게 칠할 때는 먼저 석회를 물에 맑게 풀은 다음에 종이의 섬유질을 넣어서 바른다. 묘나 저수지를 만들 때는 석회 1에 강모래와 황토 2의 비율로 넣고, 다시 찹쌀풀[540]과 중국다래[541] 즙을 잘 섞어서 사용하면 때려 다지지 않더라도 견고해져서 오래도록 무너지지 않는다. 이런 흙을 삼화토三和土[542]라고 부른다. 이 밖에도 석회는 염색染色이나 제지製紙에도 쓰이며, 그 용도는 하나하나 다 말할 수가 없다.

온주溫州·대주臺州·복주福州·광주廣州 등지의 해안 지방의 돌로 석회를 만들 수 없으면, 그 곳에 있는 천연의 굴 껍데기로 이를 대신할 수가 있다.

539 기름오동의 기름은 건성유乾性油이며, 달여서 석회와 섞으면 이를 동유회桐油灰라 하고, 고화작용固化作用이 있다. 석회는 기름오동 기름이 굳기를 촉진시켜 경화시키고, 한편으로 석회는 충전제充塡劑의 구실을 한다.

540 원문에는 나미갱糯米粳인데 갱粳은 강糨의 오자이다. 따라서 찹쌀로 쑨 풀을 말한다.

541 중국다래는 키위라고도 하며, 다랫과에 딸린 갈잎덩굴식물이다. 장강 이남에 널이 퍼져 있으며, 우리나라 남부지방에서도 재배하고 있다. 줄기·껍질에 진득한 즙이 있다.

542 삼화토는 삼합토三合土라고도 하며, 진흙·석회·모래 또는 자갈을 이긴 것이다.

여회(蠣灰)[543]

해변의 물가에 있는 돌산이 있는 곳에서는 파도에 오랫동안 부딪혀서 여방蠣房[544]이 생겨난다. 복건福建 일대에서는 이를 호방蠔房[545]이라 부른다. 오랜 시간이 지나면 부단한 퇴적작용에 의하여 이런 여방은 그 길이가 여러 장丈에 이르고, 그 넓이도 여러 무畝나 된다. 겉모양이 높낮이가 있어 평탄치 않아 마치 돌로 산 모양으로 쌓은 가산假山처럼 보인다.

조개와 비슷한 이 생물은 파도에 씻겨 암석과 같은 이 여방 속으로 밀려들어가 오랜 시간이 지나면 육괴肉塊로 변하는데,[546] 이것을 여황蠣黃이라고 부르며, 그 맛 또한 대단히 좋다.

여회蠣灰를 태우려면 망치와 끌을 갖고 물 속으로 들어가서 따온다(약국에서 파는 모려牡蠣라는 것, 즉 굴은 이런 덩어리를 깬 것이다). 거기서 살을 빼내고 굴껍데기와 석탄떡을 함께 쌓아 불을 지펴 태우는 것은 앞에서 석회를 태우는 방법과 같다. 이것으로 성벽이나 교량을 축조하든지 기름오동의 기름을 섞어 조선造船에 쓰이는 그 효용은 석회와 같다.

543 여蠣는 모려牡蠣라고도 하며, 굴을 말한다. 굴은 또 호蠔라고 부르기도 한다. 굴은 자라서 얕은 바다의 암석巖石에 붙어살며, 바닷물에 떠다니는 부유생물浮遊生物이 먹이가 된다. 껍데기의 주요 성분은 석회석과 같이 탄산칼슘 $CaCO_3$이다. 이를 태우면 그 효용은 석회와 같다.

544 여방은 굴의 덩어리를 말하며, 굴껍데기의 하나하나를 방으로 보았다.

545 굴을 뜻하는 호蠔의 간체자는 지蚝라고 쓰지만, 이 둘은 엄연히 다른 한자이다. 하지만 굴을 중국에서는 간체자로 蚝(hao)라고 쓰고, 2성으로 읽는다.

546 저자는 파도와 부딪히면서 여방(굴껍데기)이 생기며, 또한 조개가 굴껍데기로 밀려들어가 오랜 시간이 흐르면 육괴로 변한다고 하는데 이는 저자의 잘못된 관찰이다. 굴은 해변 가까이, 얕은 바다에 있는 바위에 붙어서 자라며 죽으면 육질은 썩어 바다로 떠내려가 빈껍데기만 남긴다. 새 굴은 이런 빈껍데기에 붙어서 자라며, 이 때문에 굴껍데기의 퇴적물이 형성된다.

석탄을 태워 석회 만들기

굴 덩어리 따기

혹은 현회蜆灰(합분蛤粉을 말한다)[547]를 여회로 오해하는 사람이 있는데, 이는 사물의 이치를 캐보지 않기 때문이다.[548]

547 현회蜆灰는 가막조개의 껍데기를 태운 재이다. 가막조개는 대합조개인 합蛤과는 서로 다르므로 따라서 현회를 합분蛤粉으로 부를 수 없다.

548 원문에 격물格物로 되어 있는데, 이 구절은 《예禮 · 대학大學》의 '치지재격물致知在格物'에서 따온 것으로 '지식은 여러 가지 사물의 도리를 탐구하는 데서 나온다'라는 뜻이다.

석탄(煤炭)

석탄[549]은 어디서나 다 나며, 금속을 제련하든가 석회를 태우는데 쓰인다. 남방의 초목이 없는 벌거숭이산에는 반드시 그 밑에 석탄이 있으며,[550] 북방에서는 더 말할 나위도 없다.

석탄에는 세 종류가 있다. 즉 명매明煤 · 쇄매碎煤 · 말매末煤가 그것이다.[551]

명매는 부피가 커 어떤 것은 쌀 한 말쯤 크기의 덩어리로서, 하북河北 · 산동山東 · 섬서陝西 · 산서山西 등의 지역에서 난다. 명매는 단지 소량의 숯木炭으로 불을 지피면 풀무로 바람을 불어넣지 않아도 밤낮없이 세차게 탄다. 명매의 부스러기는 깨끗한 황토와 함께 물로 이겨 떡 모양으로 만들어서 태운다.

쇄매에는 두 종류가 있으며, 강소江蘇 · 안휘安徽 · 호북湖北 일대에서 많이 난다. 탈 때 불꽃이 높이 솟는 것을 반탄飯炭이라 부르는데, 이는 밥을 짓는데 쓴다. 또 불꽃이 낮은 것을 철탄鐵炭이라고 부르며, 금속을 제련하는 데 사용된다. 쇄매는 미리 물로 적셔서 노에다 넣은 후 노 속으로 바람을 불어 넣어야만 빨갛게 타며, 그 후 부단히 수시로 석탄을 더해 주면 계속해서 연소할 수 있다.

549 석탄을 중국에서는 매탄煤炭이라고 부른다. 중국에서는 석탄의 명칭이 시대에 따라 다르다. 춘추, 전국시대에는 석탄을 석날石涅 또는 날석涅石이라 불렀고, 위魏 · 진晉 · 당唐 · 송宋 때는 석탄石炭이라고 하였으며, 명대에 와서야 비로소 매탄煤炭이라 불러 현재에 이르렀다.

550 잘못된 표현이다. 남방의 대부분의 탄광 지대에는 식물이 무성하게 자라고 있다. 시흥현始興縣 일대의 주민은 밥풀고사리가 무성할수록 그 밑에 석탄이 있을 가능성이 있다고 경험상 믿고 있다. 이는 능히 그럴 수 있다. 그곳에서는 지표에 석탄이 노출되어 오랜 세월 동안에 풍화되어 부식된 물질이 풍부하므로 식물을 잘 자라게 한다. 현재 중국에서는 이탄泥炭을 재가공하여 부식산腐植酸 비료로 만들어 널리 권장하고 있다.

551 저자는 석탄을 덩어리의 크기나 탈 때의 불꽃 등의 물리적 성질과 그 용도에 따라 분류하였는데 당시로는 선진적인 분류법이라 할 수 있다. 현재는 탄화炭化의 정도가 큼에 따라 차례로 무연탄無煙炭 · 연탄煉炭 · 갈탄褐炭 및 이탄泥炭 네 가지로 분류한다.

남방의 석탄 캐기

剖面

밀가루와 같은 말매는 자래풍自來風이라고도 부르며, 말매를 진흙과 물로 반죽하여 떡 모양으로 만들어 노에다 넣으면, 한번 불이 붙으면 명매明煤처럼 밤낮으로 타서 꺼지지가 않는다. 말매는 밥을 짓는 데도 쓰이고, 구리를 제련하는 데도 사용되며, 또 광석을 제련하고 주사朱砂를 얻는 데도 쓰인다.

한편 돌을 태워 석회 · 반礬이나 유황을 얻는 데에는 위에서 말한 세 가지의 석탄을 모두 쓸 수 있다.

석탄을 캐본 경험이 풍부한 사람은 지면의 토질 상태만 보고도 지하에 석탄이 존재하는 지의 여부를 판별하며,[552] 그 다음에 파 들어간다. 깊이가 5장쯤 되어야 비로소 석탄층에 이르게 된다.

탄층炭層의 노두露頭가 나타나면 지하에서 독기毒氣[553]가 올라와 사람을 해칠 수가 있다. 이때 독기를 없애자면 큰 대나무 통의 속 마디를 파서 없애고, 대통의 끝을 뾰족하게 깎아 탄층에 꽂아서 독기를 대나무 통을 통해서 배출시킨다. 그러면 사람이 밑으로 들어가 큰 괭이로 석탄을 퍼낼 수 있다.

또 구멍 밑의 탄층이 사방으로 뻗어 있으면 좌우와 가로로 갱도를 뚫으면서 채탄採炭한다. 갱도 위는 목판木板으로 지탱하여 무너져서 사람을 다치지 않도록 해야 한다.

석탄을 캐낸 후 그 지하의 구멍은 흙으로 메운다. 그 후 20~30년이 지나면

552 탄전炭田은 노천식露天式과 엄개식掩蓋式 두 가지가 있다. 당시에는 경험으로 노천식 탄전을 찾을 수 있었다. 현재는 노두露頭 등을 조사하고 다음에 물리적 탐광법인 전기법 · 자기법磁氣法 · 중력법重力法 · 지진법地震法 등을 동원하고, 찬탐법鑽探法 등과 종합하여 매장량 등을 추정할 수 있다.

553 여기서의 독기毒氣는 혼합 가스를 말하며, 석탄의 생성 과정 중에 함께 생기는 기체 혼합물로서 주요 성분은 메탄이며, 그밖에 일산화탄소, 이산화탄소 등이다. 이 혼합 가스는 색이 없고 냄새가 없으며, 타기 쉽고 사람에게 해롭다. 공기 속에 5~16%가 함유되면 강렬한 폭발성을 갖는다.

그 아래에서 석탄이 다시 생겨나 아무리 캐더라도 없어지지 않는다.[554] 탄층의 밑이나, 탄층을 둘러 싼 바위에는 석란石卵이 있다. 그곳 사람은 이것을 동탄銅炭[555]이라고 부르는데, 이것을 캐내어 태워서 조반皂礬과 유황을 얻는다(아래 항목에서 상술하였다). 태워서 단지 유황만 얻는 석란은 그 악취가 특히 심하여 취매臭煤[556]라고 부른다. 북경北京의 방산房山과 하북河北의 고안固安, 그리고 호북湖北의 형주荊州 등지에서 간혹 채취할 수 있다.

석탄이 탈 때에는 그 본 바탕이 타서 빛으로 사라지기 때문에 재가 전혀 남지 않는다.[557] 이는 아마도 자연계에서 금속金屬과 토석土石 사이에 존재하는 특수한 품종일 것이다. 석탄이 초목이 무성한 곳에서는 나지 않는 것은[558] 하늘의 오묘한 배려를 보여주는 것이다. 석탄이 취사炊事에 있어서 유일하게 도움이 되지 않는 것은 오직 두부를 만들 때일 뿐이다(석탄을 때는 솥으로 끓인 두부는 탄 듯한 쓴맛이 난다).

554 석탄은 식물의 유체遺體가 변성한 것으로, 오랜 기간에 걸친 복잡한 지질 형성 과정에서 생성된다. 식물이 늪이나 못에서 생물화학적인 반응을 일으켜 이탄泥炭이 되거나, 이탄이 지하에서 고온·고압으로 물리 화학적 변화를 일으켜 탄이 되는 두 과정을 거쳐서 석탄이 된다. 이 때문에 저자의 표현은 사실과 다르다.

555 탄층 속이나 탄층 상하에 형성된 황철광黃鐵鑛을 말한다. 여기에는 유황이 10~30% 함유되어 있다.

556 동탄에는 유황이나 황화물이 많이 함유되어 있어서 탈 때 분해하여 나오는 가스 속에는 황화수소와 이산화황 등이 있어서 냄새가 심하게 난다.

557 잘못된 표현이다. 석탄의 성분은 탄소 50~96%, 수소 2~12%, 산소·질소·유황 2~39%, 회분灰分 2~10%이다. 이 때문에 탄화 정도가 높은 무연탄이 탄 후에도 약 2%의 재가 남는다.

558 앞에서도 언급하였듯이 잘못된 표현이다.

명반석(明礬石)[559] · 명반(明礬)[560]

명반明礬은 반석礬石을 태워서 만든다. 명반은 어디에서나 다 있지만 특히 산서山西의 진주晉州와 안휘安徽의 무의주無爲州 등지에서 가장 많이 난다. 값이 싸서 한수석寒水石[561]과 비슷하다. 그러나 물을 데워 끓을 때에 명반을 넣어 녹여서 물건에다 바르면 그 표면에서 단단히 굳어져 밖으로부터 물이 결코 스며들지 못하게 한다. 이 때문에 꿀전과를 만들든지, 화지畵紙나 홍지紅紙를 물들일 때도 이것이 필요하다. 또 명반의 마른 가루를 환부患部에 뿌리면 썩은 물이 나는 습진濕疹이나 포창疱瘡을 고칠 수 있어서 피부의 종창腫瘡에도 긴히 필요한 약품이 된다.

명반을 태워서 만들 때는 땅을 파서 반석礬石을 채취하여 석탄떡을 반석과 교대로 쌓아 올려 제련하는데, 그 방법은 석회석을 태울 때와 같다. 불기가 충분히 돌면 자연적으로 그대로 식힌 후 물에 넣어 용해한다. 이 수용액을 끓여 속칭으로 호접반胡蝶礬이란 것이 사방으로 흩날리면 명반이 다 만들어진 것임을 말해준다. 그리고 다시 달여서 진하게 되면 항아리의 물에 넣어 맑게 한다. 이때 위에 엉긴 층은 빛깔이 매우 흰데, 이를 조반弔礬이라고 한다. 또 항아리

559 원문에는 반석礬石인데 이는 명반석을 말한다. 명반석의 성분은 황산알미늄과 황산칼륨의 복염復鹽 $KAl_3(OH) \cdot (SO_4)_2$으로서 흰색 · 회색 · 연한 남색 또는 분홍색을 띤다. 모양도 낱알, 흙모양 또는 덩어리로 되어 있다. 명반이나 황화칼륨이나 또는 산화알미늄의 원료로 쓰인다.

560 원문에는 백반白礬인데, 명반을 말하며, 황산알루미늄-황산칼륨수화물 $KAl(SO_4)_2 \cdot 12H_2O$ 또는 $K_2SO_4 \cdot Al_2(SO_4) \cdot 24H_2O$ 이다. 정수제淨水劑나 매염제媒染劑로 쓰인다. 열을 받으면 결정수가 없어져 흰 가루가 되는데 이를 고반枯礬이라 부른다.

561 한수석은 광물鑛物로서, 성분은 석고石膏인 황산칼슘 및 탄산칼슘이다. 백색 · 투명하고 지염층池鹽層 밑에서 나며, 약으로는 해열解熱 · 진정鎭靜 · 지갈止渴 등에 쓰인다.

바닥에 가라앉은 것을 항반缸礬이라고 하고, 솜처럼 가벼운 것을 유서반柳絮礬이라고 한다. 용액을 증발시키고 남은 것은 빛깔이 눈처럼 흰데, 이를 파석巴石이라고 한다. 방약가方藥家가 구워서 약으로 쓰는 것은 고반枯礬이라고 부른다.

청반(青礬) · 홍반(紅礬) · 황반(黃礬) · 담반(膽礬)

조반皂礬[562] · 홍반[563] · 황반[564]은 같은 물질이 변화하여 생긴 것이며, 그 성질은 각각 다르다. 석탄을 둘러 싼 광석(속된 말로 동탄銅炭이라고 한다) 5백 근을 노에 넣고, 석탄떡(자래풍自來風이라 하여 풀무를 쓰지 않아도 스스로 타는 석탄가루이다) 1천여 근을 이 광석 주위에 둘러싼다. 노爐 밖에는 흙담을 쌓고, 노의 꼭대기 머리에는 둥근 구멍을 뚫는데, 그 구멍의 크기는 찻잔 아가리 정도의 크기로 하며, 불꽃이 곧바르게 위로 올라가도록 한다. 이 구멍 주위에는 반礬을 태운 찌꺼기로 두텁게 덮는다(이 찌꺼기를 언제부터 사용하였는지는 알 수 없다. 새로이 노에 불을 지피자면 이런 오래된 찌꺼기로 덮지 않으면 타지가 않는다).[565]

그 다음에는 노 바닥에서부터 불을 지피며, 이 불은 열흘 동안 계속해서 태운 후에야 끈다. 탈 때에는 구멍으로부터 금색의 불꽃이 수시로 솟을 것이다(유황을 얻는 방법은 뒤에서 상세히 언급할 것이다).

열흘간 태운 후에는 모두 다 식기를 기다렸다가 꺼낸다. 그 가운데 약간 바삭바삭하게 부스러진 것은 따로 골라내는데, 이것을 시반時礬이라고 하며, 홍반을 달여서 정련할 때 사용한다. 광회礦灰와 같은 순수한 것은 항아리 속에 넣어 물에 6시간 담가두었다가 다시 걸러서 솥에 넣어 달인다. 물과 섞인 열 섬

562 조반은 남록색藍綠色으로서 황산철7수화물 $FeSO_4 \cdot 7H_2O$ 이다. 또 조반은 청반이라고도 하며, 홍반 · 황반과 함께 다 철의 화합물이다.

563 홍반은 호색의 안료로서, 3산화2철수화물 $Fe_2O_3 \cdot mH_2O$ 이다.

564 황반은 3황산2철9수화물 $Fe_2(SO_4)_3 \cdot 9H_2O$ 이며, 황색의 수용성 염료이다.

565 현재의 전통 기법으로는 이런 찌꺼기를 덮지 않고 조반을 정련해 낸다.

의 용액이 한 섬이 될 때까지 달여야 불기가 충분하다고 하겠다. 물이 거의 다 졸아들어 마르려고 하면 위의 층에는 질이 가장 좋은 조반皂礬이 엉기고, 아래 층에는 반礬의 찌꺼기가 남는다(다음번 노에 불을 때울 때에는 이것으로 노 정상을 덮는다).

이런 조반은 염색하는 집에서는 꼭 필요한 원료이며,[566] 중국에서 반을 만드는 집은 단지 대여섯 집에 불과하다. 대체로 원석 5백 근에서 조반 2백 근을 정련할 수가 있다.

따로 골라 두었던 시반時礬(속칭으로는 계시반鷄屎礬이라고 부른다)은 한 근마다 황토黃土 4냥을 섞어 도가니에 넣어 끓여서 정련하여 홍반紅礬을 만든다. 이는 흙장이와 칠장이가 늘 사용한다.

황반黃礬의 제조는 더욱 특이하다. 해마다 봄 · 여름에 조반을 정련할 때 노 곁의 흙담은 반礬의 증기를 빨아 두었다가 상강霜降과 입동立冬이 교차되는 철이 되어, 흙담이 마르면서 차가워지면 반이 자연히 그대로 석출析出한다. 이것은 회북淮北의 벽돌담에서 염초焰硝[567]가 나는 것과 같다. 이것을 긁어모은 것이 황반이며, 염색집에서 이것을 늘 사용한다. 황반을 사용하여 연한 금황색金黃色으로 칠한 것을 불 위에다 한 번 쬐면 바로 자적색紫赤色으로 변한다.

그 외, 외국에서 들여온 황반이 있는데, 이것을 깨뜨려 보면 가운데에 금사金絲가 있으며, 이를 파사반波斯礬[568]이라 부른다. 이것은 또 다른 하나의 품종이다.

566 중국에서 옛날에 많이 쓰던 천연의 쪽물감은 물에 녹지 않는다. 민간에서는 조반 석회법을 사용해 왔다. 쪽물감을 알칼리성 석회수에서 환원시켜 인디고 화이트(indigo white)가 되면 섬유에 흡수되어 염색된다. 염색 후 공기를 쐬면 산화되어 불용성不溶性 쪽물감이 되며 광택이 난다. 여기서 조반은 염색의 조제助劑로 쓰인다.

567 염초는 질산칼륨 KNO_3이다.

568 파사는 이란(Iran)을 말한다.

산서山西·섬서陝西 등지에서 산 위에서 태운 유황의 찌꺼기를 버린 곳에는 2, 3년 후가 되면 빗물이 스며들어가 반의 성분이 녹아 계곡溪谷에 이르러 증발하여 조반이 형성된다.[569] 사람들이 이것을 가져다 팔기도 하는데 이런 조반은 다시 정련할 필요가 없다. 그 가운데 빛깔이 좋은 것은 석담石膽[570]이라고 속이기도 한다고 한다. 석담은 담반膽礬이라고도 불리는 것인데, 산서성山西省의 습현濕縣 등지에서 난다. 담반은 산 낭떠러지에 있는 동굴 속에서 자연히 결정체로 엉기며, 녹색을 띠고 보석과 같은 광택이 있다. 빨갛게 달군 철기鐵器를 담반수膽礬水에 넣으면 철기는 곧 구리의 빛깔을 띤다.[571] 《본초강목本草綱目》에는 비록 5종의 반이 있다고 적혀 있으나, 그것들의 근원과 관계를 분별하지 않고 있다.[572] 그 외, 모양이 흑니黑泥와 같은 곤륜반崑崙礬이나 적석지赤石脂[573]와 비슷한 철반鐵礬은 모두 중국 서북쪽인 서역西域에서 산출된 것이다.

569 노의 찌꺼기는 3산화2철 Fe_2O_3 이외에 유황 등이 들어 있다. 산성 조건하에서는 쉽사리 산화·환원 작용이 일어나 청반이 된다.

570 석담은 담반이라 하며, 성분은 황산구리5수화물 $CuSO_4 \cdot 5H_2O$이다.

571 이것은 금속의 치환 반응으로서 $Fe + CuSO_4 \rightarrow FeSO_4 + Cu$ 에 의하여 철기 위에 구리의 막이 입힌다. 서한西漢 때의 《신농본초경神農本草經》과 《회남만화술淮南萬華術》에도 기술되어 있으며, 북송北宋 때의 심괄沈括이 지은 《몽계필담夢溪筆談》에도 역시 실려 있다.

572 명조明朝 이시진李時珍의 《본초강목》 제11권에는 송조宋朝 소송蘇頌의 《도경본초오십사종圖經本草五十四種》에 실린 5종의 반에 대한 것을 인용하면서, 이시진이 평하기를 반은 5종에 그치지 않는다고 언급하였다.

573 적석지는 규산염의 함철 도토陶土로서, 주요 성분은 규산알루미늄이며, 분홍색으로서 빛깔에 농담濃淡이 있어서 대리석과 같은 무늬를 띤다. 한약으로도 쓰이며 오래된 설사나 이질 또는 자궁출혈 등을 고친다. 홍토紅土라고 부른다.

유황[574]

유황은 광석을 제련하여 얻은 액체가 식어서 엉긴 것이다. 과거에 책을 쓴 사람들이 돌을 불로 태운다는 의미의 분석焚石을 반석礬石으로 잘못 적었기에 유황이 반에서 나온 액체라는 반액설礬液說이 나왔다.

그러나 사실은 유황을 제련할 수 있는 원료로서, 그곳의 특산물인 백석白石[575]이 있고, 한편으로는 반석礬石을 제련할 수 있는 탄광炭鑛이 있어서,[576] 이 때문에 반액설이 혼입된 것이다. 또 중국에서는 온천[577]이 있는 곳에는 반드시 유황이 있다고 말하는 사람도 있지만 현재 동남東南 연안 일대에는 유황이 나지만 온천은 없다. 이것은 온천물의 냄새가 유황의 냄새와 비슷하여서 이런 추측이 나온 것일 것이다.

유황을 제련하는 광석은 석탄층의 난석卵石의 형상과 같다. 그 제련하는 방법은 우선 광석을 채출하여 석탄떡으로 광석을 감싸서 쌓아 올리고, 그 바깥에는 실한 흙으로 노爐를 축조한다. 각 노의 광석과 석탄은 모두 약 천 근이며, 노

574 유황은 타기 쉬우며, 산소 · 질소 · 염소와 대부분의 금속과 화합한다. 용도로는 폭약 · 제지製紙 · 고무 · 농약 · 제산製酸 · 석유정련 등 매우 다양하다.

575 황철광黃鐵鑛 $FeSO_2$은 결정 구조에 따라 황철광과 백철광白鐵鑛으로 분류된다. 여기서의 백석白石은 아마 유황의 함량이 비교적 낮고, 빛깔이 연한 백철광白鐵鑛으로 생각된다.

576 함탄황철광석含炭黃鐵鑛石이며, 유황의 함량이 비교적 낮아 이 때문에 이 광석을 제련하여 청반靑礬 등을 얻을 수 있어서 반석을 제련할 수 있는 탄광이라 부르게 되었다.

577 온천은 지열地熱로 땅 속에서 평균 기온 이상으로 데워져 솟는 지하수이다. 온천의 가스는 이산화탄소 · 탄화수소 · 황화수소 · 질소 · 산소 · 아르곤 · 크제논 · 크립톤 · 크제논 등이 들어 있다. 의료상으로는 단순천單純泉 · 유황천 · 탄산천 · 식염천 · 알칼리천 · 방사천 등 6종으로 나뉘고, 또한 크게는 유황천과 비유황천으로 나뉜다. 비유황천에도 유황의 냄새가 나지만 유황이 들어 있지 않고 탄산나트륨 등의 광물질과 미량의 방사성 원소가 들어 있다. 온천에서 목욕하면 어떤 만성병을 보조적으로 치료할 수 있다.

위에는 헌 황을 태운 오래된 찌꺼기로 덮고, 노 꼭대기의 가운데를 볼록하게 한 후 둥근 구멍을 뚫는다. 안쪽에서 어느 정도 불기가 돌면 구멍으로부터 황금색의 가스가 스며 나온다. 그 전에 미리 도장陶匠에게 사발을 하나 만들도록 부탁한다. 그런데 그 사발은 가운데가 불룩하고, 테두리가 속으로 감겨져 들어가 있어 물고기 주머니처럼 오목한 구유 모양이다. 황을 태울 때 이 사발을 구멍 위에 덮어 두는데, 이때 유황의 노란 증기가 구멍을 통해서 피어오르면 가스는 덮여 있는 사발에 머물러 식어서 액체가 되며, 사발 바닥에서 오목한 구유로 흘러 들어간다. 그리고 사발 아래에다 또 작은 구멍을 내면 유황액체가 냉각관冷却管을 통해서 석회로 만든 작은 못으로 흘러 들어간 후 식어 엉겨서 고체의 유황이 된다.[578]

함탄 황철광석을 태워 조반을 얻는 경우도 황색의 증기가 올라오면 이러한 방법으로 유황을 거둬들일 수 있다. 유황 한 근을 얻는데 조반 30여 근이 줄어든다.[579] 반礬의 정화精華 성분이 유황으로 바뀌어서 남은 찌꺼기는 더 이상 쓸모가 없게 된다.

화약의 주요 원료는 황과 초硝인데, 황은 순양純陽이고 초는 순음純陰이어서, 이 두 물질이 서로 작용하면 폭발하게 되고, 또한 거대한 폭음爆音이 난다.[580] 이처럼 자연계의 변화가 신기한 물질을 만들기도 한다.

유황은 북녘의 오랑캐 땅에서는 나지 않는다.[581] 혹 나더라도 제련할 줄 몰

578 현재의 전통 기법은 굴뚝을 사용하여 기체 유황을 수집하여 정련한다. 대량 생산에는 비등로沸騰爐로 배소하고, 탄화수소로 환원하여 만든다.

579 계산에 따르면 S : $FeSO_4 \cdot 7H_2O$ = 32 : 277.9 = 1 : 8.7로서 유황 한 근을 얻자면 조반 8.7근이 준다. 글과는 많은 차이가 나는데 이것은 당시 유황의 수율이 극히 낮았거나, 기록이 잘못되었을 것이다.

580 '무기'의 '화약' 항목을 참조할 것.

581 잘못된 표현이다. 중국 각지에서 다 난다. 특히 산서山西에서 많이 난다.

라 얻지 못하는 것인지도 모르겠다. 신식 대포가 서양이나 네덜란드에도 있는 것을 보아, 이것은 동서로 수 만리 떨어져 있어도 모두 유황이 산출되는 곳이 있다는 것을 말해 준다. 하지만 유구琉球의 토유황土硫黃이나 광동 · 광서의 수유황水硫黃은 모두가 잘못 기록된 것이다.[582]

582 화산이 분출할 때 유황은 증기 상태에 있고, 온천에는 자연 유황이나 황화수소 등이 녹아 있다. 이런 유황이 불완전 산소로 온천 부근의 흙 속에서 천연 유황을 형성한다. 또한 찬 샘물에 가라앉아 천연 유황이 생길 수도 있다. 저자는 토유황과 수유황을 부인하고 있는데 이는 옳지 못하다.

조반 태우기

비석(砒石)[583]

태워서 비상砒霜이 되는 원료는 질흙과 비슷하나 그보다 단단하며, 돌과 닮았으나 그보다 잘 부서진다. 이는 땅을 몇 척 파면 캐낼 수가 있다. 강서江西의 상요上饒와 하남河南의 신양信陽에는 모두 비석의 구덩이가 있어 이 때문에 신석信石이라 부르게 되었다. 최근에 생산이 가장 번성한 곳은 형양衡陽이며, 한 공장의 연간 생산량이 만 근이 넘는다. 비석의 구덩이에는 언제나 녹색의 탁한 물이 있는데, 캐어낼 때에는 먼저 물을 깨끗이 퍼낸 뒤에 다시 아래로 파내려 간다.

비상에는 홍백紅白 두 가지가 있으며, 이것은 원래의 홍백색의 비석을 태워서 만든 것이다.[584] 비상을 태워서 만들려면 지면을 파서 흙가마를 만들고, 여기에 비석을 쌓아 올린 후 그 위에 굽은 굴뚝[585]을 달고, 솥을 거꾸로 엎어서 굴뚝의 구멍을 덮는다. 그리고 가마 밑에 석탄불을 지펴 태우면 기체는 굽은 굴뚝을 따라 올라가 솥 안쪽 벽에 그을려진 승화물昇華物이 끼인다. 그 두께가 한 치가 되면 밑의 불을 껐다가 나오는 연기가 식기를 기다렸다가 앞에서와 같이 다시 불을 지펴 태운다. 이를 몇 차례나 반복하여 솥이 비상으로 가득 차면 솥을 내려 깨뜨려서 비상을 걷는다. 이 때문에 비상 밑 가까이에는 쇠부스러기가

583 비소광석砒素鑛石으로는 수십 종이 있으나 자주 사용하는 것으로는 백비석白砒石인 비황철광砒黃鐵鑛 FeAsS, 홍비석紅飛石인 황화물 광석으로 자황雌黃 As_2S_3 및 웅황雄黃 As_2S_2 과산화 고아석인 스코로다이트(scorodite) $FeAsO_4 \cdot 2H_2O$의 3종류가 있다.

584 비상은 황화물 광물로부터 2차로 생성된 광물로, 비화砒華인 3산화2비소 As_2O_3의 속칭이다. 비교적 순수한 것을 백비白砒라 하고, 홍색의 불순물을 함유한 것을 홍비紅砒라고 한다. 옛날에는 원색原色의 광석으로 두 가지를 만들었으나 지금은 오히려 홍비를 정제하여 백비를 만든다. 비상은 열을 받으면 쉽게 승화하고 물에 약간 녹는다. 독극물이며 농약에 많이 쓰인다.

585 굽은 굴뚝으로서 가운데가 볼록하고, 상부와 하부는 좁아져 있다.

광석을 태워 유황 얻기

비석 태우기

남아 있는데 이는 부서진 솥의 쇠 부스러기이다. 백비白砒의 제법은 오직 이 한 가지 방법뿐이다.[586] 그러나 홍비紅砒의 제조법은 또 다른 방법이 있다. 홍비는 비소를 함유한 은동銀銅 광석을 제련할 때 분금로分金爐에서 나온 증기가 식어 엉겨서 생긴 것이다.

비석을 태울 때 그 일을 하느라 서 있는 사람은 반드시 바람이 불어오는 반대쪽으로 10여 장 떨어져 있어야 한다. 바람을 맞는 쪽의 초목은 다 죽어버린다. 이 때문에 비석을 태우는 사람은 2년이 지나면 전업轉業해야 하며, 그렇지 않으면 수염이나 머리카락이 다 빠져버린다. 비상은 독극물毒劇物이어서 사람이 조금이라도 먹게 되면 그 자리에서 바로 죽는다.[587] 그럼에도 불구하고 매년 그 가치가 천만금이나 되는 비상이 거리낌 없이 팔려 남는 것이 없는 것은, 산서山西 등지의 콩과 밀보리 등이 다 같이 비상을 씨에다 섞어 사용하여 논밭의 쥐 피해를 방지하기 때문이다. 또 절강浙江의 영파寧波나 소흥紹興 일대에서는 어린 모 뿌리에다 비상을 써서 벼를 풍작하기도 한다. 그렇지 않고 만약 비상을 화약이나 염동染銅[588] 방면에만 사용한다면 그 수요가 그리 많지 않을 것이다.

586 재래식 방법은 산비탈을 따라 긴 연도煙道를 만든다. 비소 광석을 배소하면 그 후 스스로 연소한다. 비소가 산화되어 As_2O_3가 되어 몇 개의 수비실收砒室로 구분된 연도를 지나면서 식어서 엉긴다. 이 방법은 안전하며 수율도 좋다.

587 사람이 중독되는 비상의 양은 0.01~0.05g이며, 치사량은 0.06~0.2g이다. 호흡 기관이나 위장을 지나면서 중독을 일으킨다. 그밖에 점막이나 피부에 닿아도 중독을 일으킬 수 있다.

588 염동은 비상 등을 순동에 넣어 백동白銅으로 제련한 것이다.

12. 제유(製油)[589]

나는 말한다. 하늘의 도는 낮과 밤이 똑같이 나누어져 있는데, 사람들은 기름등을 켜고 밤에도 낮을 이어 일을 계속한다. 이는 어찌 그들이 일하기를 좋아하고, 한가롭게 지내기를 싫어해서이겠는가!

직녀織女는 땔나무를 태워 그 불빛으로 베를 짜고, 서생書生은 눈빛을 비추면서 글을 읽었다고 하는데,[590] 이렇게 하여 무슨 일을 해낼 수 있겠는가![591]

초목草木은 열매 속에 적지 않은 기름을 저장하고 있으나 스스로 흘러나오지 못한다. 그것은 사람이 물과 불의 도움을 받아 삶고, 나무로 짜거나, 맷돌로 가공한 연후라야 비로소 기름이 흘러나오게 된다. 사람의 이러한 기교技巧와 총명聰明함은 어떻게 전하여졌는지 알 길이 없다. 인간사회에서 사람들은 무거운 물건을 먼 곳으로 옮기려면 수레와 배를 이용한다. 그러나 차축에는 얼마간의 윤활유 기름이 있어야만 바퀴가 돌 수 있고, 배는 한 섬의 기름을 섞은 재료가 있어야만 물이 스며드는 모든 틈을 메울 수가 있다.[592] 이러한 기름의 작용이 없다면 수레나 배는 움직일 수가 없다. 채소의 요리에 있어서도, 기름이 없다면 그것은 마치 우는 젖먹이 아기가 젖을 얻어먹지 못하는 것과 같다. 이상以上은 기름의 여러 가지 효용 중에서 오직 몇 가지만을 예시하였을 뿐이다.

---

589 원문에는 고액膏液으로 되어 있다. 고膏는 상온에서 고체인 지방脂肪을 가리키고, 액液은 상온에서 액체인 유油, 즉 기름을 가리킨다. 본 단락에서는 주로 기름을 만드는 기술에 대해 설명하고 있다.

590 진晉나라의 사람인 손강孫康은 집이 가난하여 등불을 켤 수 없어서 겨울밤에 밖에 내린 눈의 빛으로 책을 읽었다는 고사故事가 있다.

591 밤에 베를 짜고, 밤에 공부를 하는 일들이 모두 기름등이 없으면 아니 됨을 말한다.

592 대오리나 또는 베실을 기름오동의 기름과 석회를 반죽하여 배의 틈을 메우면 물이 스며들지 못한다.

기름의 종류

식용유食用油로는 참깨[593](일명 지마脂麻라고 한다)·무[594]의 씨·황두黃豆·배추[595](일명 백채白菜라고 한다)의 씨에서 뽑은 기름들이 가장 좋고, 들깨[596](모양은 차조기[597]와 닮았으나 낟알은 참깨보다 크다)·유채油菜[598]의 씨(강남江南에서는 채자菜子라고 부른다)·동백冬柏[599](동백나무의 높이는 1장여이며, 열매는 금앵자金櫻子[600]와 비슷하다. 사용할 때에는 과육을 떼 내고 씨 속의 알갱이인 인仁만을 사용한다)·색비름[601]의 씨에서 나온 기름이 그 다음이며, 삼[602]의 씨(낟알은 고수[603]의 씨만하다. 삼 껍질은 벗겨 밧줄을 꼰다)에서 나온 것이 가장 품질이 떨어진다. 등불을 켜는 데는 오구烏臼나무 인仁의 기름[604]이 가장 좋고, 그 다음이 유채씨의 기름이며, 아마인유亞麻仁

593 원문에는 호마胡麻로 되어 있다. 참깨는 참깻과에 딸린 한해살이풀이며, 백호마白胡麻 또는 백지마白芝麻라고도 한다. 씨에 많은 기름이 있으며, 참기름은 고급 식용유이다. 기기의 윤활유나 보호유로도 쓰이며, 깻묵은 사료나 비료로 쓰인다. 함유량을 보면 누른 참깨는 57%, 흰 것은 53%, 검은 것은 51%이다.

594 무 또는 무우는 겨잣과에 딸린 한해살이 또는 두해살이풀이다. 씨기름은 비누나 윤활유의 원료로 쓰이며, 사천四川에서는 농민이 식용유로도 사용한다. 함유량은 45%이며 건성유乾性油이다. 내복萊菔 또는 나포蘿蔔라 한다.

595 배추는 겨잣과에 딸린 한해살이 또는 두해살이풀이다. 씨의 함유량은 37%이다.

596 들깨는 꿀풀과에 딸린 한해살이풀이다. 기름은 건성유이며, 식용이나 도료에 쓰인다. 함유량은 45%이다.

597 차조기는 꿀풀과에 딸린 한해살이풀이다. 자소紫蘇라고도 한다.

598 유채는 평지 또는 운대蕓薹라고도 하며, 겨잣과에 딸린 한해살이풀이다. 함유율은 42%이다.

599 동백나무는 차나뭇과에 딸린 늘푸른작은큰키나무이다. 중국 장강유역 및 남방의 각 성에서 널리 재배하고 있으며, 씨 속의 기름은 30% 이상이다. 기름을 짜고 난 찌꺼기는 세제洗劑나 살충제로 쓰인다. 동백은 동백나무의 열매이다.

600 금앵자는 장밋과에 딸린 늘푸른좀나무이다. 열매는 한약제로 쓰인다.

601 색비름은 비름과에 달린 한해살이풀이다. 함유율은 7%이다.

602 삼은 대마라고도 하며, 삼과에 달린 한해살이풀이다. 함유율은 30%이며, 씨기름은 식용·약용·제유·사료·비료로 쓰인다.

603 고수는 미나릿과에 딸린 한해살이풀로서 호수胡荽라고도 한다.

604 오구나무는 버들옷과에 딸린 갈잎큰키나무이다. 씨기름에는 세 가지가 있다. 즉 씨의 껍데기인 백색의 납질층蠟質層에서 짜낸 껍데기 기름 피유皮油, 씨의 껍데기와 씨의 인仁을 함께 짜낸 혼유混油, 씨의 흰 색 인에서 나온 자유子油이다. 혼유는 비누나 초의 원료로 많이 쓰이고, 피유는 초나 비누의 원료로 쓰이며, 또한 스테아린산이나 올레인산의 원료로 사용된다. 자유는 페인트·올레인산·기계 윤황유의 원료로 쓴다. 인의 함유율이 50%이고, 씨는 36%이다.

油[605](섬서陝西에서 나는데, 속명으로 벽슬지마壁蝨脂麻라고 하며, 냄새가 나빠 먹지 못한다) · 면실유棉實油 · 참기름(등불로 쓰면 쉽사리 닳아 버린다)의 차례이다. 기름오동의 기름[606]과 오구나무의 혼합유混合油가 가장 하급품이다(기름오동의 기름의 독기毒氣는 사람을 혼미시키며, 껍질과 씨를 함께 짠 오구나무의 혼합유는 엉겨서 맑지 못하다.)

초를 만드는 데는 오구나무의 피유皮油가 가장 좋으며, 그 다음으로 아주까리[607] 기름과 백랍白蠟[608]을 넣어 응결시킨 오구나무의 혼합유混合油이고, 그 다음이 백랍을 넣어 응결시킨 각종 청유淸油이며, 녹나무[609]의 씨기름(밝기는 약하지 않으나 그 냄새를 싫어하는 사람이 있다)은 그 다음 차례이다. 먼나무[610]의 씨기름(오직 광동성廣東省의 소관韶關 지역에서만 쓰고 있으나 함유량含油量이 적은 것이 탈이어서 다음 차례에 둔다)은 또 그 다음이다. 북방에서는 초를 만드는데 쇠기름을 널리 쓰고 있으나 이것은 아주 하등급의 기름이다.

참깨와 아주까리 및 녹나무의 씨 한 섬마다 40근의 기름을 얻을 수 있고, 무씨는 한 섬마다 27근을 얻을 수 있다(맛이 매우 좋으며 사람의 오장五臟에 유익하다). 유채油菜씨는 한 섬마다 30근의 기름을 짤 수 있으나, 만약 자주 김매고 땅이 기

605 아마는 아맛과에 딸린 한해살이풀이다. 씨기름을 아마인유亞麻仁油라 하며 건성유이다. 용도는 식용 · 페인트 · 인쇄 잉크 · 유성 니스 · 유성 도료의 용제 원료가 된다.

606 여기서의 동桐은 오동梧桐이 아니고 기름오동인 유동油桐을 말한다. 버들옷과에 딸린 갈잎큰키나무이다. 우리나라에서는 호남 지방과 제주도에 자란다. 페인트의 가장 좋은 원료이며, 씨껍질에서 탄산칼륨을 얻을 수 있어 씨껍질은 칼륨 유리의 원료가 되며, 활성탄을 만들 수 있다. 껍데기를 태운 재와 씨의 찌꺼기는 비료로 쓴다. 중국에서는 중요한 유료油料 식물이며, 씨에는 46%의 기름이 있다.

607 아주까리와 아주까리씨를 통틀어 피마자라 하며, 그 기름은 매우 좋은 윤활유이며, 세수비누 · 머릿기름 · 인쇄유에 쓰이고, 조염제助染劑나 피혁 공업에서는 보호유로 쓰인다. 약으로는 완하제緩下劑로 쓴다. 기름 찌꺼기는 비료로도 쓰인다. 씨의 함유량은 45%, 씨의 인에는 80% 이상 들어 있다.

608 백랍은 밀랍을 햇볕에 쬐어 만든 순백색의 물질이다.

609 녹나무는 녹나뭇과에 딸린 늘푸른큰키나무이다. 씨기름은 비누의 좋은 원료로 쓰인다. 과일 씨의 함유량은 43%, 출유율出油率은 26~33%, 씨에는 기름이 65%로, 기름의 빛깔은 암황색暗黃色이다.

610 먼나무는 감탕나뭇과에 딸린 늘푸른큰키나무이며 제주도에서 자란다. 좀감탕나무라고도 하며, 씨기름은 비누나 윤활유에 쓰이고 기름 찌꺼기는 비료로 쓴다. 씨에는 기름이 21%, 씨의 인에는 57% 들어 있다.

름지며 거기다가 기름을 짜는 방법도 좋으면 40근도 얻을 수 있다(1년을 묵히면 씨 속이 비게 되어 기름이 없다). 동백은 한 섬마다 15근의 기름을 얻을 수 있다(기름 맛은 돼지기름과 같아 맛이 매우 좋다. 기름을 짜고 난 찌꺼기는 불씨로 쓰든가, 물고기의 독毒을 씻는 데 사용한다). 기름오동의 씨는 한 섬마다 33근의 기름을 짤 수 있다. 오구나무 씨의 인을 둘러싼 밀랍질의 흰 씨 껍질과 인을 따로 나누어 짜면, 밀랍질의 흰색 씨 껍질로부터는 피유 20근을, 그리고 인으로부터는 자유子油 15근을 얻을 수 있게 된다. 그리고 합쳐서 함께 짜게 되면 도합 33근을 얻게 된다(씨의 인이나 껍질이 매우 깨끗해야 한다). 먼나무의 씨는 한 섬마다 기름 12근을 얻을 수 있고, 황두는 한 섬에 9근의 기름을 짤 수 있다(소주蘇州 일대의 지방에서는 기름을 짜고 나서 찌꺼기를 떡으로 만들어 돼지 먹이로 쓴다).

배추씨 한 섬에 30근의 기름을 얻을 수 있다(기름이 맑아서 맑은 물과 같다).

목화씨 백 근마다 7근의 기름을 얻을 수 있다(바로 짜냈을 때의 기름 빛깔은 매우 검고 혼탁하지만, 반달을 그대로 두면 침전물이 가라앉으면서 비교적 맑아진다). 색비름씨는 한 섬마다 30근을 짤 수 있다(맛은 매우 좋으나 그 성질이 차서 먹으면 설사가 나는 것이 결점이다). 아마亞麻와 삼大麻의 씨는 한 섬에 20여 근의 기름을 짤 수 있다.

여기서 제시한 수치는 그 대강을 말하였으며, 그 밖의 기름에 대해서는 깊이 있는 조사나 시험을 하지 못하였거나, 어떤 것은 이미 시험을 거쳤더라도 알 수 없는 것이 있어서 나중에 말하고자 기다리기로 한다.

기름짜기

기름을 얻는 방법으로는 짜내는 방법 이외에 두 가마로 익히는 방법이 있는데, 아주까리와 들깨는 이 방법을 사용한다. 북경北京에서는 가는 법(연마법)이 있고, 조선朝鮮에서는 찧는 법이 있어 이 방법으로 참깨를 처리한다. 그 나머지는 다 짜는 방법을 채용하고 있다.

기름을 짜는 나무로서 큰 것은 둘레가 한 아름이며, 그 속은 비어 두어야 있다. 나무로서는 녹나무[611]가 가장 좋고, 그 다음으로는 박달나무[612]와 고리버들[613]이 있다(고리버들로 만든 것은 땅의 습기가 있으면 쉽게 썩는다). 이들 세 가지는 나뭇결의 조직이 긴 원형으로 원이 계속 이어져 있으며, 세로로 곧은결이 없어서 나무망치를 힘껏 휘둘러 쐐기를 박아 넣어도 두 끝이 터질 염려가 없다. 세로로 무늬가 있는 나무는 쓸 수 없다.

중국의 장강 이북에서는 두 팔로 안을 수 있는 큰 나무가 드물어 네 개의 나무를 합쳐 쇠테로 단단히 조이고, 다시 가로로 묶어서 그 속을 비워 기름을 짤 원료로 넣는다. 이렇게 하면 여러 개의 흐트러져 있던 나무가 하나의 통나무 구실을 한다.

나무 중간에 기름을 짤 속을 파내는데 그 크기는 나무의 대소大小에 따르나, 큰 것은 한 섬을 넣어도 여유가 있고, 작은 것은 다섯 말도 넣지 못한다. 나무

611 녹나무는 장목樟木이라고 하며, 가구 · 건축 · 조선造船용으로 사용된다.
612 박달나무는 황단黃檀 또는 단목檀木이라 하며, 목재가 단단하면서도 치밀하여 힘을 받는 곳에 쓰인다.
613 고리버들은 기류杞柳라 하며, 버드나뭇과에 딸린 갈잎좀나무이다. 재목은 수레바퀴 만드는 데 쓰인다.

를 파낼 때 먼저 끌로 한 가닥의 평탄한 홈을 파내고, 날이 굽은 끌로 속의 아래위를 둥글게 깎은 다음 나무 아래에 작은 구멍 하나를 뚫는다. 다시 작은 홈 한 가닥을 깎아내었다가 기름이 흘러나올 때에 기름통 안으로 흘러 들어가게 한다. 평평한 홈의 길이는 약 3, 4척, 너비는 3, 4치이지만 이는 나무의 크기에 따라 달라지므로 일정한 규격은 없다. 홈에 박는 뾰족한 쐐기와 네모난 나무토막[614]은 다 박달나무나 떡갈나무[615]를 사용해야 하며, 그 밖의 다른 나무는 적합하지 못하다. 쐐기는 칼과 도끼로 다듬지 대패질은 할 필요가 없다. 쐐기의 면을 거칠게 두고 매끄럽게 하지 않은 까닭은 매끄러우면 쉽사리 빠져나오기에 이를 막기 위해서이다. 나무망치와 쐐기는 그 머리에 쇠고리를 끼워 빠지지 않도록 한다.

기름을 짜는 도구가 갖추어지면 깨나 채소의 씨를 가마에 넣고 약한 불로 천천히 볶는다(오구나무나 기름오동과 같은 나무의 씨는 볶지 않고 다 갈아서 찐다). 볶다가 향기가 스며 나오면 꺼내어 으깨어 찐다.

여러 가지 깨나 채소의 씨를 볶는 데는 깊이가 6치 되고, 바닥이 평평한 가마솥을 주조해 두었다가 씨를 넣고 부지런히 저어 주어야 한다. 만약에 가마 바닥이 너무 깊거나, 너무 천천히 저으면 열을 골고루 받지 못하여 기름의 양이나 질이 떨어진다. 볶는 가마를 부뚜막에 비스듬히 얹는 것도 찌는 가마와는 크게 다르다.

매는 구유를 땅에다 묻고(나무로 만든 것은 철판을 덮는다), 그 위에 쇠로 된 원

614 이 토막을 차례로 홈에다 넣으면서 압력을 가하면 기름이 흘러나온다.

615 떡갈나무는 작목柞木이며, 너도밤나뭇과에 딸린 갈잎큰키나무이다. 재목은 단단하여 침목, 선박재, 기구재 및 숯의 원료로 쓰이고, 열매는 도토리이다.

판의 중심에 나무 자루 하나를 꽂고, 두 사람이 마주보고 힘을 다해 앞으로 민다. 돈 많은 사람들은 돌을 깎아 소가 끄는 연자방아를 만든다. 소 한 마리의 힘은 열 사람과 맞먹는다. 씨 가운데는 연자방아만 쓰지 맷돌을 쓸 수 없는 것이 있는데 예를 들어 목화씨가 그러하다.

원료를 갈고 나면 채로 쳐서 굵은 것을 추려서 다시 갈아야하며, 이미 고운 가루로 간 것은 솥 시루에 넣고 찐다. 원료에 증기가 충분히 침투하고 나면 꺼내어 벼나 밀짚으로 큰 떡 모양으로 싸고, 그 바깥에 테를 씌운다. 테는 쇠를 두드려 만들거나 대오리를 엮어서 만든다. 이러한 테는 기름을 짜는 나무의 빈 홈과 그 크기가 맞아야 한다.

원료 속의 기름이란 김을 쐬어서 얻은 것으로[616] 무형無形에서 유형有形이 생긴 것이다. 시루에서 꺼내어 빨리 싸지 않으면 갇혀 있던 일부의 증기가 달아나기 때문에 나오는 기름은 더욱 줄어든다. 숙련된 사람은 재빨리 시루를 비우고, 재빨리 싸고, 재빨리 테를 씌워 많은 기름을 얻는데, 그 비결이 전적으로 여기에 달려있다. 기름 짜는 직공 가운데에는 어릴 때부터 이 일을 하면서도 늙기까지 이 비법을 깨닫지 못하는 사람들도 꽤 있다.

잘 감싼 다음에는 기름 짜는 틀에 가득 재어 나무망치로 쐐기를 박아 누르면 기름이 샘물처럼 흘러나온다. 떡 모양의 덩어리에서 기름이 나온 후에는 찌꺼기가 남는데, 이를 고병枯餠이라고 한다.

616 기름의 원료는 반드시 수분이 있는 고온 분위기에서 일정한 시간 동안 두어야 단백질이 번성하여 응집하고, 유분油分도 축적되어 점도粘度도 떨어져 유동성이 좋아진다. 동시에 적당한 수분이 있어야 친수親水 콜로이드 미립 표면에 붙어 있는 기름도 물에서 빠져나올 수 있고, 기름의 원료도 가소성可塑性을 갖게 되어 기름 짜기가 쉬워진다. 이런 상태에서는 출유율出油率도 높아지고, 기름의 순도도 좋아진다. 기름을 짤 때는 온도가 높아야 하며, 수증기 이외는 함수량含水量이 낮고, 압착력壓搾力이 커야 한다. 이 때문에 더운 김이 달아나면 일정한 온도를 유지할 수 없어서 출유율이 떨어진다.

남방의 기름틀

씨 볶기

此碓首信州山中石爲之重額四十斤

오구나무 씨를 갈아 인을 얻기

참깨 · 무 · 유채 씨 등의 고병은 다시 한번 더 갈아서 채로 쳐 짚이나 껍질 같은 것들을 추려 내어 다시 찌고, 다시 싸서 기름을 다시 짠다. 두 번째 짠 기름은 첫 번째 짠 것의 반밖에 되지 않는다. 그러나 오구나무나 기름오동의 씨는 한 번만 짜도 기름이 다 흘러나와 다시 짤 필요가 없다.

수자법水煮法[617]을 사용하려면 가마 두 개를 함께 사용해야 한다. 아주까리와 들깨를 갈아 한 가마에 넣고, 물을 넣어 끓이면 위에 뜨는 거품이 바로 기름이다. 이것을 국자로 퍼내어 물기가 없는 다른 가마에 넣어 밑에서 약한 불로 수분을 말리면 남은 것은 곧 기름이 된다. 그렇지만 이런 방법으로 얻은 기름은 얼마 되지 않는다. 북경北京에서는 참깨를 갈아 거친 삼베 보자기에 넣어 비틀어 짜서 참기름을 얻는데, 이 방법에 대해서는 나중에 다시 상세히 조사하고자 한다.

617 수대유법水代油法이라 하며, 기름을 짤 수 없는 조건에서 창조한 독특한 제유製油 방법이다. 현재는 크게 개량되어 참깨 뿐만 아니라 땅콩 · 해바라기 씨 · 아주까리 · 채소의 씨 · 차茶의 씨 등의 기름을 얻을 수 있으며, 출유율도 압착법에 뒤지지 않는다.

피유(皮油)

피유, 즉 오구나무 껍질의 기름으로 초를 만드는 방법은 강서성江西省의 광신군廣信郡[618]에서 처음으로 시작되었다. 그 방법은 다음과 같다. 깨끗한 오구나무의 씨를 통째로 시루에 넣어 찐다. 잘 쪄서 절구에 넣어 빻는다. 절구의 깊이는 약 1척 5치이며, 절구공이는 돌로 만들며, 공이 끝에 쇠부리를 끼우지 않는다. 공이는 깊은 산중에서 단단하면서도 매끄러운 돌을 가져다 쪼아 만들고, 무게는 40근을 넘지 않도록 한다. 횡목橫木 한쪽 끝에 끼워서 빻는다.

빻아서 오구나무씨를 감싸고 있는 껍질의 납질층蠟質層이 모두 떨어져나가면 퍼내어 납질층을 소반에다 채로 쳐서 담고, 다시 찌고, 싼 후에 짜내는데 그 방법은 앞과 같다.

오구나무 씨껍질의 납질층이 떨어진 후 속에 남은 씨가 흑자黑子이다. 차면서도 매끄럽고 불에 탈 염려가 없는 작은 맷돌(이런 맷돌에 쓰는 돌도 역시 광신군의 깊은 산중에서 채취한다)을 사용하여, 주위를 빨갛게 타는 숯불로 데우면서 흑자黑子를 한 움큼 한 움큼씩 퍼 넣어 재빨리 간다. 갈고 나서 검은 껍질을 바람에 날려버리면 남은 것은 모두가 흰색의 인仁으로 오동梧桐의 씨와 같다. 이런 흰 인을 갈고, 찌고, 싸서, 짜내는데, 그 방법은 앞에서의 설명과 같다. 짜서 나온 기름을 수유水油라고 부르는데, 그 맑기가 비할 바가 없다. 그리고 작은 등잔에다 이 기름을 넣으면 골풀燈心草 한 가락만으로도 날이 밝을 때까지 밝힐 수

618 지금의 상요上饒 지역이다.

있으니, 그 어떤 다른 청유清油도 이에 미칠 바가 못 된다. 또 식용으로 사용하더라도 해롭지는 않으나 단지 싫어하는 사람은 쓰지 않을 뿐이다.

피유로 초를 만들려면 참대[619]를 반으로 쪼개 물에 삶아 부풀게 한다(그렇게 하지 않으면 피유와 붙게 된다). 가늘게 쪼갠 댓개비 테로 두 조각을 고정시킨 후 끝이 뾰족한 쇠국자로 기름을 퍼서 죽통 속으로 흘려 넣고, 심지를 하나 꽂으면 엉겨서 곧 하나의 초가 된다. 초가 굳기를 기다렸다가 대나무 테를 벗겨내고 대나무 통을 열어서 초를 꺼내면 된다.

또 다른 방법으로는 작은 나무막대를 깎아 초의 모형을 만들고, 종이 한 장을 잘라 그 위에다 감아 종이통을 만들고, 그 다음에 피유를 종이통 속으로 흘려 넣으면 굳어서 초가 된다.

이 초는 바람을 맞거나 혹은 먼지가 묻거나, 또는 그 어떤 더위나 추위를 겪더라도 결코 변질變質되지가 않는다.

619 참대를 고죽苦竹이라 하며, 키 10~20m로 왕대와 비슷한데 훨씬 작다. 나무질이 단단하여 담뱃대나 건축재로 쓰인다. 장강 유역에 난다.

13. 제지(製紙)[620]

나는 말한다. 사물事物의 정화精華와 천지의 오묘奧妙함이 고대에서 현대로 전해져 왔으며, 또 중원中原에서 변강邊疆에까지 미치게 되어 후세에 태어난 사람들도 이것을 눈으로 보고, 마음으로 알게 하였다. 그렇다면 이것들을 무엇에다 적어 두었을까? 군주君主와 신하가 서로 의견을 소통하고, 스승이 제자에게 학업을 전수하는데 만약 쉴 새 없이 하는 말에만 의지한다면 과연 얼마나 전달이 되겠는가! 그러나 오직 한 건의 문서[621]나 반책半冊의 서적書籍이라도 있으면 관련된 의도와 글의 뜻이 명백해져 명령이 천하에 전해질 뿐 아니라, 학생의 의문 역시 얼음 녹듯 한결 같이 사라지게 될 것이다. 세상에 종이[622]가 있은 후로부터 총명하거나 우둔한 사람 가릴 것 없이 모두 다 같이 종이의 혜택을 적지 않게 누리고 있다. 종이는 죽골竹骨과 목피木皮를 그 원료로 써서 만들며, 청피靑皮를 벗겨서 백지를 만든다. 만 권의 책이나 제자백가諸子百家의 논저論著들은 모두가 종이의 도움을 얻어 세상에 전해지게 된 것이다. 정교한 종이는 지식을

---

620 원문에는 살청殺靑으로 되어 있는데, 저자는 여기서 제지製紙를 가리키고 있다. 중국에서는 동한東漢 이전에는 종이가 보급되지 않아 죽편竹片에다 붓으로 많은 문장을 썼다. 신선한 대나무는 벌레가 먹고, 또 먹이 묻지 않아 먼저 불로 말려야 한다. 불에 쬘 때면 죽편에서 수분이 마치 땀방울처럼 나오는데, 이러한 과정을 한청汗靑이라고 하였다. 청피靑皮를 벗겨내고 흰 바탕에다 문자를 직접 썼다. 이렇게 청피를 벗기는 과정을 살청殺靑이라 하였는데, 저자는 죽간竹簡의 존재를 인정하지 않고, 여기서는 죽지竹紙 제조의 첫 공정을 가리키고 있다. 일반적으로 종이는 동한시대의 채륜蔡倫이 발명한 것으로 알고 있지만, 송응성은 이 점을 반박하고 있다.

621 원문은 부符인데, 이는 고대 조정이 명령을 하달하거나 또는 병사를 파견하거나 장군을 보낼 때 사용하던 비밀스러운 증명서를 말한다. 금金·옥玉·동銅 또는 통째로 된 대를 쪼개어 사용하였다. 쌍방이 반쪽을 갖고 나중에 합쳐 보아 맞으면 전달된 명령이 참된 것임을 증명한다. 본문에서는 포고布告나 통고通告를 가리킨다.

622 원문에는 저선생楮先生으로 되어 있다. 저선생은 닥나무를 말하며, 뽕나뭇과에 딸린 갈잎좀나무이다. 종이의 원료가 된다. 당대唐代 한유韓愈의 《모영전毛穎傳》에서 붓을 모영, 종이를 저선생이라고 인격화人格化 하였다.

전하는 서적에 쓰이고, 거친 종이는 창문에 붙여 바람을 막거나 물건을 포장하는 데 쓰인다. 종이를 만드는 일이 이미 상고上古에 비롯되었음에도 한漢이나 진晉 때의 어느 사람이 처음으로 만들었다고 그 공을 돌린다는 것은[623] 너무도 얕고 좁은 견해라고 할 수 있을 것이다.

623 송응성의 뜻은 조지술造紙術의 발명권을 한이나 진대의 그 어느 사람의 이름에 붙이는 것이 옳지 않다는 말이다. 즉 종이를 만든 역사를 거슬러 올라가면 멀리 상고시대까지 거슬러 올라갈 수가 있으며, 그 때에는 가장 원시적인 종이가 있어 문살에다 붙이고 물건을 싸는데 사용했을 것이라는 것이다. 송응성의 이런 추측은 일리가 없는 것이 아니다. 지紙자의 변인 사絲는 최초의 종이는 생사生絲나 솜으로 만든 것을 뜻한다. 1957년에 섬서성陝西省 파교灞橋에 있는 서한西漢(서기전 206~8년)시대의 묘에서 식물의 섬유로 만든 것으로는 세계 최초인 종이가 출토되었으며, 이는 삼베로 만든 것이다. 이 연대는 중국 제지의 창시자로 알려진 동한東漢의 채륜蔡倫보다 2세기나 앞선다.

종이의 재료

닥나무[624](일명 곡수穀樹라고도 부른다)의 껍질 · 뽕나무의 두 번째 껍질[625]과 목부용木芙蓉[626]의 나무껍질을 원료로 한 종이를 피지皮紙라 하고, 대나 삼을 원료로 한 것을 죽지竹紙라고 한다. 정교한 종이는 매우 희어서 글을 쓰거나, 인쇄 · 서신 · 쪽지 따위에 쓰이며, 거친 것은 제사지낼 때 태우는 종이로 된 지전紙錢이나 포장지로 쓰인다.

제지製紙 공정 가운데 살청殺靑은 대나무를 자르는 데서 이런 이름이 생겨났고, 한청汗靑은 대나무를 삶는 데서 생긴 이름이다.[627] 간簡은 이미 만들어진 종이를 말한다.[628] 대를 삶아 종이를 만들기에 후세 사람들은 댓조각으로 깎아 거기에다 기록하는 것으로 잘못 알았고, 게다가 고대의 서책書冊인 위편韋編[629]은 가죽 끈으로 죽간竹簡을 꿰맨 것으로 오해하였다. 진시황秦始皇의 분서焚書[630] 이전에도 많은 서적이 있었는데, 만약에 댓조각에다 글을 썼다고 하면 거기에다

---

624 원문에는 저수楮樹라고 되어 있다.

625 뽕나무의 가장 바깥쪽의 청피靑皮를 벗겨 내고 두 번째 층의 껍질을 사용하며, 속칭으로는 상백피桑白皮라고 한다. 뽕나무의 첫 번째의 껍질은 비교적 부드럽다.

626 원문에는 부용으로 되어 있으나 이것은 《본초강목本草綱目》의 목부용을 가리킨다. 무궁화과에 딸린 좀나무로 동부아시아에서 난다.

627 이것은 잘못된 표현이다. 살청殺靑이나 한청汗靑은 죽간을 만드는 공정을 말한다. 또한 대나무는 삶지 않고, 불에 쬐어 말린다.

628 죽간竹簡과 종이를 혼동해서 말한 것이다. 후대에 와서 종이를 간으로 불렀는데 이것은 간의 원의原義를 확대한 것이다.

629 종이가 나오기 이전에는 중국에서는 대나 나무를 가닥으로 깎아 그 위에다 글을 썼으며, 그 엮은 것을 위편이라고 하였다. 피륙 따위를 짤 때 가로로 놓은 실을 씨, 즉 위緯라 하는데, 위韋는 위緯의 고자古字이다. 과거의 주석가註釋家는 고대의 죽간 및 목간이나 간을 엮은 것을 보지 못하였기에 위韋의 본뜻인 가죽으로 해석하였으나 가죽끈으로 엮으면 위편을 말 수 없어서 뜻이 통하지 않으므로 이는 잘못된 해석이다. 근년에 와서 전국시대戰國時代에서 동한東漢 말년에 이르는 시기인 서기전 5세기에서 서기후 2세기에 걸친 죽간이나 목간이 끊임없이 출토되고 있다. 그 위에 끈으로 엮은 흔적도 밝혀졌다.

630 중국을 처음으로 통일한 진시황이 농업 및 의학의 서적은 보존하고, 유교 서적을 태운 것을 말한다.

얼마나 많은 문자들을 기록할 수 있었겠는가! 또 서역西域[631] 일대에서는 다라수[632]로 종이를 만들었다고 하고,[633] 중국에서도 패엽貝葉에다 경전經典을 기록하였다고 잘못 알고 있는 사람들도 있다. 이것은 나무의 잎이 뿌리를 떠나면 곧 마른다는 것을 알지 못하고, 대를 깎아 글을 썼다는 것과 함께 가소로운 일이라 아니 할 수 없다.[634]

631 원문에는 서번西番인데, 이는 고대 중국 서부에 살던 민족을 말하며, 옛 문헌에는 서양인을 역시 서번이라 불렀다. 여기서는 인도를 가리킨다.

632 다라수는 패수貝樹 또는 패다라수貝多羅樹라고도 말하며, 범어梵語의 Pattera의 음역이다. 인도나 스리랑카 등 열대 지방에서 나는 야자나무의 한 가지이다. 잎을 물에 적신 후에 종이 대신에 쓸 수 있다. 고대 인도인은 불경을 쓰는데 이를 많이 썼다.

633 인도에서는 송응성이 말한 바와 같이 다라수로 종이를 만드는 것이 아니고, 문자를 직접 다라수 잎에다 기록하였다. 따라서 송응성의 이 추측 또한 옳지 못한 것이다.

634 저자는 죽간의 기록이나 패수의 잎에다 불경을 쓴 것을 부인하고 있는데, 이는 저자의 오류라고 보여진다.

대나무 종이(竹紙)의 제조법

대나무 종이, 즉 죽지竹紙의 제조는 남방에서 비롯되며, 복건성福建省에서 가장 성행하고 있다. 죽순이 돋고 나면 외진 산간 지역에 가서 우선 죽림의 형세를 살펴둔다. 원료로서는 가지에 잎이 막 돋으려고 하는 어린 대가 가장 상등의 재료이다. 매년 망종芒種을 전후해서 산에 올라가 베며, 대를 5 내지 7척의 길이로 자른다. 그 산에 못을 만들어 물을 넣고, 자른 대를 그 속에 담가 둔다. 못물이 마를 염려가 있으면 대로 만든 관으로 쉴 새 없이 산에서 흐르는 물을 끌어넣어야 한다.

담가 둔지 백일이 지나면, 대를 꺼내어 나무 막대기로 두드려서 거친 껍질과 청피青皮를 씻어 버린다(이를 살청殺青이라고 한다). 이런 과정을 그치면 대줄기는 마치 모시처럼 된다. 질이 좋은 석회를 물에 잘 섞어 손잡이가 달린 목통木桶을 뚜껑으로 한 가마에다 넣고 불로 8주야晝夜 동안 삶는다.

대를 삶는 가마는 지름이 4척이며, 질흙과 석회를 반죽하여 가마의 테두리를 두껍게 단단히 봉해 둔다. 높이와 폭은 광동廣東에서 소금을 달이는 뇌분牢盆과 비슷하며, 속에 10여 섬의 물을 넣을 수 있다. 가마 위는 목통으로 덮는데, 통의 둘레는 1장 5척이며 지름은 4척여 쯤 된다. 그리고 대를 가마에 넣고 단단히 덮은 후 8일 동안 충분히 삶는다. 불을 끄고 하루가 지나면 통을 열어 죽마竹麻를 꺼내어 맑은 물이 가득 찬 못 속에 넣어 깨끗이 씻는다. 못의 바닥과 주변을 다 목판木板으로 잘 맞춰 깔아 질흙으로 더럽혀지지 않도록 한다(조잡한 종이를 만들 때는 이런 목판을 쓰지 않아도 된다). 죽마를 씻고 나면 나무의 잿물에 담갔다가 다시 가마에 편편하게 넣고, 그 위를 볏짚의 재를 한 치 두께로 고르고 평평하게 깐다. 끓어오르면 다른 통 속으로 옮겨 넣고, 계속하여 잿물을 부어 넣는다. 잿물이 식으면 끓여서 다시 부어 넣는다. 이렇게 10여일이 지나면 죽마는 자연히 썩어서 냄새를 풍긴다. 그러면 꺼내어 절구통에 넣어 찧는다(남방의 산골 지역에는 물방아가 다 있다). 찧어서 질흙같이 되면 종이를 뜨는 지통紙桶에 쏟아 넣는다.

지통의 모양은 네모진 말斗과 같으며, 그 크기의 치수는 종이를 뜨는 발의 크기로 정하고, 발은 또 종이의 크기로 결정된다. 통에 맑은 물을 넣고, 수면水面을 죽마보다 3치쯤 높게 하여 지약즙紙藥汁을 그 속에 넣는다(이런 약물은 복숭아 대나무와 비슷한 나무의 잎으로 만들며, 그 이름은 지방에 따라 다르다). 이렇게 뜬 종이는 마른 후에는 대단히 희다.

종이를 뜨는 발은 매우 정교하게 다듬고 간, 극히 가느다란 실 모양의 대오리로 엮은 것이다. 발은 감아 두었다가 펼칠 때에는 밑에 가로세로로 나무로 된 사각 테를 두어 지탱하도록 한다. 두 손으로 발을 잡고 물 속에 넣어 휘저어 죽마의 섬유성분을 떠올려 발 속의 망 위로 들어와 부착되게 한다. 종이가 두껍고 얇은 것은 사람의 손에 달려 있다. 가볍게 저으면 종이가 얇고, 심하게 저으면 섬유가 많아 두껍게 된다. 죽마를 발로 뜰 때에 물이 발의 사방에서 지통 속으로 쏟아진다. 다음에 발을 뒤엎어 종이를 판자 위에 떨어뜨리며 천 장이나 만 장이 되도록 첩첩이 쌓아 올린다. 수량이 차면 그 위에다 판자로 눌러 밧줄로 감고, 술을 짜는 방법으로 막대를 끼워 수분을 말끔히 짜낸다. 다음에 작은 구리로 된 집게로 한 장 한 장씩 들어올려 불에 쬐어 말린다.

종이를 불에 쬐어 말리려면 먼저 흙벽돌로 담을 겹으로 쌓아 좁은 갱도(골목)를 내고, 갱도의 아래를 벽돌로 덮는다. 벽돌을 깔 때에는 벽돌 몇 장마다 벽돌 한 장씩을 비워둔다. 머리 아궁이에서 장작을 때면 불기는 벽돌 틈을 통해서 갱도 밖으로 빠져나온다. 밖의 벽돌이 충분히 데워지기를 기다렸다가 젖은 종이를 한 장씩 담 위에다 붙여 말린 다음 떠내어 한 질帙로 맞춘다.

근래에 대사련大四連이라고 하는 폭이 넓은 종이가 생산되고 있다. 이 종이는 한때 글쓰는 데 귀히 여겨 왔다. 주묵朱墨으로 더럽혀져버린 그 폐지 종이는 깨끗이 씻은 다음에 물에 잘 담가 불려서 지통에 넣어 다시 재생시킨다. 이러면 삶아서 담가 두는 앞 단계의 공정을 생략하여도 종이를 만들 수 있으며, 낭비도 그다지 크지 않다. 그러나 남방에서는 대나무가 흔하여 이런 일을 하지 않는다. 북방에서는 작은 종이 부스러기라도 땅에 떨어져 있으면 언제라도 주워서 다시 만드는데 이런 종이를 혼을 다시 불러들인다는 뜻으로 환혼지還魂紙라고 부른다. 대나무로 만든 죽지竹紙나 나무껍질로 만든 피지皮紙는 정세하거나 거칠거나 모두 다같이 이런 방법으로 만든다. 화지火紙나 거친 종이 등도 대를 잘라 삶아 죽마를 얻고, 석회를 물과 섞어 부어넣는 것들은 앞에서의 방법과 같다. 다만 발에서 떼어 낸 젖은 종이를 불로 쬐어 말리지 않고, 눌러서 물기를 뺀 후에 햇볕에 말릴 뿐이다.

당나라가 홍성했을 때인 성당盛唐 때는 귀신을 섬기는 제사가 빈번하여 이때 태우는 지전紙錢으로 비단을 대신 태웠는데(북방에서는 가늘게 자른 종이를 썼는데 이를 판전板錢이라 불렀다), 그런 까닭에 이런 종이를 화지火紙라고 불렀다. 호남湖南·호북湖北 일대[635]의 근래 풍속을 보면 귀신에게 제사지내는 일이 많아 한 번

635 이 지역은 고대에 초楚에 속했으며, 형주荊州라 하였으며, 초와 합쳐서 형초荊楚라 불렀다.

대 삶기

대 막대기를 잘라 물에 담그기

발을 뒤엎어 종이 쌓기

발로 죽마 뜨기

데운 벽돌담에서 종이 말리기

종이를 태우는 데 심지어 천 근이나 태워버린다. 이런 종류의 종이는 그 10분의 7이 제사를 지낼 때 태우는데 사용하고, 10분의 3은 일상생활에 사용된다. 종이 가운데 가장 거칠고, 두꺼운 것을 포장지라고 부르며, 이것은 격년隔年으로 재배하는 늦벼의 짚과 죽마竹麻로 만든 것이다.

강서성江西省의 연산현鉛山縣[636] 등지에서 나는 쪽지柬紙의 종이는 모두 가느다란 대를 써서, 두껍게 떠서 만든 것으로 비싼 값으로 이익을 얻고 판다. 그 가운데 가장 좋은 것을 관간지官柬紙라 하여, 부귀한 집에서 명함으로 사용된다. 이런 종이는 두껍고 실하며, 거친 결이 없다. 홍색紅色으로 물들여 길사吉事에 쓰이는 길첩吉帖은 먼저 백반수白礬水에 담갔다가 다시 홍화즙紅花汁으로 물들인 것이다.

636 지금의 강서성 동북부로 복건성과 인접해 있다.

피지(皮紙)의 제조법

닥나무의 껍질을 취하는 일은 늦봄이나 초여름에 그 껍질을 벗긴다. 닥나무가 늙은 나무라면 뿌리 부근에서 나무를 잘라 내고, 그 곳을 흙으로 덮어 두면 다음해에 새 가지가 자라나며, 이렇게 해서 얻은 나무의 껍질은 더욱 좋다.

닥나무 껍질로 만든 종이, 즉 피지를 제조하는 데는 닥나무 껍질 60근에 극히 연한 죽마竹料 40근을 함께 못에 넣어 담가 둔다. 여기에다 다시 석회를 풀은 물을 부어 가마에 넣고 푹 삶는다. 근래에는 비교적 재료를 아끼고자 하는 방법으로 10분의 7의 닥나무 껍질 및 죽마에다 격년으로 재배한 볏짚 10분의 3을 넣어 만들기도 하는데, 다만 지약즙紙藥汁을 알맞게 잘 넣기만 해서 물에 담가 두면 매우 흰 피지를 얻을 수가 있다.

닥나무 껍질로 만든 종이는 인성이 강하고 질겨서 세로로만 당겨 찢을 수가 있으며, 찢어질 때에는 무명실처럼 가느다란 가닥이 생기는데 이 때문에 이 종이를 면지棉紙라고 부르기도 한다. 그런데 이런 질긴 종이는 세로로는 찢을 수가 있지만 가로로 찢으려면 매우 힘이 든다. 가장 좋은 피지는 모두 조정朝廷에 공물로 바쳐져 황궁에서의 창호지로 사용되며, 이런 종이를 영사지櫺紗紙라고 부른다. 이런 가장 좋은 영사지는 오늘날 상요上饒 지역에 해당하는 강서江西의 광신군廣信郡에서 만들어지며, 그 종이의 길이는 7척을 넘고, 폭도 4척 이상이나 된다. 만들 때에는 오색五色의 안료를 지통紙桶에 방울로 떨어뜨려 지장紙漿과 혼합해서 직접 물들여 만들어지며, 결코 나중에 피지 종이를 만든 다음에 거기에다 다시 물을 들인 것이 아니다.

그 다음으로 좋은 피지는 연사지連四紙라고 하는데, 연사지 가운데에서 가장 좋은 것을 홍상지紅上紙라고 한다. 또 대와 볏짚을 고루 섞어 넣은 것을 원료로 한 피지를 게첩정문지揭帖呈文紙라고 하는데, 조정이나 내각에서 문서를 전달하거나 개인이 무슨 일을 공고公告하고자 할 때 사용하는 종이가 바로 이런 종이이다.

목부용木芙蓉 등의 껍질을 원료로 하여 만든 피지를 통틀어 소피지小皮紙라고 하며, 강서江西에서는 이를 특히 중협지中夾紙라고 부른다.

하남河南에서 만든 종이는 무슨 초목을 원료로 썼는지는 알 수 없으나, 그 생산량이 매우 많고, 오로지 조정朝廷에만 공수되어 사용된다. 또 뽕나무 껍질로 만든 것으로 상양지桑穰紙[637]라는 것이 있는데 매우 두껍다. 산지는 절강의 동쪽인 절동浙東 일대와 소주蘇州 · 윤주潤州 · 호주湖州 등지[638]에서 양잠업을 하며 누에씨를 보관하는 집에서는 모두 이런 종이를 사용한다.

일반적으로 우산이나 유선油扇에 바르는 종이는 모두 소피지小皮紙를 사용한다.

면이 넓은 큰 피지를 만드는데 사용하는 물통은 대단히 넓고, 여기에서 사용하는 큰 발도 넓고 무거워 한 사람의 힘으로는 다룰 수가 없어 두 사람이 각각 한쪽 끝을 잡아 올려 흔들어 주어야 한다. 더욱이 궁정宮廷에 바치는 영사지欞紗紙는 여러 사람이 힘을 합쳐 함께 작업해야만 겨우 해낼 수가 있다.

피지皮紙를 그림을 그리는 종이인 화폭畫幅으로 사용하려고 하면 우선 백반

637 상양지桑穰紙라고도 쓴다.

638 원문에는 삼오三吳라 되어 있다. 명대明代에는 소주蘇州를 동오東吳, 윤주潤州를 중오中吳, 호주湖州를 서오西吳라고 하며, 이 셋을 합하여 삼오三吳라고 하였다.

수白礬水에다 담가야 종이의 털이 일어나지 않는다. 피지는 발에 붙어 있는 면을 정면 즉 겉면으로 한다. 왜냐하면 원료가 비록 고운 질흙처럼 되어 있다고 하더라도 발 위에 원료가 떠 있기에 그쪽 면인 등쪽 면이 비교적 거칠기 때문이다.

조선의 백추지白硾紙는 무슨 원료를 써서 만들었는지 알 수가 없다. 일본日本에서는 종이를 만드는 데 발을 쓰지 않는다고 한다. 원료가 삶아지면 크면서도 평탄한 청석靑石을 움 위에 두고, 그 밑에다 불을 피워 청석을 데운다. 그리고 그 돌이 더워지면 원료인 지장紙漿을 돌의 면에다 한 층으로 얇게 쓸어 발라 물기가 마르기를 기다렸다가 들어올리면 곧 한 장의 종이가 된다고 한다. 조선朝鮮에서도 이런 방법을 쓰는지는 알 수가 없고, 중국에서도 이런 방법이 있는지 확실치 않다.

절강성浙江省의 영가永嘉[639]에서 나는 견강지蠲糨紙[640]도 뽕나무의 껍질로 만든 것이다. 그리고 사천성四川省의 설도전薛濤箋도 부용芙蓉의 껍질을 원료로 쓰며, 충분히 삶은 후 부용의 꽃가루를 맷돌로 간 즙을 넣어 만든다.

이 방법은 혹시 옛날 당대唐代의 여시인인 설도薛濤[641]가 가르쳐 준 탓인지 지금도 그 이름이 남아 있다.[642] 이런 채색 종이彩箋의 특색은 그 빛깔에 있지, 재질에 있는 것은 아니다.

---

639 옛 현명縣名이며, 지금의 절강성浙江省 온주溫州 지방이다.

640 견지蠲紙라고도 불리는데, 오대五代 때에 절강의 온주(당시의 영가)에서 만든 종이이다. 오월吳越의 국왕인 전류錢鏐는 이 종이를 공납함으로써 부세를 없앴다(蠲)고 하는 데에서 그 이름을 견지蠲紙라고 하였다.

641 중당中唐 때의 여류 시인詩人이자 기생이었으며, 만년에 성도成都 완화계浣花溪에 살면서 스스로 분홍색의 채전彩箋을 만들어 시詩를 썼기에 설도전薛濤箋이라 불렀다.

642 이는 사실 실제 그 방법이 전해지는 것이 아니라 후대에서 그 방법을 모방하여 만든 것이며, 다만 그 이름만을 쫓고 있는 것이다.

천공개물

하권

14. 오금(五金)[1]

나는 말한다. 사람에게는 10등급이 있다.[2] 고귀한 왕王과 공公에서부터 천한 여輿와 태台에 이르기까지 그 가운데 한 등급이라도 없으면 사람의 기강紀綱이 서지 않는다. 대지大地는 다섯 가지의 귀하고 천한 금속[3]을 낳아 천하의 사람들과 후세의 자손들이 이를 사용하게 하였다. 그 의의意義는 사람이 10등급으로 나뉜 것과 같다고 할 수 있다.

금속 가운데 가장 귀한 것은 천리 안에 겨우 한 곳에서만 나고, 가까이로도 5, 6백 리가 되어야만 그 산지産地가 있다. 또 금속 가운데 가장 천한 것은 아무리 교통이 불편한 곳이라도 대량으로 매장되어 있다. 가장 귀한 황금의 값은 검은 쇠보다 1만 6천 배나 비싸다. 그러나 일상생활에서 널리 쓰이고 있는 쇠로 만든 가마나 칼이나 도끼와 같은 기구가 없다면 비록 황금이 있다고 한들 사람들에게 이로운 점이 없다. 이는 마치 고관高官만 있을 뿐 백성이 없는 것과 같다.

뿐 아니라 금속은 화폐로 주성되어 무역왕래에 있어서도 유통수단이 된다.

1 제련製鍊이라고 제목을 붙일 수도 있지만, 원문에 따른 것이다. 본 단락에서는 주로 주요한 5가지 금속인 오금의 채취와 제련에 대해 설명하고 있다.

2 《좌전左傳》의 소공昭公 칠년七年의 기록에 따르면 사람에게는 10가지 등급이 있다고 하였다. 그것은 왕王 · 공公 · 대부大夫 · 사士 · 조皂 · 여輿 · 예隸 · 요僚 · 복僕 · 태台로 되어 있으며, 앞의 4등급은 귀족이고, 뒤의 6등급은 천민이다.

3 오금五金이라 하며, 금金 · 은銀 · 동銅 · 철鐵 · 석錫을 말한다.

따라서《주례周禮 · 지관地官》[4]에 기재된 천부泉府[5]와 같은 관직을 가진 관리는 모든 상품의 명맥을 확고히 통제하고 있다.

그러나 금속의 호불호好不好를 분별하고, 그 가치의 경중輕重을 정하는 일을 과연 그 누가 처음으로 하였으며, 또 누가 여러 금속들이 서로 의존하면서 오래도록 스스로의 역할을 갖도록 하였을까?

4 원문에는 주관周官으로 되어 있는데, 이는《주례周禮》의 원래 명칭이며, 서한西漢의 유흠劉歆이《주례》로 개칭하였다.
5《주례周禮》에 따르면 천부는 관명官名으로서, 물품을 구매하여 저장하고, 수급需給을 조절하며, 신용 대출의 업무를 장악하고 있었다.

금

금은 오금五金의 으뜸으로 가장 귀중한 것이며, 녹아서 모양이 갖추어지면 영원히 변하지 않는다. 은을 큰 용광로에 넣어 녹여도 비록 줄지는 않으나, 그런데 온도가 충분히 높을 때 풀무로 바람을 불어 넣으면 불꽃이 한번 튀었다가 곧 사라진다. 다시 풀무로 바람을 불어 넣어도 불꽃은 다시 튀지 않는다.[6]

그러나 금은 힘을 다하여 풀무로 바람을 불어 넣으면 불 때마다 불똥이 튀며, 세차게 불어 화력이 셀수록 더욱 세차게 불똥이 튄다. 이것이 바로 금이 진귀珍貴한 까닭이다.

중국에서 금이 산출되는 곳은 대체로 백여 곳이나 되어 일일이 다 열거할 수 없다. 산의 바위에서 나는 것으로 큰 것을 마제금馬蹄金, 중간 크기를 감람금橄欖金 또는 대과금帶胯金,[7] 그리고 작은 것을 과자금瓜子金이라고 한다.

또 물 속의 모래에서 나는 것으로, 큰 것을 구두금狗頭金, 작은 것을 부맥금麩麥金 또는 강금糠金이라고 한다. 평지에서 우물을 파 얻는 금을 면사금面沙金이라하고, 그 가운데 입자가 큰 것을 두립금豆粒金이라고 부른다. 어느 것이나 다 물로 일어서 제련한 후라야 온전한 금덩어리가 된다.

금은 대다수가 중국 서남 지방에서 많이 나며, 채금자는 산에 10여 장 깊이의 굴을 파서 반금석伴金石을 볼 수만 있으면 곧바로 금을 찾을 수가 있다. 이 반금석이란 돌은 갈색이며, 한 쪽 끝이 불에 탄 것처럼 거무스름하다.

6 금은 고온에서 쉽게 산화되지 않으나, 은은 쉽게 산화되어 산화은 AgO과 산화2은 Ag_2O이 되며, 다 눈에 잘 보이지 않는다.
7 허리띠를 장식하는 금의 낱알이다.

하천에 있는 사금砂金은 대부분이 운남성雲南省의 금사강金沙江(옛 이름은 여수麗水이다)에서 많이 나며, 이 강의 수원은 티베트 청장고원青藏高原에 있으며, 여강부麗江府[8]를 감돌아 북승주北勝州[9]에 이르기까지 돌아 흐르기를 5백여 리나 되는데, 그 사이 많은 곳에서 금이 난다. 그밖에도 사천성四川省 북부의 동천潼川[10]이나 호광湖廣[11]의 완능沅陵, 서포溆浦[12] 등지에서는 모두다 강모래를 일어서 사금을 얻는다. 그러나 수많 번 가운데서 극히 드물게는 한 덩어리의 구두금狗頭金을 얻을 수 있는데, 이를 금모金母라고 부르며, 나머지는 다 밀기울 모양의 금부스러기일 따름이다.

금을 제련할 때에는 노에 넣어 녹이는데, 처음 노에서 나온 것은 연한 황색을 띠나, 다시 녹이면 붉은색으로 변한다. 해남도海南島의 담儋·애崖 두 현縣에서는 모두 사금광이 있으며, 금이 진흙 속에 섞여 있어서 깊이 파지 않아도 얻을 수가 있다. 그러나 너무 자주 채취하면 더 이상 나지 않는다. 1년 동안 계속해서 이렇게 채취하고 나면 결국은 한도에 이른다.

광동廣東·광서廣西의 소수 민족 지역인 요獠가 사는 동굴 속에서 바로 파낸 금은 검은 산화철의 부스러기와 같으며, 이런 금은 몇 장丈 깊이로 파가면 흑초석黑焦石 밑에서 발견된다.[13] 처음 캐낸 금을 씹어보면 연하며, 어떤 광부는 이를 몰래 삼켜서 배에다 숨기지만 사람에게 해롭지는 않다.[14]

---

8 운남성雲南省 노강怒江 유역의 동쪽과 여강현麗江縣 이북지방을 가리킨다.

9 옛 주명州名이며, 지금의 운남성雲南省 영승현永勝縣이다.

10 지금의 사천성四川省 재동현梓潼縣이다.

11 호광은 지금의 호남湖南·호북湖北 두 성을 말하는데, 청대清代에는 호남·호북의 양호兩湖와 광동·광서의 양광兩廣을 모두 포괄하였다.

12 완능과 서포는 현명縣名이며, 호남성湖南省 서부의 원강沅江상류에 있다.

13 금광맥은 항상 산화철 FeO, 산화구리 CuO 와 산화2납 Pb_2O 이 공존하는데, 이들은 모두 검은색을 띤다.

14 금은 유연하여 씹으면 잇자국이 새겨진다. 그러나 금을 삼키면 위장 등을 뚫을 수 있어서 이런 표현은 잘못이다.

하남성河南省의 여남현汝南縣과 공현鞏縣 일대와 강서성江西省의 악평樂平 · 신건新建 등지에서는 다 같이 평지에다 깊은 광정礦井을 파서 고운 모래를 채취하고, 그것을 일어서 제련하여 금을 얻는다. 그러나 노동력이 많이 들어 인건비를 제외하면 얻어지는 소득은 매우 적다. 대체로 중국에서는 천리에 한 군데씩 금광이 있다.[15] 《영표록이嶺表錄異》[16]에서는 말하길, '어떤 사람들은 거위나 오리의 똥에서 금 부스러기를 씻어서 얻는데, 어떤 때는 하루에 한 냥을 얻는가 하면, 전혀 얻지 못할 때도 있다'라고 하였으나 이 기록은 아마도 터무니없는 말 같다.[17]

금은 가장 무거운 물질이다. 가령 예컨대 구리 매 입방촌立方寸의 무게를 한 냥이라고 친다면, 은의 매 입방촌의 무게는 3전이 증가하며, 또 은 매 입방촌의 무게를 한 냥이라고 하면, 금 매 입방촌의 무게는 2전이 증가한다.[18]

금의 또 다른 성질로서는 매우 연하여 버들가지처럼 휘어진다. 금 성분의 함량을 색에 따라 나누면 일반적으로 말해 청색은 금 7할을 함유하고, 황색은 금 8할을 함유하며, 보라색은 금 9할을 함유한다. 그리고 적색이면 이는 곧 순금純金이다. 이런 금은 시금석試金石(이런 돌은 강서성江西省의 신강信江 유역에서 많이 나며, 큰 것은 한 말 크기이고, 작은 것은 주먹만하다. 거위를 끓인 탕에 한 번 넣어 삶으면 옻처럼 검어진다)에다 그어서 흔적을 내어 그 빛깔로 성분을 판별할 수가 있다.[19]

15 이 표현은 금광이 비교적 희소하다는 것을 말하며, 실제와는 부합되지 않는다.

16 당唐의 유순劉恂이 지은 것으로 《영표록嶺表錄》이라고도 하며, 광동廣東 지방의 물산物産이나 풍속을 기술한 것이다.

17 허황된 말이 아니고 있을 수 있는 말이다. 단지 거위나 오리가 큰 무리를 이루지 아니하면 금 한 냥을 줍는다는 것은 상상하기 어렵다.

18 금 · 은 및 구리의 비중은 각각 19.3, 10.5 및 8.9로서 여기서 계산한 수치와 큰 차이가 난다.

19 시금석은 규산질의 조약돌로서 치밀한 석영, 종유석 및 소량의 단백석蛋白石을 함유하고 있다. 탄소가 많으면 흑색, 갈철광이 있으면 갈색, 녹니석綠泥石이 있으면 녹색을 띤다. 거위탕에 넣어 끓이면 광택이 나고, 검은 빛깔도 더 진하게 된다. 금을 이런 돌에다 긁어 흠을 내면 금의 성분을 감별하기 쉽다.

순금에다 다른 금속을 섞어 속여 팔 때에는 단지 은만 섞을 수가 있고, 다른 금속은 섞을 수가 없다. 만약에 금 안의 은을 제거하여 금 성분만 남기려면 이 잡금을 두들겨 아주 얇은 박편으로 만들어 잘라서 조각을 내어 질흙으로 바르거나 싼 다음에 도가니에 넣고 붕사硼砂[20]와 함께 녹이면 은은 곧 흙으로 흡수되고, 금물만 흘러 나와 순금이 남게 된다. 그 다음에 소량의 납을 이 질흙과 섞어 다른 도가니에 넣어 흙 속의 은을 제련해내면 추호의 손실도 없게 된다.[21] 금의 빛깔은 인간세상에서 아름답고 귀중한 색으로 통해 사람마다 귀히 여기고 있다. 이 때문에 사람들은 금을 가공하여 두드려 금박金箔을 만들어 장식에 사용한다. 매 7리厘의 금을 두드리면 1평방촌의 금박 천 장을 만들 수가 있고, 그것을 그릇의 표면에다 붙이면 가로 세로 3척의 면적을 꽉 덮을 수가 있게 된다.[22]

금박을 만들려면 금을 두드려 쳐서 박편薄片을 만들고, 다시 오금지烏金紙에다 싸서 쇠망치로 힘껏 쳐서 펼친다(금을 두드려 펼치는 망치는 그 무게가 8근이며, 그 자루가 매우 짧다).

오금지는 소주蘇州 · 항주杭州에서 만들어지며, 동해東海에서 나는 큰 대나무의 껍질 섬유를 그 원료로 쓴다. 오금지를 만들려면, 콩기름 등잔불을 밝혀 주위를 완전히 막고, 단지 바늘구멍만한 작은 구멍을 뚫어 통기를 시킨다. 그리고 등잔불의 연기로 그을어 오금지를 만든다. 오금지 한 장마다 금박을 50차

---

20 붕사는 4붕산2나트륨10수화물 $Na_2B_4O_7 \cdot 10H_2O$ 로서, 녹는점이 낮고, 금은을 녹일 때 넣으면 논는 붕사가 금은에 들어 있는 불순물을 녹여 깨끗이 해준다. 녹은 금속이 냉각할 때는 금속의 바깥을 감싸 산화를 방지한다. 응고된 후 바깥 껍데기를 깨뜨리면 원래의 광택이 나타난다.

21 도가니에 녹아 있는 납은 금은을 추출抽出하며, 특히 은의 경우 이 방법을 많이 사용한다. 오늘날 '고온 융액 추출법'이다.

22 7리는 마땅히 7푼이어야 한다. 명조明朝의 도량형의 제도에서는 1척은 31.1㎝, 1냥은 37.3g, 금의 비중은 19.30이므로 이를 근거로 계산하면 금박 7푼의 두께는 0.14㎜가 된다. 이 두께는 금박의 최소 두께이다.

레 치고 나면 버린다. 버려진 오금지가 아직도 찢어지지 않으면 약방에서 주사朱砂를 싸는 데 사용된다. 이는 사람의 교묘한 공예로 만들어낸 정묘精妙한 종이라고 할 수 있다.

오금지에 싸고 쳐서 금박을 만든 후, 초석硝石으로 무두질한[23] 고양이 가죽을 작은 네모난 판자 모양으로 단단히 펼친 다음, 향불의 재를 가죽에다 뿌리고, 오금지에서 금박을 꺼내 그 위에 붙인다. 이것을 날이 무딘 칼로 가로 세로 한 치가 되도록 네모로 긋고 잠시 호흡을 멈추고서 가벼운 나무 막대에다 침을 축여 손에 쥐고, 금박을 두들겨 세워 작은 종이 조각에다 끼운다. 금박 이것으로 물건을 장식하자면 우선 익힌 옻熟漆으로 물건의 표면을 한 번 칠하고 그 위에 금박을 입힌다(문자文字에다 붙일 때는 대부분 닥나무 즙을 사용한다).

섬서성陝西省 중부에서 만든 피금皮金이라는 것은 초석으로 무두질한 양피羊皮를 당겨 극히 얇게 펼친 다음에 금박을 그 위에 붙여, 잘라서 옷을 장식하는 데 쓴다. 이런 물건은 휘황찬란한 아름다운 빛깔을 드러낸다.

금박을 입힌 물건은 훗날에 못쓰게 되어 버릴 때에도 금박을 깎아내어 불로 녹이면 금은 재 속에 남게 되며, 여기에다 몇 방울의 채소 씨 기름을 떨어뜨리면 금 성분은 기름과 함께 바닥에 모이게 된다. 이를 일어 씻어서 다시 녹이면 조금도 허비함이 없이 전부를 거둬들일 수가 있다.

금 빛깔을 만들어내는 데에 항주杭州의 부채는 은박銀箔을 사용하여 그 위에다 홍화紅花의 씨 기름을 한 겹 바르고, 다시 불로 쬐어 금 빛깔을 만들어낸다. 광동廣東・광서廣西의 상품은 매미 허물을 갈아서 물에 섞어 그림을 그리고, 불

23 짐승의 날가죽에서 털과 기름을 뽑아 가죽을 부드럽게 다루는 일을 말한다. 한문으로는 이를 유제鞣制라고 한다.

로 약하게 쬐면 금빛깔이 나지만 이것들은 진정한 금빛깔이 아니다.

금으로 만든 기물이 색깔이 좋지 않아 군데군데 옅은 색이 나타나면 그 곳에 황반黃礬을 발라 세찬 불로 한 번 쬐면 곧바로 적금색赤金色으로 변한다. 그러나 날이 지남에 따라 차츰 퇴색하게 된다. 이때 다시 불에 쬐면 원래의 빛깔로 다시 되돌아온다(황반에 대해서는 앞의 '소석'에서 상세히 기술하였다).

은

중국에서 은의 산지로는 원래 절강성浙江省과 복건성福建省에 은광銀鑛의 갱장坑場이 있었으나, 명조明朝 초에 어떤 것은 이미 폐광되기도 하였고, 또 아직도 채광採鑛되고 있는 것도 있다. 강서성江西省의 요주饒州[24]·신주信州[25]·서주瑞州[26]의 3개 주에는 은광이 있으나 아직도 채굴하지 않고 있다. 호남성湖南省의 은광은 진주辰州[27]에 있고, 귀주성貴州省에서는 동인銅仁[28]에서 난다. 하남성河南省 의양현宜陽縣의 조보산趙寶山, 낙령현洛寧縣의 추수파秋樹坡 노씨현盧氏縣의 고취기高嘴幾, 숭현嵩縣의 마조산馬槽山과 사천성四川省 회천會川[29]의 밀륵산密勒山, 감숙성甘肅省의 대황산大黃山 등지에는 모두 은이 나는 우수한 광산이 있다. 그 밖의 곳은 일일이 다 예로 제시할 수가 없다.

그러나 은의 산출량에도 한도가 있어서 채굴할 때마다 나라에서 정한 최소의 양을 채우지 못하면 채굴자는 돈으로 배상해야 한다. 그리고 법제가 엄하지 않으면 절도나 쟁탈이 쉽게 생겨나 환란을 조성하였기에 금령禁令이 자연히 가혹하지 않을 수밖에 없었다.[30]

하북河北이나 산동山東 등지에서는 땅의 기운이 차서 암층岩層이 극히 얇아 금

24 부명府名이며, 지금의 파양호鄱陽湖 동녘 기슭에 있고, 신강信江의 하류와 회옥산懷玉山의 이북 지방이다.
25 강서 귀계貴溪 동녘에 있고, 회옥산懷玉山 이남 지방이다.
26 지금의 강서 고안高安·의풍宜豐·상고上高 등의 현縣 지역이다.
27 부명府名이며, 지금의 원강沅江 유역의 서쪽이며, 원능沅陵 이남에 있다.
28 현명縣名이며, 원강 지류인 낙수洛水의 상류에 있고, 호남성과 인접해 있다.
29 부명으로, 사천四川의 회리會理·회동會東 등의 현이다.
30 당시의 통치자는 재산을 착취하기 위하여 은광을 독점하였으며, 민간의 자유로운 채광을 금령으로 막았다. 한편으로 은광의 채광을 입찰시켜 정해진 수량을 못 채우면 배상하게 하는 방법으로 착취하여 왔다.

은金銀이 나지 않는다.[31]

위의 8개 성의 산출량을 모두 합쳐도 운남성雲南省의 반에도 미치지 못한다. 이 때문에 은광을 개광開鑛하여 제련하는 데는 오직 운남雲南 한 성만이 오랫동안 지속할 수가 있었다. 운남의 은광은 초웅현楚雄縣과 영창永昌[32] 및 대리현大理縣의 세 지구가 가장 풍부하며, 곡정曲靖[33]과 요안姚安[34]이 그 다음이며, 진원현鎭沅縣의 남부가 그 뒤를 잇는다.

암산岩山의 굴에 은광이 있으면 그 위에 한 무더기의 얕은 갈색을 띤 돌[35]들이 있으며, 이런 은광은 얼마의 지맥支脈을 이루고 있다. 채광하는 사람은 10장이나 20장 깊이의 구멍을 뚫어야 비로소 맥을 찾을 수 있기 때문에 이런 공정이 며칠이나 몇 달이 걸려서 완성될지 아무도 장담할 수가 없다. 따라서 흙 속의 은묘銀苗를 찾아내야만 비로소 은이 함유된 광물[36]의 소재를 알 수가 있다. 게다가 은을 함유한 이런 광물은 흙 속 매우 깊은 곳에 있으며, 나뭇가지처럼 이리저리 종횡으로 나뉘어 뻗어 있다.

채광採鑛하는 사람은 은묘가 분포되어 있는 몇 개의 길을 따라 찾으면서 옆으로 파들어 간다. 굴을 파들어 가면서 굴 위에 목판을 가로로 거쳐 굴 위를 지탱하여 붕괴를 방지한다. 또 캐는 사람은 작은 등불을 들고 은묘의 지맥支脈을 따라 계속하여 파들어 가다가 광사鑛砂에 닿으면 비로소 멈춘다. 흙 속의 은묘는 황색의 잔돌과 섞여 있든가 또는 흙과 돌 틈에서 얽힌 실 모양으로 나타나

31 잘못된 표현이다. 은광은 기후나 암층의 두께와 아무런 관계가 없으며 하북이나 산동에서도 은이 난다.
32 부명府名이며, 지금의 보산保山 · 영평永平 등의 현이다.
33 부명이며, 구량口良 · 나평羅平 이북, 우양강牛樣江 상류 이동 지방이다.
34 옛 주명州名이며, 지금의 초웅현楚雄縣 이족彝族의 서부 지방이다.
35 이것은 광체鑛體의 노두露頭를 가리킨다.
36 여기에서는 은광석과 은광사銀鑛砂를 통틀어 말하며, 따라서 은이 함유된 방연광方鉛鑛이나 섬아연광閃亞鉛鑛 등이 포함된다.

는데, 그러면 찾고자 하는 은광이 그리 멀지 않다는 것을 말해주는 것이다.

은광석 가운데 은의 성분을 비교적 많이 함유한 광석 덩어리를 초礁라고 부르고, 자질구레한 것을 사砂라고 한다. 또 그 표면이 나뭇가지처럼 아丫자형으로 나누어진 광맥을 광鑛[37]이라고 부르며, 광석의 바깥쪽을 둘러싸고 있는 돌덩어리를 모암母岩[38]이라고 한다. 모암의 돌덩어리는 큰 것은 한 말 크기이고 작은 것은 주먹만 한데, 이런 것은 모두가 쓸모가 없어서 버린다. 초사礁砂의 모양은 석탄처럼 보이나[39] 그 밑에 돌을 받치고 있으며, 그러므로 색깔은 그다지 검지 않다. 이런 초사에도 은의 함량에 따라 몇 개의 등급이 있다(광주鑛主나 상인은 광사를 파서 미리 관청에 제출하여 시험을 거쳐 등급을 매기며, 이에 따라 세금이 정해진다). 캐낸 광사는 말斗로 계산하여서 제련공에게 보내 제련하도록 한다. 은광에서 질이 가장 좋은 것은 한 말에 6, 7냥의 순수한 은이 나고, 중급은 3, 4냥, 그리고 가장 질이 떨어지는 것은 1, 2냥이다(초사 가운데 색깔이 번쩍이는 것은 속의 정화精華가 많이 누설되어 오히려 은을 적게 품고 있다).[40]

초사를 노爐에 넣을 때는 미리 손으로 골라 깨끗이 씻는다. 은의 제련하는 노는 흙으로 만들며, 흙 두둑의 높이는 5척 전후로 하고, 노 바닥은 자기瓷器 조각이나 숯이 탄 재를 깐다.

각 노는 은의 광물 두 섬을 넣을 수 있고, 밤나무 숯 200근을 광물 주위에 쌓는다. 노 곁에는 한 줄의 벽돌담을 쌓는데, 그 높이와 폭은 각각 1장 남짓하게

37 류鉚라고 하는 판본도 있다. 광鑛과 광礦은 일반적으로 같은 의미로 서로 통용되는 말이지만, 이 책에 의하면 광鑛은 표면이 나뭇가지처럼 아丫자형으로 나누어진 광맥을 말하고, 광礦은 광석의 바깥쪽을 둘러싸고 있는 돌덩어리를 말한다고 볼 수도 있다.

38 위암圍岩 혹은 광礦이라고 하는 판본도 있다.

39 휘은광輝銀鑛 Ag_2S 을 가리킨다.

40 휘은광은 방연광方鉛鑛과 항상 공존한다. 휘은광은 흑색인데, 방연광은 번쩍인다. 따라서 납이 많고 은이 적은 광석은 번쩍일 수 있다. 정화가 누설되어 은의 함량이 떨어진다는 말은 비과학적인 말이다.

한다. 풀무를 담 뒤에 설치하고, 두세 사람이 힘을 합쳐 풀무질하며 관으로 바람을 불어넣는데, 담이 노의 더운 열을 막아주기에 풀무질하는 사람이 비교적 편안하게 일할 수가 있다. 노 안의 숯이 다 타면 긴 쇠스랑으로 숯을 계속해서 넣어준다. 만약에 바람과 불기가 충분하면 초사는 녹아서 덩어리가 되며, 이때의 은은 납과 융합되어 있어서 아직도 서로 분리된 것은 아니다. 일반적으로 두 섬의 초사에서 녹인 덩어리는 약 백 근이다.

식은 후 초사를 꺼내어 다른 노에 넣는데, 이 노를 분금로分金爐 또는 하마로蝦蟆爐라고 한다. 이 노의 외부는 소나무 숯으로 둘러싸고, 작은 구멍 하나를 뚫어 불기를 살핀다. 이 노는 풀무로 바람을 불어 넣을 수도 있고, 부채로 부채질하여 바람을 넣을 수도 있다. 어느 정도의 온도에 이르면 덩어리는 녹고, 납이 노 바닥에 가라앉는다(이 침전물은 밀타승密陀僧[41]이 되며, 다른 노에 넣어 제련하면 편담연扁擔鉛이 된다). 끊임없이 버들가지를 구멍으로 꽂아 넣으면서 태우면 납은 산화납酸化鉛의 기체가 되어 날아가고 순은이 남게 된다.[42] 이런 노에서 처음 나온 은을 생은生銀이라 부르는데, 이렇게 부어 응고된 후에 은의 표면에 실 모양의 무늬[43]가 생기지 않으면, 다시 한번 불에 녹여 가운데에 한 점의 둥근 방울이 나타날 때까지 녹인다. 이것을 운남雲南 사람들은 다경茶經이라고 부른다. 여기에다 약간의 구리를 넣고, 다시 납의 힘을 빌려 녹여서 흙 구유에다 넣으면 실무늬가 나타난다(흙구유에다 넣어야 비로소 실무늬가 나타난다. 이것은 사방 둘레를 단단히 감싸서 은의 기운이 다른 데로 빠져 나가지 못하기 때문이다).

---

41 밀타승은 산화납 PbO 이며, 황색의 분말이다.

42 은을 얻는 방법으로 회취법灰吹法을 말한다. 버들가지를 태우면 납은 산화되어 산화납이 되어 휘발하여 날아가고, 한편 은은 이 정도의 온도에서는 산화되지 않고 남는다.

43 실무늬는 은 표면의 결정 현상이며, 은이 비교적 순수할 때 비로소 실무늬가 나타난다.

초웅楚雄의 은광은 또 다르다. 이곳의 광사에는 납이 매우 적게 들어 있어서 이곳의 은을 제련하려면 각지에서 납을 사들여 은의 제련을 도와야 한다. 그리하여 은을 함유하고 있는 광사 일백 근을 제련할 때마다 미리 2백 근의 납을 구하여 노에다 깔아야 하며, 그 다음에라야 송풍送風을 하고 제련하여 덩어리로 만든다. 그리고 이것을 다시 분금로에 넣어 납을 가라앉게 하고 분리하여 은을 얻는 것은 모두 앞에서 말한 방법과 같다. 보배로운 은의 채광과 제련은 모두 이러하며, 다른 방법이 있는 것이 아니다. 연단煉丹을 말하는 방서方書[44]나 의약醫藥을 말하는 본초서本草書[45]에는 때때로 근거도 없이 제멋대로 생각하고 주석을 다는데, 이는 매우 가증可憎스러운 일이라고 하겠다.

일반적으로 말해 금과 은은 대지가 간직하고 있는 보배로운 정기精氣이므로, 금이 나는 곳의 3백 리 이내에는 은이 나지 않으며, 반대로 은이 나는 곳에서 3백 리 이내에는 또 금이 나지 않는다.[46]

조물주와 대자연의 교묘한 안배는 이것을 보아도 그 대강을 짐작할 수가 있다. 어떤 청소부들은 흙먼지를 쓸어 모아 물로 씻어서 다시 그것을 제련하는데 이렇게 얻은 것을 도리치淘厘錙[47]라고 한다. 하루 일하면 적게는 3푼의 은을 얻고, 많아도 이의 두 배에 불과하다. 이런 은가루는 날마다 쓰는 가위나 도끼날에 붙어 있던 은의 부스러기가 떨어지거나,[48] 또는 그것이 신발 바닥에 묻어

44 방서는 연단술煉丹術 등을 기록한 방사方士들의 서적이다.

45 본초는 한약을 기재한 서적이다.

46 옳지 않은 표현이다. 금과 은은 따로 나기도 하고 함께 나기도 하며, 거리를 정할 수 없다. 특히 금은이 대지의 정기라는 말은 과학적으로는 옳은 표현이 아닌 듯하다.

47 어떤 판본에서는 도동치淘童錙라고도 적혀 있는 곳도 있다. 치錙는 고대 중량의 단위로서 한 치는 6수銖이며, 4분의 1냥兩이다. 흔히 적은 양을 말한다.

48 아마도 은의 조각이나 은제품을 가위로 자를 때 떨어지는 작은 파편을 말하는 것 같다. 평상시에 사용하는 가위나 도끼의 날에서는 은 부스러기가 떨어질 리가 만무하다.

길거리에 뿌려지거나, 또는 뜰이나 집에서 쓸어낸 찌꺼기를 냇가에 버리면 그 속에 얼마의 은이 섞이게 된 것이지 결코 얕은 흙의 표면에서 은이 능히 생산되는 것은 않는다.

세상에 사용되는 은은 단지 홍동紅銅과 납 두 가지 금속을 섞어서 가짜로 만들 수 있다. 그러나 이런 은의 고운 부스러기를 녹여 은정銀錠[49]으로 만들 때에는 분순물을 없애고 순수한 은으로 제련하여야 한다. 그 방법은 이런 잡은雜銀을 도가니에 넣고, 이 도가니를 고로高爐의 세찬 불 속에 넣어 제련한다. 여기에다 약간의 초석硝石을 뿌리면, 그 속의 구리와 납은 모두 엉겨서 도가니 바닥에 남는데, 이를 은수銀銹[50]라고 부르며, 회지灰池[51]로 떨어지는 것을 노저爐底라 일컫는다. 이 두 가지를 함께 분금로分金爐에 넣고, 흙 항아리에 숯을 가득 채워 불을 지펴 녹이면 납이 먼저 녹아 낮은 데로 흘러내리고, 남은 구리와 은의 덩어리를 쇠꼬챙이로 나누면 두 금속이 자연히 깨끗하게 나눠진다. 이것으로부터 인공人工과 천공天工의 관계를 볼 수가 있는 것이다.

49 은정銀錠은 긴 가락으로 주성한 은덩이이며, 일반적으로 무게가 5냥, 10냥으로 되어 있다. 명대明代에는 500냥도 있었다. 한편으로는 금정金錠도 있었다.
50 은의 녹이라는 뜻이다.
51 노 바닥에 자기 조각이나 숯의 재를 깔은 곳을 말한다.

圖
井口鉄
礦石
苗

은광석 캐기

광석을 녹여 은과 납을 융합시키기

圖

납을 가라앉히고 은을 꺼내기

滑泥蓋面
土甑
銅出
鐵條

분금로로 노저 제련하기

(덧붙이기) 주사은(朱砂銀)[52]

거짓말을 일삼는 허위적인 연단술사鍊丹術士는 노화爐火를 이용하여 사람들을 유혹시켜 왔으나 더욱이 주사은에 대해서는 어리석은 사람들이 특히 속기 쉽다.

주사은을 제조하는 방법은 같은 양의 납과 주사朱砂 및 은을 도가니에 넣어 밀봉한 후에 일정한 온도에서 3~7일간 가열하면, 납과 주사는 은기銀氣를 흡수하여 은처럼 보이는 보물寶物로 만들어진다. 이런 혼합물에서 은을 골라낸 후에도, 그 모양이 비록 은처럼 보이나 실제로는 이미 은의 본질이 아니며, 단지 전혀 쓸모없는 한 덩어리의 물건에 불과할 뿐이다. 여기에 다시 납을 넣어 제련하면 일부가 손실되고, 몇 차례 제련하면 완전히 없어져버린다. 이리하여 주사와 숯을 산 본전만 공연히 날리게 되고, 은도 잃게 된다. 어리석은 사람은 욕심으로 사기를 당하여도 여전히 알지 못하므로 여기에 함께 적어 둔다.

52 주사은은 주사 즉 황화수은 HgS 이다. 주사와 납을 함께 녹이면 수은납의 합금이 된다. 납의 함량이 33%보다 적은 합금은 은백색銀白色을 띠어 은으로 사칭되기도 한다.

구리

세상에서 사용되는 구리는 산에서 채광된 것이나 혹은 제련하여 얻은 것이나 할 것 없이 모두를 합해 오직 홍동紅銅 한 종류뿐이다. 그러나 구리에 노감석爐甘石[53]이나 또는 아연亞鉛을 넣어 함께 제련하면 빛깔이 변해서 황동黃銅이 되며, 또 비상砒霜[54] 등의 약물을 넣어 제련하면 백동白銅이 된다.[55] 또 명반明礬[56]이나 초석硝石[57] 등의 약물을 넣어 제련하면 청동青銅이 되고,[58] 주석을 넣으면 향동響銅[59]이 되며, 또 아연을 넣으면 주동鑄銅이 된다.[60] 그러나 바탕의 재료는 단 한 가지 홍동뿐이다.

동광銅鑛은 어디에나 있으며, 《산해경山海經》[61]에서는 구리가 산출되는 곳이 통틀어 437개소라고 하였는데, 이것은 아마도 근거가 있는 말인 듯하다. 현재 중국에서 사용되고 있는 구리는 서부의 사천四川과 귀주貴州의 두 성省에서 가장

53 노감석은 능아연광菱亞鉛鑛 $ZnCO_3$으로서, 300℃에서 분해하여 산화아연 ZnO 과 이산화탄소 CO_2로 분해한다. 중국에서는 11세기에 금속 아연이 나타날 때까지는 노감석으로 구리에다 아연을 첨가하여 황동을 만들었다.

54 비상은 3산화2비소 As_2O_3이다.

55 구리에 비상과 그 밖의 어떤 원료를 넣는지 명백하지 않다. 따라서 여기서 백동은 구리–비소 합금일 수도 있고, 또 현대 백동인 구리–니켈 합금일 수도 있다. 비소 광석에는 니켈이 함유된 것도 있어서 이를 이용할 수도 있다. 기원전 2세기 한대漢代에 이미 구리–니켈 백동을 만들었으며, 16세기에는 중국에서 유럽으로 전해지기도 하였다.

56 반礬은 1가 금속 M^{I} 또는 암모늄 이온 NH_4^+ 과 3가 금속 M^{III} 황산염의 함수복염 $M^{I}_2SO_4 \cdot M^{III}_2(SO_4)_3 \cdot 24H_2O$의 통칭이다. 예로 명반은 $K_2SO_4 \cdot Al_2(SO_4)_3 \cdot 24H_2O$이다. 명반은 제련시 조재제造滓劑로 쓰인다.

57 초석은 질산칼륨 KNO_3이다. 조재제로 쓰인다.

58 청동은 좁은 의미로 구리–주석의 합금이나 넓은 뜻으로는 황동 이외의 모든 구리 합금을 말한다. 여기서 청동은 구리의 합금이 아니고 아마 구리에 청동색을 내게 한 것으로 생각된다.

59 구리에 주석을 10~25% 다량으로 첨가한 청동을 말한다. 주로 소리를 내는 종 따위의 타악기에 많이 쓰인다.

60 주동은 구리의 주물이지만 여기서는 구리와 아연의 합금인 황동을 뜻한다.

61 중국 고대 지리서地理書이다. 18권으로 되어 있으며, 그 내용은 산천山川 · 민족 · 물산物産 등이고, 중국 고대의 지리 · 역사 · 문화 · 민속 · 신화神話의 참고 자료이다.

많이 나며, 동남 지역에서는 거의가 외국으로부터 해상으로 운송된 것이 많다. 호북성湖北省의 무창武昌과 강서성江西省의 광신廣信에는 모두 풍부한 동광이 있다. 호남성湖南省의 형주衡州 · 서주瑞州 등지에서 나는 몽산동蒙山銅[62]은 그 품질이 아주 나빠, 주조할 때 남몰래 섞어 사람을 속이는 데 쓰이며, 그것으로 제련하면 단단한 구리 덩어리를 얻을 수가 없다.

구리가 나는 산에서는 언제나 흙에 돌이 섞여 있으며, 여러 장 깊이로 파야 닿을 수 있다. 그 광석의 바깥을 모암母岩[63]이 감싸고 있다. 모암의 모양은 생강生薑과 같고, 표면에는 반점과 같은 구리의 낟알이 박혀 있는데, 이를 동박銅璞[64]이라고 부른다. 그 모암을 노에 넣고 제련하면 약간의 구리가 흘러나오므로 은광의 모암이 폐물인 것과는 다르다.

광석에 들어 있는 동사銅砂의 모양은 일정한 형태가 있는 것은 아니다. 큰 것도 있고, 작은 것도 있으며, 빛나는 것이 있으면, 어두운 것도 있다. 또 유석鍮石[65]이나 또는 강철薑鐵[66]처럼 보이는 것도 있다. 제련할 때에는 동사銅砂에 끼인 흙과 때를 씻어 낸 다음에 노에 넣어 제련한다. 제련 후에 노에서 녹아 흘러나오는 것이 바로 자연동自然銅[67]이며, 이를 석수연石髓鉛[68]이라고도 부른다.

구리 광석에는 몇 가지의 종류가 있다. 그 가운데 바탕이 전부 순수한 구리

62 몽산蒙山은 강서성江西省 서주瑞州에 있으며, 여기서 나는 광석은 황동광黃銅鑛 $CuFeS_2$으로서 황철광 · 방연광 · 섬아연광이 공존한다. 따라서 주조는 할 수 있지만 단조는 어렵다.

63 위암圍岩이라고 하기도 한다.

64 맥석에서 볼 수 있는 황동광이나 휘동광 Cu_2S 또는 남동광 $2CuCO_3$, $Cu(OH)_2$과 같이 반점이 있는 저품위 광석이다.

65 구리와 노감석으로 제련한 황동이 유석인데, 여기서는 천연 황동광을 가리키고 있다.

66 동광의 일부는 자연동自然銅으로 되어 있다. 맥석脈石을 제거하면 그 모양이 생강과 같고, 그 표면에는 흑색 구리 녹이 있어서 쇠처럼 보인다.

67 원래는 천연구리로 제련하지 않아도 그대로 때려 작은 기물을 만들 수 있다. 여기서는 제련하여 나온 구리를 가리킨다.

68 석수는 원래는 비결정질의 석영 SiO_2이 동물의 뇌수와 비슷한 모양인 것을 가리킨다. 여기서는 노에서 처음으로 흘러 나와 응고하여 덩어리로 되어 표면에 구리 녹이 슬어 마치 한 덩어리의 석수 모양의 납처럼 보인다.

구리 · 납광 캐기

구리 녹이기

化銅
淘淨銅砂

로서 납과 은이 섞이지 않은 것이 있는데, 이런 종류는 큰 노爐에 넣어 한 번만 제련하면 바로 구리가 된다. 그러나 또 어떤 것은 납과 섞여 있는 것이 있는데, 이런 동광을 제련하자면 노벽爐壁에 높고 낮은 두 개의 구멍을 뚫어 먼저 녹은 납은 위의 구멍에서 흘려 내리고, 나중에 녹은 구리는 아랫구멍에서 흘려 낸다.

일본과 같은 나라의 동광은 은광과 같이 있는 곳도 있는데, 이를 노에 넣어 제련하면 은이 위에 뜨고, 구리가 밑에 가라앉는다. 상선商船을 통해서 중국으로 운반된 구리를 일본동日本銅이라고 부르며, 이것은 장방형 판상板狀으로 주성鑄成되어 있다. 복건성福建省의 장주漳州에서는 이를 입수하면 노에 다시 넣어 제련하여 소량의 은은 건지고, 남은 구리는 얇은 떡 모양으로 만들어 사천四川의 구리인양 파는 사람들도 있다.

홍동을 제련하여 단조할 수 있는 황동黃銅을 만들려면 자풍탄自風炭(이런 석탄은 가루처럼 고우며, 질흙과 섞어 떡모양으로 만들어 태우는데, 탈 때에 송풍送風하지 않아도 한 번 빨갛게 타면 낮에서 밤까지 탄다. 강서성江西省의 의춘宜春·신여新餘와 같은 현縣에서 생산된다) 백 근을 노에 넣어 때운다. 질흙으로 구운 도가니에다 구리 10근과 노감석 6근을 담아 노 안에 넣어 자연적으로 녹게 만든다. 후세의 사람들은 노감석이 휘발하여 사람에게 해를 끼칠 뿐만 아니라 소모가 커서 대신에 아연을 쓰게 되었다.[69] 매번 홍동 6근에 아연 4근을 배합하여 차례로 도가니에 넣어 녹여서 식힌 후 꺼내면 이것이 바로 황동黃銅이다.

이러한 황동은 사람들이 단조하여 각종 기물을 만드는데 사용된다. 악기樂器를 만들 때에는 향동響銅을 사용하는데, 이를 만들려면 광동廣東과 광서廣西에

69 노감석이 산화아연과 이산화탄소로 분해할 때 이산화탄소 기체는 산화아연과 함께 달아난다. 아연은 녹는점이 419.5℃, 끓는 점이 907℃로 비교적 안정하다.

서 나는, 납이 들어 있지 않는 주석을 도가니에 넣어 구리와 함께 녹여야 한다. 정鉦(지금은 라鑼라고 부른다)이나 탁鐸(지금은 동고銅鼓라고 부른다)과 같은 악기를 만들려면 일반적으로 홍동紅銅 8근에다 광동·광서에서 나는 주석 2근을 섞는다. 단조하여 요鐃와 발鈸을 만들려면 구리와 주석을 잘 섞어 더욱 정교하게 정련精鍊하여야만 한다.

값싼 그릇을 주조하자면 홍동과 아연을 같은 양으로 섞어 만들며, 심한 경우에는 아연 6에다 구리 4의 비율로 만든다. 값비싼 것은 3, 4 차례 거듭 제련한 이른바 삼화황동三火黃銅이나 사화숙동四火熟銅으로 불리는 것으로 만들며, 이것들은 구리 7에다 아연 3의 비율로 섞은 것이다.[70]

한편 값싼 가짜 은을 만들려면 오직 순동만이 혼입될 수 있고, 아연·비소·반礬 등은 극히 적은 양을 섞으려고 해도 끝내 영원히 섞이지 않는다.[71] 그러나 구리는 은에다 섞으면 은의 흰색이 갑자기 홍색紅色으로 변한다. 이것을 다시 노에 넣어 송풍하면서 녹이면, 그것이 완전히 용해된 후에 어떤 것은 맑고, 어떤 것은 탁하며, 또 어떤 것은 뜨고 어떤 것은 가라앉아, 은과 동의 차이를 분명히 판별할 수가 있다. 이로써 은과 구리가 완전히 분리되어 순수한 것을 얻을 수 있게 된다.

70 현대 37황동으로서, 연성이 극히 좋아 지금도 많이 쓰이고 있다.

71 아연·비소·칼륨·알루미늄 등은 은에 대한 용해도가 극히 작다. 그러나 예외가 있는데 은-아연 합금에서 은이 33.5% 함유된 합금은 상온에서 안정하다.

(덧붙이기) 아연(亞鉛)[72]

'왜연倭鉛'이라는 말은 고서古書에는 기재된 바가 없고, 근래에 와서 생겨난 명칭이다.[73] 이것은 노감석爐甘石을 제련하여 만든다. 노감석은 산서성山西省 태행산太行山 일대에서 많이 나고, 그 다음으로는 호북성湖北省 형주荊州와 호남성湖南省 형주衡州이다.

매 차례마다 노감석 10근을 질흙 도가니에 넣고, 도가니 밖은 질흙을 발라 단단히 봉하고 또 그 표면을 매끄럽게 다듬은 다음, 천천히 바람에 말려야 하며, 절대 불로 구워서는 안 되는데, 이는 터지지 않도록 하기 위함이다. 그 다음에는 한 층씩 석탄떡과 도가니를 교대로 쌓아 올리고, 그 밑에 땔감을 깔아 불을 지펴 빨갛게 태운다. 이때 도가니 속의 노감석은 녹아서 한 덩어리가 되고, 그것이 식으면 도가니를 깨뜨려 꺼낸 것이 바로 아연이다. 이때 노감석 10근마다 2근이 소모된다.[74] 이런 아연은 구리와 결합되어 섞여지지 않으면 불을 만나면 곧바로 휘발되어 기체로 날아가 버린다.[75]

---

72 앞에서도 거론하였듯이 원문에는 왜연倭鉛으로 되어 있다. 이는 아연의 성질이 맹렬하기에 명말明末에 왜구倭寇의 해를 많이 입은 것을 빗대어 말한 것이다.

73 잘못된 표현이다. 서기 918년의 비하자飛霞子가 지은 《보장론寶藏論》에 이미 이런 명칭이 나타나며, 11세기에 금속 아연을 제련한 것은 출토품으로 확인되었다. 영국에서는 1680년에 이르러 노감석을 이용한 금속 아연이 나타난다.

74 노감석 $ZnCO_3$은 도가니 바깥에서 숯불이 타는 온도에서 $ZnCO_3 \rightarrow ZnO + CO_2$로 분해하여 CO_2는 도가니의 틈으로 빠져나가고, 한편 ZnO는 도가니 틈으로 들어 온 CO에 의하여 $ZnO + CO \rightarrow Zn + CO_2$에 따른 반응으로 환원되어 아연이 된다. 이 식에 따라 계산하면 노감석에서 아연이 되는 비율은 무게로 52.1%이며, 잃는 양은 47.9%이다. 저자는 20%를 잃는다고 한 것은 기록이 잘못되었거나 또는 분해나 환원이 불충분하게 이루어졌기 때문이다. 그밖에 환원 작용을 일으키기 위하여 도가니를 봉할 때 도가니 속에 숯을 넣었을 지도 모른다.

75 아연의 녹는점과 끓는점은 각각 419.5℃와 907℃이며, 한편 구리는 각각 1,083℃와 2,336℃이다. 따라서 구리-아연 합금의 녹는점과 끓는점은 각각 그 온도 사이에 있다. 따라서 아연 스스로는 쉽게 휘발되지만 구리-아연 합금은 구리를 녹이는 도가니의 온도에서 아연은 증기로 휘발되어 날아가지 않는다.

아연은 납과 매우 흡사하나 그 성질이 납보다 더욱 맹렬하기 때문에 왜연倭鉛이라고 부르게 되었다.[76]

76 여기서 '왜연'의 '왜倭'는 일본을 뜻하는 말이 아니고, 맹렬하다는 의미이다.

아연 제련하기

쇠

철광鐵鑛은 어디에나 다 있으며, 게다가 지면에서 비교적 얕은 흙 속에 매장되어 있고, 깊은 구덩이에서는 나지 않는다. 철이 가장 많이 나는 곳은 평원平原과 구릉丘陵 지대이며, 고산준령高山峻嶺에서는 나지 않는다.[77]

철광의 광석은 흙덩이 모양이나 부서진 모래 모양 등 몇 가지 종류로 나눌 수 있다.[78] 흙덩이 모양의 철광석[79]은 검은 색을 띠며, 진흙 위에 노출되어 있고, 그 생김새는 마치 저울추와 같다. 멀리서 바라보면 진짜 쇠처럼 보이나, 그런데 이것을 손으로 비비면 곧바로 부스러져 흙 부스러기에 불과하다.

이를 제련하고자 하면 흙 위에 있는 이런 철광석을 줍든가 아니면 비가 내려 흙이 젖었을 때 소로 흙을 갈아 일구어 표면에서 몇 치나 되는 진흙 속의 철광석을 줍는다. 흙을 간 이후에도 철광석은 차츰 자라서 아무리 캐더라도 없어지지 않는다.[80]

중국 서북의 감숙성甘肅省과 동남의 복건성福建省 천주泉州 일대는 이러한 흙덩이의 주요한 산지이며, 또 북경北京·준화遵化와 산서성山西省 임분현臨汾縣은 모두가 사철砂鐵[81]의 주요한 산지이다.

77 당시는 지표에 있는 풍화광風化鑛을 채광하였기에 이렇게 표현하였으나 사실은 깊은 곳이나 소산 준령에도 철광이 있다.

78 철광을 외형으로 분류하였다. 그러나 현대는 화학 성분으로 분류한다. 철광으로 적철광赤鐵鑛 Fe_2O_3, 자철광磁鐵鑛 Fe_3O_4, 갈철광褐鐵鑛 $2Fe_2O_3 \cdot 3H_2O$, 능철광菱鐵鑛 $FeCO_3$ 등이 있다.

79 원문에는 토정철土錠鐵로 되어 있다. 이것은 덩어리로 된 철광물鐵鑛物을 말하는데 일반적으로 자철광磁鐵鑛을 말한다.

80 잘못된 표현이다. 자라지 않는다.

81 사철은 외형으로 모래 같이 보여서 이런 이름을 붙였다. 적철광·갈철광·자철광 등이 혼합되어 있으며, 우리나라에서도 곳곳에 많이 난다.

사철은 한 번 겉의 흙을 걷어내면 곧 나타나며, 이를 채취해서 씻은 다음에 노에 넣어 제련한다. 용해된 뒤에는 정철錠鐵[82]과 완전히 다를 바 없다.

철은 생철生鐵과 숙철熟鐵로 나뉜다.[83]

노에서 나와 불에 들어가지 않은 것이 생철이고, 불을 거치면 숙철이 된다. 만약에 생철과 숙철을 혼합하여 함께 녹이면 강철鋼鐵이 된다.

철을 제련하는 노爐는 소금을 섞은 질흙으로 축성한다. 이런 노는 산의 동굴 가까이에 축조하든가 또는 큰 나무로 주위를 둘러싸기도 한다. 소금과 질흙을 섞어 이런 노를 축조하자면 서둘러서는 아니 되며, 한 달이 걸려도 시간이 모자랄 수가 있다. 만일에 소금이 섞인 질흙에 틈이라도 생기면 지금까지 공들였던 모든 일들이 다 소용이 없어진다.

노 하나에 철광석 2천여 근을 넣을 수 있으며, 연료로는 단단한 나무 장작이나 석탄이나 숯을 사용하며, 남방이나 북방이든 간에 모두 구하기 편리한 현지의 연료를 사용한다. 송풍용 풀무는 반드시 4인이나 6인이 함께 풀무질을 한다. 광석이 녹아 쇳물이 되면, 노벽 중간의 구멍을 통해서 흘러나오며, 이 구멍은 미리 질흙으로 막아 둔다. 낮 12시간동안에 두 시간마다 한번 노에서 쇠를 녹여 출탕出湯시킬 수 있으며, 출탕시킨 후 곧 질흙덩이로 노의 구멍을 막고, 송풍하여 다시 제련에 들어간다. 만약 주조용鑄造用 생철을 공급해야 된다면 쇳물을 막대 모양이거나 둥근 거푸집에 주입하고 다시 거푸집에서 꺼내어 사용한다. 그리고 만약 생철을 숙철熟鐵로 제련하려면 생철이 흐르는 방향에 따라 노에서 몇

82 강철은 쇠를 녹여 굳힌 잉곳(ingot)을 말한다.

83 쇠 속의 탄소의 함량이 1.7~4.5%인 것을 생철이라 하며, 지금은 선철銑鐵이라 한다. 단조할 수 없으며 주물용이다. 탄소의 함량이 0.03~0.05%보다 낮아 단조가 가능한 철을 숙철이라 한다. 그러나 옛날의 숙철은 탄소의 함량이 정해진 것이 아니어서 심지어 0.9%의 숙철도 있다. 탄소의 함량이 0.035~1.7%인 것을 강철鋼鐵이라 하며, 단조는 가능하다.

척 떨어지고도 몇 치가 낮은 곳에 네모진 못을 축성하고, 못의 사방 둑벽은 낮게 하여 이 못으로 쇳물이 흘러 들어가게 한다. 몇 사람이 버드나무 막대를 쥐고 둑벽 위에 나란히 선다. 또 미리 햇볕에 말려 둔 해변의 더러운 질흙을 빻아 가루로 만들고, 다시 체로 쳐서 밀가루처럼 고운 가루를 만들어 둔다.[84]

한 사람이 재빨리 이 가루를 쇳물에 골고루 뿌리고, 이와 함께 다른 몇 사람들은 버드나무 막대로 세차게 쇳물을 휘저으면 곧바로 숙철이 된다.[85] 버드나무 막대는 한 번 저을 때마다 그 끝이 2, 3치가 타며, 다시 저을 때는 버드나무를 새로운 것으로 바꾸어야 한다. 휘저었다가 조금 식으면 못 속에서 네모 덩어리로 잘라 내든지, 혹은 꺼내어 쇠망치를 휘둘러 쳐서 둥근 덩어리로 만들든지 하여서 내다 판다. 그러나 호남성湖南省 류양瀏陽[86]의 여러 제철 제련소에서는 이 방법을 알지 못하고 있다.

강철鋼鐵을 제련하는 방법은 미리 숙철을 때려 단조하여 손가락 넓이만한 너비와 약 한 치 반의 길이의 박편薄片으로 만든다. 다음에는 철편鐵片으로 숙철 박편을 단단히 묶은 후 생철을 그 묶은 숙철 위에다 둔다(광동廣東의 타자생강墮子生鋼이라는 이름의 생철이 이에 가장 알맞다). 또 그 위에 헌 짚신(진흙이 묻어 있어야 하며, 그래야만 곧바로 타지 않는다)으로 덮고, 철편 밑에는 질흙물을 바른다. 그리고는 이것을 노에 넣고 힘차게 송풍하여 필요로 하는 온도에 이르면 생철이 먼저 녹아 숙철로 스며들어 두 종류가 서로 융합된다. 그 다음에는 꺼내어 단조

84 질흙 송에는 규산철硅酸鐵과 산화철이 들어 있어 생철의 쇳물 속에 뿌리면 쇳물의 탄소를 산화시켜서 탄산가스로 날려 보내, 쇠 속의 탄소의 양을 줄여 생철을 숙철로 만든다. 또 흙 속의 실리콘은 쇳물의 산화철과 결합하여 녹는점이 낮은 철재鐵滓가 되어 쇳물 위에 떠오르며, 그 밑의 쇳물이 엉겨 큰 덩어리의 숙철을 얻을 수 있다.

85 버드나무 막대로 휘저으면 쇳물이 공기와 접촉하는 면적이 커서 쇳물 속의 탄소가 산화되어 생철이 숙철로 된다. 그밖에 쇠 속의 인이나 실리콘을 산화시켜 쇠의 품질을 좋게 한다.

86 현의 이름이며, 호남성 동부에 있고, 장사長沙의 동쪽에 있다.

사철 씻기

흙을 일구어 철광석 줍기

생철로 숙철 만들기

此管流出成生鐵
墮子鋼

하고, 다시 녹여 단조하기를 여러 차례 반복한다. 이런 방법으로 제련된 강철鋼鐵을 속칭으로는 단강團鋼 또는 관강灌鋼[87]이라고 부른다.

일본日本의 도검刀劍 중에는 아주 많이 잘 단련된 순수한 강철이 있는데, 이를 햇빛 아래에 두면 온 방안을 눈부시도록 밝히며, 이런 강철은 생철과 숙철을 서로 합쳐서 단련한 것이 아니다. 그들은 숙철로 만든 강철은 이에 못 미치는 하품이라고 말하고 있다. 외국에는 또 지수地溲[88] (석뇌유石腦油[89]의 한 종류로 중국에서는 나지 않는다)에다 담금질한 강철로 된 도검이 있는데, 전하는 말로는 이런 강철로 된 도검은 옥玉까지 자를 수 있다고 하는데 아직 본 바가 없다.

철을 때려 단조할 때, 철 속에 때로는 대단히 단단한 것이 있어 쳐도 깨뜨릴 수 없는 철핵鐵核[90]이 있는데, 여기에는 향유香油를 발라 다시 두드리면 그 철핵이 사라진다.[91] 대체로 산의 북쪽 언덕에 철광이 있으면 그 산의 남쪽 언덕에는 자석이 나는 자철광磁鐵鑛이 있을 수 있다.[92] 그러나 이런 곳은 몇 군데뿐이지 다 그런 것은 아니다.

87 관강은 동한東漢 말기에 비롯된다. 관강법은 생철로써 숙철을 침탄시키는 방법이다. 그러나 때로는 탄소는 늘지 않는 대신 실리콘·망간·인·유황과 같은 불순물을 줄여 준다. 노에서 나온 숙철에는 불순물이 비교적 많으나 생철은 이들이 적어 관강법으로 철재鐵滓를 제거한다. 이 때문에 강도가 높아져 관강 즉 강철이라 부른다.

88 여기서는 석유石油를 가리킨다.

89 석뇌유石腦油는 석유의 원유原油나 조제粗製된 휘발유를 말한다. 중국에서는 일찍이 석유가 발견되어 이용하여 왔다. 《한서漢書·지리지地理志》에는 석유를 유수洧水라 일컬었고, 송대宋代에 와서 11세기 심괄沈括의 《몽계필담夢溪筆談》에서는 처음으로 석유를 석뇌유라고 적었다. 따라서 중국에 석유가 산출되지 않는다는 것은 잘못이다.

90 철핵鐵核은 녹지 않은 작은 자철광 덩이를 가리키는 듯 하다.

91 향유는 일반적으로 참기름을 말하나, 그 밖의 향내를 풍기는 기름으로서 장뇌유樟腦油·계피유桂皮油·정향유丁香油·박하유薄荷油·등화유橙花油·매괴유玫瑰油 등이 있으며. 이런 향유는 고온에서 탄화炭化되어 환원제還元劑로 작용한다. 따라서 이를 바르면 자철광이 환원되어 철이나 산화철로 되어 연하게 된다.

92 자성磁性이 없는 적철광赤鐵鑛이 자성이 있는 자철광으로 변질될 수 있으므로 이들 철광은 거리에 관계없이 가까이 공존할 수 있다. 따라서 남녘이나 북녘으로 나누어 단정 지을 수 없다.

주석

주석 광석은 중국 경내에서는 서남 지방에 편재되어 있고, 동북부에는 비교적 적다. 고서古書에 주석을 하賀라고 일컫게 된 것은 광서성廣西省 하현賀縣 일대에서 그것이 가장 많이 산출되기에 이런 이름이 붙여진 것이다.

오늘날 주석을 전국 각지로 대량으로 공급하는 곳은 오직 광서성廣西省 남단南丹[93]·하지河地[94]의 두 주州가 10중 8을 차지하고, 호남성湖南省의 형주衡州[95] 및 강주江州[96]가 그 다음을 차지한다. 비록 운남성雲南省의 대리大理와 초웅楚雄에서도 주석을 대량으로 산출하지만 길이 멀어 내지內地로 공급하기가 매우 어렵다.

석광錫鑛에는 맥석脈錫과 사석砂錫 두 가지 종류가 있다.[97] 맥석은 석과錫瓜와 석사錫砂로 구분된다. 석과의 덩어리는 크기가 작은 표주박만 하고, 석사는 콩알만 하며, 모두가 그다지 깊지 않은 지층地層에서 찾을 수 있다. 또 상황에 따라 원래의 광상鑛床에 있던 석광맥錫鑛脈이 지표로 노출되어 풍화風化로 부스러져 사광砂鑛이 형성되어 사람들이 마음대로 주워 가질 수 있게 되는 경우도 있다.

사석砂錫은 형주衡州나 영주永州의 작은 시냇물 속에서 나고, 광서廣西에서는 남단南丹의 강 속에서 난다. 이러한 석광錫鑛은 검고, 잘게 부수면 체로 친 밀가루처럼 곱다.[98] 남단의 하천 속에 있는 사석은 주민들이 열흘은 남쪽에서부터

93 남단은 현縣의 이름으로 광서廣西 장족壯族의 서북부에 있으며, 귀주성貴州省과 인접해 있다.

94 명대明代 주州의 이름으로 지금의 광서廣西 장족壯族 북부에 있으며, 남단현南丹縣과 인접해 있다.

95 주州의 소재지는 호남성 형양현衡陽縣에 있다.

96 주의 소재지는 호남성 강영현江永縣에 있다.

97 맥석과 사석은 옛날에는 본문처럼 각각 산석山錫 및 수석水錫으로 불렀고, 성분은 다 같이 SnO_2이다.

98 석사錫砂를 말하는데, 그 가운데 쇠의 함유량이 많은 것은 검고, 적은 것은 호박색琥珀色이다.

사석을 일면서 북쪽까지 왔다가, 그 후 열흘 간은 또 북에서부터 사석을 일면서 남에 이른다. 이러한 광사鑛砂는 끊임없이 생겨나서[99] 백년 간은 아무리 채취하더라도 없어지지 않는다. 그러나 하루 동안 열심히 사석을 일러서 제련하더라도 겨우 한 근을 넘지 못한다. 따라서 소비되는 연료나 생산비용을 생각하면 그 소득은 얼마 안 된다.

남단南丹의 맥석脈錫은 산의 북쪽에서 나는데, 그곳에 씻을 물이 모자라면 죽관竹管을 많이 이어 도수조導水槽를 만들어 산의 남쪽에서 물을 끌어 들여 흙이나 모래 따위를 씻어낸 다음에 노에 넣어 제련한다.

주석을 제련하는 데에는 역시 큰 노를 사용한다. 각 노마다 수백 근의 석사를 넣고, 숯도 수백 근을 쌓아 올려 풀무로 송풍하면서 녹인다. 불길이 충분히 돌아도 바로 녹지 않는데 소량의 납을 섞어 주석을 끌어내면 비로소 대량으로 흘러내린다.[100] 또한 다른 사람이 주석을 제련하고 남은 노의 광재鑛滓를 가져다 섞어서 주석을 끌어내는 조용제助熔劑로 삼기도 한다.[101] 이때 노저爐底에는 숯가루나 자기瓷器 가루를 깔아 평평한 못을 만든다. 노벽爐壁에 철관鐵管 홈통을 설치하여 녹으면 노 밖의 낮은 못으로 흘러가게 한다. 노에서 나온 주석은 대단히 희며, 너무 단단하여 한 번 때리면 바로 깨어진다.[102] 따라서 납을 넣어 주석을 연하게 하여야만 비로소 각종 그릇을 만들 수가 있게 된다.

시장에서 파는 주석에는 많은 납이 들어 있다. 주석의 순도를 높이자면 녹

99 광사가 자란다는 것은 잘못된 표현이다. 광사는 하천의 상류에서 흘러 내려오든지 또는 물이 소용돌이쳐서 위로 올라온 것이지, 새로이 자라지는 않는다.

100 납-주석의 합금은 녹는점이 주석보다 낮고, 또 유동성流動性이 좋아 이런 효과가 있다.

101 광재는 환원 및 조용助熔 작용이 있다.

102 광재에는 비소나 안티몬 등의 불순물이 들어 있어서, 이들이 주석에 들어가면 주석은 깨어지기 쉽다.

인 후 초산醋酸에다 8, 9차례 반복하여 담금질하면, 그 속에 포함하고 있는 납은 모두 찌꺼기가 되어 제거된다.[103] 주석을 생산해내는 데는 이 방법 밖에 없다.

연단술煉丹術 등을 얘기하는 방서方書에는 쇠비름[104]에서 초석草錫을 채취한다고 적혀 있으나 이것은 터무니없는 말이며, 또 비광砒鑛이 발견되면 그 속에 반드시 주석이 있다는 말도 역시 잘못된 것이다.[105]

103 납을 식초와 여러 번 접촉시키면 납은 아세트산납醋酸鉛 $Pb(C_2H_3O_2)_2$으로 되며, 그 녹는점은 280℃여서 주석의 녹는점인 231.9℃보다 높다. 따라서 광재를 형성할 수 있다.

104 쇠비름은 마치현馬齒莧이라 하며, 쇠비름과에 딸린 한해살이풀로서 채소로 먹을 수 있으며, 가축의 사료가 된다. 그러나 여기에는 주석이 들어 있지 않다. 따라서 저자의 표현은 옳다.

105 대체로 맥석脈錫에는 비소가 들어 있으나, 비광砒鑛에는 반드시 주석이 들어 있는 것이 아니다. 따라서 저자의 의견은 옳다.

하지의 맥석

남단의 수석

주석 제련로

납

납이 나는 광산은 구리나 주석의 광산보다 많다. 납에는 세 가지 종류가 있다. 하나는 연은광鉛銀鑛에서 나는데, 처음 제련하면 은과 섞여 한 덩어리가 되며, 다시 제련하면 납이 은과 분리되어 밑으로 가라앉는다. 이런 납을 은광연銀鑛鉛이라 부르며, 운남성雲南省에서 가장 많이 난다.

또 하나는 동광銅鑛에 섞여 있는 것으로 큰 노에 넣어 제련하면 납은 구리보다 먼저 녹아 흘러나온다. 이를 동산연銅山鉛이라고 하며, 귀주성貴州省에서 가장 많이 난다.

또 다른 하나는 산에 굴을 파서 찾아낸 것으로 순연광純鉛鑛에서 얻어지는 것이다. 채광하는 사람은 기름 등불을 가지고 끌로 바위를 깨뜨리면서 납의 광맥을 찾는데, 이는 은광銀鑛을 캘 때와 같다. 이를 캐내어 씻은 다음에 제련한 납을 초절연草節鉛[106]이라고 일컫는다. 이런 납은 사천성四川省의 가주嘉州[107] · 이주利州[108] 등지에서 가장 많이 난다.

그밖에 아주雅州[109]에서는 조각연釣脚鉛이라는 것이 난다. 그 모양이 쥐엄나무의 열매의 씨나 올챙이와 흡사하며, 산골짜기 시내의 모래 속에서 난다. 또 강서성江西省 광신군廣信郡의 상요上饒나 요군饒郡의 악평樂平 등지에서는 잡동연雜

106 방연광方鉛鑛, 즉 황화납 PbS 이다.

107 가주는 주명州名으로서, 지금의 사천성 중부의 악산樂山 · 아미峨眉 · 협강夾江 · 건위犍爲 등의 현縣을 포괄한다.

108 이주는 사천성 북부의 광원현廣元縣과 소화진昭化鎭 일대를 말한다.

109 아주는 사천성 중부의 아안雅安 · 명산名山 · 형경滎經 · 천전天全 · 노산蘆山 등의 현을 말한다.

銅鉛이 나며, 복건성福建省의 검주劍州[110]에서는 음평연陰平鉛이 나는 등 일일이 다 열거하여 말할 수가 없다.

은광銀鑛에 들어 있는 납을 제련하는 방법은 우선 은을 꺼내고, 나머지를 노저爐底에 가라앉게 한다. 이 침전물을 다시 녹이면 납이 나온다. 초절연草節鉛은 단독으로 노에 넣어 제련하여 노벽에 설치한 관을 통해서 가느다란 긴 흙구유土槽로 주입시킨다. 이렇게 주성한 납을 속된 말로 편담연扁擔鉛이라고 하고, 또는 출산연出山鉛이라고도 부르며, 은로銀爐에서 여러 번 제련해서 나온 납과 구분하여 부른다.

납의 값은 비록 싸더라도 그 변화는 오히려 기묘奇妙하다. 백분白粉이나 황단黃丹은 모두가 납이 바뀐 모습이다. 이밖에 은의 순도를 높이고, 또 주석을 끌어내며, 주석과 결합하여 연하게 만드는 것도 모두가 납의 작용이다.

110 검주는 지금의 복건성 중부의 남평시南平市와 순창順昌 · 사현沙縣 · 우계尤溪 등의 현이다. 또 검주를 지금의 사천성에 있는 검각劍閣으로 보기도 한다.

(덧붙이기) 호분(胡粉)[111]

호분을 만들려면 우선 납을 한 차례에 100근을 녹인 후 깎아서 박편薄片을 만든 다음에 그것을 감아서 통 모양으로 만든다. 이를 나무 시루에 넣고, 시루의 아래와 가운데에 각각 초醋 한 병을 둔다. 바깥을 염니鹽泥[112]로 단단히 봉하고, 또 종이를 풀칠하여 시루의 틈새를 막는다. 약 4냥의 숯불로 7일 동안 데운 다음에, 나무 뚜껑을 열면 납 조각 위에 가득히 서리 같은 가루가 한 층 덮여 있는 것을 볼 수 있다. 이 가루를 쓸어 모아 물 항아리 속에 넣는다.

여전히 서리가 생기지 않은 납은 다시 시루에 넣어, 앞에서와 같이 다시 7일 동안 데운 후 쓸어 모은다. 납이 서리로 다 될 때까지 되풀이한다. 남은 찌꺼기는 남겨 두었다가 황단黃丹[113]의 원료로 쓴다.

쓸어 모은 가루 한 근마다 콩가루 2냥, 조개껍데기 가루 4냥[114]을 더해 항아리에 넣어 골고루 섞어 두었다가 위의 맑은 물을 버린다. 고운 재를 굳혀서 골짜기와 같은 홈을 만들어 종이 몇 장을 포개어 홈 위에 깔고, 젖은 가루를 그 위에다 담는다. 막 마르려고 할 때, 가루를 기와 모양으로 자르든가, 혹은 네모 덩어리로 만든다. 바람을 쐬어 완전히 마르기를 기다렸다가 거둬들여 간직한다.

---

111 호분은 또한 연분鉛粉 · 백분白粉이라고 하며, 이것은 염기성 탄산납 $2PbCO_3 \cdot Pb(OH)_2$으로서 얼굴에 바르거나 안료로 쓰인다. 납이 초산醋酸과 반응하여 아세트산납이 되고, 공기 속의 이산화탄소를 흡수하여 호분이 된다. 물로 씻는 까닭은 물에 잘 녹는, 약간 남아 있는 아세트산을 없애는 것이 목적이다.

112 진흙에 소금을 섞은 것을 말하며, 이러면 흙이 잘 갈라지지 않는다. 제련로 노벽의 재료로 쓰인다.

113 광물명이며, 산화납 PbO 이다. 황색의 분발로서 안료에 쓰인다.

114 콩가루는 접착제의 구실을 하고, 조개껍데기는 그 주요 성분이 $CaCO_3$로서 흰색을 띠며, 윤활 및 충전 작용이 있어서 백색 분말을 점결시켜 덩어리로 만든다.

옛날에는 오직 호남성湖南省의 진주辰州와 광동성廣東省의 소주韶州[115]에서만 이런 가루를 만들었기에 이를 소분韶粉(민간에서는 조분朝粉이라고 잘못 부르고 있다)이라고 불렀다. 그러나 지금은 어느 성省에서나 다 만들고 있다.

이런 분가루는 안료를 만드는 데 쓰이며, 오래도록 흰색을 지닌다. 만약 부녀자가 늘상 얼굴에 분을 바르면서 그 양을 많이 바르게 되면 얼굴색이 푸르스름해진다.[116] 호분을 숯불의 화로에 투입하면 다시 납으로 변한다. 이것은 이른바 모든 빛깔은 결국은 변해서 검은 빛깔로 되돌아간다는 것을 말한다.

115 주州 및 부府의 이름으로, 지금의 광동성 소관시韶關市 · 곡강曲江 · 악창樂昌 · 인화仁化 · 남웅南雄 · 옹원翁源 · 영덕英德 등의 현縣이다.
116 피부의 납 중독을 말한다.

(덧붙이기) 황단(黃丹)

연단鉛丹[117]을 제련하자면 납 1근, 흙모양의 유황硫黃 10냥, 초석硝石 1냥을 우선 섞는다. 납이 녹아서 액체로 되면, 소량의 초醋를 떨어뜨린다.[118] 끓으면 유황 한 덩이를 투입하고, 얼마쯤 지나 다시 약간의 초석을 넣는다. 끓기를 멈추면 다시 앞에서와 같이 식초를 떨어뜨리고, 차례로 유황과 초석을 넣기를 계속하여 노 안의 재료가 모두 가루가 되면 황단이 만들어진 것이다.

만약 호분을 만들 때 남은 납으로 황단을 만들려면, 단지 초석과 반석礬石만 넣어 녹이면 되고, 초는 넣지 않는다.

황단을 납으로 환원시키려면 파의 흰 부분의 즙[119]을 황단과 섞어서 약한 불로 시름시름 데워 황색의 액즙液汁을 쏟아내면 이것이 바로 납이 된다.

117 여기서는 황단을 지칭한다. 그러나 지금의 연단은 4산화3납인 Pb_3O_4로서 붉은 가루이다.

118 초석은 초에 녹아 묽은 질산이 된다. 납은 묽은 질산에서 얼마 녹지 않으나 황화납은 오히려 많이 녹아 이 때문에 유황을 넣는다. 질산은 산화제酸化劑로 작용하여, 납을 황단 PbO 으로 바꾼다. PbO를 옛날에는 밀타승密陀僧이라고 불렀다.

119 이 즙은 환원제還元劑로 작용하여 산화납을 납으로 환원한다.

15. 무기(武器)[120]

나는 말한다. 전쟁戰爭을 하고 병기兵器를 사용하는 것은 성인聖人이라 하더라도 어떻게 막을 수가 없다. 순제舜帝는 50년이나 제위帝位에 있었으나 묘족苗族은 끝내 순순히 복종하지 않았다. 따라서 아무리 현명한 제왕帝王이라고 할지라도 과연 그 누가 전쟁을 하지 않고 문제를 해결할 수 있겠는가! 무기의 효용은 천하天下를 위압威壓하는 데 있다는[121] 말의 유래由來 또한 오래이다.

그런데 《노자老子》를 배우는 사람들은 갈천씨葛天氏의 아무 것도 하지 않는 것이 곧 다스린다는 사상을 그리워하여[122] '무기는 상서롭지 못한 물건'이라고 말했는데, 이는 단지 무기를 사용할 때는 신중해야 한다는 말일 뿐이다.

화약火藥과 화기火器와 같은 새로운 총포銃砲[123]를 제조하는 방법은 서양인을 통해서 남양南洋의 각국으로 전해졌고,[124] 그 후 중국으로 들어 왔다. 그것이 잇달아 수많이 변화하여 날마다 새로워지고 달마다 달라졌다. 지금에 와서 중국

120 원문에는 가병佳兵으로 되어 있다. 이는 《노자老子》 제31장에 '가병자, 불상지기佳兵者, 不祥之器'에서 따온 말이다. 당대唐代 육덕명陸德明의 《경전석문經典釋文》권 25에서는 가를 선善으로 해석하여 가병은 좋은 무기를 가리켰다. 후에 청대淸代 왕념손王念孫의 《독서잡지讀書雜志》권 16에서는 가佳는 추隹의 잘못이라고 하였다. 근래에 마왕퇴馬王堆 3호묘에서 출토된 백서帛書 《도덕경道德經》의 갑본甲本과 을본乙本에는 가佳자가 없었다. 저자는 우량한 무기로 해석하였다. 명대에는 서양 선교사들의 동래東來로 인해 서양의 무기도 전래되었다. 본 단락에서는 중국의 전통적인 무기와 서양무기에 대한 그 제조방법과 효용에 대해 설명하고 있다.

121 《역易 · 계사하繫辭下》에 있는 '호시지리, 이위천하弧矢之利, 以威天下'에서 따왔으며, 이는 무기의 효용은 천하를 위협한다는 뜻이다.

122 원문에는 '위노씨자, 유갈천지사언爲老氏者, 有葛天之思焉'으로 되어 있다. 여기서 노씨는 노자老子이며, 춘추전국 시대의 도가道家의 창시자이다. 저서로는 《노자老子》(《도덕경道德經》이라고도 말한다)가 있다. 갈천씨는 《여씨춘추呂氏春秋 · 고락편古樂篇》에 삼황시대三皇時代 제후諸侯의 한 사람으로 전해진다. 그는 법치法治가 필요 없고, 모든 것을 자연에 맡기자고 하였다. 저자는 노자의 '무위이치無爲而治'의 사상이 여기서 유래된 것을 인정하고 있다.

123 원문은 화약기계火藥機械인데 이는 유럽의 불랑기포佛狼機砲와 조총鳥銃 및 화약으로 발사하는 총포銃砲를 가리킨다.

124 《황명세법록皇明世法錄》권 82와 조사정趙士楨의 《신기보神器譜》에 따르면 유럽의 총포는 16세기에 포르투갈에서 남양군도南洋群島로 전해졌고, 그 후 또 서역에서 중국으로 전입되었다.

에서는 무기를 지닌 사람이 무기 발전을 가장 중요시 여기는데, 그런 생각이 과연 옳다고 할 수 있을까? 그러나 사람이 아무리 교묘한 생각을 가졌다 하더라도 중요시하지 않는다면 또 어찌 무기를 이렇게 고도로 발전시킬 수 있겠는가!

활(弓)과 화살(箭)

활을 만드는 데는 대쪽과 쇠뿔을 정중正中의 골간骨幹 재료로 쓰며(동북의 오랑캐는 대나무가 없어서 연한 나무를 사용한다), 두 끝은 뽕나무에 잇는다. 활의 시위(잡아당기는 끈)를 벗기면 대가 안쪽이 되고, 뿔이 바깥쪽이 되어 활을 보호한다. 한편 시위를 얹으면 뿔이 안쪽을 향하고, 대가 바깥쪽이 된다. 활짱, 즉 활의 본체는 한 개의 대쪽과 서로 이은 두 조각의 소뿔로 되어 있으며, 두 끝의 뽕나무는 모두 그 끝을 도려내 시위를 얹도록 되어 있다.

뽕나무 몸체는 대쪽의 구멍과 서로 잘 맞추어 끼워야하며, 활짱의 한 면을 미끈하게 갈아서 뿔을 붙인다. 손으로 활을 만들 때는 우선 대 하나를 깎아(대는 가을에 벤 것이 좋으며, 봄 · 여름의 것은 잘 썩고 벌레가 잘 파먹는다) 몸 중간 부분은 좀 가늘게, 두 끝은 좀 넓게 하며, 길이는 2척 전후로 한다. 이렇게 깎은 대의 한 면에는 아교로 쇠뿔을 붙이고, 다른 한 면에는 소의 힘줄을 아교로 붙여 활짱을 단단하게 한다. 쇠뿔 두 조각이 활짱 가운데서 맞물리도록 한다(북방 오랑캐는 긴 쇠뿔이 없어서 양의 뿔 네 조각을 붙여서 단단히 묶는다. 광동廣東 일대의 활은 물소뿔만 아니라 반투명의 황소뿔도 쓴다). 소의 힘줄과 아교로 굳힌 후 그 바깥에 자작나무 껍질을 다시 붙이는데, 이를 난파暖靶라고 한다. 자작나무는 산해관山海關 밖의 산지産地로는 요양遼陽이 있으며, 화북華北에서는 준화遵化[125]에서 가장 많이 난다. 서북에서 가장 많이 나는 곳은 감숙성甘肅省의 임조현臨洮縣이다. 또 복건

125 현명縣名으로서, 하북성 동남부에 있다.

福建·광동廣東과 절강浙江 등지에서도 난다.

자작나무 껍질로 보호층을 만들면 손으로 잡았을 때 보드랍고 편하게 느껴지기에 활 몸체 정 중앙의 손으로 움켜잡는 부분을 만들 때에는 반드시 이것을 사용해야 한다. 또 이것은 칼이나 창의 자루에도 역시 사용되며, 가장 얇은 데 쓰이는 것으로는 도검刀劍의 칼집이다.

소의 등뼈에는 모두 한 가닥의 장방형의 힘줄이 있으며, 그 무게는 약 30냥이다. 소를 도살하여 힘줄을 꺼내 볕에 말려서 다시 물 속에 담갔다가 모시실처럼 잘게 찢는다. 북방의 오랑캐는 잠사蠶絲, 즉 명주실이 없어서 활시위를 만들 때에 모두다 이것을 이용한다. 중국의 중원中原에서는 이를 활짱을 보호하는 데 주로 쓰고, 또 어떤 이는 이것을 솜을 트는 활시위로 사용하기도 한다.

아교는 물고기의 부레[126]와 창자들을 꺼내어 만든 것을 사용한다.[127] 대개가 안휘성安徽省 영국현寧國縣에서 많이 달여 만든다. 절강성浙江省에서는 동해東海의 조기[128]를 늘 볕에 말리는데, 이 고기의 부레로 아교를 만들면 구리나 쇠보다 더 단단하다. 북방 오랑캐도 바닷고기의 부레로 아교를 만들며, 중원에서 만든 것과 똑같이 단단하지만, 단지 종류가 다를 뿐이다. 하늘이 만들어낸 이런 물건 가운데에는 한 가지라도 모자라면 좋은 활인 양궁良弓을 만들 수가 없는데, 이는 결코 우연이 아니다.

활을 만들려면 먼저 활의 재료를 방안의 높은 들보에 얹고, 바닥에서 불로

126 물고기의 배 속에 있는 얇은 혁질革質의 공기 주머니로 이것을 벌렸다 오므렸다 하여 뜨고 가라앉는 것을 조절한다. 보통 어표魚鰾라고 부른다.

127 부레풀로서 천연물의 아교 가운데 가장 좋은 것의 하나로서 점성粘性이 매우 좋다.

128 원문에는 석수어라고 되어 있다. 조기는 노란색을 띠고 있어 황어黃魚라고 대개 부르지만, 또 석수어石首魚라고도 한다. 돌머리 생선이란 뜻이다.

끊임없이 데워야 한다. 짧으면 10일, 길면 두 달 동안 두어 대나무의 진액津液이 완전히 빠지게 한다. 그 후 내려서 문질러 갈고, 다시 한 번 소의 힘줄과 아교와 옻을 입히면 품질이 좋은 양궁을 만들 수 있다. 활을 파는 집은 충분히 말리지 않고 내다 파는 집들도 있어 나중에 아교가 빠지는 등 문제가 발생하기도 한다. 꾸지뽕나뭇잎을 먹고 자란 누에의 실로 활시위를 쓰면 더욱 단단하고 질기다. 시위 하나에 2, 30 가닥의 실을 골간骨幹으로 하고, 그 다음에는 명주실로 시위를 가로로 단단히 동여 감는다. 실을 감을 때는 세 부분으로 나누어 매 7치쯤마다 1, 2푼은 감지 않고 남겨둔다. 이렇게 하면 시위를 활에 얹지 않을 때는 세 마디로 접어 간수할 수가 있게 된다.

옛날 북방 오랑캐들은 소의 힘줄을 시위로 썼기 때문에 그것이 습기를 흡수하여 풀어지는 것이 두려워 비나 안개가 많은 여름철에는 감히 출병시켜 침범할 수가 없었다. 그러나 지금은 어디에서나 명주실로 된 시위가 있고, 또 어떤 이들은 황랍黃蠟을 시위에다 발라 습기를 막지만, 이를 쓰지 않더라도 괜찮다.

활 양끝의 시위를 매는 부분에는 매우 두꺼운 쇠가죽이나 연한 나무로 작은 바둑돌 모양의 깔개를 만들어 쇠뿔 끝에 아교로 붙인 다음 못으로 고정시키는데, 이를 점현墊弦[129]이라고 한다. 이는 거문고 줄의 기러기발과 같은 작용을 한다. 화살을 쏜 후 시위가 되돌아오는 반탄력이 매우 큰데, 점현이 있어 이 힘을 막아 준다. 그렇지 않으면 활 몸체가 손상된다.

활을 만들 때에는 당기는 사람의 힘의 강약强弱에 따라 가볍거나 무거운 활로 나뉜다. 가장 힘센 사람은 120근의 활을 당길 수 있고, 이보다 센 힘을 호력虎力

129 오늘날 성도成都에서 만든 활에서는 이것을 점자墊子 즉 깔개를 말한다. 활시위를 당겼을 때 깔개가 시위를 높게 괴여 팽팽하게 하며, 화살을 쏜 후 그 반발력을 막아 활을 상하지 않게 한다.

이라 하지만 이런 사람의 수는 그다지 많지 않다. 힘이 중간쯤인 사람은 80~90근을 당길 수가 있고, 힘이 약한 사람은 단지 60근 전후를 당길 수가 있다.

활시위를 끝까지 당기면 누구나 목표를 쏠 수가 있다. 그러나 전장戰場에서 적의 가슴이나 갑옷을 꿰뚫을 수 있는 사람은 당연히 모두가 힘센 사수射手들이다. 힘이 약한 사람이 버들잎을 꿰뚫었던가, 그 조그마한 이를 맞추었다는 것은 그 기교로 승부를 걸었기 때문이다.[130]

활의 힘을 측정하자면 활시위를 발로 밟고, 대저울의 고리를 활짱 가운데에 건 다음에 위로 끌어 당겨 활이 끝까지 당겨질 때까지 저울대의 추를 옮기면서 저울대가 수평으로 되면 저울대의 눈금을 읽고 활의 힘을 알 수 있다.

처음 활을 만들 때 재료의 무게는, 힘이 센 사람이 당기는 활의 경우 쇠뿔과 대쪽을 깎은 후는 약 7냥이며, 힘줄 · 아교 · 옻과 감은 실의 무게는 약 8전이다. 이는 대략적인 수치라고 할 수 있다. 중간 힘의 활은 이 무게의 10분의 1, 2를 줄이고, 약한 힘일 때는 10분의 2, 3을 줄인다.

활을 보관하는데 가장 두려운 것은 장마철의 습기이다(장마철은 남에서 북으로 옮는다. 이 철이 시작하는 절기節氣는 영남嶺南은 곡우穀雨, 강남江南은 소만小滿, 강북江北은 6월, 하북河北 · 산동山東 일대는 7월이다. 그런데 회하淮河와 양주揚州 일대의 장마가 가장 빈번하다). 군관軍官의 집에서는 화덕을 두어, 날마다 바닥에 탄불을 피워둔다(봄 · 가을에 비가 내리거나 안개가 자욱할 때도 이렇게 한다. 장마철만이 아니다). 사병士兵은 집에 이런 화덕이 없으면 부엌의 굴뚝 위에 둔다. 조금이라도 게으름을 피우면 활이 곧 썩어 떨어진다(근년에는 조정에서 명하여 남방의 여러 성에서 활을 만들어 북경北京

130 활의 명인名人 양유기養由基가 백 보 떨어진 곳에서 버들잎을 꿰뚫은 것은 《전국책全國策》에서 볼 수 있고, 또 기창紀昌이 이(슬虱)를 맞춘 것은 《열자列子 · 탕문편湯問篇》에 있다.

으로 보내도록 하고 있으나, 쓸 수 없다고 되돌려지는 일이 분분한데, 이는 활이 불을 떠나면 곧 손상을 입는 것을 모르기 때문이다. 그러나 이러한 사정의 원인을 상주문上奏文으로 올리는 사람이 없다).

화살의 살대 재료는 각지마다 달라, 중국의 남방에서는 대나무를, 북방에서는 갯버들[131] 나무를, 그리고 북방 오랑캐는 자작나무를 쓴다. 살대의 길이는 2척, 촉의 길이는 한 치가 일반적인 대강의 치수이다.

살대를 만들려면 대를 3, 4가닥으로 깎아 아교로 붙여 다시 칼로 둥글게 깎고, 갈아서 옻칠하고 실로 두 끝을 단단히 감아 맨다. 이를 삼불제三不齊의 살대[132]라고 부른다. 절강浙江과 광동廣東의 남부에는 전죽箭竹이라고 하는 천연의 곧은 대나무가 있어 쪼개어 붙일 필요가 없다. 버드나무나 자작나무로 만든 살대는 둥글고 곧은 가지를 골라 조금만 칼질하면 쓸 수 있다. 대로 만든 살대는 원래 곧아서 꼭 바로 잡아 줄 필요는 없다. 나무로 된 살대는 말리게 되면 반드시 굽어지기에 이를 깎아 바로 교정한다. 그 방법은 길이가 몇 치 되는 나무막대 위에 한 줄의 홈을 새기는데 이를 전단箭端이라고 하며, 나무 살대를 홈을 따라 끼워 천천히 당기면 곧게 잡히는데, 설령 원래 살대 앞뒤의 무게가 달라도 전단을 거치면 고르게 교정이 된다.

살대 끝에는 화살을 시위에 매길 수 있도록 작은 홈인 오늬[133]를 새기고, 다른 한쪽 끝에는 화살촉을 끼운다. 화살촉은 쇠로 만든다(《우공禹貢》에 기재된 돌로 만든 촉은 지방의 토산물로 일반적으로 쓰이지 않는다). 화살촉의 모양은 북방 오랑

131 갯버들을 포류蒲柳라고도 말하며, 버드나뭇과에 딸린 갈잎좀나무이다. 키는 1, 2m이고 냇가에 자란다.
132 《명회전明會典》권 192에 적혀 있으며, 이런 화살은 병장국兵仗局에서 만든 것이다.
133 오늬 혹은 오니는 화살의 머리를 시위에 끼도록 에어낸 부분을 말한다. 광대싸리로 짧은 동강을 만들어 화살머리에 붙임.

캐가 만든 촉은 도엽창桃葉槍의 끝과 같으며, 광동廣東의 여족黎族이 만든 화살촉은 평평한 쇠 부삽과 같다. 중원의 것은 세모로 된 송곳 모양이다. 우는 화살은 바람을 맞으면서 날면 소리를 내는 것으로, 짧은 나무토막 속을 송곳으로 둥근 구멍을 뚫은 것을 붙인 것이다. 이것이 바로 《장자莊子》에서 말하는 효시嚆矢라는 것이다.

화살이 날 때, 곧바로 나가거나 혹은 휘어져 나가거나, 또 빠르게 나가거나 느린가는 그 관건이 모두 화살의 깃털에 달려 있다. 화살대의 오늬 가까운 곳에 3치 길이로 자른 깃털 세 개를 부레로 만든 아교로 붙여 정鼎의 세 발과 같게 만든다. 이를 전우箭羽라고 한다(이런 아교는 장마철의 습기를 싫어하므로 장졸將卒들은 늘 화살을 불에 쪼여야 한다). 사용되는 깃털로는 독수리 날개의 털이 가장 좋으며(독수리는 매와 닮았으나 그보다 크다. 꼬리는 길며 날개는 짧다), 매가 다음이고, 새매가 그 다음이다.

남방의 화살을 만드는 사람들은 독수리의 깃털은 바랄 수가 없고, 매나 새매의 깃털도 얻기가 매우 어려워, 급할 때는 기러기의 깃털을 사용하며, 심지어는 거위의 깃털을 쓰기도 한다. 독수리 깃털 화살은 매 깃털 화살보다 빠르게 날며, 10여보나 더 멀리 나아간다. 그러면서도 곧바르게 날아가며, 바람에도 잘 견딘다. 북방 오랑캐는 대개 이것을 많이 사용한다. 매나 새매의 깃털을 사용한 화살도 만약에 정교하게만 만든다면 독수리 깃털 화살과 거의 맞먹는다. 그러나 기러기나 거위의 깃털을 쓴 화살은 쏠 때 마음대로 조작이 안 되고, 바람을 만나면 한쪽으로 쏠린다. 남방의 화살이 북방에 못 미치는 것은 바로 여기에 그 차이가 있기 때문이다.

端箭

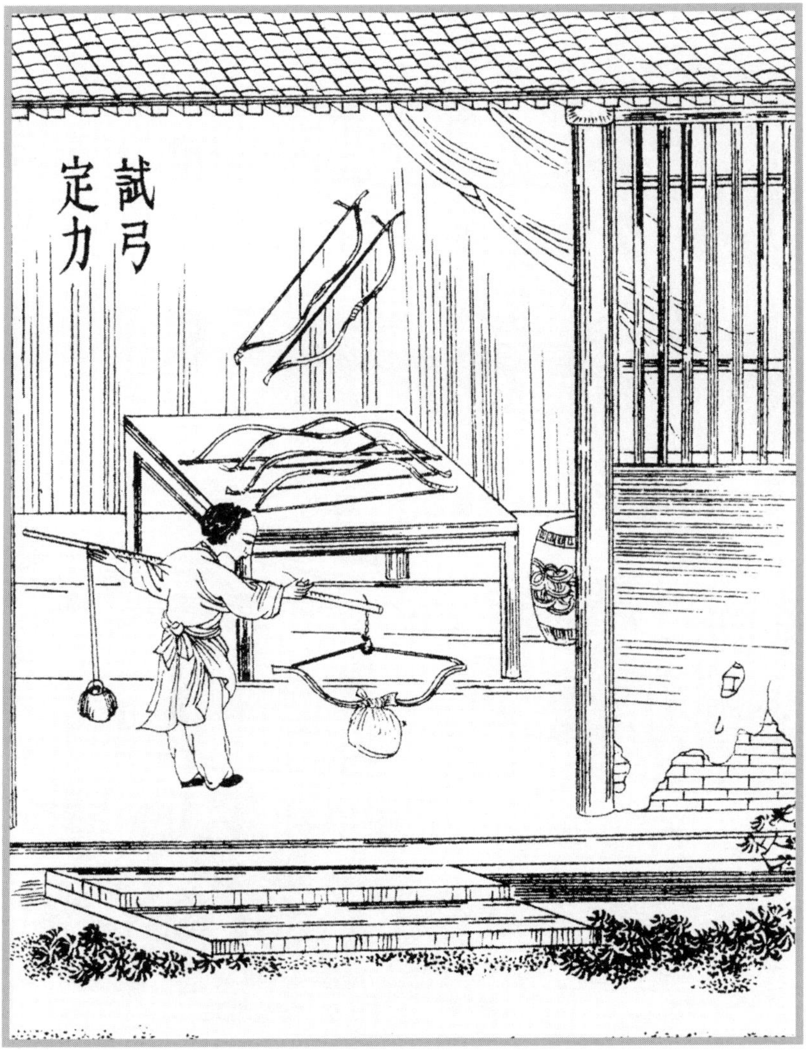

활 힘재기

上槽函十矢
一孔出箭

연발 쇠뇌

쇠뇌(弩)

쇠뇌를 뜻하는 노弩는 진영陣營을 지키는 병기로서, 진영을 옮기면서 돌격하며 공격할 때는 적합하지가 않다. 쇠뇌에서 세로로 곧은 부분을 쇠뇌의 몸체에 해당하는 신身이라 부르고, 가로지른 활을 쇠뇌의 날개 내지는 천궁[134]이라고 하며, 시위를 놓아 화살을 쏘는 장치를 쇠뇌의 틀인 기機[135]라고 부른다.

쇠뇌의 신은 나무를 깎아 만드는데, 길이는 약 2척이며, 신의 앞쪽 끝에는 가로 구멍을 통해서 천궁이 옆으로 걸쳐 있다. 구멍을 뚫어 천궁을 걸치는 곳은 신의 윗면에서 정확히 한 푼 아래에 있어야 하고(조금이라도 아래에 쏠리면 시위를 놓아 화살을 쏠 때 뜻대로 잘 안 된다), 허나 노 몸 아랫면과의 거리는 아무래도 괜찮다. 신의 윗면에는 곧은 홈 하나를 파서 뇌 화살을 얹는다.

연한 나무로 만든 천궁을 편담노扁擔弩라고 하며, 이러한 쇠뇌는 탄력이 가장 세다. 또 천궁은 나뭇조각 밑에다 대쪽을 겹쳐서 만들기도 하는데(대쪽은 겹칠 때마다 차례로 짧게 해야 한다), 이를 삼탱노三撑弩[136]라고 부르며, 가장 많아도 오탱五撑이나 칠탱七撑을 넘지 못한다.

쇠뇌 신의 뒤끝은 오목하게 파서 시위를 걸치며, 그 가까이에 못을 박아 움직이는 방아쇠와 같은 기機를 붙여서 위로 올리면 화살이 날아간다. 시위를 걸치는 것은 오로지 사람의 힘에 의지한다. 한 사람이 발로 힘센 쇠뇌를 밟아서

134 쇠뇌의 활몸으로서, 익翼이라 하며. 유연한 나무로 만든다.

135 쇠뇌살을 쏘는 장치로서, 여기에는 아牙 · 곽郭 · 현도懸刀 등이 포함된다. 아는 시위를 거는 고리를 말한다.

136 나무로 만든 천궁에다 세 개의 대쪽을 겹쳐서 탄력을 세게 한 쇠뇌를 말한다. 이것으로 보아 겹치는 대쪽의 수로 이름을 지은 것으로 생각된다.

시위를 걸치는 것이 《한서漢書》에서 말하는 이른바 궐장재관蹶張材官[137] 이다. 쇠뇌 시위로 쇠뇌살을 쏘면 그 빠르기는 비길 데가 없다. 쇠뇌 시위는 모시를 골간骨幹으로 하고, 그 위에 다시 연하게 만든 거위의 깃털[138]을 감고, 다음에 황랍黃蠟을 바른다. 이런 시위를 천궁에다 얹으면 팽팽하게 되지만 천궁에서 부리면 여전히 헐거워진다. 이 때문에 거위 깃털의 두 끝을 모시 줄 속에 끼워 두어야 한다. 쇠뇌살의 깃털은 잎이 넓은 얼룩조릿대잎으로 만든다. 쇠뇌살 끝을 약간 쪼개어 댓잎을 끼우고 단단히 맨다. 맹수猛獸를 쏘는 독시毒矢는 바곳[139]을 달여서 끈적끈적하게 되면 촉에다 조금 바른다. 이런 화살에 맞아 피가 보이면 단번에 숨이 끊어지는 것은 사람이나 짐승이나 다 마찬가지이다.

힘이 센 활의 화살은 200여 보나 날 수 있지만, 힘이 센 쇠뇌의 화살은 50보에 그치며, 이보다 조금이라도 멀어지면 가장 얇은 비단도 꿰뚫지 못한다.[140] 그러나 쇠뇌의 사정거리射程距離 내에서는 그 빠르기가 화살의 10배나 되며, 물체를 꿰뚫는 깊이도 화살의 두 배나 된다.

명조明朝의 군기국軍器局[141]에서 만든 무기로서 신비노神臂弩[142]나 극적노克敵

137 궐장蹶張은 쇠뇌를 발로 밟아 시위를 켕겼을 때의 힘을 말하며, 재관材官은 《한서漢書 · 신도가전申屠嘉傳》에서 나온 말로 강궁强弓을 당길 수 있는 병사 중의 힘센 무사를 말한다. 신도가는 한고조高帝 때의 재관이었다.

138 거위의 깃을 털을 없애고 세로로 잘라, 물에 담가 연하게 하여 시위의 중간 부분을 감아서 시위를 보호한다.

139 바곳을 바꽃 또는 오두烏頭라 하며, 미나리아재빗과에 딸린 개싹눈바곳, 아삭바곳, 참줄바곳 따위를 통틀어 일컫는다. 괴근塊根에는 극독성劇毒性이 있다.

140 《한서漢書 · 한안국전韓安國傳》에 '강노지말, 역불능입로호(强弩之末, 亦不能入魯縞)'로 되어 있는데 여기서 노호魯縞는 산동山東에서 나는 비단을 말한다. 즉 쇠뇌살이 사정거리를 벗어나면 완전히 힘이 없어진다는 것을 의미한다.

141 원문에는 군기라고 되어 있다. 명대에는 병장국兵仗局과 군기국軍器局이라는 두 부서를 두어 각종 무기를 제조하였다.

142 심괄沈括의 《몽계필담夢溪筆談》권 19에 따르면 11세기 송대宋代에 만들어졌으며, 사정거리는 240여 보步이다. 규격은 명대明代 모원의茅元儀의 《무비지武備志》권 103에 있다.

弩[143] 등은 동시에 화살 2, 3개를 쏠 수가 있다. 또 제갈노諸葛弩[144]라는 것도 있는데, 윗면에는 곧은 홈이 새겨져 있어 쇠뇌살 10개를 장전할 수 있고, 쇠뇌의 천궁은 가장 연한 나무로 만든다. 여기에는 따로 목제木製의 기機가 설치되어 있어 수시로 기를 당기면 시위를 얹을 수가 있다. 하나를 쏘고 나면 홈 속으로 또 한 대가 떨어져, 다시 기를 당겨 시위를 얹어 화살을 쏠 수 있다. 이런 쇠뇌의 구조는 비록 교묘하나 그 힘이 매우 약해서 유효 사정거리는 20여 보밖에 날 수 없다. 이것은 민가에서 도적을 막기 위한 것이지, 나라에서 군대가 사용하는 무기는 아니다.

산에 사는 사람들이 맹수猛獸를 사살하는 쇠뇌를 와노窩弩[145]라고 한다. 야수野獸가 출몰하는 길목에다 두고, 기에다 줄을 끌어 당겨 두면, 야수가 지나다가 이 줄에 한번 걸리면 쇠뇌살이 발사하게 된다. 쇠뇌살 한 개가 발사되어 얻을 수 있는 것은 단지 한 마리의 야수일 뿐이다.

143 《명회전明會典》권 192에 '홍치십칠년제조경노이, 일병발이시, 일병발삼시, 비신비노위원, 정명극적노弘治十七年題造硬弩二, 一竝發二矢, 一竝發三矢, 比神臂弩爲遠, 定名克敵弩'라 적혀 있는데, 이는 "서기 1504년에 두 가지 쇠뇌를 만들었는데 하나는 한번에 화살 두 대를 쏠 수 있고, 또 하나는 한 번에 세 발을 쏠 수 있으며, 쇠뇌살이 신비노보다 멀리 가므로, 이를 극적노라고 이름지었다"라는 뜻이다.

144 《무비지武備志》권 103에 구조를 나타낸 두 그림이 실려 있다. 책에 설명하기를 '남녀가 다 쥘 수 있으며, 화살 10개를 연발할 수 있다. 촉에 독을 발라 범을 쏘며, 한 번 맞으면 사람이나 말이 피를 보이면 그 자리에서 죽는다. 가벼워서 기병이 갖고 돌진할 수 있다. 화살의 힘이 약해서 독약을 촉에 발라야 한다'라고 적혀 있다.

145 《무비지武備志》권 103에 기술되어 있다.

방패(干)

간과干戈[146]라는 명칭은 무기 가운데서 가장 오래되었다. 이것은 방패라는 간干과 창인 과戈가 서로 결합되어 만들어진 말이다. 후세에 와서 짧은 무기를 가진 병졸과 기병騎兵들이 더 많이 방패와 창을 함께 사용하였다. 그들은 오른손에는 짧은 칼인 단도短刀를 잡고, 왼손으로는 방패를 잡고 적의 화살을 막았다. 옛날의 전차戰車에서는 오로지 방패만 잡는 사람이 있어서 같은 수레에 탄 전사戰士가 적의 화살에 적중되는 것을 막아 주었다. 만약 전사가 두 손으로 긴 창인 모矛와 극삭戟槊[147]을 쥐고 있으면 방패를 잡을 손이 없게 되는 것이다.

대개 방패의 길이는 3척에 불과하고, 당키버들[148]가지로 지름이 1척의 원형으로 엮어 목 부위 아래에 두었으며, 상단上端은 그 위로 5치 돌출되어 있고, 그 끝은 뾰족하다. 그 아래 끝에는 가벼운 막대 한 개와 이어져 있어 손으로 쥘 수 있다.

중간中干이라고 부르는 또 다른 방패는 보병이 쥐고 화살이나 긴 창을 막는 것으로 속칭 방패傍牌라는 것이 바로 이것이다.

146 간은 전투 중에 몸을 보호하기 위한 것이며, 과는 옛 무기로서 자루 끝에 가로로 짧은 칼날이 달린 것이다. 간과는 때로는 전쟁을 뜻한다.

147 극戟은 옛 무기로서 긴 자루 끝에 초승달 모양의 칼날이 붙어 있으며, 삭槊은 긴 창의 일종이다.

148 당키버들은 기류杞柳라 하며, 버드나뭇과에 딸린 갈잎좀나무의 하나이다. 축축한 땅에서 자란다.

화약(火藥)

화약과 화기火器에 대해서 오늘날 입신출세를 도모하는 사람들은 모두 제멋대로 말하며, 책을 써서 조정에 바치기도 한다. 그러나 그들의 말이 모두 실험을 거친 것은 아니다. 여기서는 몇 쪽에 걸쳐 대강을 써서 이 권卷에 포함시키기로 한다.

화약은 초석硝石[149]과 유황硫黃이 그 주성분이고, 초목의 재는 보조제이다. 초석은 음성陰性이 가장 강하고, 유황은 양성陽性이 가장 세어, 지극한 음과 양의 두 물질이 조그마한 틈도 두지 않고 서로 만나게 된다.[150] 이리하여 한 번 폭발하면 사람이나 동물 등을 가릴 것 없이 모두다 혼비백산魂飛魄散하고, 분신쇄골粉身碎骨이 된다.

초석은 곧은 방향으로 폭발력이 커서, 이 때문에 사격용 화약은 초석 9에 유황 1의 비율로 섞는다. 한편 유황은 가로로 폭발력이 커서, 폭발용 화약은 초석 7에 유황 3의 비율이다. 보조제로 사용되는 재 가루는 푸른 버들, 시든 삼, 자작나무 뿌리, 댓잎, 접시꽃, 모죽毛竹[151]의 뿌리, 가지의 대 등을 태운 숯가루를 사용한다. 그 가운데서도 댓잎의 재가 가장 불길이 맹렬하여 그 효과가 크다.

---

149 초석은 광물의 명칭이며, 질산칼륨인 KNO_3이다. 강한 산화제酸化劑로서 탈 때 자청색의 연기가 난다. 음습한 땅에서 버캐로 나타나며, 무색이거나 백색으로 유리처럼 광택이 있다. 화약 · 작약 · 비료 등에 쓰인다. 천연초석은 망초芒硝 $Na_2SO_4 \cdot 10H_2O$가 얼마 섞여 있어서 화약에는 부적합하다.

150 초석은 강한 산화제이며, 유황은 고온에서 다른 원소와 잘 결합하고, 숯가루는 쉽게 불이 붙는 활성탄이다. 불똥에 인화되거나 고온에서는 질산칼륨이 분해하면서 유황과 활성탄을 태우며 많은 열과 원래의 부피보다 1, 2천 배의 기체를 발생하여 폭발한다.

151 대나무의 한 종류로 심은 지 5년이 지나야만 죽순이 돋는다고 하며, 일단 죽순이 돋으면 하루에도 70~80 센티나 자라 30미터까지 솟는다고 한다. 죽순대나무라고도 한다.

공격할 때 쓰는 화공火攻 화약으로는 독화毒火 · 신화神火 · 법화法火 · 난화爛火 · 분화噴火 등이 있다.

독화는 백비白砒 · 뇨사硇砂[152]가 주성분이고, 여기에다 금즙金汁[153] · 은수銀銹[154] · 인분人糞을 혼합하여 제조한다. 신화는 주사朱砂[155] · 웅황雄黃 · 자황雌黃[156]이 주성분이다. 난화는 붕사硼砂[157] · 자기瓷器의 가루 · 쥐엄나무의 꼬투리열매[158] · 분디나무의 튀는열매[159]를 섞는다. 비화飛火는 주사朱砂 · 석황石黃 · 감홍甘汞[160] · 바곳[161] · 파두巴豆[162]를 섞는다. 겁영화劫營火는 기름오동의 기름 · 송진을 쓴다. 위에서 말한 것은 그 대략적인 설명이다.

낭분狼糞을 태울 때 나는 연기[163]는 낮에는 검고, 밤에는 붉으며, 바람을 맞아 곧게 올라간다. 여기에다 강돈江豚[164]의 재를 섞으면 역풍逆風을 맞아도 잘 탄다고 한다. 그러나 이렇게 전해들은 사실들은 모두 실험을 거치거나 스스로 본 후에야 비로소 상세히 설명할 수 있다고 하겠다.

152 광물의 이름이며, 염화암모늄 NH_4Cl 이다. 무색 또는 백색이며, 때로는 갈홍색을 띠며 유리 광택이 있다. 맛이 쓰며 독이 있다.
153 면지棉紙로 여과하여 1년 이상 저장한 분즙糞汁이다.
154 은광銀鑛을 제련할 때 가마 밑에 남는 구리와 납의 찌꺼기이다.
155 주사는 황화수은인 HgS이며, 광물명이다.
156 웅황은 광물명이며, 4황화4비소인 As_4S_4이다. 석황石黃이라고도 한다. 자황은 3황화2비소 As_2S_3이다. 모두다 화약에 쓰인다.
157 붕사는 10수4붕산나트륨 $Na_2B_4O_7 \cdot 10H_2O$ 이다.
158 쥐엄나무의 꼬투리열매로서, 길이가 한 척, 폭이 한 치 가량이다.
159 분디나무의 튀는열매는 진초秦椒 또는 화초花椒라고 한다. 분디나무는 분지나무 내지는 산초나무라고도 부르며, 운향芸香과에 속한 낙엽관목이다.
160 원문에는 경분輕粉으로 되어 있다. 수은으로 만들며, 주요 성분은 염화수은 Hg_2Cl_2 이다. 독성이 있으며, 화약의 원료이다.
161 원문에는 초오草烏라고 되어 있다.
162 늘푸른좀나무이며, 그 씨를 말한다. 파두유와 독성이 있는 단백질을 함유하고 있다.
163 옛날 승냥이 똥으로 지피는 봉화를 말한다. 국경에서 적의 침입을 알리기 위하여 상당한 거리에 봉홧둑을 두어 차례로 연기를 피워 알리는 통신 수단이었다.
164 강돈은 돌고래과에 딸린 작은 고래라고도 하나 아마도 하돈河豚이라고 하여 복어腹魚를 뜻하기도 하다.

초석(硝石)

초석은 중국과 외국에서 다 나며, 중국은 오로지 서북 지방에서 난다. 동남 지방에서 초석을 팔려면 관청에서 발급하는 위탁 판매 증명서가 있어야 하며, 그렇지 않고 밀매하면 죄를 받게 된다.

초석과 소금은 모두 대지大地의 지하에서 생성되며, 물기가 증발하면서 땅 위로 나타난다. 물과 가깝고 토층土層이 얇으면 소금이 되고, 산 가까이에서 토층이 두꺼운 곳에서는 초석이 생성된다. 초석은 물에 넣으면 곧바로 녹아 소실消失되는 돌石이기에 이 때문에 초硝라고 부른 것이다.

장강長江과 회하淮河 이북 지방에서는 중추절中秋節이 지나 집안에서 조차도 격일隔日로 바닥을 쓸더라도 소량의 조잡한 초석을 얻을 수 있는데, 이것을 달여서 순화시킨다.

중국에서는 다음의 세 곳에서 가장 많이 나며, 사천四川에서 나는 것을 천초川硝, 산서山西의 것을 염초鹽硝, 산동山東의 것을 토초土硝라고 부른다. 땅이나 담(토담에서도 때로는 초석이 나올 때도 있다)에서 초석을 채취할 때에는, 그것을 긁어서 쓸어 모아 나온 조잡한 초석을 항아리에 넣어 하룻밤 동안 물에 담가 둔다.

그 다음 물 위에 뜬 찌꺼기를 건져 내고, 다시 가마에 넣어 물을 부어 달여서 물이 마르면 그 나머지를 그릇에 부어 넣고 하룻밤을 지내면 초석의 결정이 석출한다.

그 가운데 위에 뜬 것을 망초芒硝라고 하고, 끝이 긴 것을 마아초馬牙硝(모두다 각지에서 나는 초석을 제련하여 순화시킨 후 나온다)라고 부르며, 또 밑에 가라앉은 것으로 잡질雜質이 비교적 많은 것을 박초朴硝라고 부른다.[165]

잡질을 없애서 순화시키려면 물을 다시 넣고 달이는데, 이때 여기에다 무[166] 몇 개를 넣고 같이 푹 삶아 사발에다 담아 하룻밤을 지내면 눈처럼 흰 결정이 다시 석출한다. 이것을 분초盆硝라고 한다. 화약을 만들 때 마아초와 분초는 그 효과가 같다.

초석으로 화약을 만들려면 그 양이 적을 때는 새 기와조각 위에서 굽고, 양이 많으면 흙가마에 넣어 굽는다. 구워 말린 후에는 곧바로 꺼내어 갈아서 가루를 만든다. 초석을 갈 때에는 안에다 철판을 입힌 돌절구에서 갈아서는 아니 된다. 철과 돌의 마찰로 불똥이 튀면 생각지도 못한 재화災禍를 부를 수도 있기 때문이다.

초석과 유황을 화약이 요구하는 양에 따라 잘 섞어 함께 골고루 잘 간 다음에, 비로소 뒤이어 숯가루를 넣는다.

초석을 구워 말린 후 오래 두면 다시 습해지므로, 대포에 쓰이는 초석 화약은 대개는 막 사용하려고 할 때에만 대포에 장전한다.

165 망초 · 마아초 · 박초는 다 결정수를 가진 황산나트륨 $Na_2SO_4 \cdot 10H_2O$의 속칭이다. 여기서 초석(질산칼륨)과 망초(박초 및 마아초)를 같은 것으로 말하고 있는데 이것은 잘못이다. 초석은 화약의 원료로 쓸 수 있지만 망초는 쓸 수 없다.

166 무는 색과 불순물을 제거시킨다.

유황(硫黃)- 상세한 내용은《소석(燒石)》편을 참조.

유황은 초석과 결합하게 되면 화약이 되어 폭음이 생긴다. 북방의 오랑캐 땅에서는 유황이 나지 않아서 비록 초석이 많이 나더라도 화약을 만들 수가 없기에 그 쓸모가 없다. 이런 까닭으로 중국에서는 유황에 대해서는 판매를 엄중히 금지하고 있다.

대포에 점화點火하려면 초석과 숯을 혼합하여 손으로 비벼서 도화선導火線을 만들어야 하며, 여기에는 유황을 섞지 않는다. 왜냐하면 유황을 넣으면 도화선의 불이 타들어가지 못하기 때문이다.

유황을 단독으로 갈기는 어렵다. 그러나 유황 한 냥마다 초석 1전錢을 섞어 함께 갈면 아주 쉽고 빠르게 갈려져 먼지와 같은 고운 가루가 된다.

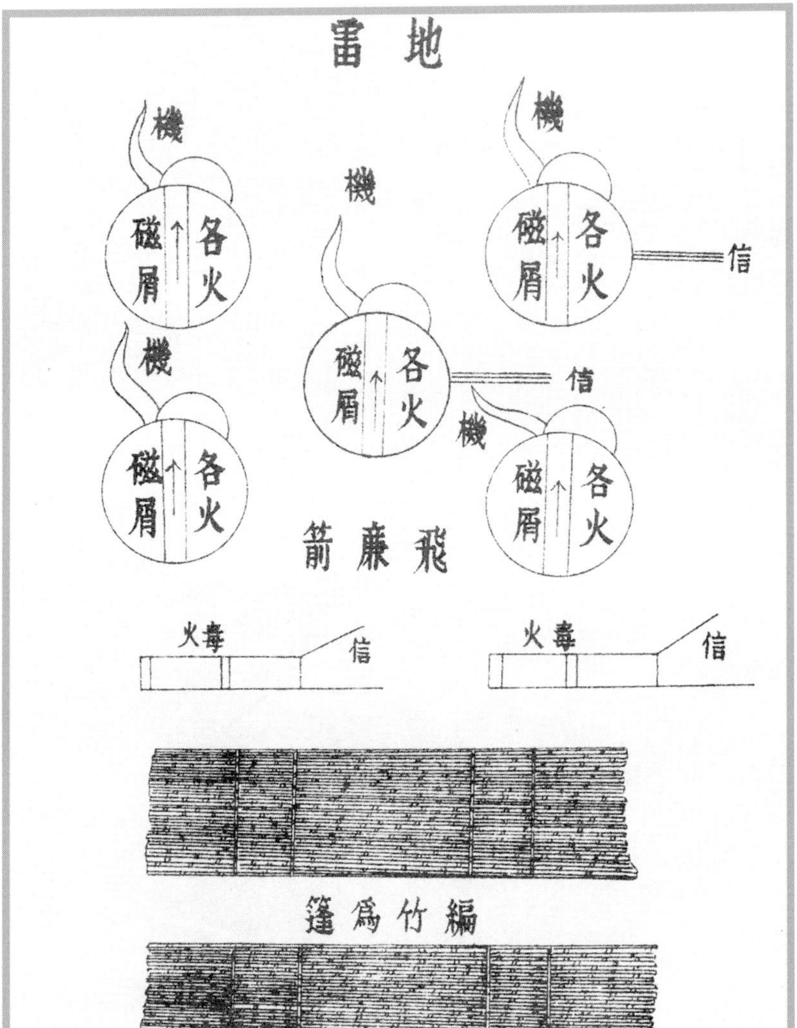

지뢰

조총

만인적

지뢰 폭발

혼강룡 폭발

혼강룡

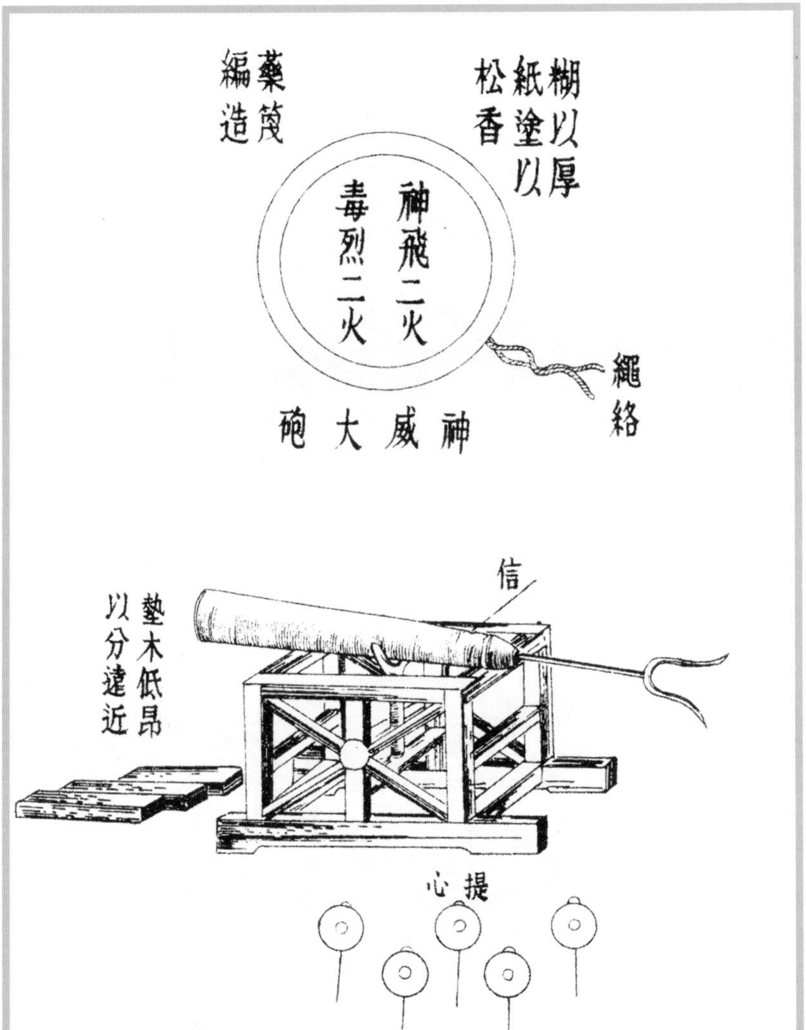
糊以厚
紙塗以
松香
藥箴
編造
神飛二火
毒烈二火
繩絡
砲大威神
信
墊木低昂
以分遠近
提心

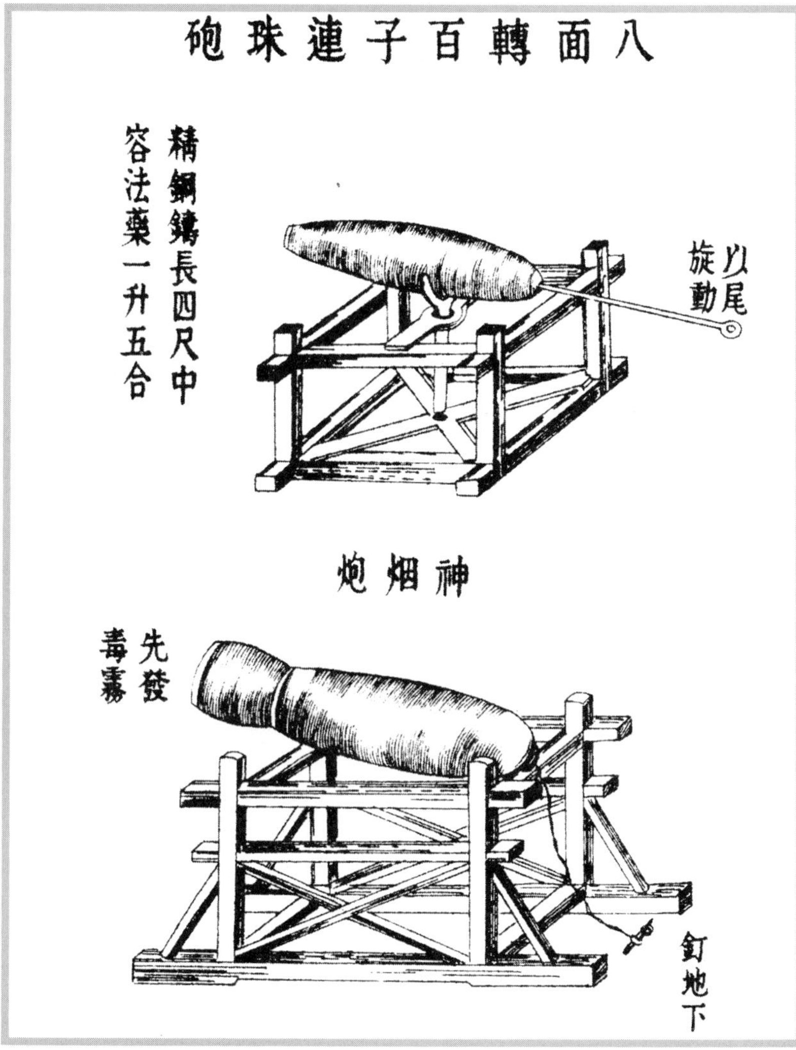

백자연 주포

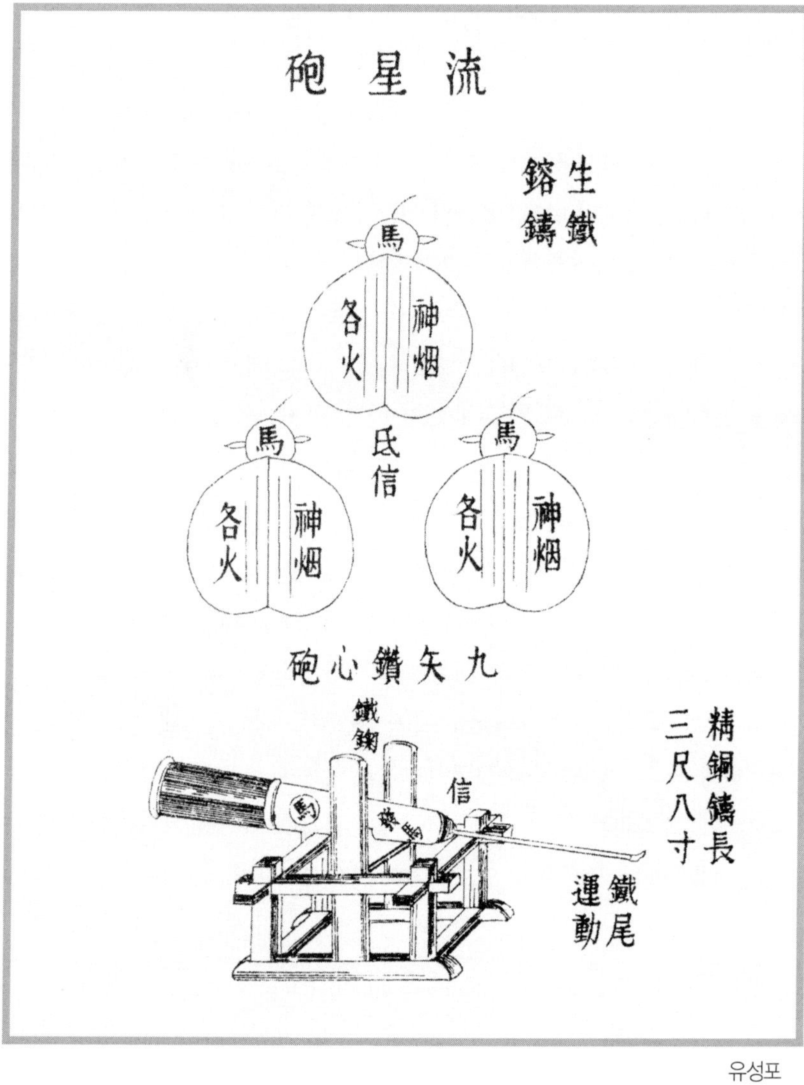

유성포

화기(火器)

* 서양포西洋炮~ 서양포는 숙동熟銅으로 주성하며, 모양이 둥글어서 동고銅鼓처럼 보인다. 발포하면 반리半里 안의 사람과 말은 놀라서 죽는다(평지에서 도화선에 점화하여 발포할 때, 포를 돌려 움직이는 장치가 있어 포를 돌려 갈라진 홈에 이르면 멈추게 되어 있다. 포수砲手는 도화선을 점화하자마자 되돌아 달려서 깊은 움 속으로 뛰어 들면 포성은 머리 위로 높이 지나, 목숨을 잃지 않는다).

* 홍이포紅夷炮[167]~ 홍이포는 주철鑄鐵로 만든다. 포신의 길이는 1장여이며, 성城을 지키는 데 사용한다. 포강砲腔에는 여러 말이나 되는 철환鐵丸과 화약을 장전하며, 사정射程은 2리나 되고, 피격되면 그 자리에서 산산이 가루로 된다. 대포를 발포하면 우선 매우 큰 후진력後進力이 발생하므로 포좌砲座에는 반드시 담을 쌓아 막아야 한다. 그러나 이런 담도 무너지는 것을 늘 볼 수 있다.

* 대장군大將軍 · 이장군二將軍[168](홍이포보다 약간 작으나 중국에서는 거포巨砲 이다.)

* 불랑기佛朗機[169] (수전水戰할 때 선수船首에 장착한다).

* 삼안총三眼銃 · 백자연주포百子連珠炮.

* 지뢰地雷~ 지뢰는 흙 속에 묻고, 죽관竹管으로 도화선을 보호한다. 폭발하면 흙을 쳐내서 살상殺傷할 수 있으며, 지뢰 자신도 함께 작렬炸裂한다. 이런 것

167 홍이포의 홍이는 홍모紅毛라고도 하는데, 붉은 털을 지닌 네덜란드 사람들을 지칭하였으며, 이 대포는 전장식前裝式의 화포이다.
168 대장군은 중국 고대의 장군포將軍砲를 가리키며, 《무비지武備志》권 112를 보면 포의 길이는 2척, 무게는 36kg이다. 이장군은 모양은 같으나 약간 작다. 장군포는 청대淸代까지 제조되어 왔다.
169 불랑기는 이란어의 terangi 또는 feringi의 역음譯音이다. 명대明代에서는 스페인인이나 포르투칼인을 불랑기라고 불렀으며, 여기서는 포르투칼인이 만든 포를 말한다. 불랑기佛狼機라고도 쓴다. 이것은 후장식後裝式이다. 우리나라에서는 임진왜란 때 도입되어 명군明軍이 사용하였으며, 그 후 국내에서 제조하여 사용하였다.

은 작약炸藥, 즉 폭약 중에서 유황 성분이 비교적 많아 옆으로 폭발하는 성향을 띠고 있다(도화선에는 반유礬油를 바르고, 포구砲口는 주발로 덮어 둔다).

*혼강룡混江龍[170] ~ 혼강룡은 폭발물을 가죽 포대로 싸서, 옻으로 밀봉한 뒤에 물 밑에 가라앉힌다. 기슭에서 방아쇠와 연결된 동아줄로 조작할 수 있다. 가죽 포대에 부싯돌과 부시[171]가 매달려 있어서 줄을 당겨 방아쇠를 움직이면 피낭 속에서 스스로 점화되어 폭발하게 된다. 적선敵船이 지나면서 이와 부딪히면 폭발하여 파선破船된다. 그러나 이것은 결국 우둔한 화기라고 하겠다.

*조총鳥銃~ 조총은 길이가 약 3척이며, 총신銃身인 철관에 화약을 장전하고, 나무에 끼워 넣어 손으로 잡기에 편하도록 되어 있다.

조총을 단조하려면 우선 젓가락 크기의 쇠막대를 차가운 금형으로 하여, 여기에다 빨갛게 달은 쇠를 감싼 후 단조하여 총신을 만든다. 총신은 세 부분으로 나누어 만들고, 다시 이음매를 빨갛게 달구어 힘껏 때려서 접합시킨다. 접합되면 젓가락 굵기의 네모난 강철 송곳을 돌려 구멍을 뚫으면 총신 내벽이 매우 매끄러워져 화약이 발사될 때에 아무런 지장이 없다. 총신은 몸에 가까운 쪽이 조금 큰데, 이것은 화약을 장전하기 때문이다. 총 하나에 매 차례 화약 1전 2푼과 납이나 철로 된 탄환 2전을 장전하며, 점화할 때 도화선을 사용하지 않는다(영남嶺南에서의 제조법은 도화선을 쓰는 경우도 있다). 몸 쪽을 향한 총신의 작은 구멍에는 약간의 초석이 노출되어 있어 잘 다진 모시를 사용하여 불을 붙인다. 왼손에 총을 잡고 목표에다 조준하여 오른손으로 방아쇠를 당겨 모시의 불을 초석에 닿게 하면 탄환이 곧바로 발사된다. 새가 30보 이내에서 탄환에 적

170 일종의 수뢰이다.

171 옛날에는 뇌관雷管이나 성냥이 없어서 부시로 부싯돌을 치면 불똥이 튀어서 잘 마른 쑥 등에 불을 붙게 하였다.

중되면 형체도 없이 분쇄되며, 50보 이상이면 겨우 원형을 보존할 수가 있고, 100보가 되면 총의 화력火力도 미치지를 못한다. 조창鳥槍은 사정거리가 200보를 넘고, 그 만드는 방법은 조총과 비슷하나 총신의 길이나 장전하는 화약의 양은 두 배가 된다.

*만인적萬人敵~ 먼 변두리에 있는 작은 현縣의 성城에는 성을 지키거나 적을 막는데 있어 포가 없거나 있더라고 하더라도 터무니없이 너무 무거워 쓰지 못할 때도 있다. 이런 상황에서 만인적은 가까이에서 싸울 때 기동무기機動武器로 적합하다. 초석과 유황이 합쳐져 만들어내는 화력은, 천군만마나 되는 수많은 군인이나 말을 그 자리에서 박살낸다.

만인적을 만드는 방법은 속이 빈 흙덩이를 볕에 말린 후 위에 작은 구멍을 내어 속에다 초석과 유황으로 만든 화약을 부어넣고, 독화毒火나 신화神火 등의 화약제를 섞는다. 화약의 성분이나 양은 사람에 따라 다르다. 화약을 꽉 채우고 도화선을 장치한 후 나무틀로 둘러싸거나, 나무통 속에다 흙을 채워 만들기도 하는데 그 이치는 다 마찬가지이다. 흙덩이 바깥은 반드시 나무틀을 두르는데, 이것은 던져서 폭발되기 전에 그것이 파열되는 것을 방지하기 위한 것이다.

적군이 성에 쳐들어오면 도화선에 불을 붙여 성밖으로 던진다. 이때 화력이 뿜어져 나오면서 끊임없이 구른다. 그것이 안쪽으로 구르면 성벽이 막아 주어 아군我軍에게는 해를 끼치지 않고, 반대로 밖으로 구르면 적군의 인마人馬는 도망칠 수가 없게 된다. 이것이야말로 성을 지키는 데 가장 중요한 무기라고 할 수 있다.

화약의 성능이나 화기 제조법에 통달한 사람들은 이처럼 모두가 자기의 지혜와 재능을 다 발휘할 수가 있다. 이렇게 새로이 고안된 무기들은 발명된 지

10년이 채 안 된 것으로, 국토를 방위하는 장졸들은 마땅히 다같이 유의해야 할 것이다.

16. 먹과 안료(顔料)[172]

역대의 문화가 천고千古에 걸쳐 면면이 이어져 사라진 바가 없는데, 이는 흰 종이에다 검은 문자로 문헌文獻에다 기록[173]해두었기 때문이며, 그 공헌貢獻이야말로 그 어디에도 비할 바가 없다.

불은 붉으면서도[174] 검은 먹의 그을음을 간직하고 있으며, 수은水銀은 희지만 가장 빨간 주朱는 이것이 변해서 나온 것이다. 대자연의 물질들은 용광로에서 제련하면 그 변화가 무궁한 데, 이것이야말로 불가사의不可思議하다고 할 수 있다.

아득히 먼 경성京城에서 출발한 오색五色[175]의 조서詔書도 주朱와 먹이 있기에 비로소 중대한 명령이 천하에 전해질 수 있었다. 만 권의 책을 읽으면서 붉은 주필朱筆로 검은 문자에다 표점標點을 찍고,[176] 주석註釋을 달아야만 멋진 문장도 더욱 이채異彩로워진다. 문방文房에는 붓·먹·종이·벼루 등의 네 가지 보배가 있는데, 주옥珠玉 따위가 무슨 소용이 있다고 하겠는가!

화가는 만물을 그리는데 원색原色을 쓸 때도 있고, 또 여러 가지 물감을 섞어

172 원문에는 단청丹青으로 되어 있다. 단청은 홍색과 청색의 안료顔料나 그림을 말하지만, 여기서는 먹과 그 밖의 안료에 대한 제법製法을 가리킨다. 중국에서 언제부터 송연과 유연으로 된 먹을 사용하였는지는 아직 확실히 고증된 바는 없지만 적어도 춘추시대부터 먹이 출현한 점은 모두가 인정하는 바이다. 중국에서 먹을 제조하는 기술은 명대 선덕宣德 연간에 가장 발달하였다고 한다. 또 그 중에서 안휘성에서 가장 성행하였으며, 그 다음이 복건성이다.

173 원문에서는 주현상백注玄尙白이라고 되어 있다. 이 전고典故는 《한서漢書·양웅전揚雄傳》에 나오는데, 여기서는 그 원래의 뜻을 변화시켜 흰 종이 위에다 검은 글씨를 쓴다는 의미로 사용하였다.

174 원문은 이화홍離火紅이다. 팔괘에서 리離는 불을 상징하기에 이화離火라고 하였다.

175 원문은 오장五章인데, 청青·황黃·적赤·백白·흑黑의 5색을 가리킨다.

176 중국 고대의 문장은 띄어쓰기나 문장 부호가 없어서 독자가 책을 읽으면서 스스로 구두점을 찍는 것을 가리킨다.

서 쓰기도 하는데, 이리하여 가지각색의 물감들이 모두 고루 갖추어지게 되었다. 이런 물감은 물과 불의 작용으로 만들어지며,[177] 이는 또한 오행五行[178]의 변화를 나타낸 것이다. 신의 오묘한 힘이 아니라면 이런 것들을 어떻게 만들어 낼 수 있겠는가!

177 원문은 의감부리依坎附離인데, 감과 리는 팔괘八卦의 하나로 물과 불을 각각 상징한다. 그 뜻은 물감은 물과 불이 서로 작용하여야 비로소 만들 수 있다는 것이다.

178 오행五行은 수水 · 화火 · 목木 · 금金 · 토土를 가리킨다.

주(朱)[179]

주사朱砂[180] · 수은水銀과 은주銀朱[181]는 원래 같은 물질이다.[182] 명칭이 다른 까닭은 그 질의 정교함과 조잡함, 그리고 오래된 것인가 새 것인가의 차이 때문이다.

품질이 좋은 주사는 호남성湖南省 서부의 진수辰水 · 금강錦江(지금은 마양麻陽이라고 부른다) 유역과 사천성四川省 성도成都 동부 일대에서 난다. 좋은 주사는 비록 수은[183]을 함유하고 있으나 승화昇華[184]시켜 수은을 얻지 않는다. 그 까닭은 광명사光明砂 · 전촉사箭鏃砂 · 경면사鏡面砂 등과 같은 주사는 그 가격이 수은보다도 3배나 비싸기 때문에 골라내어서 주사로 판매한다. 그렇지 않고 이를 제련해서 수은으로 팔면 오히려 그 값어치가 떨어진다. 다만 품질이 떨어지는 주사는 제련해서 수은을 만들고, 또 수은을 다시 제련하여 은주로 만든다.

상등급의 좋은 주사광朱砂鑛은 10여 장 깊이로 흙을 파야 비로소 닿을 수 있으며, 노두露頭[185]가 나타나면 단지 한 무더기의 흰 돌만을 볼 수 있는데, 이를 주사상朱砂床이라고 부른다. 이것에 가까이 있는 주사는 크기가 계란만한 것도 있다.

---

179 수은과 황을 수산화칼슘 및 수산화나트륨과 함께 가열하며 만든 붉은 빛의 고급 안료이다. 천연적으로는 주사로서 생산된다.

180 진사辰砂라고도 하며, 빨간 빛깔을 띤다. 성분은 황화수은 HgS이고 석회암에서 난다. 가장 좋은 천연 주사는 표면이 거울처럼 반짝이며 아래 글에 나오는 경면사鏡面砂이다. 수은의 주요한 원료이며 그밖에 안료나 약에도 쓰인다.

181 황화수은이며 수은과 유황을 섞어 가열하여 승화시켜 만든다. 안료의 원료이다.

182 주사와 은주는 같은 황화수은 HgS 이지만 단지 수은은 순수한 원소이다.

183 원문의 홍汞은 금속 원소 수은 Hg 이다. 상온에서는 액체이다.

184 원문에는 승련升煉으로 되어 있다. 이것은 승화昇華를 말하며 대로는 증류蒸溜에 해당한다. 대체로 물질의 형태는 고체→액체→기체의 차례로 바뀌지만 장뇌樟腦와 같은 것은 녹는점과 끓는점이 비슷하여 열을 받으면 액체를 거치지 않고 고체에서 기체로 변하고, 식으면 기체에서 고체로 된다. 이것을 승화라고 한다.

185 원문에서는 광묘鑛苗라고 부른다.

상등급에 못 미치는 다음 등급의 주사는 대개가 약으로 쓸 수 없고, 단지 갈아서 그림물감의 재료로 쓰든가 또는 수은으로 승화昇華시키는데 사용된다. 이러한 품질이 낮은 주사는 흰 돌 노두를 꼭 찾을 필요도 없으며, 수 장丈 깊이만 흙을 파내어도 이를 얻을 수가 있다. 이런 광상鑛床을 감사고 있는 것은 약간 푸르스름한 노란 돌덩이나 모래흙이 섞인 것들이다. 흙 속에 수은이 들어 있기 때문에 사석沙石이 대개 저절로 부스러진다. 이러한 주사광朱砂鑛은 귀주성貴州省 동부의 사남思南・인강印江・동인銅仁 등의 현에서 가장 많이 나고, 섬서성陝西省 동남부의 상현商縣과 감숙성甘肅省 동부의 천수현天水縣 일대에서도 많이 분포한다.

광산의 갱도坑道에서 캐낸 저품질의 주사가 보드랍고 흰빛을 띠고 있으면 갈아서 주를 만들지 않고 모두 수은으로 승화시킨다. 그런데 사질砂質이 비록 보드라우나 번쩍이면서 붉은 색을 띤 것은 쇠로 된 큰 약연에다 갈아서 먼지처럼 고운 가루로 만들었다가 이 가루를 항아리에다 넣어 맑은 물에다 3주야晝夜 담가 두었다 휘저은 후 위에 뜬 것을 걷어내어 또 다른 항아리에 넣어 둔다. 이를 이주二朱라고 부른다. 또 아래에 가라앉은 것을 꺼내어 햇볕에 말린 것을 두주頭朱라고 한다.

수은으로 승화시키려면 보드랍고 흰빛을 띤 저품질 주사나, 항아리의 물을 휘저어 위에 뜬 이주二朱를 사용한다. 이런 주사에다 물을 부어 반죽하여 비벼서 굵은 가락으로 만들어 가마에 넣는다. 매 가마마다 30근을 넣으며, 이때 밑에서 불을 피우는 숯도 역시 30근이 필요하다. 가마 위에 다른 가마를 엎어서 덮고, 윗가마 가운데에 작은 구멍을 내고, 두 가마 둘레의 틈새를 염니鹽泥[186]로

186 소금을 섞은 진흙이다. 말라도 잘 갈라지지 않는다.

단단히 봉한다. 가마 위의 작은 구멍에 굽은 철관鐵管을 잇고, 관의 다른 끝은 물 두 병 가량이 든 도가니에 꽂는다(관의 이음매는 실낱같은 틈새도 없애어 기체가 새지 못하게 한다). 철관은 머리부터 꼬리까지 통째로 대마 줄로 빈틈없이 감고, 그 위에 염니鹽泥를 발라 단단히 봉한다. 가마 밑에 불을 지펴 뜨겁게 하면 주사 속의 수은이 끊임없이 기체로 되어 굽은 관을 지나 물 항아리에 이르러 식게 된다. 불을 대략 10시간 가량 때면 주사 가루는 모두 수은으로 변해 가마 벽에 가득히 퍼지게 된다. 이것을 하루 동안 식혔다가 꺼내어 쓸어 모은다. 이런 이치는 짐작하기가 가장 어려운, 참으로 자연계의 오묘한 변화라고 하지 않을 수 없다(의서醫書인 《본초강목本草綱目》의 엉터리 주석 중에는 수은을 제련하려면 땅에 구멍을 하나를 파고, 사발 하나에다 물을 가득히 채운다는 등 멋대로 쓰여 있다).

수은은 다시 주朱로 제련하여 쓸 수가 있다. 이 때문에 은주銀朱라고 부르는 것이다. 제련할 때에는 아가리가 벌어진 흙 도가니 하나나 혹은 아래위로 솥 두개를 쓰기도 한다. 수은 한 근마다 석정지石亭脂[187](이것은 유황으로 만든다) 두 근을 넣어 함께 갈아 반짝이는 수은의 반점斑點이 안보이면 갈기를 그만 둔다. 이 가루를 구워서 청색의 알갱이가 되면 도가니에 넣고, 도가니의 아가리를 쇠접시로 잘 덮는다. 그리고 그 쇠접시 위에 쇠막대 자尺 한 개를 얹어 누르고, 철선으로 도가니 밑과 쇠접시를 단단히 동여맨다. 또한 염니로 아가리 틈을 단단히 봉한다. 다음에는 쇠막대 세 개를 땅에다 박아 그 위에다 항아리를 얹어 받치게 하고, 향 세 개가 타는 동안 불을 때면서 그 사이 끊임없이 못쓰는 붓을 물에 적셔 쇠접시를 훑는다. 그러면 수은은 스스로 은주銀朱가루로 변해 도가

187 붉은 색의 천연 유황이다.

니의 벽에 붙으며, 특히 아가리 근방의 은주는 그 빛깔이 더욱 화려하고 산뜻하다. 식으면 쇠접시 뚜껑을 들어내고 긁어서 쓸어 모은다. 남은 석정지石亭脂는 도가니 바닥에 가라앉는데, 이것은 꺼내어 다시 사용할 수가 있다.

수은 한 근을 제련하면 품질이 좋은 은주 14냥과 다음 품질의 주朱 3냥 반을 얻을 수 있다. 이 때 무게가 느는 것은 석정지의 유황 성분 때문이다.

이렇게 제련된 은주와 천연 광석을 갈아서 만든 주사는 그 효용效用에 있어서는 차이가 없다. 그러나 황가皇家나 귀족이 병풍과 같은 그림을 그리는 데는 호남성 진수辰水나 금강錦江 유역에서 나는 단사丹砂를 간 가루를 직접 사용하며 이런 제련된 은주는 사용하지 않는다. 문방구 가게에서 쓰는 주는 일반적으로 아교로 길게 가닥을 만든 것이다. 돌벼루에다 갈면 원래의 선홍색鮮紅色이 나타나지만, 주석으로 된 벼루에다 갈면 곧 회흑색灰黑色으로 변한다. 옻칠하는 사람이 선홍색으로 그릇을 장식할 때에는 기름오동의 기름과 섞어서 사용해야만 색채가 선명해지나, 만약 천연 옻과 섞으면 색채가 흐려진다.

수은과 주사는 이 밖의 다른 원료로부터는 만들어 낼 수가 없으며, 오직 주사 광석에서 얻든가 아니면 서로간의 변화로부터 얻어지는 것이다. 수은해水銀海[188]나 수은초水銀草[189]가 있다는 말은 아무런 근거가 없으며, 단지 귀동냥하는 사람이 믿을 뿐이다. 수은은 한 번 은주로 변해버리면 다시 수은으로 환원시킬 수는 없다.[190] 이것은 대자연의 변화의 오묘함이 여기에 이르러 이미 끝나기 때문이다.

188 자연계에 있는 수은이 들어 있는 호수를 말하며, 이런 호수가 없다는 것은 저자의 잘못이다.

189 수은초는 수은이 함유된 풀을 말하며, 이런 풀이 있으나 그 양이 극히 적어 제련할 가치가 없을 뿐이다.

190 옳지 못하다. 다음 품질의 주로 수은을 만든다는 앞서의 말과도 모순된다. 실제로 주사를 공기 속에서 굽거나 또는 석회와 함께 가열하여 반응 온도를 수은의 끓는점보다 높이면 증류되어 수은으로 환원될 수 있다.

주를 쇠구유에서 갈기

수은 만들기

수은으로 주硃 만들기

그을음 쓸아 모으기

소나무 송진 뽑기

송진을 태워 그을음 모으기

먹[191]

먹은 연기의 그을음을 아교와 섞어 굳혀서 만든다. 기름오동의 기름, 유채油菜씨의 기름,[192] 돼지기름 따위의 그을음으로 만든 것인 유연묵油煙墨이 10분의 1을 차지한고, 소나무를 태운 그을음으로 만든 송연묵松烟墨이 10분의 9를 차지한다.

귀중한 먹을 만드는 데는 명조明朝에서는 안휘성安徽省 휘주徽州 일대의 사람을 가장 소중히 여겼다. 당시 그들은 유료油料를 운반하기가 어려워 호북성湖北省 강릉현江陵縣·양양현襄陽縣이나 호남성湖南省 진계현辰溪縣과 원릉현沅陵縣 등지로 사람을 보내어 방을 세내어 거주하게 하여, 그곳의 값싼 기름오동의 기름을 구입하여 현지에서 태워서 그을음으로 만들어 가져와 먹을 만들었다.

먹 가운데에는 그것으로 종이에다 글을 써서 햇빛에 비스듬히 비춰보면 붉은 빛을 띠는 것이 있다. 이것은 지치의 즙[193]에 적신 심지를 태워서 얻은 그을음으로 만든 것이다.

기름을 태워 그을음을 얻는 데는 기름 한 근마다 좋은 그을음 한 냥 남짓을 얻을 수가 있다. 행동이 민첩한 사람은 그을음을 모으는 등잔 200개를 혼자서

---

191 먹의 주성분은 카본 블랙(carbon black)이다. 중국은 상고대上古代에는 천연 흑연을 썼고, 서기 1세기에 출판된 중국 최초의 자전字典인 《설문해자說文解字》에는 '종흑종토, 묵자연소소성, 토지류야從黑從土, 墨者煙燒所成, 土之類也'라고 적혀 있어 먹은 검은 토석土石이나 그을음으로 만든다고 하였다. 서기 3세기의 진대晉代에는 소나무 그을음으로 먹을 만드는 것이 보편화되었다. 남당南唐 때인 10세기에는 기름오동의 기름과 그 밖에 동식물의 기름을 사용하기 시작했으며, 등잔불의 그을음으로 우수한 먹의 원료를 얻을 수 있었다. 서기 1871년에는 세계에서 처음으로 카본 블랙의 생산을 공업화하였다.

192 청유淸油라고도 한다. 명조明朝 심계손沈繼孫의 《묵법집요墨法集要·침유浸油》에서 말하기를 '구인용조청유소연, 소인용채자유, 두유소연衢人用皂青油燒煙, 蘇人用菜子油, 豆油燒煙'이라 하여, 검푸른 색의 기름이나 유채씨의 기름, 콩기름의 그을음을 원료로 사용하였다.

193 지치는 자초紫草라고도 하며, 뿌리에는 보라색의 결정질인 자초소紫草素가 들어 있다. 보라색의 염료를 만들 수 있다.

다룰 수가 있다. 만약에 그을음을 때맞추어 긁어모으지 않으면 그을음이 다 타버려 등유나 재료를 다 헛되이 낭비하게 한다.

그 나머지 일반용 먹은 다 소나무의 그을음 즉 송연松烟으로 만든다. 그 제작법은 우선 소나무의 송진을 흘러낸 다음 나무를 벤다. 송진을 깨끗이 빼내지 않고, 그 그을음으로 만든 먹은 찌꺼기가 남아 잘 갈리지가 않는다. 송진을 흘려내는 방법은 소나무 뿌리 근처의 밑동에다 구멍 하나를 뚫고, 등에다 불을 켜서 천천히 타 들어가게 하면 소나무 속에 있는 모든 송진이 데워진 곳으로 흘러 내려오게 된다.

소나무를 태워 그을음을 얻으려면 소나무를 일정한 길이로 자르고, 땅에 대쪽으로 무지개 모양의 둥근 지붕을 가진 뜸[194]을 짓는다. 이는 마치 비를 피하는 작은 배의 뜸집처럼 보인다. 한 마디 한 마디 차례로 이어서 그 길이가 10여 장에 이르면, 안팎과 이음매를 종이와 돗자리를 풀로 발라 단단히 밀봉한다. 몇 구획마다 연기가 나가는 작은 구멍을 내고, 대나무 뜸과 땅이 닿는 곳은 진흙으로 덮고, 벽돌을 쌓는데, 이때 미리 연기가 통하는 불길은 남겨 두어야 한다. 그리고 그 안에서 소나무를 며칠 동안 태운 후에 식으면 사람들이 안으로 들어가 그을음을 긁어 쓸어 모은다.

소나무를 태워 연기를 내게 할 때는 앞쪽에서 뒤쪽까지 연기가 통하도록 한다. 뒤쪽의 1, 2 구획에 달라붙은 그을음은 청연清煙이라고 하는데, 이것은 상급의 좋은 먹을 만드는 원료가 된다. 중간 구획의 것은 혼연混煙이라 하여 이것은 일반적인 먹의 원료가 된다. 그리고 가장 앞쪽인 1, 2 구획의 것은 연자煙子

194 쉽게 말해 작은 비닐하우스와 같은 것을 짓는 것이다.

라고 하며, 책을 인쇄하는 가게에만 팔아 그곳에서 곱게 갈아 사용한다. 그 나머지 구획의 것은 옻칠하는 사람인 칠공漆工이나 벽질하는 사람인 악공堊工들에게 주어 가루로 만들어 흑색의 안료로 사용하게 한다.

먹에 쓰는 소나무 그을음을 물 속에 오래도록 담가 두면 청순淸純한 것은 위로 뜨고, 크고 거친 것은 아래로 가라앉는다.

이렇게 얻은 송연은 아교와 섞어 굳힌 후 망치로 치는데, 치는 횟수에 따라 먹이 단단하거나 무르게 된다. 그 외에 금金 물로 된 글자를 올리거나 사향麝香과 같은 진귀珍貴한 원료를 넣는 것은 송연묵이나 유연묵에 관계없이 모두 만드는 사람이 마음대로 많이 넣을 수도 있고 적게 넣을 수도 있다.

그 밖의 사항에 대해서는 《묵경墨經》[195]이나 《묵보墨譜》[196]에 먹에 대한 여러 가지가 적혀 있으므로 더 많이 알고자 하는 사람은 스스로 상세히 읽길 바란다. 여기서는 단지 먹을 만드는 데 쓰이는 원료와 그 방법에 대해서만 대강 소개하는 바이다.

(덧붙이기)

* 호분胡粉(순백색純白色이다. '오금五金'편을 참조.)

* 황단黃丹[197](홍황색紅黃色이다. '오금五金'편을 참조.)

* 전화澱花(순남색純藍色이다. '염색'편을 참조.)

---

195 송조宋朝 조관지晁貫之가 지은 것으로 먹의 역사와 제법이 적혀 있다. 이 가운데에 '고자송연석묵양종, 석묵자진위이후무용, 송연지제상의古者松煙石墨兩種, 石墨自晉魏以後無用, 松煙之製尙矣'라고 적혀 있어 진 · 위 이후에는 돌로 만든 먹이 없어지고 주로 소나무 그을음으로만 먹을 만들었음을 알 수 있다.

196 송대의 이효미李孝美가 지은 것으로 이름난 먹과 제법에 대해서 말하고 있다. 이런 류의 서적은 명대에 더욱 많이 생겨났다.

197 성분은 산화납 PbO 이다.

* 자분紫粉(분홍색粉紅色이다. 귀중한 데는 호분과 은주銀朱를 같은 양으로 섞는다. 거친 데에 쓸 때는 염색집의 홍화紅花찌꺼기의 즙으로 만든다.)
* 대청大靑(심람색深藍色이다. '주옥珠玉'편을 참조.)
* 동록銅綠[198](심록색深綠色이다. 황동黃銅을 쳐서 판으로 만들어, 그 위에 초를 발라 겨 속에다 간직한다. 약한 불로 데우면서, 매일 동판 위를 긁어서 취한다.)
* 석록石綠('주옥珠玉'편을 참조.)
* 대자석代赭石[199](은홍색殷紅色이다. 각지마다 산중에 다 있다. 산서성山西省 대현代縣 일대에서 나는 것이 가장 좋다.)
* 석황石黃[200](가운데는 황색이고, 표피表皮는 보라색인 돌로서 석중황자石中黃子라고도 부른다.)

198 아세트산구리1수화물 $Cu(C_2H_3O_2)_2 \cdot H_2O$ 로서 남록색藍綠色의 가루이다.
199 천연의 붉은 흙으로서, 주요 성분은 적철광 Fe_2O_3 이며, 붉은색의 안료이다.
200 석웅황石雄黃 또는 웅황雄黃이라고도 일컬으며, 성분은 3황화2비소 As_2S_3이다. 염료 및 화약에 쓰인다.

17. 누룩[201]

나는 말한다. 술주정으로 소란을 피우는 일이 날이 갈수록 많아지는 것을 사람들은 술을 마셔서 생겨난 화근이라고들 하지만 그렇다고 술의 근원인 누룩[202] 자체에 무슨 허물이 있단 말인가!

하늘에 제를 올리고, 조상을 기리며, 상송商頌[203] · 주아周雅[204]를 읊조리면서 연회를 베풀 때 빠짐없이 올라오는 술을 빚으려면 누룩이 있어야 한다.[205] 이에 대해서는 옛 성인聖人들의 말을 통해서도 이미 거론된 바가 있다.

누룩은 오곡五穀의 정화精華를 사용하여 물을 통해 제련시키고, 바람을 쐬어 제조된 것이다.[206]

의약醫藥[207]으로 쓰이는 것을 신국神麴이라고 하고, 진귀한 음식의 좋은 맛을 지니게 하는 것은 홍국紅麴이라고 한다.

201 원문에는 국얼麴糵로 되어 있다. 국麴의 간체자는 곡曲이라 혼돈하기 쉽다. 누룩을 뜻하는 말은 이 외에도 주모酒母 · 주매酒媒 · 주국酒麴 · 국자麴子 등이 있다. 국은 누룩을 말하고, 얼은 엿기름 즉 맥아麥芽를 말한다. 옛날에는 국과 얼을 같은 것으로 다 술을 빚는데 쓰이는 누룩을 뜻한다. 중국은 누룩으로 술을 빚은 역사가 3천여 년이 된다. 후세에 와서는 국얼은 술을 뜻하게 되었으나 여기서는 옛 뜻인 누룩을 말한다.

202 누룩은 양식이나 그 부산물을 굵게 갈아 반죽하여 띄운, 술의 원료로서 술을 빚을 때 당화糖化 및 발효醱酵 작용이 있다. 그 속에는 많은 미생물이나 디아스타제와 같은 효소가 있다. 술의 종류에 따라 누룩 속의 미생물의 종류가 달라서, 소흥주紹興酒의 누룩인 소국小麴에는 거미줄곰팡이와 효모균酵母菌이 들어 있고, 백주白酒의 누룩인 대국大麴에는 누른누룩곰팡이 · 거미줄곰팡이 · 효모균 등의 미생물이 있다.

203 주대周代에 악관樂官이 보관했던 상대商代 제사 지낼 때 쓰던 악장樂章을 말한다.

204 《시경詩經》에 있는 대아大雅와 소아小雅이며, 귀족이 연회를 베풀 때 연주하는 악장이다.

205 이 구절은 《상서尙書 · 설명하說明下》에 은殷의 고종高宗이 말하기를 '약작주례, 이유국얼若作酒醴, 爾有麴糵'에서 따온 것으로 술을 빚자면 누룩만 있으면 된다는 뜻이다.

206 이것은 오곡五穀의 제품 속에 있는 미생물이 수분과 공기로 잘 자라서 오곡을 술로 변하게 한다는 것을 뜻한다.

207 원문에는 기황岐黃으로 되어 있다. 이것은 기백岐伯과 황제黃帝를 가리키며, 이 두 사람은 의학醫學을 창시하였다고 한다. 또 기백은 황제 때의 명의名醫라고 한다. 고대의 의서醫書들은 《영추靈樞》 · 《소문素問》 등과 같이 종종 기백과 황제의 대화로 구성된 것이 많았다. 여기서는 의술醫術이나 의원醫員을 가리킨다.

예로부터 누룩은 주원료와 부원료[208]의 배합방법이 부단히 개진되고 날로 새로워져 사람의 수명을 늘여 주며,[209] 오래된 질병을 고쳐 주기도 한다. 이러한 효용은 실로 이루 다 말할 수가 없다.

만약에 염제炎帝와 황제黃帝[210]와 같은 성인聖人이 처음으로 누룩을 만들어주지 않았더라면 후세 사람의 총명과 재지才智로써 어찌 이런 완벽한 제조 기술의 경지에 이를 수가 있었겠는가!

---

208 원문에는 주원료와 부원료를 군신君臣으로 표현하고 있다. 약에서 치료를 목적으로 쓰는 약을 군이라고 하고, 이를 보조하는 약을 신이라고 한다.

209 원문에는 미수개眉壽介라고 되어 있다. 이는 《시詩·빈풍豳風·칠월七月》에 나오는 말로 그 의미는 사람으로 하여금 장수長壽하게 하여 눈썹이 길어진다는 뜻이다.

210 중국 고대의 전설적인 제왕帝王이며, 염제를 신농씨神農氏, 황제를 헌원씨軒轅氏라 한다.

술누룩[211]

술을 빚으려면 반드시 누룩으로 최화제催化劑를 삼아야 한다. 누룩이 없으면 아무리 좋은 쌀이나 기장이라도 술이 되지 못한다.

옛날부터 누룩으로 술을 빚고, 엿기름으로 단술을 빚었으나 후세에 와서 단술은 그 맛이 싱겁다고 싫어하게 되어 결국은 전래되어 오던 단술이나 엿기름을 만드는 방법들이 모두 실전失傳되게 되었다.[212]

누룩을 만드는 데에는 밀 · 보리나 쌀가루, 혹은 밀가루 등 곳에 따라 원료를 달리 사용하며, 남방과 북방이 또한 다르지만, 그 이치는 한가지이다.

맥국麥麴을 만들려면 보리나 밀을 다 쓸 수 있으며, 누룩을 만드는 사람은 우물물로 껍질이 붙어 있는 낟알을 씻어 볕에 말린다. 제조하기에 가장 좋은 계절은 뜨거운 한 여름철인데, 이때에 밀 · 보리를 갈아서 밀 · 보리를 씻은 물로 잘 반죽하여 덩어리로 만든다. 이를 닥나무 잎으로 단단히 싸서 통풍이 잘되는 곳에 매달든지, 혹은 볏짚으로 덮어 누렇게 띄우는데,[213] 이를 속칭으로는 엄황

---

211 원문에는 주모酒母로서 술밑 즉 누룩을 섞은 지에밥을 말하나, 여기서는 술누룩을 가리킨다. 누룩은 쌀가루나 벼의 줄기 가루에다 방향약재芳香藥材를 넣어 물로 반죽하여 약 3cm의 작은 둥근 공이나 떡을 만들어 습한 곡물 껍질 위에 깐다. 그 위에 볏짚으로 덮고, 약 30℃의 어두운 방에 2~3일간 두면 냄새를 풍기면서 바깥이 흰 융모絨毛 모양의 균사菌絲로 덮인다. 이를 꺼내어 응달에서 말리거나 불을 쬐어 말리면 누룩이 된다. 누룩에는 누룩곰팡이 · 거미줄곰팡이 · 효모균 등이 들어 있다. 술을 빚을 때는 이런 곰팡이가 번식하면서 디아스타제를 분비하여 녹말을 당糖으로 바꾸고, 이와 함께 효모균이 왕성하게 자라면서 당을 알코올로 바꾼다. 누룩으로 술을 빚으면 당화糖化와 발효醱酵가 함께 진행한다. 실제로 술을 빚는 방법으로는 쌀을 쪄서 자리에 깔아 쌀밥이 약 30℃로 식으면 누룩가루 약 15%를 섞어 독에 넣는다. 쌀밥의 녹말이 당화 작용으로 차츰 맛이 단 액체로 변한다. 실온을 22℃로 유지하면서 3일 이후에 맑은 물을 넣으면 곧 알코올 발효과정이 진행되어 2일 후에 액즙液汁을 짜면 미주米酒가 되고, 알코올을 증류시키면 백주白酒가 된다.

212 한대漢代 이후부터 술을 빚는 데는 누룩만 사용하였고, 엿기름은 단지 엿을 만드는 데만 사용하였다.

213 덮어서 보온이 되면 누룩곰팡이가 잘 자라서 황색의 보자胞子에 이르기까지 자란다.

掩黃이라고 한다. 이렇게 해서 49일이 지나면 바로 사용할 수가 있다.

밀가루 누룩은 흰 밀가루 5근, 누른 콩 5되에다 여뀌[214]의 즙을 넣어 함께 푹 삶고, 다시 매운[215] 여뀌가루 5냥과 행인니杏仁泥[216] 10냥을 섞어 발로 밟아 떡 모양으로 만든다. 닥나무 잎으로 싸서 높이 매달든지, 혹은 볏짚을 덮어 누렇게 띄우는 방법은 앞에서 얘기한 바와 같다. 또 찹쌀가루를 여뀌의 즙으로 반죽하여 떡을 만들어 누렇게 띄워 누룩으로 쓸 때에도, 띄우는 방법과 시간은 앞에서 말한 바와 다를 바가 없다.

누룩에 넣은 각종 주원료와 부원료, 그리고 초약草藥은 적게는 몇 가지, 많을 때는 100여 가지에 이르며, 이는 모두 지방에 따라 그곳의 독특한 방법이 있어서 이를 한번에 모두 말할 수는 없다.

요즈음 북경北京에서는 율무쌀[217]을 누룩의 주원료로 하여 의주薏酒 술을 빚고, 절강성浙江省의 영파寧波와 소흥紹興에서는 녹두를 누룩의 주원료로 하여 두주豆酒를 빚기도 한다. 이 두 가지 술은 모두 명주名酒로 꼽힌다(따로 《주경酒經》[218]이라는 책에 실려 있다).

누룩을 만드는 집에서는 누룩을 띄우는 시간이 모자라거나, 자세히 살펴보지 않거나 또는 손을 깨끗이 씻지 않으면 문제가 발생하게 된다. 잘못된 누룩 몇 덩이가 때때로 양조자의 쌀 여러 섬을 못 쓰게 만들기 때문이다. 이런 까닭에 누룩을 만들어 파는 집은 반드시 신용을 지키고, 명예를 중히 여겨야 비로

214 여뀌는 수료水蓼라고 하며, 마디풀과에 달린 한해살이풀이다. 잎줄기를 짓이겨 물에 풀어 고기를 잡고, 잎은 맛이 매워 조미료로 쓰인다. 물가에 많이 난다.

215 여뀌는 그 맛이 매워 일명 매운여뀌라고도 불러진다.

216 행인杏仁 즉 살구씨를 물과 함께 뭉갠 것이다.

217 율무는 의이薏苡라 하며, 볏과에 딸린 한해살이풀이다. 알맹이인 율무쌀은 의이인薏苡仁이라 한다.

218 송대宋代 주익중朱翼中이 지은 《북산주경北山酒經》을 가리키는 듯하다. 여기에는 누룩으로 술을 빚는 방법이 상세히 적혀 있다.

소 손님인 양조자들에게 떳떳할 수가 있게 된다.

하북河北 · 산동山東 일대에서는 황주黃酒를 빚는데 쓰는 누룩은 대부분 강소江蘇 북부의 회안淮安 일대에서 만들어 배나 수레로 북방으로 실어와 파는 것이다. 남방에서 홍주紅酒를 빚는 데 쓰는 누룩은 회안에서 만든 것과 같아, 이들을 통틀어 대국大麴이라고 부른다. 단지 회안에서 만든 누룩은 두들겨서 벽돌 모양으로 만든 것이고, 이에 비해 남방의 것은 떡 모양으로 만든 것이다.

누룩을 만들 때 여뀌가루를 넣으면 누룩떡이 부드러워지면서 통기通氣가 잘 되어 누룩곰팡이를 잘 자라게 한다.[219] 누룩은 쌀 · 밀 · 보리를 주원료로 하나 여기에다 반드시 오래된 재강, 즉 술찌끼를 섞어[220] 매개媒介로 삼는다. 이런 재강이 언제부터 비롯되어 전해져 내려온 지는 알 수가 없으나, 이것은 마치 반석礬石을 태울 때 반드시 묵은 반의 찌꺼기를 쓰는 것과 같다.

219 누룩의 원료로 밀 · 보리나 쌀을 물로 반죽하면 서로 엉겨 붙어 통기가 안되어 공기 속의 곰팡이나 효모균이 잘 자라지 못한다. 여뀌가루를 넣으면 통기를 좋게 하며, 또 여뀌에는 매운 물질이 있어서 잡균의 성장을 억제하며, 요산蓼酸이 들어 있어서 쌀과 보리 등의 제품에 산도酸度를 높여 곰팡이가 잘 성장한다.

220 누룩에 우량한 균종菌種을 넣는 것을 뜻한다. 현재에도 우량 균종을 얻고자 많은 노력을 하고 있다.

시내에서 살 씻기

涼風吹變

신선한 바람으로 변화시키기

신국(神麴)[221]

신국을 만드는 것은 단지 약으로 쓰기 위한 것이다. 이를 신국이라고 부르는 것은 의술가醫術家들이 그것을 술누룩과 구별하기 위해서이다. 신국의 제조법은 당대唐代로부터 비롯되었으나[222] 술을 빚는 데는 쓸 수 없다.

신국을 만들려면 오로지 흰 밀가루만 쓰며, 밀가루 백 근마다 제비쑥[223] · 말여뀌[224] · 도꼬마리[225] 이 세 가지의 생즙으로 전부 혼합 반죽하여 떡을 만들어 마麻의 잎이나 닥나무 잎으로 싸서 덮어 둔다. 이것은 된장누룩을 만드는 방법과 같다.

누룩곰팡이의 빛깔이 누렇게 변하는 것을 기다렸다가 볕에 말리고 거둬들인다. 그 밖에 무슨 약제를 넣어 혼합하는지는 각 의원醫員들의 판단에 따라 달라지며, 정해진 처방이 있는 것이 아니다.

221 약국藥麴 또는 육국六麴이라 하며, 흰 밀가루 · 개사철쑥 · 말여뀌 · 도꼬마리 · 팥 · 행인니杏仁泥 여섯 가지를 원료로 하여 만든다. 여기에다 감초 · 계피桂皮 · 마황麻黃 등을 넣는 등 많을 때는 60여 가지에 이른다. 신국에는 유산균乳酸菌 · 효모균 이외에 디아스타제 · 휘발성 유류油類 · 그루코사이드 · 비타민 B 등 여러 성분이 함유되어 있다. 약으로는 소화제나 지사제止瀉劑 등에 쓰인다.

222 당唐 이전인 그 100여 년 전에 북위北魏 가사협賈思勰의 《제민요술齊民要術》에 신국의 제조법이 적혀 있다. 따라서 이 표현은 정확하지가 못하다.

223 제비쑥은 청호靑蒿 또는 향호香蒿라 하며, 도한盜汗 · 골증骨蒸 · 외상外傷의 약으로 쓴다.

224 말여뀌는 개여뀌 또는 마료馬蓼라 하며, 마디풀과의 한해살이풀이다.

225 도꼬마리는 창이蒼耳라 한다. 엉거싯과에 딸린 한해살이풀이며, 열매는 약재로 쓰인다.

홍국(紅麴)[226]

홍국이라는 것이 있는데 그 제조법은 근대近代에 비롯되었으며, 그 의의意義는 썩은 냄새를 신기神奇로운 냄새로 변화시킨다는 데에 있다. 그 오묘함은 공기에 의한 흰쌀의 변화에 있다.[227]

세상에서 생선과 고기는 가장 썩기 쉬운 것인데, 여기에다 홍국을 살짝 바르기만 하면 뜨거운 여름철에도 원래의 품질이 변하지 않으며, 열흘이 지나도 구더기나 파리가 감히 달려들지 못한다. 빛깔이나 맛도 원래 그대로여서 참으로 신기한 약이라 아니 할 수 없다.

홍국을 만들려면 맵쌀을 쓰며, 이르거나 늦은 벼 가릴 것 없이 다 쓸 수 있다. 이 쌀을 아주 곱게 잘 찧어 물에 7일간 담가 두어 냄새를 맡을 수 없을 만큼 지독해지면,[228] 흐르는 냇물로 깨끗이 씻는다(반드시 산골짜기의 흐르는 물을 써야 하며, 큰 하천의 물은 쓸 수가 없다). 씻은 후에도 악취가 계속 남아 있으나 쌀을 시루에다 넣어 쪄서 밥이 되면 곧바로 심한 악취에서 향기로 변한다. 쌀을 쪄서 밥을 지을 때에는 우선 반쯤 쪄서 익으면 가마솥에서 꺼내어 찬물로 한 번 헹

226 원문은 단국丹麴으로 되어 있다. 쌀로 홍국의 누룩곰팡이를 배양하여 만든 것이다. 홍국의 곰팡이는 홍색소紅色素와 황색소黃色素를 생성시키고, 여기서 생긴 녹말의 활성 역시 매우 높아 식품의 좋은 착색제着色劑와 조미제調味劑가 되며, 방부防腐용으로도 사용된다. 타이완이나 복건성에서 술을 빚을 때는 이를 반드시 씨누룩으로 사용하고 있다. 이밖에 식초를 만드는 데도 쓰이며, 약으로는 소화제나 이질痢疾의 치료제로 쓰인다. 북송北宋 도곡陶谷의 《청이록淸異錄》에 '홍국자육紅麴煮肉'이란 구절이 있는 것으로 보아 중국은 늦어도 10세기의 송조宋朝에는 홍국을 제조한 것으로 알 수 있다.

227 쌀밥에서 호기성好氣性 누룩곰팡이가 번식해야 좋은 누룩이 된다는 뜻인데, 당시 저자는 그 이치를 몰랐으나 관찰로 누룩을 만들 때 통기通氣의 중요성을 알게 되었다.

228 쌀을 물에 오랫동안 담가 두면 발효醱酵되어 쌀의 단백질이 분해하여 물에 녹는다. 발효되면 암모니아가 발생하여 지독한 냄새가 난다.

균 후에 식으면 다시 쪄서 이번에는 푹 익힌다. 이렇게 익혀서 몇 섬의 쌀밥이 쌓이면 씨누룩을 넣어 뒤섞는다.

씨누룩에는 반드시[229] 재강 한 말마다 말여뀌의 생즙 3되를 넣고, 다시 명반수明礬水를 부어 골고루 섞는다.[230] 밥 한 섬마다 씨누룩 두 근을 넣어 밥이 여전히 뜨거울 때에 몇 사람이 재빨리 섞으며, 식을 때까지 계속하여 섞는다. 그 후 씨누룩과 밥의 작용을 조심스럽게 살펴야 하며, 얼마의 시간이 지나면서 누룩밥이 차츰 더워지면 이는 누룩의 씨가 작용하고 있다는 것을 말해주는 것이다.

밥에다 씨누룩을 섞은 후에는 대광주리에다 부어 넣고, 명반수를 한 번 끼얹는다. 다시 대쟁반에 나누어 담아 선반 위에 올려놓고 바람이 통하게 한다. 그 후로부터는 통풍이 가장 중요한 관건이며, 물과 불은 사용할 필요가 없다.

술을 빚은 밥을 대쟁반에 담을 때에는 그 대쟁반 하나마다 약 5되를 담는다. 또 이런 밥을 놓아두는 방은 높고 넓어야 하는데, 그것은 기와의 더운 기운이 스며드는 것을 막아주기 때문이다. 방은 남쪽으로 향하도록 하며, 지는 해가 서쪽에서 비추지 않도록 한다.

그리고 매 두 시간 동안에 약 세 차례 섞어 주어야 한다. 또 7일 동안에는 사람이 밤낮으로 그 선반 밑에서 지켜보아야 하며, 깊이 잠이 들어서도 아니 되고, 한밤중에도 몇 차례나 일어나야 한다.

누룩밥은 처음에는 눈처럼 희지만 하루 이틀이 지나면 검은색으로 변한다.

229 가장 좋은 홍주紅酒의 재강을 그 원료로 삼아야 한다. 가장 좋은 홍주紅酒의 재강에서 홍국의 균종菌種을 얻는 것을 말하며, 큰 발견이라 할 수 있다.

230 홍국의 곰팡이는 성장이 느려 다른 잡균雜菌과 경쟁하기가 어렵다. 그러나 이 곰팡이는 산성酸性에 강해 산성의 환경에서는 잡균을 압도하고 왕성하게 자란다. 여기서는 명반 수용액(PH 3.5)의 산성을 이용하여 다른 잡균을 억제하고, 홍국의 곰팡이를 번식시켜 비교적 순수한 홍국을 얻을 수 있다.

그 후에도 빛깔이 계속해서 변하여 검은색에서 갈색으로, 갈색에서 홍갈색으로, 홍갈색에서 빨간색으로 바뀌다가 가장 빨갛게 되었을 때에 다시 연한 황색으로 바뀐다. 바람을 쐬는 통풍과정에서 볼 수 있는 이런 일련의 변화를 생황국生黃麴[231]이라고 부른다. 이렇게 만들어진 홍국紅麴은 그 값어치나 공력이 모두 보통 일반적인 누룩보다 몇 배나 된다. 누룩밥의 색깔이 검은색에서 갈색으로 바뀔 때나 갈색에서 빨간색으로 바뀔 때에는 매 차례마다 물을 한번 끼얹지만 빨간색으로 변한 다음에는 다시 물을 끼얹지 않는다.[232]

이런 누룩을 만들 때에는, 누룩을 만드는 사람은 반드시 손을 씻고, 대쟁반이나 대자리도 깨끗이 씻어야 하며, 조금이라도 더럽히거나 찌꺼기가 있으면 누룩 만드는 일을 망쳐버리게 된다.[233]

231 홍국의 곰팡이가 자란 후 배양된 재료에 황색소를 분비한다. 홍국 곰팡이의 황색소와 홍색소는 서로 바뀔 수 있다.

232 홍국의 특성은 녹말을 당으로 바꾸고, 이어서 당을 발효시켜 알코올과 유기산 등을 만들어낸다. 쌀의 수분이 너무 많으면 홍국 곰팡이는 쌀알 속의 녹말을 알코올로 바꾸더라도 휘발되어 날아 가버려 홍국은 속이 비게 된다. 한편 수분이 너무 적으면 곰팡이의 균사가 쌀알 속으로 들어가지 못하므로 바깥은 홍색이나 속은 백색이다. 이 때문에 적당한 수분의 유지가 누룩을 만들 때의 관건이 된다. 따라서 여기서는 물을 단계로 나누어 끼얹는 좋은 방법을 찾아내었다.

233 경험으로 말한 것이기는 하지만 미생물微生物의 배양에 있어서 잡균의 오염을 방지해야 한다는 것을 강조하고 있다.

18. 주옥(珠玉)[234]

보석을 간직하고 있는 산은 찬란한 빛으로 번득이고, 진주가 자라는 물은 특히 깨끗하고 아름답다고 하는데 이것은 정말 그러할까, 아니면 단지 사람들의 억측에 불과할까?

대체로 천지의 사물事物은 빛남이 있으면 혼탁함이 있고, 촉촉함이 있으면 메마름도 있는 것이다. 따라서 한 곳의 진귀한 물건이 왕왕 다른 한 곳에서는 흔해빠진 물건이 되기도 한다. 광서廣西의 합포合浦[235]와 신강新疆의 화전和田[236]은 서로 떨어지기가 2만여 리나 되나, 합포에서는 진주眞珠가 군림하고, 화전에서는 옥석이 높은 자리를 차지한다. 그러나 이들 주옥珠玉은 재빨리 다른 지역으로 운송되어 세상 사람들의 총애를 듬뿍 받고 있으며, 궁정에서는 눈부신 광채를 내뿜고 있다. 그리하여 중국에서 생산되는 각종 보물들이 모두 그 자리를 내어주며 주옥을 보물의 왕으로 받들고 있다. 하지만 중국의 보물이 단지 사람들의 몸에 걸치는 주옥 밖에 없으며, 자연계의 정화精華가 단지 이런 몇 가지 밖에 없단 말인가!

234 《천공개물》 책에서 주옥편이 가장 뒤에 있는 것은 작자의 의도적인 안배라고 사료된다. 왜냐하면 주옥과 같은 보물은 일반 민생들에게는 배불리 밥을 먹는 것이나 따뜻하게 옷을 입는 것처럼 그렇게 중요한 일이 아니기 때문일 것이다.

235 광서성廣西省 합포현合浦縣이며, 이곳은 예로부터 진주를 많이 산출하고 있다.

236 원문에는 옛 이름인 우전于闐으로 되어 있는데 현재는 신강성新疆省 화전현和田縣이며, 화전옥이라는 유명한 옥의 산지이다. 지금의 신강성 우전현于闐縣과는 다르다.

진주 채취선

잠수하여 진주를 캐는 배

뇌분으로 소금 달이기

돛을 올려 진주 거두기

진주(眞珠)

진주는 반드시 조개의 배에서 난다.[237] 달빛을 받고 그것을 잉태하여 오랜 세월이 지나야 비로소 보물이 된다.[238] 뱀의 배, 용의 아래턱, 상어의 가죽에도 진주가 있다는 말은 잘못이다.[239]

중국의 진주는 반드시 해강海康과 합포合浦 두 주지珠池에서만 난다.[240] 하夏·상商·주周 삼대三代 이전에는 강소성江蘇省 회안淮安과 양주揚州 일대가 중원에서 보기에는 여전히 남방에 속하였는데, 여기에서 구하였다는 진주는 《우공禹貢》 편에 적힌 조개의 진주와 비슷하거나, 또는 무역으로 교환하여 가져온 것이지, 반드시 그곳의 토산물은 아니다.[241]

송대宋代에는 금인金人이 중국의 동북부인 흑룡강성黑龍江省 극동현克東縣 일대

237 진주는 특별한 조개에서만 나는 것이 아니다. 어느 소개는 진주가 생길 수 있으며, 심지어 달팽이도 진주를 만들어내기도 한다고 한다. 진주를 만드는 조개류는 매우 많으나 일반적으로 널리 알려진 것 중 민물산 진주조개로서는 대칭이, 펄조개 등이 있으며, 바다산으로 진주를 만드는 조개로는 전복, 진주조개, 왕진주조개, 흡엽조개, 백엽조개 등이 있다. 양식진주는 일본에서 진주조개를 이용하여 많이 생산하고 있으며, 민물산의 말조개馬蛤류를 이용하여 중국에서 민물진주를 대량으로 생산하고 있다.

238 잘못된 표현이다. 진주는 기생물寄生物이나 모래의 낱알이 조개껍데기가 벌어졌을 때 조개 몸 속으로 들어가면 외투막外套膜의 상피 세포가 결체 조직結締組織 내에 침입하여 진주대眞珠袋를 형성한다. 진주대의 외피 세포는 끊임없이 패각질을 분비하여 침입물을 감싸서 차례로 층을 이루게 된다. 오랫동안 이런 일이 반복되면 천연 진주가 생기게 된다. 이 원리를 근거로 조개껍데기로 만든 인공 핵이나 조개의 외투막을 자른 조각, 이른바 피스(piece)를 다른 조개의 외투막 결체조직에 삽입하여 양식 진주를 얻을 수 있다.

239 송대 육전陸佃이 지은 《비아埤雅》에 의하면 용의 구슬珠은 얼굴에 있고, 뱀의 구슬은 입에 있고, 물고기의 구슬은 눈에 있고, 상어의 구슬은 가죽에 있다고 하였다. 또 이런 말들이 명대에도 이어져 사조제謝肇淛가 지은 《오잡조五雜俎》에서도 자라의 구슬은 다리에 있다고 하였다. 뿐 아니라 거미와 지네 가운데 큰 것들도 모두 구슬이 있다고 보았는데, 이는 모두 옛사람들의 근거 없는 억측이라고 볼 수 있다.

240 광동廣東의 해강海康과 광서廣西의 합포合浦의 연해 수역沿海水域을 말하며, 옛날에는 이를 주지珠池라 불렀다. 중국에서는 진주가 나는 곳이 허다히 많아 이 표현은 잘못이다. 그러나 이 두 곳의 해역은 가장 중요한 진주의 산지로서, 이미 한대漢代부터 진주를 채취하기 시작하였다.

241 저자는 해강과 합포의 연해에서 나는 진주만 인정하고, 다른 지역에서 나는 진주를 부정하였는데, 이는 잘못이다. 《서경書經》의 우공편에 적힌 빈주蠙珠는 담수에서 사는 조개에서 나는 진주를 말하는데 저자는 이를 부인하고 있다. 여기서 빈은 조개의 별칭이며, 이밖에 《이아爾雅》에도 강조개의 진주에 대하여 언급하고 있다.

에서, 원대元代에는 하북성河北省 무청武淸에서 대고구大沽口에 이르는 일대에서 채취했다는 말은 전해 내려오면서 다 잘못 기록한 것이다. 이런 곳에서 어느 시기에 진주를 채취하였다는 말인가! 또 홀려고강忽呂古江[242]에서 진주가 난다고 하는데, 이곳은 외국이지 중국은 아니다.

조개가 진주를 배는 것은 무無에서 유有가 생기는 것과 같다. 물에 사는 몸집이 작은 수생동물들은 흔히 잡아 먹혀 그 수명이 길지 않다. 그러나 이 조개만은 단단한 껍데기에 둘러싸여 있어서 뚫고 들어갈 틈이 없다. 설령 물고기의 뱃속으로 먹혀 들어가도 온전하며 소화되지 않아, 그 수명이 대단히 길어서 값마저 매길 수 없는 보물이 된다.[243]

조개가 진주를 배어 기르는 것은 천길이나 되는 물밑에서이다. 매번 둥근 달이 중천에 걸리면 조개는 곧 껍데기를 벌려 달빛을 받아 달의 정기를 흠뻑 빨아들여 진주를 만들게 한다. 한가을 달이 밝게 비추면 늙은 조개도 매우 흥겨워 한다. 만약 새벽까지 구름이 없으면 달이 동에서 서로 옮기는 방향에 따라 조개도 끊임없이 몸을 구르면서 달빛을 빨아들인다.[244]

어떤 해변에서 진주가 나지 않는 것은 조석潮汐으로 인한 진동이 심하여 조개가 몸을 조용히 둘 곳이 없기 때문이다.[245]

---

242 《원사元史》권 94, 지권志卷 43에 적혀 있는 것에 근거하였는데, 이 강은 명대明代에 이르러서는 이미 담수의 진주를 양식하였다. 길림성吉林省에 있는 한 강의 옛 이름이다.

243 이 표현은 단편적이다. 실제로 조개의 천적天敵인 뱀장어 · 자라 등은 강조개와 같은 부족류斧足類를 침범하고, 흑도미 · 돌고래 · 불가사리 등은 진주조개를 삼키거나 해를 끼친다. 마합이나 진주조개의 수명은 길지 않으며, 가장 긴 것도 12년을 넘지 못한다.

244 이 표현은 비과학적이다. 그러나 조개는 보름달이나 초생달에 산란産卵이 왕성하며, 그 습성은 달빛이 물을 비추면 좋아하여 조개는 껍데기를 벌려 산란한다. 이 때 기생물寄生物이나 모래알이 조개 속으로 들어가 진주가 생기게 된다.

245 조개는 바닷물이 잘 흐르고, 파도가 잔잔한 곳에서 잘 자란다. 또 물이 맑아야 하며, 해저는 자갈이나 흙모래여야 하며, 수온은 15~30℃ 사이가 알맞다.

합포合浦의 주지珠池는 오니烏泥와 독람사獨攬沙에서 청앵青鶯까지의 약 180리이며, 해강海康의 주지도 대락도對樂島에서 석성石城까지의 약 150리이다. 이 지방의 물 위에서 살면서 진주를 채취하는 사람은 해마다 반드시 3개월간의 기간을 정해서 그 철이 되면 짐승을 잡아 매우 경건하고 공경스럽게 해신海神에게 제祭를 올린다. 그들은 바다의 날생선을 먹기 때문에 물 속에서 물빛을 뚫어 볼 수 있어서 교룡蛟龍이 있는 해저海底를 알 수 있으며, 그곳을 감히 침범하려 하지 않는다.

진주를 채취하는 배는 그 모양이 다른 배보다 폭이 넓고 둥글며, 많은 돗자리를 그 위에 싣고 있다. 소용돌이가 있는 바다를 지날 때는 돗자리를 그 곳에다 던지면 안전하게 지날 수 있다.

진주를 채취하는 사람은 한 가닥의 긴 줄을 허리에다 매고, 바구니를 갖고 물 속으로 들어간다. 또 잠수부는 주석으로 만든 속이 빈 굽은 관의 오목한 아가리를 입과 코에 대고, 연한 가죽으로 귀와 목 사이를 감아 숨쉬기에 편하노록 한다. 잠수할 수 있는 가장 깊은 곳은 4, 5백 척까지인데, 조개를 주워 바구니에 담고, 숨쉬기가 어려우면 줄을 흔든다. 그러면 배 위의 사람은 재빨리 끌어올린다. 운이 나쁜 사람은 고기에 잡혀 먹히기도 한다. 잠수부가 물에서 나오면 따뜻하게 데운 담요로 덮어 주어야 하며, 우물쭈물하면 추위로 죽는다.

송대宋代의 초토관招討官인 이李 아무개[246]는 쇠로 만든 쇠스랑을 고안하여, 쇠스랑에 삼끈으로 엮은 그물 포대를 걸치고, 양쪽에 돌을 매달아 물 속으로 가라앉게 하였다. 물 속에서 포대의 아가리가 열리도록 아가리에다 가로로 나무

246 옹희雍熙 3년인 986년에 광계廣桂 · 융의融宜 · 유주柳州의 초안촉적사招安捉賊使로 임명된 이중해李重海를 가리킨다.

막대 두 개를 매달고,[247] 배의 양쪽에는 포대를 끄는 밧줄을 매단다. 바람을 타서 돛을 올려 쇠스랑으로 바다 밑을 훑으면서 포대에 진주조개를 거둬들인다. 그러나 이 방법은 포대가 표실漂失되거나, 사람이 물에 빠질 염려가 있다. 이에 따라 현재 물위에 사는 수상水上 주민들은 두 가지 방법을 함께 사용하고 있다.

진주가 조개 속에 있는 것은 옥이 돌 속에 있는 것과 같다. 처음에는 그 귀천貴賤을 가릴 수 없으나 조개를 열어서 꺼내면 곧 식별할 수가 있다.

지름이 5푼에서 1치 5푼까지를 대주大珠라고 한다. 대주 가운데는 둥글지가 않고, 솥을 엎은 모양이며, 마치 금으로 도금한 것처럼 어렴풋이 광채를 내는 것을 당주璫珠라고 하는데, 그 값은 한 알에 천금이나 된다. 이것이 바로 예로부터 말로 전해오던 명월明月이나 야광주夜光珠라고 하는 진주이다. 한낮 맑게 개었을 때에 처마 밑에서 이 진주를 보면 한 가닥 번쩍이는 빛살이 이리저리 옮겨 다닌다. 야광이란, 이를 아름다운 이름으로 부른 것이지, 캄캄한 밤중에도 빛을 내뿜는 진주는 아니다.

다음으로 주주走珠가 있다. 이를 바닥이 평평한 접시에다 두면 때굴때굴 구르면서 멈추지를 않는다. 그 값은 당주와 맞먹는다(죽은 사람의 입에다 한 알 물리면 시신이 더 이상 썩지 않는다. 이 때문에 제왕帝王의 황실에서는 이를 비싼 값으로 사들인다).[248]

그 다음으로 활주滑珠가 있다. 빛깔은 광택이 있으나 모양이 그리 둥글지가 않다. 또 그 아래의 등급에는 차례로 나가주螺蚵珠 · 관주官珠 · 우주雨珠 · 세주稅

247 그물 포대에 두 나무토막을 나란히 매달아 아가리가 열리게 한다는 것은 현재도 이 지방에서 그렇게 하고 있다고 한다.

248 진주가루는 살갗이 썩는 것을 막아 주는 약으로 쓰이기는 하지만, 시체를 방부한다는 것은 틀린 말이다. 이는 제왕의 사치일 것이다.

珠 · 총부주葱符珠 등이 있다. 작은 진주는 밀알만하고, 보통 흔한 진주의 크기는 완두콩만하다. 질이 좋지 못하고, 부서진 진주를 기璣라고 부른다. 야광에서 깨진 기에 이르기까지 진주도 사람과 비교하면 마치 왕공귀족에서부터 평민 백성에 이르는 것과 같이 적지 않은 등급이 있다.[249]

진주의 자연적 생산량은 한계가 있어서 너무 자주 채취하면 공급을 이어갈 수가 없다. 몇 십년 동안 채취하지 않으면 조개는 안정적으로 후대後代를 번식시켜 진주를 많이 배게 된다. 이른바 '진주는 떠났다가 다시 되돌아 온다'[250]는 말은, 사실은 진주의 고유한 생장규율에 따라 결정되는 것이지 무슨 청렴한 관리에 대한 하늘의 감소感召는 아니다(명대明代의 홍치弘治[251] 연간에는 1년간에 2만 8천 냥을 채취하였으며, 만력萬曆[252] 연간에는 1년에 3천 냥에 그쳐 진주를 채취하는 데 든 비용도 보상할 수가 없었다).

249 진주의 질을 당주璫珠 · 주주走珠 · 활주滑珠 · 나가주螺蚵珠 · 관주官珠 · 우주雨珠 · 세주稅珠 · 총부주葱符珠 · 쇄기碎璣 등 9등급으로 나눈 것은 심해원沈海遠의 《남월지南越志》에 처음 나온다.

250 《후한서後漢書 · 순리열전循吏列傳 · 맹상전孟嘗傳》에 적혀 있다. 청관淸官인 맹상이 합포태수合浦太守가 되자 탐관貪官이었던 전임자 때문에 남으로 달아났던 진주조개가 1년도 안되어 합포로 되돌아 왔다는 것을 말한다. 이 때문에 '주사주환珠徙珠還' 또는 '합포환주合浦還珠'라는 전설이 생겼다.

251 명明나라 효종孝宗의 연호이다.

252 명明나라 신종神宗의 연호이다.

보석(寶石)[253]

보석은 모두 광鑛 구덩이에서 난다.[254] 중국에서는 서부의 신강新疆 일대에서 가장 많이 나며, 서남부에서는 단지 운남雲南의 보산保山 · 등충騰衝 · 여강麗江 등지에서 나온다.

보석은 그 크기를 막론하고 모두가 석상石床이 바깥을 둘러싸고 있는데, 이는 옥이 돌로 감싸져 있는 것과 같다. 금과 은은 다 토층土層 밑에서 오랜 세월 동안 변화해서 생성된 것이다. 그러나 보석은 그렇지 않고 구덩이 바닥에서 직접 하늘과 통하여 해와 달의 정화精華를 빨아들여 태어났기에 생성되자마자 빛나고 있다.[255] 이것은 옥玉이 급류急流에서 태어나고, 진주가 물 밑에서 잉태되어 자라는 것과 그 이치가 같다고 할 수 있다.

보석이 나는 구덩이, 즉 광정鑛井은 아무리 깊더라도 물이 없는데,[256] 이것은 대자연의 교묘한 안배라고 할 수 있다. 그러나 그 속에는 안개와 같은 보기寶氣[257]가 가득 차 있어서 사람이 오래도록 이 기를 빨아들이게 되면 대개는 죽게 된다.

따라서 보석을 캐는 사람은 10여 인이 한 무리가 되어, 구덩이로 내려가는

---

253 보석은 질質이 단단하고 아름다운 광택이 있으며, 산량産量이 적은 귀중한 광석은 다 보석이라 할 수 있다. 예를 들면 금강석金剛石 · 황옥黃玉 · 녹주석綠柱石 · 석류석石榴石 · 단백석蛋白石 · 전기석電氣石 등은 질이 좋은 보석이고, 수정水晶 · 마노瑪瑙 · 공작석孔雀石 · 호박琥珀 등은 질이 좀 떨어진 보석이다.

254 수정水晶 · 금강석金剛石 · 공작석孔雀石 등은 지표地表에서도 나므로 이 표현은 단편적이라고 말할 수 있다.

255 비과학적인 표현이다.

256 보석이 나는 구덩이에 지하수가 있을 수 있다. 따라서 이 표현은 잘못이다.

257 보기는 지층 중의 산소가 결핍된 기체로서, 일산화탄소 · 질소 등이 있다. 이런 기체를 흡입하면 질식하거나 죽기도 한다.

사람이 캐낸 보석의 반을 차지하고, 우물 위에 남은 사람들이 나머지 반을 차지한다. 구덩이로 내려가는 사람은 긴 밧줄로 허리를 매고, 허리에다 주머니 두 개를 찬다. 구덩이 바닥에 보석이 있는 곳에 이르면 손으로 재빨리 주머니에다 주워 넣는다(보석이 있는 구덩이에는 뱀이나 벌레가 없다). 또 허리에다 큰 방울을 차고서 보기寶氣에 취하여 참을 수가 없으면 서둘러 방울을 흔들어 위에 있는 사람이 밧줄로 끌어올리게 한다. 그러면 사람은 위험한 고비에는 이르지 않았다고 하더라도 이미 기절하여 정신이 없는 상태가 된다. 이때에는 끓인 맹물을 입에 넣어 독을 가시게 한다. 그리고는 3일 동안은 아무런 곡식도 먹이지 말고, 그 후에 잘 조리하면 원래대로 회복된다.

주머니 속의 보석은 큰 것은 사발만하고, 중간 것은 주먹만하며, 작은 것은 콩알만하다. 그러나 겉만 보아서는 어떤 것인지 알 수 없으며, 옥공玉工에게 넘겨주어 줄로 쓸어서 헤쳐 보아야만 비로소 무슨 보석인지 알 수가 있다.

홍황색紅黃色의 보석으로는 묘정猫精[258] · 말갈아靺鞨芽[259] · 성한사星漢砂[260] · 호박琥珀[261] · 목난木難[262] · 주황酒黃[263] · 나자喇子[264] 등이 있다.

---

258 묘정은 여러 가지 채색의 동심원이나 동심타원이 둘러져 있고, 가운데에 한 가닥의 연한 백색의 띠가 있는 것도 있어 마치 고양이의 눈동자와 닮았다고 하여 이런 이름이 생겼다. 여기서는 금록옥金綠玉 $BeO \cdot Al_2O_3$을 가리킨다. 투명하거나 약간 투명하며, 녹색이거나 황색이다.

259 말갈은 수당隋唐 시대 만주에 살던 여진족女眞族의 별명이다. 그들이 살던 곳에서 나와 이런 이름이 생겼다. 장홍쇠章鴻釗의 《석아石雅》에 따르면 석영류石英類의 홍마노紅瑪瑙이다. 다른 이름으로 홍옥수紅玉髓라고도 부른다.

260 성한은 은하銀河이며, 은하의 별처럼 반짝인다고 하여 이런 이름을 얻었다. 무지개 빛깔이며, 센 광택을 가졌다. 면을 갈라 보면 여러 가지 색채가 나타난다. 석영류石英類의 귀단백석貴蛋白石 $SiO_2 \cdot nH_2O$ 이다.

261 호박은 제3기 송백류松柏類의 수지樹脂가 지하에 묻혀 화석으로 변한 유기 화합물이다. 화학 성분은 $C_{10}H_{16}O$ 이다. 투명하거나 불투명하며, 빛깔로는 황 · 황갈 · 갈 · 홍갈 등 여러 가지이다. 털로 마찰하면 정전기가 발생한다. 때로는 나뭇잎이나 곤충이 들어 있을 때도 있다.

262 목난은 황옥黃玉의 일종으로 황보석黃寶石이라고 하며, 빛깔은 순황색이다. 성분은 $Al_2(F,OH)_2[SiO_4]$ 이다.

263 주황은 황옥의 일종이다.

264 나자는 크롬을 함유한 강옥剛玉 Al_2O_3이다.

묘정은 황색이면서 약간 연한 홍색을 띤다. 가장 귀한 호박을 예瑿[265](읽을 때는 의依라고 소리내며, 그 값은 황금의 5배나 된다)라고 부르는데, 붉으면서 연한 흑색을 띤다. 그러나 그것을 낮에 보면 흑색이나, 밤에 등불 아래에서 보면 오히려 대단히 붉다. 목난은 순황색이며, 나자는 순홍색이다. 전대前代에 어떤 황당무계한 사람이 소나무에 대한 주注를 달면서 복령茯苓 또는 호박으로 변할 수 있다고 하였는데[266] 그야말로 가소로운 일이다.

청록색青綠色의 보석으로는 슬슬주瑟瑟珠[267] · 조모록祖母綠[268] · 아골석鴉鶻石[269] · 공청空青(공청은 광석의 내층內層을 떼어낸 것이고, 그 외층外層을 가루로 만든 것이 증청曾青이다)[270] 등이 있다. 또 매괴석玫瑰石[271]이라는 것이 있는데, 크기가 누른 콩이나 녹두만 하고, 빛깔은 홍 · 녹 · 청 · 황 등을 고루 갖추고 있으며, 보석 중에 매괴석이 있다는 것은 진주 가운데에 기璣가 있는 것과 같다. 그리고 성한사星漢砂보다 한 등급 나은 것으로는 자해금단煮海金丹이라는 것이 있다. 이것들은 모두가 중국 서부 지방의 산품이지만, 우연히 광구덩이 속에서 보기寶氣와 함께 발견된 것도 있다. 운남雲南 중부의 구덩이에는 이런 보석들이 없다.

---

265 저자가 《산해경山海經》의 '호박천년위예琥珀千年爲瑿'에서 따온 말로 일종의 흑옥黑玉이며, 호박 중에 가장 귀한 것이다.

266 진조晉朝의 장화張華를 가리킨다. 그의 《박물지博物志》권 7에 '송백지륜지중, 천년화위복령, 복령천년화위호박松栢脂淪地中, 千年化爲茯苓, 茯苓千年化爲琥珀'으로 되어 있다. 여기서 복령은 소나무 뿌리에 자라는 균류菌類이므로 복령에 대한 설명은 잘못이다. 그러나 그의 송백류의 수지樹脂와 호박과의 관계에 대한 설명은 오히려 정확하다.

267 슬슬주는 장홍쇠章紅釗의 《석아石雅》에 따르면 남보석藍寶石이며 또한 티타늄을 함유한 강옥剛玉 Al_2O_3 이다. 고대 이란이나 터키에서 나온 옥으로서 '슬슬'은 이란어의 역음譯音이다.

268 조모록은 일급 보석으로 녹주석綠柱石의 변종變種이며, 화학식은 $Be_3Al_2[Si_6O_{18}]$이다. 순록의 보석이다. 이 보석과 초록색의 녹주석은 가장 귀한 보석의 일종으로 꼽힌다.

269 아골석은 남보석의 일종이며, 티타늄을 함유한 강옥 Al_2O_3이다.

270 공청은 공작석孔雀石 $CuCO_3 \cdot Cu(OH)_2$에 속하는 일종의 보석이며, 휘동광輝銅鑛과 유동광黝銅鑛이 분해해서 생성된 2차 광물이다. 빛깔은 녹색이다. 이 광물의 표면이 산화되어 가루가 된 것이 증청曾青이다.

271 장미를 매괴라고 한다. 매괴는 가장 질이 떨어지는 보석이다. 현재 중국의 매괴석은 대만의 화련花蓮에서 나는 것이 유명하나, 브라질 등지에서 수입되기도 한다.

구덩에서 보석캐기

당차를 이용하여 사탕수수를 짜서 즙을 내기

총령음

녹옥하

백옥하

옥돌 자르기

지금의 사람들이 보석을 위조하는데 있어, 호박이 가장 쉽게 모조품으로 만들어질 수가 있다. 고급 모조품은 유황을 달여서 녹인 것이며, 하급품은 흑홍색黑紅色의 즙액에다 소나 양의 뿔로 만든 아교를 달인 것으로, 비춰보면 은은한 붉은 색을 볼 수 있다. 그러나 지금은 쉽게 모조품을 판별할 수가 있다(호박을 문지르면 수액水液이 나온다).

호박이 심지와 같은 얇고 가벼운 것들을 흡인吸引한다는 것은 사람을 현혹시키는 말이다.[272] 물체는 단지 사람의 기氣를 빌려야 비로소 가벼운 물건을 흡인할 수 있다. 종래의 《본초本草》[273]에 기록된 잘못된 곳이나 함부로 지은 거짓말 등은 마땅히 지워 없애야 책의 인쇄용 목판의 나무나마 아낄 수가 있다.

272 호박을 마찰하면 정전기靜電氣가 발생하여 원지나 종이 조각과 같은 가벼운 물건을 끌어당길 수 있다. 따라서 저자의 이 표현은 잘못이다. 후한後漢 왕충王充의 《논형論衡》 권 16, 용란편龍亂篇에서 '동모철개頓牟掇芥'라고 하여 이미 그 점을 밝혔다.

273 《본초本草》는 전설적인 인물인 신농神農이 지은 약서藥書이나, 여기서는 고대 각종의 약서를 가리킨다. 잘못된 부분도 있으나, 호박을 문질러 정전기를 발생하게 하여 가벼운 물체를 끌 수 있다는 것은 정확하다.

옥(玉)

중국의 옥으로서 귀중한 것은 다 신강성新疆省의 화전和田[274](한대漢代에는 서역西域의 한 지방의 이름이었으나, 후대에 와서는 별실팔리別失八里[275]로 불렸고, 한 때는 적근몽고赤斤蒙古[276]에 종속되기도 하여, 구체적인 명칭은 분명하지가 않다)과 총령葱嶺[277]에서 난 것이다. 이른바 남전藍田도 옥이 나는 총령의 또 다른 별칭이다. 그런데 후세 사람들은 오해하여 서안西安 부근의 남전으로 잘못 알고 있다.[278]

총령하수葱嶺河水의 발원지發源地를 아누산阿耨山이라고 부르며, 총령에서 두 강으로 나뉘어져, 하나는 백옥하白玉河, 다른 하나는 녹옥하綠玉河라고 불리어진다. 진대晉代의 사람이었던 장광업張匡鄴이 쓴 《서역행정기西域行程記》에는 오옥하烏玉河라고 적혀 있는데, 이는 잘못된 것이다.[279]

옥석玉石은 깊은 흙 속에 묻혀 있지 않고, 수원水源이 높고 급류인 여울에서 서로 부딪히면서 달빛을 받고 생겨난다.[280] 그러나 옥을 채취하는 사람은 옥이 원래 생성된 곳에서 옥을 캐지 않는다. 왜냐하면 그곳은 물살이 너무 세차서

---

274 옛날에는 우전于闐이라 불렸다.

275 현재 신강新疆 탑리목하塔里木河 북녘 기슭의 고차庫車 · 언기焉耆 등지의 일대를 말한다. 15세기 초에 다시 역력파력亦力把力으로 고쳐졌다.

276 명조明朝 때 감숙성甘肅省 돈황敦煌 일대에 적근몽고위赤斤蒙古衛를 설치하여 신강新疆 등지의 소수 민족 지역을 관할하였다.

277 과거에는 파미르 고원高原과 캐라코람 산맥의 여러 산의 총칭이다. 여기서는 곤륜산崑崙山 일대를 가리킨다. 옛날에는 '옥출곤강玉出昆崗'이란 말이 있을 정도로 옥이 많이 났다.

278 저자의 잘못이다. 서안 부근의 남전에 있는 복차산覆車山에서는 일찍이 옥이 나서 옥산玉山이라 불렀다.

279 저자는 오옥하烏玉河가 없다고 하였다. 그러나 이시진李時珍의 《본초강목本草綱目》권 8을 비롯하여 여러 책에서는 다 있는 것으로 되어 있다. 청조淸朝 서송徐松의 《서역소도기西域水道記》에 따르면 이 강은 칼라카쉬강의 서쪽에 있다.

280 옥은 산에서나 물에서나 다 나며, 산의 옥을 캐려면 갱도를 뚫어야 하므로 이런 표현은 쓸 수가 없다. 저자는 단지 물에서 나는 것에 대하여 언급하였다. 또한 옥은 달빛과는 관계가 없다.

물에 손을 넣을 수가 없기 때문이다. 여름철에 물이 불어나기를 기다렸다가 옥을 함유하고 있는 돌들이 급류에 휘말려 백 리나, 2, 3백 리 하류로 떠내려 오면 그 곳 강물 속에서 채집한다.

옥은 달빛을 받아 생겨나므로 강 따라 옥을 캐는 사람들은 가을철 달 밝은 밤이면 강변을 지키면서 강을 조심스럽게 살펴야 한다. 옥석이 모인 곳은 달빛이 유달리 밝다.[281] 옥석은 물 따라 흐르면서 여울에서 돌무더기와 섞이므로 캐내어 가려보아야 비로소 알 수 있다.

백옥하白玉河는 동남으로 흐르고, 녹옥하綠玉河는 서북으로 흐른다.[282] 역력파력亦力把力 지방[283]에는 망야望野라는 곳이 있고, 그곳 강물 속에는 비교적 많은 옥석이 쌓여있다. 그곳 풍속으로는 아낙네가 나체로 물 속에 들어가 옥석을 건져낸다. 이것은 부녀자의 음기陰氣의 부름을 받아 옥석이 흘러가지 못하고 멈추어 건져내기가 쉽다고들 말하나 이것은 그곳 현지인들의 무지함을 말하는 것이다(그곳 사람들은 이런 물건을 귀히 여기지 않아, 옥돌이 강 따라 수백 리를 흘러가 길이 멀어 팔수가 없을 것 같으면 그것들을 내버려둔 채 건지지를 않는다).

옥에는 단지 백白과 녹綠의 두 색깔밖에는 없다. 녹색의 옥을 중국에서는 채옥菜玉이라고 부른다. 이른바 홍옥紅玉 · 황옥黃玉 등은 다 기석奇石 류의 일종이며, 값이 옥보다 결코 떨어지지는 않아도 결코 옥은 아니다.[284]

옥을 포함하는 돌은 산석山石이나 흐르는 물 속에서 산출되지만 그것을 쪼개

281 옥을 감싸고 있는 돌은 흔히 희어서 달빛을 반사하기 때문에 달빛이 밝게 보일 수 있다.

282 강물의 흐르는 방향이 틀렸다.

283 역력파력은 곧 별실팔리別失八里이다.

284 저자는 백옥과 벽옥碧玉으로 크게 두 가지로 분류하였으나 이는 잘못이며, 홍紅 · 등橙 · 황黃 · 흑黑 · 자紫 등의 여러 빛깔의 옥도 있다. 홍옥이나 황옥도 다 옥이다.

어 노출시키기 전에는 돌 속의 옥은 솜처럼 보드랍다. 그러다가 쪼개져 드러나면 바로 굳어지며, 먼지를 만나거나 바람을 쐬면 더욱더 굳어진다. 세상에는 쪼아서 갈 수 있는 부드러운 연옥軟玉이 있다고 하나 이것은 틀린 말이다.[285] 옥은 돌 속에 숨어있고, 옥의 바깥쪽을 옥피玉皮라고 부르며, 벼루나 받침대 등의 물건으로 쓰이는데, 그 값은 얼마 되지 않는다.

옥석 속에 가로세로 한 척 남짓 되면서 전혀 흠이 없는 옥이 있어 옛날에는 제왕이 이를 옥새玉璽로 사용하였다. 많은 성城의 값과 맞먹는 이른바 연성連城의 벽璧[286]은 쉽게 얻어지는 것이 아니다. 가로세로 5, 6치로 흠이 없는 옥은 여러 가지 술그릇으로 만들어 지는데, 이런 것은 당시의 귀중한 보물이었다. 이 밖에도 인도의 쇄리瑣里[287]에서 나는 옥 가운데 특이한 옥[288]이 있는데, 이것은 평시에는 흰색이지만 맑은 날 햇볕에서는 붉은색을 띠며, 또 장마철에는 푸른색을 띠어, 가히 '옥의 요정'이라고 말할 수 있다. 이런 옥은 황실에서만 간직하고 있다.

---

285 이 표현은 단편적이다. 현대는 옥을 경옥硬玉과 연옥軟玉으로 크게 두 가지로 분류한다. 경옥은 사슬 모양으로 연결된 다중 규산염류의 일종인 휘석輝石 $NaAl(SiO_3)_2$ 으로서, 결정질이 치밀한 덩어리이며, 빛깔은 진한 녹색에서 연한 녹색에 걸쳐 있고, 백색도 있다. 비취翡翠가 녹색의 경옥이다. 경도는 6.5~7이며, 비중은 3.2~3.3이다. 중국에서 많이 난다. 연옥은 투섬석透閃石 $CaMg_5[Si_4O_{11}]_2(OH)_2$ 과 양기석陽起石 $Ca(Mg,Fe)_5[Si_4O_{11}]_2(OH)_2$으로서, 비정질인 치밀한 덩어리의 집합체이다. 백색이나 암록색暗綠色이며, 지방脂肪의 광택이 있으며, 경도는 5.5~6이고, 비중은 2.55~2.65이다. 중국에서 많이 난다. 따라서 연옥이 없다는 말은 잘못이다. 또 돌의 옥은 솜처럼 보드랍고, 옥이 먼지를 만나거나 바람을 쐬면 굳어진다는 표현도 잘못이다. 우리나라에서는 연옥은 나지만, 경옥은 아직 발견되지 않았다.

286 전국시대戰國時代에 조趙의 혜왕惠王이 보옥(화씨벽和氏璧이라 부른다) 하나를 가졌는데, 진秦의 소왕昭王이 15좌座의 성과 교환하자고 제안하여 이 옥을 '연성지벽連城之璧'으로 불렀다. 나중에는 귀중한 물건을 형용하는 성어成語가 되었다.

287 쇄리瑣里는 Soli(Cola)의 역음譯音으로서 고대 인도印度 동해안에 있던 작은 나라이다.

288 금강석을 가리키는 듯하다. 금강석은 경도가 10, 비중이 3.5이다. 무색으로 투명하지만 회灰·갈褐·녹綠·황黃·홍紅·남藍·흑黑 등의 색을 띨 수 있다. 빛의 굴절률과 분산율이 커서 다른 빛 아래서는 다른 빛깔을 띨 수 있다. 세계 주요 산지는 아프리카·브라질이며, 인도의 동해안에도 소량 산출된다. 중국에는 최근에 요령성에서 대규모의 금강석 광산이 발견되었다. 우리나라에서는 아직 발견되지 않았다.

조선朝鮮 서북부의 태위산太尉山[289]에는 천 년이나 되는 옥석이 있으며, 그 속에는 양지옥羊脂玉[290]을 간직하고 있어서 총령에서 나는 좋은 옥과 다를 바가 없다. 그 밖의 옥도 책에 비록 기재되어 있으나 저자가 아직도 듣고 보지를 못하였다.

신강新疆에 사는, 머리에 베를 두른 회족인回族人(그들의 풍습으로는 한 해가 될 때마다 머리에 베를 한 겹씩 감아 노인이 되면 크게 부풀어 오르게 된다. 이 때문에 그들을 전두회자纏頭回子[291]라고 부른다. 그 나라 국왕도 머리카락을 보이지 않게 하는데, 그 이유를 물으니 머리카락을 보이면 흉년이 든다고 한다. 매우 가소로운 일이다)들은 옥을 가지고 신강新疆에서 배나 낙타를 타고 감숙성甘肅省의 서부를 거쳐 가욕관嘉峪關으로 들어와 멀리는 장액張掖과 주천酒泉에까지 이른다. 내지內地의 옥을 파는 상인은 이곳으로 와 옥을 사서 동으로 북경北京의 시장까지 운반한다. 그리고 옥공은 옥의 우열을 가려 값을 매긴 후 비로소 쪼고, 갈기 시작한다(좋은 옥은 비록 북경에 모이지만 옥공의 솜씨는 소주蘇州일대가 더 낫다).

손으로 옥돌을 자를 때는 우선 쇠로 원반圓盤을 만들고, 동이에 물을 담아서 모래를 채운다. 한편으로 발로 밟아 원반을 돌리면서 여기에다 모래를 더해 주면서 옥을 자른다. 조금씩 절단해가면서 옥이 깨끗이 잘라진다. 중국에서 옥을 자르는 데 쓰이는 모래[292]는 북경 부근의 하북성河北省의 옥전玉田과 형태邢台 두 현縣에서 난다. 이런 모래는 강에서 나지 않고, 샘에서 흘러나오며, 마치 밀

289 어느 산인지 분명치 않다.

290 백옥白玉 가운데 고급품으로서 양의 기름 빛깔과 같아 양지옥이라 부른다. 중국에서는 신강新疆에서 많이 난다.

291 머리에 베를 감는 회족이라는 뜻이다.

292 모래는 금강사金剛砂를 가리키며, 낱알 모양의 작은 석류석石榴石 $(Ca,Mg,Fe,Mn)_3[SiO_4]_3$ 일 수도 있다. 현재도 공업용으로 연마하는 데 많이 쓰인다.

가루처럼 입자가 고와 옥을 갈더라도 결코 마모磨耗되지 않는다. 옥돌을 자른 후 다시 정교한 세공을 하자면 이때는 빈철도鑌鐵刀라는 극히 좋은 공구를 쓴다(빈철 역시 신강新疆의 합밀哈密에서 나는 여석礪石[293]을 쪼개어 제련하여 만든다).

옥기玉器를 쪼고, 갈고 난 후, 남은 부스러기는 꽃무늬를 상감하는 등 장식품에 사용된다. 너무 잘게 부서진 것은 가루로 빻아서 체로 친 다음에 재와 섞어 거문고 등에 바르면, 금琴에 옥기玉器의 음색이 나게 할 수 있다. 또 옥기玉器를 조각할 때에 날카로운 칼로도 새기기가 어려운 세세한 곳에는 섬수蟾酥[294]로 그림에다 채우고 다시 굽은 칼로 새긴다. 그 이치를 밝히기는 극히 어렵다. 옥과 비슷한 돌인 부무석砆碔石을 옥이라고 속이는 것은 주석을 은이라고 속이는 것과 같아서 아주 쉽게 판별할 수 있다. 요즈음에는 좋은 백자白磁를 먼지처럼 곱게 빻아서 점성이 있는 가위톱[295] 등의 즙과 섞어 기물을 만들어 말리면 옥빛의 광채가 나타난다. 이런 위조 방법은 매우 교묘한 것이라고 말할 수 있다.

주옥珠玉과 금은金銀이 형성되는 원인은 매우 상반된다. 금은은 해의 정기精氣를 받아 반드시 깊은 흙 속에 묻혀서 형성되고, 주옥과 보석은 달의 정기를 받아 흙이 조금이라도 덮여서는 안 된다. 보석은 바로 하늘과 통하는 구덩이에 있으며, 진주는 깊은 물 속에 있다.[296]

옥은 험준하면서도 급류急流의 여울에 있으면서 하늘의 광명光明과 맑은 물에 덮여 있다. 진주에는 나성螺城이 있고, 그 안에 나모螺母가 있어서 이를 용신龍神이 지키고 있기 때문에 사람이 감히 침범할 수가 없다. 단지 세상에서 쓰

293 여석은 칼을 가는 숫돌을 말한다. 여기서는 숫돌과 같은 암석을 말하고 있는데 어떤 철광석인지는 알 수 없다.
294 두꺼비 후두부의 등 뒤에 융기한 이선耳腺의 피부샘에서 분비되는 백색의 독액毒液이다. 침식 작용이 있다.
295 가위톱은 백렴白蘞이라 하며, 포도과에 딸린 여러해살이 갈잎덩굴나무이다. 괴근塊根에는 점액질이 풍부하여 접합제로 쓰인다.
296 비과학적인 표현이다.

이도록 그 운수를 타고난 것들만이 나모에게 밀려나 비로소 사람들이 채취할 수 있는 것이다. 옥도 처음 생성된 곳에서는 역시 접근하여 채취할 수 없으며, 단지 옥신玉神이 그들을 강 속으로 밀어 넣어야만 비로소 사람들이 마음대로 채취할 수가 있다. 이는 주궁珠宮과 함께 신비스럽고 괴이한 일이라고 할 수 있다.[297]

297 근거 없는 이야기이다.

(덧붙이기) 마노(瑪瑙)[298] · 수정(水晶)[299] · 유리(琉璃)[300]

마노는 돌도 아니고 옥도 아니다. 중국에서 마노가 나는 곳은 매우 많으며, 그 종류도 10여 가지나 된다. 흔히 사람들은 그것으로 비녀나 옷단추 등을 만들며, 또는 바둑돌로 쓰인다. 가장 큰 것은 병풍이나 탁자 면으로도 사용된다.

상등급의 마노는 영하寧夏 변경의 강족羌族이 사는 지역의 사막에서 난다. 그러나 중국 내지內地에서도 많이 나서, 상인들이 마노를 구하러 그렇게 멀리는 떠나지 않는다. 현재 북경北京에서 팔리고 있는 상품은 대개 산서성山西省의 대동大同, 하북성河北省 울현蔚縣의 구공산九空山과 선화현宣化縣의 사각산四角山에서 난 것인데, 그 가운데에는 협태마노夾胎瑪瑙 · 절자마노截子瑪瑙 · 금홍마노錦紅瑪瑙 등 여러 종류가 있다. 또 섬서성陝西省의 신목현神木縣과 부곡현府谷縣에서는 장수마노漿水瑪瑙 · 금전마노錦纏瑪瑙가 나며, 이것들은 그 지역의 특산물로 현지에서 매매되고 있다. 이상은 대체적인 현황을 말한 것이다.

마노를 판별하는 방법은 나무에다 문질러 봐서 열이 나지 않으면 진짜이다. 가짜 물건은 비록 만들기가 쉬우나, 진짜 물건이 원래 값이 비싸지 않기 때문

---

298 마노의 주성분은 석영石英 SiO_2이며, 여기서 단백석蛋白石과 옥수玉髓가 섞인 혼합물로서, 화성암火成巖에서 생성된 광물이다. 때때로 다른 광물질이 스며서 적갈색 · 백색 등의 무늬를 나타낸다. 빛깔이 아름다우면서도 그 질도 단단하여 장식품 · 막자사발 · 세공물細工物 · 조각 재료 등으로 쓰인다.

299 수정의 주성분은 석영이며, 순수한 것은 투명하나 불순물이 섞이면 여러 빛깔을 띠게 된다. 황수정黃水晶 · 자수정紫水晶 · 흑수정黑水晶 · 홍수정紅水晶 등이 있다. 녹여서 고급 유리나 장식품 광학기기의 부품 등으로 쓰인다. 우리나라에서는 금강산 등지에서 난다.

300 여기서의 유리는 유리와 유약을 입힌 자기瓷器까지 통틀어 말한다. 중국은 기원전 5세기경 전국시대戰國時代에 납유리를 제조한 것이 처음이며, 그 후 외국에서 소다유리 등이 들어 왔으나 크게 발달하지 못하였다. 우리나라에서도 최근에 기원전 5세기의 실리카 유리가 충남 보령에서 출토되었고, 특히 통일신라시대에 크게 번창하였으나 고려시대 이후에는 그다지 발달하지 못하였다.

에 애써 솜씨를 부리려 하지 않는다.

중국의 수정 산출량은 마노보다 약간 적다.[301] 현재 남방에서 많이 쓰이는 것은 대개가 복건성福建省의 장포현漳浦縣에서 난 것이며(산山이름을 동산銅山이라 부른다), 북방에서 쓰이는 것은 대개가 하북성河北省 선화현宣化縣의 황첨산黃尖山에서 나는 것이다. 또 중부 지방에서는 하남성河南省 신양현信陽縣(흑색으로는 가장 아름답다)과 호북성湖北省 양신현陽新縣(반가산潘家山)에서 나는 것을 많이 쓴다. 흑색의 수정은 단지 북방에서만 나며, 남방에서는 나지 않는다. 그밖에 산의 동굴에 원래 있었으나, 아직 몰라서 캐지 않았거나 또는 이미 찾았더라도 관官의 엄한 금지로(예컨대 요현饒縣에서는 환관宦官이 캘까 두려워 닫아 둔 것 등)[302] 닫아 둔 것 등 아직도 대단히 많다.

수정은 깊은 산의 동굴이나 폭포의 바위틈에서 난다. 폭포는 밤낮으로 수정을 지나 끊임없이 흐르기에 동굴 입구에서 반 리 남짓을 흘러도 수면은 기름방울이 펄펄 끓어서 부글거리는 것처럼 보인다.[303] 수정이 굴을 벗어나기 전에는 솜처럼 부드러우나, 한 번 바람을 쐬면 곧 단단히 굳어진다.[304] 이 때문에 옥공玉工은 일하기에 편하도록 하기 위해 미리 동굴 속에서 대강의 모양을 다듬고, 그 다음에 이것을 가지고 나와 다시 다듬으면 노력을 10배나 아낄 수 있다고들 말한다.

301 지금까지의 통계에 따르면 수정이 마노보다 오히려 더 많다.

302 명대明代에는 환관宦官이 권력을 장악하여 각 지역의 광산이나 부세 등의 일들을 감독하였다. 그리하여 늘 조정에서 특사를 파견하여 은광이나 그 밖의 광산을 개광하게 하여 백성의 재산을 착취하느라 그들의 원성이 컸다. 그러므로 지방에서도 특산물이 있더라도 현지 백성들의 부담을 가중시킬까 두려워한 나머지 중앙에다 보고하지 않는 경우도 많았다.

303 그렇지 않다.

304 잘못된 표현이다.

유리석(琉璃石)[305]

유리석은 중국의 수정水精이나 월남越南의 화제火齊[306]와 같은 종류이며, 다 같이 맑고 투명하다. 그러나 중국의 중원中原에서는 나지 않고, 서역西域 지역에서 난다. 그 빛깔은 5색을 다 갖추고 있어, 한족漢族은 이것을 부러워한 나머지 그 모든 사람의 기교를 다 부려서 비슷한 것을 모방하여 만들었다. 그리하여 어떤 것은 벽돌과 기와에다 잿물을 입혀 구워서 황록색을 내어 유리와琉璃瓦라고 불렀으며, 또 어떤 것은 양의 뿔을 삶아서 녹여 기름접시와 등갓을 만들어 유리완琉璃碗이라고 일컬었다. 뿐 아니라 초석과 납을 녹여서 구슬을 만들어, 여기에 동선銅線을 꿰어 유리등琉璃燈을 만들었으며, 또 한 조각씩 빚어 합쳐서 유리병琉璃瓶과 유리대琉璃袋를 만들기도 하였다(여기에 쓰이는 초석을 달이면 위에 마아초馬牙硝가 엉긴다). 여기에 여러 가지 안료를 써서 마음대로 여러 빛깔로 물을 들였다. 유리등과 유리구슬은 모두 회하淮河 이북의 산동山東 지역에서 만드는 데, 그곳에 초석이 나기 때문이다.

초석이 불을 만나면 기체로 되어 공중으로 사라지며, 원래의 성분이 없어진

305 유리석은 유리를 제조할 수 있는 광석을 말한다.

306 이시진李時珍의 《본초강목本草綱目 · 수정水精》의 부록에 따르면 '당서운, 동남해중유나찰국, 출화제주, 대자여구난상, 유수정, 원, 자조수척, 일중이애승지즉득화, 용구애주, 불상인, 금점성국유지, 명조하대화주唐書云, 東南海中有羅刹國, 出火齊珠, 大者如鷗卵狀, 類水精, 圓, 自照數尺, 日中以艾承之卽得火, 用灸艾炷, 不傷人, 今占城國有之, 名朝霞大火珠'라고 되어 있다. 그 뜻은 당서의 기록에 의하면, 동남쪽의 바다에 나찰국이라는 나라가 있어 '화제주'라는 것이 나는데, 그 크기가 큰 것은 갈매기 알 같았고, 둥글어 수정과 비슷했다고 한다. 그리고 스스로 빛을 발해 몇 척이나 비출 수 있었으며, 또 낮에는 쑥으로 햇빛을 받게 하면 불을 얻을 수도 있었다는 등의 얘기다. 여기서 수정水精은 수정水晶이며, 점성占城은 월남의 남부에 있었던 나라이고, 화제火齊는 화주火珠 또는 화제주火齊珠라고 하는데, 이 글에 따르면 화제火齊는 수정水精과 함께 수정구슬水晶珠 내지는 오목거울로 생각된다. 따라서 일반적으로 운모雲母를 가리키는 화제火齊와는 다르다.

다. 한편 흑연은 비교적 무거운 물질이다. 두 물질은 불을 매개媒介로 하며, 초석은 흑연을 끌어들여 스스로는 소실되고, 흑연은 초석과 결합하여 흑연 자체의 존재를 남긴다. 이 두 물질을 하나의 용기에 담아 화합하게 하면 투명하고 빛을 발하는 유리를 얻을 수가 있다. 이것은 천지의 조화造化가 화합과정을 통해서 그 모습을 드러낸 것이다. 《천공개물天工開物》 전서全書의 말미末尾를 빌어 이와 같은 자연계의 변화를 적어 두는 바이다.

옮긴이

한국외국어대학교 중국어과 졸업.
대만 국립사범대학 대학원 석사, 박사과정 수료.
현재 안동대학교 중문과 교수.
저서로 《풍류정신으로 보는 중국문학사》, 《중국어 관용표현 용례집》,
《중국문학으로 보는 문학개론》 외에,
역서로 《삼언三言》, 《몽계필담》 등 다수가 있음.

천공개물

초판 1쇄 발행 | 2009년 7월 30일

지은이 | 송응성 **옮긴이** | 최병규
펴낸이 | 윤형두 · 윤재민 **펴낸곳** | 종합출판 범우(주)
교 정 | 김영석 · 변연경 **디자인** | 김지선
등록번호 | 제406-2004-000012호(2004년 1월 6일)
413-756 경기도 파주시 교하읍 문발리 525-2 출판문화정보산업단지
대표전화 | 031-955-6900~4 **팩 스** | 031-955-6905
홈페이지 | www.bumwoosa.co.kr **이메일** | bumwoosa@chol.com

ISBN 978-89-6365-001-2 03160

* 책 값은 뒤표지에 있습니다.
* 잘못된 책은 교환해 드립니다.